2ª Edição – Julho de 2023

Coordenação editorial
Ronaldo A. Sperdutti

Preparação de originais
Eliana Machado Coelho

Revisão
Profª Valquíria Rofrano
Ana Maria Rael Gambarini

Projeto gráfico e arte da capa
Juliana Mollinari

Imagem da capa
Shutterstock

Diagramação
Juliana Mollinari

Assistente editorial
Ana Maria Rael Gambarini

Impressão e acabamento
Gráfica Bartira

Proibida a reprodução total ou parcial desta obra sem prévia autorização da editora.

© 2019 - 2023 by Boa Nova Editora.

Av. Porto Ferreira, 1031 | Parque Iracema
CEP 15809-020 | Catanduva-SP
17 3531.4444

www.lumeneditorial.com.br
www.boanova.net

atendimento@lumeneditorial.com.br
boanova@boanova.net

Dados Internacionais de Catalogação na Publicação (CIP)
(Câmara Brasileira do Livro, SP, Brasil)

Schellida (Espírito).
    A conquista da paz / pelo espírito Schellida ; psicografia de Eliana Machado Coelho. – São Paulo : Lúmen Editorial, 2019.

    ISBN 978-85-7813-219-4

    1. Espiritismo 2. Psicografia 3. Romance espírita I. Coelho, Eliana Machado. II. Título.

15-09472   CDD-133.93

Índice para catálogo sistemático:
1. Romances espíritas psicografados : Espiritismo   133.93

Impresso no Brasil – Printed in Brazil
02-07-23-1.000-21.000

A CONQUISTA DA PAZ

PSICOGRAFIA DE ELIANA MACHADO COELHO
ROMANCE DO ESPÍRITO SCHELLIDA

LÚMEN
EDITORIAL

Índice

Capítulo 1 – Um novo amigo 11
Capítulo 2 – Desabafo entre irmãs 29
Capítulo 3 – Encontrando um vestido 42
Capítulo 4 – O difícil adeus 57
Capítulo 5 – Conflitos de Marcella 74
Capítulo 6 – Deus, alicerce de tudo 87
Capítulo 7 – Sob a influência de espíritos 106
Capítulo 8 – Grande decepção 121
Capítulo 9 – Fica na sua 136
Capítulo 10 – A influência de Perceval 152
Capítulo 11 – Um encontro com Murilo 165
Capítulo 12 – À procura de uma casa 181
Capítulo 13 – Uma noite agradável 198
Capítulo 14 – Herdeiros da coragem 208
Capítulo 15 – Deus está vendo 227
Capítulo 16 – O amor vem antecedido de respeito 245
Capítulo 17 – Dor sem fim 263
Capítulo 18 – A saúde da alma 274
Capítulo 19 – Um pequeno grande amigo 291
Capítulo 20 – Corações que conversam 306
Capítulo 21 – Viva o aqui e o agora 324
Capítulo 22 – Maria há dois mil anos... 340
Capítulo 23 – Gritos inaudíveis 352
Capítulo 24 – Educandários terrestres 366
Capítulo 25 – O Nascer da esperança 381
Capítulo 26 – Armadilha cruel 396
Capítulo 27 – Ossos da mente 410

Capítulo 28 – Altar da alma 427
Capítulo 29 – Novos rumos 444
Capítulo 30 – O perdão salva 460
Capítulo 31 – Realizando sonhos 480
Capítulo 32 – Um simples café 492

Mensagem

A VIDA É!

A vida é aquilo que fazemos dela.
Ela é feita de emoções boas ou ruins.
Já imaginou se fosse só de emoções boas?
Seria um tédio.
Só de emoções ruins?...
Seria um desespero.
Se nos prendermos no passado, não viveremos o hoje, enquanto as preocupações com o amanhã nos roubam o presente. Quando fazemos isso, deixamos de viver o que mais importa: o aqui e o agora.
A vida é hoje!
Se o passado deixou lições, para o futuro, cultive esperança.
Na vida existem momentos alegres ou não.

Precisamos abraçar cada momento e vivê-lo unicamente, entendendo que a dor passa, assim como a alegria passa e o que restará são as lições, os aprimoramentos que nos levam a evolução e a conquista da paz, pois... a vida é!

Pelo espírito Erick Bernstein
Mensagem psicografada por Eliana Machado Coelho
Inverno de 2019

PRECE DE PAZ

Pai, peço-lhe que me dê força e coragem para seguir, paciência e amor para compreender, aceitação para o que não posso mudar, energia e vontade para viver...

Pai, coloque luz no meu caminho, vigor na minha alma e intensidade no meu amor, pois não posso vacilar diante dos transtornos da existência...

A vida me foi dada de graça, mas com ela os desafios a serem vencidos, os aprimoramentos a realizar...

Derrame, sobre mim, Pai, toda bênção, glória, abundância, vigor e prosperidade...

Deixe-me confiante para que eu possa caminhar e ser exemplo vivo da conquista da paz.

Pelo espírito Schellida
Mensagem psicografada por Eliana Machado Coelho
Inverno de 2019

Capítulo 1

UM NOVO AMIGO

    Em um dos poucos dias ensolarados daquele inverno, Marcella andava, vagarosamente, por um dos mais belos jardins da cidade de São Paulo.

    Passos negligentes. Achava graça no farfalhar das folhas secas conforme pisava.

    Caminhou pela trilha da nascente do Córrego do Ipiranga e lembrou-se das aulas de História em que aprendeu que, não longe dali, às margens do Riacho, foi proclamada a Independência do Brasil, em 07 de setembro de 1822, por Dom Pedro I. O fato histórico mais importante para a nossa Nação.

    Tirou os óculos de sol e apreciou, ainda mais, a claridade diferente naquela época do ano.

    Havia um tom lindo e especial de azul no céu.

    Pegou o celular de dentro da bolsa, cuja alça cruzava seu peito, desligou-o e colocou-o no bolso de trás da calça jeans que usava. Em seguida, continuou a caminhada.

Sentou-se em um banco e ficou admirando a beleza da paisagem do Jardim Botânico da cidade de São Paulo.

Respirou fundo. Sentiu que poderia relaxar como há muito não fazia.

Fechou os olhos e ergueu o rosto para o céu, sentindo os raios do sol tocarem e aquecerem sua face.

Não sabia dizer a razão, mas se lembrou de quando era pequena, tentando aprender a andar de bicicleta, caiu e quebrou o braço. Naquele dia, seu pai foi socorrê-la e, para não vê-la chorar, começou a contar suas histórias de quando era menino. Havia caído de uma árvore onde brincava com seu irmão. Não se quebrou, mas ficou com muitos hematomas e bem dolorido.

Marcella sorriu ao recordar isso.

Seus pais eram italianos. Enrico e Antonella vieram para o Brasil ainda crianças e se conheceram na viagem, brincando no navio. Algo curioso que gostavam de contar aos conhecidos e, repetidamente, aos filhos.

Em terras brasileiras, tornaram-se vizinhos. Foram perdendo o idioma italiano, embora ainda se pudesse perceber leve sotaque e jeito alterado de falarem.

Namoraram, casaram-se e tiveram cinco filhos: Sandro, o mais velho, depois Pietra, Graziella, Marcella e Bárbara.

Nunca conhecemos perfeitamente as pessoas mais próximas, muito menos seus desafios, amarguras e conflitos, mesmo que sejam da família.

Para Marcella, não era diferente. Acreditava que a vida de sua família era normal, perfeita. Talvez, em alguns momentos, achava que somente ela passava por turbulências.

Seu irmão mais velho, Sandro, era proprietário de algumas lojas de roupas da mesma franquia, em alguns *shoppings* de São Paulo. Casado com Patrícia, tinham dois filhos lindos: Thaís, de cinco anos e Enzo, de três anos.

O casal trabalhava duramente para dar conta de tudo. Quase não tinha tempo de participar das reuniões de família e isso não agradava a Enrico. Patrícia, por sua vez, era mais ligada às cunhadas. Sempre dava um jeito de se encontrar e manter contato com elas.

Sandro não se importava com isso. Guardava certa contrariedade pelo fato de seu pai ter sido exigente com ele. O senhor Enrico gostaria que seu único filho, e mais velho, trabalhasse com ele na fábrica de máquina de costura, porém o rapaz não se adaptou, embora tentasse. Preferiu mudar de ramo. Trabalhou duro em algumas empresas e decidiu estudar Administração de Empresa. Enrico insistia, com seu jeito enfático de falar, para que o filho estudasse Medicina ou Direito. Gostaria de vê-lo sendo chamado de doutor, mas o rapaz tinha outros ideais. Enquanto fazia faculdade, conheceu Patrícia e começaram a namorar. Fizeram planos, economizaram o máximo possível e, juntos, antes mesmo de se casarem, abriram a primeira loja.

As irmãs mais velhas do que Marcella eram casadas.

Pietra e seu marido Hélio também tinham um casal de filhos: Ullia, uma jovem de dezesseis anos e Dáurio, um menino de quatorze anos.

Pietra casou-se jovem. Não quis terminar os estudos. Seu marido, dez anos mais velho do que ela, era um economista bem-sucedido e remunerado, diretor em uma empresa multinacional, que prestava serviço para o governo. Ela, a esposa perfeita, acompanhava-o em reuniões sociais e sabia como se apresentar. Orgulhava-se por conhecer pessoas famosas e importantes. Toda sua concentração era em sua família. Dava conta de tudo: horários, compras, casa, roupas, alimentação e aparência impecável de todos, inclusive e, principalmente, do marido. Os filhos sempre estudaram nas melhores escolas, em diversos cursos dos quais Pietra se orgulhava ao comentar, em conversa sem importância, nas reuniões sociais de que participava. Sentia prazer em falar do marido e do quanto Hélio era competente em tudo o que fazia.

Tinham empregadas, mesmo assim Pietra conferia tudo o que era feito. Empenhava-se em agradar e suprir as necessidades de todos.

Depois de casada, percebendo que o marido estava bem colocado na empresa, ela não se interessou por ter uma vida profissional própria, promover-se ou realizar-se de alguma forma com algo que ela mesma produzisse.

Isso gerou críticas por parte de Marcella, que vivia pensando no futuro, estremecendo, de alguma forma, a ligação entre essas duas irmãs.

Sendo mais nova e com uma visão diferente, Marcella gostaria de que a irmã entendesse a necessidade de ser produtiva e valorizar-se. Mas Pietra não entendia. Acreditou ser invejada, pois teve a sorte de fazer um bom casamento, no qual não precisava se preocupar com qualquer instabilidade.

Já Graziella, com quem Marcella se afinava um pouco mais, tinha somente uma filha: Sarah, de quinze anos. Seu marido Cláudio era gerente em uma rede de lojas. Enquanto ela tinha sua própria loja de roupas que começou pequena, na garagem de sua casa. Depois, necessitou alugar um espaço maior, mais propício para esse tipo de comércio, não muito longe de onde residia. Devido aos bons resultados e crescimento dos negócios, contratou duas funcionárias.

Graziella não tinha uma vida social movimentada como Pietra. Pouco se envolvia nas dramáticas e calorosas discussões das famílias italianas, de ambos os lados. Era muito reservada. Quieta demais.

Por sua vez, Bárbara, a irmã mais nova de todas e com quem Marcella se dava muitíssimo bem, era diferente das outras. Levava uma vida completamente independente. Opiniões e modo de pensar diferentes. Era sincera. Embora ponderada, falava tudo o que lhe passava pelas ideias.

Quando saiu de casa, foi contra a vontade dos pais. O senhor Enrico não se conformou, a princípio. Não admitia a filha caçula fazer uma afronta daquele tamanho. O italiano fez um verdadeiro escândalo. Não adiantou e acabou aceitando.

Bárbara, logo que terminou a faculdade, decidiu morar sozinha.

Cursou Publicidade e montou uma empresa em sociedade com duas amigas. Os negócios iam bem e ela se orgulhava disso.

Adorava desafios, misto ao charme e elegância do mundo em que trabalhava, buscando sempre ampliar suas conquistas.

Bárbara não se dava folga. Nunca largava celular, *tablets*, conectando-se com tudo o que podia o tempo todo. Vivia o trabalho.

Para Marcella, os irmãos estavam com suas vidas decididas, equilibradas. Aparentemente, viviam sem grandes problemas e felizes cada um a sua maneira.

Considerava-se diferente de todos.

Era a única que ainda morava com os pais e, mesmo assim, sentia-se um tanto invisível.

Observava o quanto seu pai se preocupava com Sandro e Bárbara, enquanto sua mãe se inquietava com os assuntos de Pietra e Graziella e também com os netos.

Mas com ela, que estava tão presente, tão perto, ninguém parecia se importar.

Sentia-se tratada diferente.

Embora não fosse exatamente a filha do meio, odiava ouvir que se tratava de sentimentos da síndrome do filho do meio, em que não se pode ser ou comparar com o mais velho e se é menos importante do que o mais novo e, por tudo isso, reclamava atenção.

Acreditava que suas decisões e realizações não importavam para sua família. Ninguém ligava.

Quando optou em fazer Jornalismo, Marcella reparou que seu pai não opinou. Esperou que ele questionasse, mas não aconteceu. Não foi fácil ela conseguir estágio em uma grande revista, muito menos conquistar a vaga que surgiu ao final dele.

Ficou tão feliz com isso, mas ao chegar a sua casa com a notícia, acreditou que não fez diferença para ninguém. E isso a fez se lembrar de que seu pai quis comemorar com almoços fora, em uma cantina no bairro da Mooca, quando Bárbara, sua irmã mais nova, passou no vestibular para a faculdade de

Publicidade, seu irmão se formou em Administração e Graziella abriu a nova loja. Seu pai vendeu um carro para pagar a festa de casamento de Pietra, o que ela achou um absurdo. Mas Enrico não admitia ser criticado.

Não estava enganada. Esses eram alguns dos acontecimentos em que se viu sem importância para sua família. Mas esses fatos não a impediam que os amasse, embora desejasse ser querida ou importante.

O tempo passou e trabalhar na revista fez com que conhecesse pessoas interessantes. Em uma confraternização de final de ano, Marcella foi apresentada a Reginaldo, Régis, como era chamado.

Naquele evento ficaram conversando por horas e trocaram telefone, porém foi somente duas semanas após a passagem comemorativa que ele entrou em contato e marcaram um almoço.

Marcella confidenciou à Nanda, sua melhor amiga, que havia gostado muito do rapaz.

Não demorou para que Nanda, que conhecia muita gente, empenhasse-se em descobrir diversas informações sobre o Reginaldo.

Desde que o namoro entre Marcella e Régis começou, havia se passado três anos.

Agora estavam noivos, com apartamento mobiliado e casamento marcado.

Preparativos para a festa, planejamento de viagem de lua de mel, acomodação de parentes que viriam de longe somente para o casamento. Tudo estava sendo muito desgastante para ela.

Apesar de contratar uma empresa de eventos, ter uma cerimonialista, da ajuda das irmãs, da cunhada e da melhor amiga, Marcella sentia-se pressionada, indecisa e cansada demais em muitos momentos. Era ela quem tomava as principais decisões.

As madrinhas, que queriam combinar cor e estilo de vestimentas, deixaram-na maluca, brigando por causa de cores e modelos. As daminhas e os pajens — noivinhos — precisavam ser orientados. Alguns eram bem pequenos e não seguiam o que precisava ser feito. Sua futura cunhada, irmã de Régis, fazia questão de que os filhos gêmeos de três anos participassem, porém não estava dando certo e ela não sabia como dizer não a mãe das crianças.

No serviço, também experimentava um período agitado. O que contribuía para seu estresse.

Régis viajava muito a trabalho, o que a sobrecarregava com os preparativos para o enlace.

Para contribuir, não encontrava um vestido de noiva que lhe agradasse plenamente.

Junto com a cunhada Patrícia e a irmã Graziella, Marcella visitou inúmeras lojas especializadas, mas não gostou de nada.

Não conseguia passar a ideia do que queria. Quando lhe apresentavam um modelo conveniente aos detalhes da festa, não gostava ou era exageradamente caro.

Naquela tarde, após o almoço, tratou rapidamente de alguns assuntos de serviço fora da empresa, mas não retornou. Decidiu ir ao jardim para relaxar.

Ali estava Marcella, sentada em um banco de madeira tosca, sob o sol e diante daquela linda paisagem.

Surpreendentemente, conseguiu abandonar as preocupações do presente e recordou de ter quebrado o braço quando aprendia a andar de bicicleta.

Sem perceber, sorriu por um momento. Fechou os olhos.

Talvez, tenha se recordado daquele fato por ter ocorrido no inverno, em um dia exatamente como aquele.

Não sabia dizer por quanto tempo ficou ali, em silêncio reconfortante que a acalmou, até que, mesmo de olhos fechados, sentiu que uma sombra se fez em sua face e ouviu:

— Moça! Esse celular é seu? — um rapaz perguntou.

Sobressaltando, olhou e questionou:

— Que celular?

— Está aí no chão. Atrás de você.

Curvou-se e pegou o aparelho.

— Obrigada. Muito obrigada. Deve ter caído do meu bolso. Obrigada mesmo — sorriu.

— Não por isso. É preciso tomar cuidado. Muitas vezes carregamos a nossa vida no celular.

— Como? — ficou confusa.

— Muitos dados — tornou ele. — Muitas informações sobre nós, banco, redes sociais, documentos... Carregamos muitas informações no aparelho. Perdê-lo é complicado.

— Ah!... Sim. É verdade — remexeu-se e se acomodou melhor, guardando o telefone na bolsa.

— Está uma linda tarde, não está? — tornou o rapaz que ficou entre ela e o sol.

Marcella o encarou e ele se movimentou, deixando os raios baterem em sua face.

Ela ergueu a mão direita para fazer sombra em seu rosto e não disse nada. Mas ele não se intimidou:

— É difícil não admirar um dia como este. Quando estamos no trabalho não dá para curtir o sol direto na pele. Por isso é bom aproveitar, não é mesmo?

O rapaz tinha boa aparência. Usava roupa esportiva. Camiseta clara, agasalho com listra na lateral e um blusão amarrado pelas mangas na cintura. Cabelo castanho, cortado bem curto. Barba um pouco crescida, bem aparada e recortada com capricho.

Ela olhou para ele e respondeu:

— Sim. É verdade.

— Eu gosto muito de dias como o de hoje. O problema é que, quando o sol se põe, o vento frio chega e não aguentamos ficar sem agasalho. — Sem demora, perguntou: — Você gosta de frio?

Em poucos segundos, Marcella ficou se questionando sobre a articulação dele em puxar conversa. Por isso hesitou um pouco antes de responder:

— Prefiro o calor.

— Eu nem tanto. Costumo levantar cedo para fazer caminhada no verão. No inverno, gosto mais de andar à tarde. Você gosta de fazer caminhada ou trilha?

— Nunca fiz trilha.

— Ah... É muito bom. O contato com a natureza, belos lugares, silêncio... Depois que se começa a pegar gosto em fazer trilhas a gente se apaixona. Você mora aqui perto?

Era impressionante como ele conseguia fazer uma pergunta no final de cada fala, para vê-la conversar.

— Não — disse tão somente. Com semblante sério, demonstrou insatisfação e indisposição à conversa. Respirou fundo e olhou para o lado.

— Meu nome é Murilo.

Ela ofereceu um sorriso forçado, remexeu-se e disse:

— Prazer.

— O prazer é meu. Bem... Vou dar uma passeada. Aproveite o fim de tarde. Até mais! — saiu caminhando sem esperar que ela dissesse algo.

— Babaca... — Marcella murmurou sem que ele escutasse.

"Se eu estivesse acompanhada do Régis, ele não teria parado aqui", pensou e tornou a fechar os olhos.

Ao longo de meia hora, Marcella respirou fundo e sentiu como se houvesse acordado de um sono reconfortante.

Por um instante, duvidou sobre ter dormido ou não.

Levantou-se e passou a mão pela roupa. Puxou a blusa e arrumou a longa alça da bolsa que estava cruzada ao peito. Em seguida, ajeitou os cabelos e começou a caminhada de volta.

Marcella não era muito alta. Tinha um corpo bonito e bem torneado que não admirava. Um belo rosto delicado. Olhos castanhos e chamativos, cabelos cortados pouco abaixo dos ombros.

Achou que era hora de ir. O jardim não demoraria muito para ser fechado.

Sentiu um pouco de frio e reparou que o sol já estava mais baixo, quase se escondendo.

Esfregou os braços com as mãos e seguiu a passos lentos.

Apesar da temperatura que caía, decidiu parar na lanchonete do parque para comprar um sorvete, que foi degustado bem devagar.

Recostou-se no parapeito que ladeava o Córrego do Ipiranga. Naquele local, observou a água prateada correr em meio à vegetação.

Algum tempo por ali, procurou uma lixeira para jogar fora o palito e o papel do sorvete e assim o fez.

Ter fugido do serviço e feito algo diferente para relaxar foi muito bom. Sentiu a alma leve.

Caminhando em direção à portaria para sair, remexeu na bolsa e pegou o celular, ligando-o. Escutou dezenas de tilintares das mensagens que chegaram. Não quis olhar e colocou o aparelho de volta na bolsa, aproveitando para procurar a chave do carro, ao mesmo tempo em que passava pela portaria.

Logo começou a ficar inquieta por não encontrar a chave.

Parou e tentou olhar melhor na pequena bolsa.

Nada.

Voltou.

Um segurança a olhava com atenção. Marcella foi até ele e disse:

— Moço, acho que perdi a chave do meu carro aí dentro do parque. Deve ter caído perto da lanchonete, quando mexi na bolsa. Acabei de sair. Posso voltar para ver se encontro?

O homem olhou para os lados e não disse nada. Foi para trás de bilheteria falar com outro segurança.

À medida que aguardava, viu que conversavam. Não demorou e a deixaram entrar no parque sem que precisasse pagar novamente.

Marcella parecia calma, mas sentia-se bastante irritada. Aquilo não deveria ter acontecido. Sua descontração tornou-se um tormento.

Voltou pelo caminho que havia feito, olhando atentamente para o chão.

Caminhou pelo deque de madeira existente nas margens do córrego e temeu que a chave tivesse caído ali, entre os vãos.

Mas não acreditou muito nisso, pois não mexeu na bolsa enquanto caminhava por ali.

Voltou à lanchonete olhando atentamente para o chão.

Conversou com os funcionários e perguntou se alguém havia achado a chave de um veículo e entregado a eles.

Nada. Todos negaram.

Ficava nervosa a cada momento que ouvia uma negativa, porém não demonstrava.

Na outra ponta do balcão da lanchonete, Murilo, que comprava uma garrafa de água, não pôde deixar de ouvir a conversa.

Aproximando-se dela, ele propôs:

— Vou te ajudar a procurar.

— Ah... Sim... Muito obrigada — falou de modo humilde.

Enquanto andavam, ele perguntou:

— Você só caminhou por aqui?

— Sim. Não fui mais além. Saí dali — apontou —, de onde estava sentada. Fui até a lanchonete. Comprei um sorvete... Parei um tempo ali, no deque e depois saí. Foi quando senti falta da chave.

Murilo, com ar desconfiado, olhou-a firme e perguntou:

— Onde deixou seu carro?

— No estacionamento, na rua de frente ao Jardim. Aquele bem grande e de terra.

— A sua chave acende as lanternas ou toca a buzina quando acionada para abrir as portas?

— Sim. Isso mesmo. Por quê? — ela quis saber.

— Qual o seu nome? — perguntou calmo.

— Marcella.

— Marcella, esse é o estacionamento mais usado para vir ao Jardim Botânico. Vamos depressa para lá. Alguém pode ter encontrado, ido até lá, acionado o dispositivo da chave, descoberto qual o carro e... pode tentar levá-lo.

— Não!

— Sim!

Marcella não pensou muito. Segurou firme a bolsa e saiu correndo em direção da portaria.

Murilo a seguiu.

Atravessaram a avenida, subiram a rua rapidamente e chegaram ao estacionamento.

Afoita, ela entrou às pressas. Os rapazes que tomavam conta do lugar não se importaram ao vê-la.

Olhando o local, foi para onde havia deixado o carro e perguntou em voz alta:

— Cadê meu carro que estava aqui?! Onde está?!

Um dos jovens que trabalhavam ali se aproximou e perguntou:

— Era um Renault vermelho?

— Sim! Era sim! — afirmou em desespero.

— Ih, moça... — murmurou e foi para junto do outro, perto da portaria.

Marcella o seguiu, exigindo:

— Cadê o meu carro?! Deixei o meu carro aqui! — parecia bem nervosa.

— Chegou dois caras aqui, pegaram esse Renault e disseram que perdeu o papel do estacionamento. Eles tinha a chave e abriu o carro na boa... Não arrombaram nem nada — respondeu demonstrando pouca escolaridade ao se comunicar.

— É... Eles tinham a chave — o outro reforçou.

— O papel do estacionamento está aqui comigo! — tornou ela.

— Como vocês deixam alguém levar o carro sem o comprovante do estacionamento? — Murilo indagou firme e educado.

— Ah... O pessoal perde esse papel com frequência. Isso acontece sempre e nunca deu problema. Se a pessoa tem a chave e abre o carro numa boa... A gente não pode falar nada. Se o carro liga na boa, como a gente vai impedir?

Marcella estava incrédula e murmurou:

— Meu Deus! O que eu vou fazer?

— Calma... Seu carro tem seguro? — Murilo perguntou.

— Tem, mas...

— Então não tem problema. Liga para a seguradora ou para o seu corretor. Alguém vai te orientar para tomar as providências. De certo, terá de ir à delegacia para prestar queixa e fazer um boletim de ocorrência.

Por um instante, Marcella pareceu paralisada e sem saber por onde começar, apesar das orientações recebidas.

— Não tenho o telefone da seguradora nem do corretor. Deveria ter, mas... — disse olhando o celular.

— Você está nervosa, por isso não está achando.

— Não é isso. Eu troquei de celular por esses dias e nem todos os meus contatos foram passados para cá. Tive problemas e acabei deixando para depois. Ninguém sabe que estou aqui e...

— Como assim? — ele não entendeu.

— Eu vim ao Jardim Botânico para relaxar. Sumir! — quase gritou. — Queria ficar longe de tudo e de todos! Estou cansada! Estressada! Nervosa!... — Quase chorando, olhou-o nos olhos e prosseguiu: — Quer saber? Saí para resolver um assunto de serviço, almocei e não voltei. Vim pra cá. Desliguei o celular para ter um tempo só para mim. Quem não quer fugir um pouco, hein? E agora? Como vou contar que meu carro foi roubado, em plena sexta-feira, em um estacionamento perto do Jardim Botânico, porque eu fugi do serviço e vim pra cá?!

Em seu íntimo, Murilo achou graça da forma como ela se expressava, mas não demonstrou.

— Bem... Para o pessoal do serviço você evita dar detalhes sobre o assunto. Quem precisa saber? — Ela não respondeu e o rapaz sugeriu: — A polícia não virá aqui, porque não houve lesão física. Na verdade, isso se caracteriza furto de veículo e não roubo. Faça uma ligação para o 190, telefone da polícia, diga a placa e os dados do seu veículo para jogarem as informações na rede para que, se alguma viatura vir seu carro, pará-lo. Eles vão orientá-la para ir a uma delegacia mais próxima fazer o Boletim de Ocorrência. A princípio é isso. A seguradora, depois, vai pedir esse B.O. ou cópia dele, não sei direito. Resolva o que precisar resolver agora, depois pensa no resto. — Observando-a ainda transtornada, convidou: — Marcella, posso te dar uma carona até a delegacia. Você aceita? Liga para alguém e pede para te encontrar lá. Aí você faz o B.O., avisa o seguro, solicita um carro extra para pegar amanhã... Dessa forma agiliza tudo. Parada aí, não vai resolver nada.

— É moça. Faz isso que ele falô — opinou o rapaz que ouvia a história.

— Vou pegar carona com um desconhecido? — disse, olhando bem para ele que sorriu.

— O Murilo é gente fina, moça. Ele sempre tá aqui. Num é estranho não — tornou o rapaz.

— E eu devo confiar em você que deixou meu carro ser roubado? — indagou com um tom de ironia.

— Você tem razão, Marcella. Eu só quis ajudar e ser sociável. Mas, você tem razão. Liga para alguém que conhece. Preciso ir. Desculpa se não pude ajudar. Boa sorte — falou educado. Acenou levemente ao erguer a mão e se virou.

A moça pegou o celular e se afastou. Ligou para Nanda, sua melhor amiga. Contou o que havia acontecido e escondeu o rosto quando chorou de raiva.

Murilo foi para perto de seu carro. Tirou o blusão amarrado na cintura e jogou-o no banco de trás.

Sentou-se no banco do motorista e se inclinou, mexendo no porta-luvas.

Endireitou-se e ao fechar a porta e ligar o carro, viu que Marcella caminhava em sua direção, ao mesmo tempo em que falava ao celular.

Ela fez um sinal com a mão para que ele aguardasse e o rapaz obedeceu.

Em seguida, estranhou quando, em uma ação rápida, Marcella tirou uma foto do veículo e outra da placa.

— Ei!... O que está fazendo?! — indagou intrigado, parecendo não gostar.

Mexendo no celular, ela demorou a responder. Depois foi para junto do automóvel e explicou:

— Estou enviando as fotos para minha amiga. Ela me pediu. Porque vou aceitar sua carona até a delegacia. Se algo me acontecer, a Nanda saberá o que fazer. Ela é esperta.

Murilo deu uma risada gostosa e sacudiu a cabeça, dizendo:

— Vamos... Entra...

Marcella assim o fez. Reparou no carro luxuoso, de cor preta, muito limpo. Observou também os livros, pastas de elástico e papéis no banco de trás, mas nada disse.

— Estou tão nervosa... — murmurou.

— É uma situação estressante mesmo. Fique tranquila, vai dar tudo certo — disse para descontraí-la e sorriu.

Passando com o carro pelos rapazes do estacionamento, ele os cumprimentou e se foram.

Percebendo-a quieta ao conversar com alguém através de mensagens pelo celular, ele perguntou:

— Está falando com seu noivo? — tinha visto a aliança de noivado na mão direita dela.

— Não. Com minha amiga.

— Ela, pelo menos, gostou do carro? — tentou brincar para descontrair.

Marcella sorriu e não respondeu.

Nanda havia sim escrito algo sobre aquele carro ser bonito e bem caro. Tinha pedido para ela perguntar sobre a profissão dele. A amiga também procurava brincar para descontraí-la.

— Nunca entrei em uma delegacia.

— Não? — ele quis confirmar.

— Não. Nem tenho ideia de como é lá dentro.

— É um ambiente nada agradável, eu acho. Fico lá com você até sua amiga ou seu noivo ou algum parente aparecer para te fazer companhia.

— Meu noivo está fora de São Paulo. Ele viaja muito a serviço. A Nanda, essa amiga, só sai às 20h hoje. — Um instante de silêncio e comentou: — Olha o que eu fui fazer... Fugi do serviço para tirar uma folga e roubaram meu carro. Quando meu pai souber...

— Você trabalha com o quê? — perguntou para vê-la falar de outro assunto.

— Sou jornalista. Trabalho na redação de uma revista. Meu noivo também trabalha lá. Ele faz reportagens e viaja bastante. — Sem demora, aproveitou-se da curiosidade dele e quis saber: — Você faz o quê?

— Trabalho no Fórum — não detalhou.
— É advogado? Defensor público?...
— Sou Promotor de Justiça — respondeu com simplicidade.
— Ah... — pareceu impressionada, mas não disse.

Não demorou muito e Murilo estacionou o carro. Desceu e Marcella fez o mesmo.

Acreditou que se trataria somente da carona. Não prestou atenção quando Murilo disse que ficaria com ela até que alguém chegasse.

Notou que a acompanhava e nada disse.

Entraram em um saguão repleto de cadeiras e muita gente esperando. Ele pegou uma senha e entregou a ela. Depois, foi até um balcão, conversou com um homem que se levantou e o cumprimentou após apresentações. Em seguida, retornou dizendo:

— Vai demorar um pouco.
— Que droga... — murmurou. Encarando-o, agradeceu: — Obrigada por tudo. Desculpe-me por dar tanto trabalho e... Desculpe-me também pelo meu comportamento e desconfiança lá no estacionamento.
— Ora!... Que nada. Você está certa. Não se deve aceitar nada de estranho — ele sorriu.
— Agora resolvo o resto. Se quiser, pode ir. Muito obrigada — sorriu lindamente.
— Antes, vamos tomar um café. Vai precisar.
— Podem me chamar a qualquer momento! — exibiu a senha e sorriu.
— Não mesmo. Estão lavrando um flagrante. A espera será longa. Acredite em mim. Vamos tomar um café.

Marcella aceitou. Ambos saíram e foram a uma lanchonete que ficava na mesma calçada da delegacia.

Murilo perguntou o que ela gostaria de beber e fez os pedidos.

Acomodaram-se em uma mesa que ficava no canto. Em alguns momentos, ela mexia no celular enviando mensagens para alguém.

— Avisou sua família?

— Não. Mandei mensagem para minha irmã, mas, estranhamente, a Bárbara não viu. Estou conversando com minha amiga também...
— Bárbara?
— Sim. Minha irmã.
— Nome bonito. Forte — comentou sem perceber.

A garçonete serviu dois cafés e uma cestinha com pães de queijo.

— Você disse que não comeria nada, mas acho bom se alimentar. Não sabe a que horas vai sair daqui.
— Obrigada — agradeceu e sorriu.
— Você não é de muita conversa, não é mesmo? Algo estranho para uma jornalista.

Marcella sorriu novamente ao deixar de olhar o celular.

— A verdade é que... Não sou assim não. Estou estressada com muita coisa. Agora, depois do roubo do meu carro, estou mais nervosa ainda. E também... — confessou — estou achando estranho a sua prestatividade. Há de concordar comigo que isso não é nada comum.
— É verdade. Às vezes, aparecem razões para fazermos coisas diferentes. Não sou de puxar conversa, muito menos de dar carona pra desconhecidos — sorriu.
— E por que fez isso hoje? — perguntou sem trégua.
— Hoje, você teve motivos para ir ao Jardim Botânico. Estava estressada e desejava relaxar. Digamos que comigo aconteceu algo semelhante.
— Então se estressou e resolveu conversar, ajudar pessoas estranhas a chegar à delegacia?... — ela riu e iluminou o semblante.
— É!... Isso mesmo! — tornou sorridente ao enfatizar. Bebericou o café quente e perguntou em seguida, querendo fugir daquele assunto: — Para quando está marcado o casamento?
— Dezembro deste ano.
— Menos de cinco meses! Bem perto. Passa rápido.
— Eu que o diga. Isso está me deixando muito sobrecarregada.

Marcella começou a contar sobre os planos para o casamento e seu desespero por não ter encontrado um vestido de noiva de que gostasse.

Murilo ouviu-a atentamente. Percebeu, em alguns momentos, que ela esfregava delicadamente os braços por sentir frio.

Ficaram ali conversando até terminarem o café.

Capítulo 2

DESABAFO ENTRE IRMÃS

Antes de retornarem à delegacia, o rapaz passou no estacionamento, pegou duas blusas que havia no carro. Vestiu uma e ofereceu a outra à Marcella.

— Costuma carregar mais de um agasalho no carro? — ela quis saber com um toque de curiosidade quando espiou para dentro do veículo.

— Costumo sim. No porta-malas tem terno, camisa, roupa de academia... — riu. — Boa parte do meu guarda-roupa e escritório está no meu carro.

Marcella sorriu simplesmente e nada disse.

Novamente no saguão de espera da delegacia, ela consultou o celular e comentou:

— Minha irmã está vindo para cá. Ai, que bom!... — alegrou-se. Virando-se para ele, disse: — Se quiser ir embora...

— Fico até sua irmã chegar.

Alguns instantes e Marcella foi atendida. Fez o boletim de ocorrência registrando furto de veículo e se viu mais aliviada por estar liberada.

Assim que terminou, caminhavam em direção à saída, quando Bárbara, sua irmã mais nova, entrou olhando para todos os lados ao esticar o pescoço.

As irmãs se encontraram, abraçaram-se rapidamente e Bárbara foi apresentada a Murilo.

Marcella contou o que ocorreu. Ainda disfarçava o nervosismo.

A irmã entrelaçou em seu braço e agradeceu:

— Obrigada por ajudá-la — sorriu com simpatia.

— Não por isso — ele disse e prendeu o olhar nela. A impressão foi de que seus olhos se imantaram e cada um invadiu a alma do outro.

Experimentaram uma sensação estranha, diferente e que nunca sentiram antes.

Bárbara sorriu lindamente e forçou-se a fugir o olhar.

Murilo buscou disfarçar e se concentrou em Marcella, que falou:

— Seu agasalho... — foi tirando o blusão.

— Não, não!... Fique com ele. Está bem frio.

— Verdade — Bárbara concordou. — Lá fora está um gelo.

— Passe-me seu contato que mando te entregar — Marcella pediu.

Trocaram os números de telefones.

— Não precisa mandar entregar, estou sempre no Jardim Botânico. Se quiser, podemos nos encontrar lá novamente. Leve sua irmã para conhecer — Durante a conversa em que Marcella relatou à irmã tudo o que aconteceu, Bárbara revelou que não conhecia o Jardim.

— Então... Muito obrigada por tudo, Murilo. Não sei como agradecer.

— Não me agradeça. — Virando-se para Bárbara, sugeriu: — Leve sua irmã para casa e deixe-a descansar. Vai ser bom para ela.

— Pode deixar. Cuidarei dela. E você... vê se descansa também. Muito obrigada por tudo — disse Bárbara com sua bela voz firme e marcante.
— Imagina... Tchau! — olhou-a mais uma vez de modo diferente e Bárbara sentiu isso. Foi como se suas almas tivessem se tocado. Uma emoção correu-lhes pela circulação. Era estranho. Não sabiam explicar, mas não disseram nada.
— Tchau...
Despediram-se e se foram, mas ainda olharam para trás, experimentando a vontade de ficarem ali mais um pouco.

No estacionamento, Bárbara perguntou novamente:
— Você está bem?
Sentada no banco do passageiro, a irmã fechou os olhos, largou-se e respondeu baixinho:
— Estou exausta.
— Quer ir para a minha casa?
— Quero...
— Avisou a mamãe sobre o roubo do carro?
— Não. Só mandei mensagem pra você, pro Régis e pro Sandro. Mas eles nem olharam.
— Então avisa a mamãe que você estará lá em casa pra ela não se preocupar.

Logo que chegaram ao apartamento da irmã, Marcella tirou os calçados e se jogou no sofá da sala.
Com o rosto entre as almofadas, sufocando o grito, disse:
— Gostaria de acordar daqui a um ano!

— Relaxa... Que tal tomar um banho?... — propôs sorrindo, compreendendo o nervosismo da outra.

Marcella se remexeu e perguntou como se implorasse:

— Posso? Posso mesmo?

— Claro! Sempre fez isso aqui — riu. — Tá bem frio. Toma um banho quente e se agasalha. Vou pegar um pijama meu bem quentinho. Vamos tomar um vinho enquanto faço uma massa. A gente janta, joga conversa fora e depois dormimos a hora que der... Topa?

— Concordo com qualquer coisa hoje. Que dia!...

— Vou ligar o aquecedor para o AP ficar quentinho. Vai pro banho que já levo o pijama...

Algum tempo depois, os pratos e as taças com vinho estavam sobre a mesinha da sala de estar. As irmãs vestidas de pijama e sentadas no chão, serviam-se macarrão à bolonhesa que Bárbara preparou.

— Você cozinha bem e rápido!

— Guardo a carne moída preparada e o molho também. Aliás, esse molho foi a mamãe quem me deu e eu congelei — riu. — Já a massa... comprei no mercado. Não tenho tempo nem espaço aqui em casa pra fazer.

— Adoro massa — tornou Marcella.

— Quer mais vinho?

— Sim. Por favor — estendeu a taça e aceitou, embora já se sentisse alterada pelo efeito da bebida.

— Agora conta. Que loucura foi essa hoje? — quis saber com mais detalhes.

— Eu estava me sentindo cansada, estressada e resolvi me dar uma tarde de folga. Fugi do serviço e fui ao Jardim Botânico... — contou tudo.

Após ouvir atentamente, a irmã se manifestou:
— Dê-se por feliz. Levaram só o carro.
— Vou ter de inventar uma boa história no serviço.
— Mas você contou para a Nanda! Ela sabe de tudo e já deve ter contado.
— Não. A Nanda é minha amiga. Ela não falou nada.

Terminaram de jantar e Bárbara retirou os pratos, levando-os para a pia. Pegou outra garrafa de vinho e se sentou novamente no chão. Colocou a garrafa sobre a mesa, depois de encher as taças, acomodou-se no tapete felpudo, apoiando uma almofada nas costas entre ela e o sofá.

— Muita coisa do casamento está me incomodando... — Marcella falava mole e teceu uma série de reclamações, desabafando.

— A Graziella também me contou que as madrinhas ainda estão brigando por causa da cor e do modelo dos vestidos — Bárbara lembrou.

— Não só isso! Era para ser em um salão de eventos, agora vamos ter de mudar para outro um pouco menor. Tiveram um problema com a data e erraram na agenda. Tenho cento e cinquenta convidados. Acho que ficará pequeno demais. Além disso... — demorou para falar como se tivesse esquecido do assunto. — A irmã do Régis teima que os gêmeos vão fazer tudo direitinho. Não quero passar vergonha, entende? As crianças não estão preparadas para isso. Não vai dar certo!...

— Por que você não é sincera com ela e diz que não vai querer as crianças como noivinhos?

— Eu já falei pro Régis que isso não está me agradando... Eles são pequenos demais e não são crianças sociáveis. São birrentos! Vão chorar, correr, querer a mãe deles... Pensei que ele pudesse falar pra irmã, mas não... O Régis me ouviu e não disse nada.

— Terá de ser sincera, Marcella, doa a quem doer. Fale do seu medo para sua futura cunhada. Diga que não acredita que os gêmeos vão conseguir andar pelo tapete da igreja até o altar fazendo tudo direitinho. Diga que isso está te deixando insegura e estressada. Afinal, o casamento é seu e você quer ter boas recordações e não olhar a filmagem e as fotos com crianças chorando e correndo ou dando vexame! — Marcella nada disse e a irmã perguntou: — E o seu vestido?

— Nem me fale do meu vestido! Não encontro nada! Nada que fique bom ou adequado.

— Já tentou procurar em lojas mais simples? — Não esperou a outra responder e comentou: — Creio que está indo a lojas muito *top*. De repente, seu vestido está onde menos espera. Uma loja de bairro, um *designer* simples faz com que se sinta melhor.

— Será?

— Por que não tenta?

— Amanhã marquei com a Graziella e a Patrícia para irmos lá pros lados do Jardim Europa.

— Pelo amor de Deus!!! — a irmã exclamou exagerando. — Vai deixar lá o salário de um ano! — riu.

— Também acho... Foi uma colega lá da revista que me mostrou uma página de vestidos na *internet*... Eram lindos...

— Não vá atrás de opinião de qualquer um.

— É... Mas... Preciso de um vestido. O casamento é pra daqui a pouco...

— Já escolheu o bolo e os doces?

— Pelo menos isso está definido. Eu já escolhi tudo. Serviremos duas entradas e mais salgados, antes do jantar e... Nossa... Tô ficando tonta...

— Escuta... E o Régis? Está ajudando e opinando em alguma coisa?

— Você sabe... Homem não tem muito bom gosto. Não só isso... Ele trabalha muito e viaja demais, e...

— E continuará viajando após o casamento? — Bárbara foi direta.

Aquela pergunta surpreendeu Marcella, que não pensou no assunto como deveria.

Ela entornou o restante do vinho que havia na taça e respondeu em tom frio:

— Não sei dizer. Espero que isso mude.
— Como assim, Ma? Vocês não falaram sobre isso? — perguntou de modo delicado.
— De verdade... De verdade... Essas viagens dele me incomodam muito. Mas...

Marcella envergou a boca e fez um ar de insatisfação, dando um suspiro.

A irmã tomou outro gole de vinho, sobrepôs a taça na mesinha e pegou o celular. Mexeu no aparelho, respondendo rapidamente duas ou três mensagens e colocou no lugar.

Não demorou e o telefone de Marcella tocou. Era Sandro. O irmão queria notícias sobre o que tinha acontecido. Ela contou tudo. Disse onde estava. Pediu que não contasse aos pais ainda. Não gostaria de vê-los preocupados.

Assim que desligou, outra chamada. Era Reginaldo, com quem Marcella conversou por mais tempo, explicando tudo.

Ao terminar, esperou a irmã mexer novamente no celular e comentou:

— Pronto. Já estão sabendo. Pra mãe e pro pai eu conto amanhã.
— Sim. Melhor não deixá-los preocupados.
— Preciso devolver o blusão do Murilo.
— Se quiser, vou com você levar. Amanhã estou tranquila — Bárbara avisou.
— Melhor lavar antes. Não acha?

A outra riu e perguntou:

— Usou por poucas horas. Será que ele vai se importar?
— Seria educado, da minha parte, entregar lavado — riu também. — Vai que fica com o cheiro do meu perfume — acharam graça. Sem demora, Marcella quis saber: — E o Naum? — referiu-se ao namorado da irmã.
— Está bem. Procurando emprego ainda — falou com tom de insatisfação.
— Deixei um currículo dele lá no RH — Recursos Humanos — da revista, mas... No momento não estão contratando.
— Uma boa colocação está difícil, hoje em dia. Pensei em colocá-lo lá na empresa de publicidade, mas tenho sócias.

A CONQUISTA DA PAZ 35

Uma das normas que temos é não contratarmos parentes nem conhecidos próximos.

— Sei como é. É justo. Senão vira bagunça.

A curiosidade saltou na mente de Bárbara quando perguntou:

— O que o Murilo faz? Ele comentou?

— Trabalha no fórum. É Promotor Público.

— Uau! Teve de estudar muito para passar no concurso. Admiro gente assim. Ele parece uma pessoa tão bacana... Simples...

— Muito educado e gentil também — Marcella lembrou.

— E bonito! — a irmã ressaltou e riu. Em seguida, disse: — Só vejo pessoas progredindo e o Naum parado. Tem hora que bate um desespero de ver o namorado desempregado. Acaba que eu pago tudo. Vamos a um barzinho, eu pago. Vamos ao cinema, eu pago... Nos últimos tempos, até roupas estou comprando para ele. Tudo começou aos poucos e nem percebi... — A irmã ficou em silêncio e ela admitiu: — Tenho vergonha de contar isso. Acho que o vinho me fez falar. Sabe, Ma... Às vezes, fico em conflito. Não sei até que ponto podemos ou devemos ajudar uma pessoa. Chego a pensar que ele está comigo porque eu o ajudo! — ressaltou. — Fico achando que está acomodado porque sabe que vou dar dinheiro para pôr gasolina, compro roupas, pago as contas quando nós dois saímos...

A irmã ignorava esses detalhes. Sabia que o namorado de Bárbara estava procurando trabalho. Só isso. Então decidiu perguntar:

— Há quanto tempo ele foi demitido?

— Um ano e meio. Nos últimos oito meses, mais ou menos, quando percebi que o dinheiro que ele tinha estava acabando, comecei com pequena ajuda... e isso foi crescendo.

— Ele pede grana pra você?

— Não diretamente. Ele meio que reclama que precisa trocar o óleo do carro, pôr gasolina... Passa perto de uma vitrine no *shopping* e admira um tênis... Coisas assim.

— Aí você fica com dó e supre as necessidades?

— Exatamente — Bárbara se levantou. Apesar de estar tonta, pegou outra garrafa de vinho e colocou sobre a mesinha, depois de encher novamente as taças. Em seguida, admitiu:
— Acho que é medo.
— Medo? Como assim?
— Marcella, nós, mulheres, temos medo de ficarmos sozinhas. Por mais que sejamos bem resolvidas, produtivas e prósperas. A maioria de nós tem medo de não ter um homem ao lado. Medo de não ter com quem ficar no futuro e medo de se mostrar sozinha para a sociedade. Muitas pessoas olham para nós e perguntam: Tá namorando?... — arremedou. — Pra quando é o casamento? A gente se sente cobrada e, por causa disso, aceita qualquer pessoa para ficar ao lado, mesmo com toda a problemática que ela apresenta. Pensa tipo... ruim com ele, pior sem ele.
— Sempre ouvimos isso do pai.
— A pior coisa do mundo é o medo. Ele te atravanca, te prende, te aleija. Ficamos com medo da mudança. Com medo de dizer a verdade, nós nos sujeitamos à companhia de pessoas que nos travam, impedindo nosso crescimento e nossa vitória. Está prestes a se casar. Não gosta das inúmeras viagens que o Régis faz e não disse nada pra ele! Por quê? Por medo de magoar o coitadinho! Enquanto isso, fica se magoando, contrariada e com um nó na garganta — falou em tom irônico. — E eu nem mencionei as caraminholas que devem passar na sua cabeça sobre infidelidade! — exclamou com o dedo em riste, na direção da irmã.

Marcella piscou demoradamente ao ouvir aquilo e olhou para Bárbara, que prosseguia falando mole devido ao efeito do vinho.

— Sim... Porque você deve se perguntar: ele não viu minha mensagem, mesmo já estando fora do expediente de trabalho. O que ele está fazendo de tão importante que não viu minha mensagem, hein?... — ofereceu outra pausa. — Você deve ter mandado mensagem para o Régis, sobre o furto do carro, antes de me avisar, certo? Por que ele ligou somente agora, meia-noite?!... Onde estava? Com quem?... — nova pausa. Percebia-se, pelo tom de voz, o modo trôpego de falar. Efeito da bebida. Embora consciente do que dizia, não media palavras. Prosseguiu: — Veja só! É você quem está cuidando de tudo para esse casamento: *Buffet*, cerimônia, lembrancinhas, flores, madrinhas, padrinhos, roupas, convites... Tudo! Tudo você!... Parece que você vai se casar sozinha!

— Hei!... Não é assim!

— Tá... Tá bom, Marcella. O Régis colaborou com o dinheiro. Ele deu dinheiro que cobriu metade das despesas, mas não se deu, não se doou, não está participando. Ele é somente o noivo.

— É o meu casamento! Por que está falando disso? — falou em tom alterado, mole pelo efeito do álcool.

— Porque nós somos duas bestas! Bestas de um jeito diferente, mas somos bestas! Passamos a maior angústia, nos desdobramos para quê? Só pra ter um homem ao lado? — Não deu tempo para a outra responder e disse: — Será que nós amamos mesmo o cara ou estamos querendo mostrar para a família e para a sociedade que temos alguém ao lado, não importando que esse alguém não dê a mínima para nós?

Longa pausa.

Marcella procurava organizar os pensamentos. O efeito do vinho não a deixava concatenar as ideias. Mesmo assim, arriscou dizer:

— Acho que o Régis é folgado. Está deixando tudo para eu resolver. Assim como o Naum está se aproveitando da sua piedade e se encostando em você que está provendo as necessidades básicas dele.

— Isso!!! — Bárbara quase gritou. — Enquanto nós, duas bestas, nos sujeitamos a tudo só para, talvez, dizer que temos um homem ao lado. Até parece que homem é algum tipo de troféu! — riu alto. Breves segundos e concluiu: — Mulheres como nós, que aceitam isso, têm uma vida repleta de indecisões, hesitação e medo! Temos medo de não parecermos bem para a nossa família e para a sociedade, então, calamos as nossas frustrações, mágoas e amarguras ao lado de um homem que nos atravanca, só para dizermos e exibirmos que temos uma vida boa. Viver de aparências não é viver de verdade. Viver de verdade é trocar o medo, a indecisão e a hesitação por afazeres que nos deixam realizados. E o que nos impede disso? É o medo do novo, simplesmente. Temos medo de desafios novos. Se ficar como está dói, se pensar em mudar também dói. O melhor é escolher uma das dores, parar de reclamar e tomar uma atitude! Isso sim!

— Indecisão, hesitação e medo... Quaisquer dessas palavras nos prendem e nos paralisam... — Marcella balbuciou.

— A mudança provoca medo porque desconhecemos os resultados, não sabemos o que nos espera. Normalmente, o que vivemos agora já conhecemos e sabemos o que vai acontecer. Tá ruim, mas tá bom, porque temos uma noção do que vai acontecer. A mudança provoca medo, mesmo quando a perspectiva é para melhor, pois toda mudança faz com que nós demos o nosso melhor. Mudando, temos de dar o melhor de nós. Mudança é desafio. Temos de desafiar a nós mesmos para sermos melhores do que já somos. Dessa forma, e somente dessa forma, atrairemos pessoas melhores. Não dizem que atraímos o que vibramos? Pois bem, se não está bom, precisamos mudar. Mas não conseguimos mudar os outros, por isso, mudemos a nós mesmos.

— E se não der certo? E se fizermos escolhas erradas? Podemos falhar! — Marcella comentou.

— Então falhe espetacularmente! — riu alto. — Melhor falhar tomando atitudes do que se submeter a quem não presta e ficar reclamando da vida. Não podemos ter medo de errar. Mas precisamos ficar atentas para não errarmos de novo a mesma coisa. Quando erramos, aprendemos com o erro e crescemos com nosso aprendizado. O erro nos deixa expertos, mais fortes, mais autossuficientes. Ficamos expertos e não caímos mais na mesma cilada.

— Você diz isso porque é destemida!

— Não sou destemida! Já caí de cara no chão. Falhei por confiar em algumas pessoas. Falhei por dar chance a quem não merecia. Falhei por não me programar, por não fazer as contas dos meus gastos... Tomara que eu tenha aprendido, do contrário passarei por novas experiências até não errar mais. Quando falhamos, nós nos decepcionamos ou passamos medo ou nos arrependemos. Com isso, aprendemos. É aí que vivemos. Dor, tristeza, amargura te ensinam. Ficamos mais expertos. Expertos com x e não espertos com s — riu e limpou a boca na manga do pijama.

— Qual a diferença entre esses espertos? Ou você tá de fogo e não sabe o que está falando? — Marcella também riu.

— Experto com x é experto de experiência, experiente, perito, indivíduo experiente que aprendeu com experiência. — Demorou um pouco e continuou explicando: — Esperto com s é de espertalhão, malicioso. Aquele que quer tirar vantagem, que está acordado, ligado... — Um momento e contou: — Por esses dias, lá na agência, tivemos uma reunião por causa disso. Eu pretendia usar a palavra experto, com x. Mas acharam que estava errado. Tive de provar que não. Daí... Pensando no baixo entendimento do público, decidimos trocar de palavra. Certamente, apareceria alguém reclamando e... Por que brasileiro é assim? Não sabe nada, não pesquisa, não estuda, quer coisa de graça, não valoriza nada que outros façam, quer ter razão, não progride, reclama do que tem e não ajuda... Credo!

— Brasileiro está pegando a mania de reclamar. Isso é horrível. Deveriam se ver reclamando. Sempre fujo de gente que reclama.

— Reclamação é oração ao contrário. Não adianta nada orar, pedindo coisas boas e viver reclamando. Você receberá de volta aquilo que mais pensa, fala e vibra. Se reclama mais do que agradece ou ora, vai receber mais coisas para reclamar. É a lei do Universo! — ressaltou com voz trôpega.

— Falamos... Falamos e não chegamos a nenhuma conclusão — Marcella disse, fechando os olhos e recostando a cabeça no sofá.

— Eu cheguei! Foi uma boa reflexão falar de tudo isso. Amanhã é um novo dia e...

— Não. Hoje é um novo dia. Já passou da meia-noite faz tempo. Estou bêbada, com sono e ainda triste pelo meu carro.

— Não reclama! O seguro vai te pagar um carro novinho. Vamos dormir, minha irmã. — Levantou e a ajudou a se erguer. Auxiliando Marcella, embora também se sentisse tonta, Bárbara a levou para o quarto, dizendo: — O lado direito da cama é meu!...

— Papai sempre perguntou para que você tem uma cama de casal se é solteira — riu alto.

— Porque adoro espaço — gargalhou.

Capítulo 3
ENCONTRANDO UM VESTIDO

Ao despertar na manhã seguinte, Marcella demorou alguns segundos para se lembrar do que tinha acontecido e reconhecer onde estava.

Olhou para o lado e não viu a irmã. Retirou as cobertas de cima de si e se sentou.

A cabeça estava pesada e os sentidos confusos ainda. Levantou-se e foi à procura de Bárbara que estava preparando café.

— Oi... — murmurou ao vê-la.
— Bom dia! — respondeu Bárbara mais humorada.
— Parece que um trator passou em cima de mim.
— Bebemos muito. Foi por isso. Nada que uma boa caneca de café não resolva. Tem torradas, geleia, alguns biscoitos... Comer ajuda.

Sentaram-se nas banquetas frente ao balcão e Marcella reclamou ao dar um gole no café:

— Que horrível! Está sem açúcar!
— Ah... Esqueci — levantou-se e pegou o açucareiro, oferecendo à irmã.
O silêncio reinou por alguns minutos até Marcella dizer:
— Sobre o que falamos ontem à noite... Não sei se concordo com tudo.
— Não concorda com o quê?
— Na verdade, você foi quem mais falou e... Está certa quando acredita que o medo, a hesitação e a indecisão são sentimentos que nos paralisam, atravancam... Está correta quando considera que as nossas falhas são aprendizados. Depois que falhamos e superamos, aprendemos e somos mais resistentes. A dor, a tristeza, a amargura ensinam e ficamos mais expertos, com x — desatou a rir.
— Nossa! Você se lembra de tudo isso? — a irmã riu junto.
— Lembro. Mas...
— Mas, o quê? — perguntou diante da demora.
— Sobre o Régis ser folgado e o Naum se aproveitar de você...
— O que tem?
— Não existe companheiro perfeito. Nós também temos um monte de defeitos.
— Mas quem foi que falou em companheiro perfeito? — indagou Bárbara mais séria.
— Certo. Não falamos. Porém, da forma como a colocação foi feita, dá a impressão de que temos de procurar alguém perfeito para ficar ao nosso lado.
— Não foi isso o que eu disse. Veja bem, Marcella... Nenhuma união é perfeita. Todo casal vai enfrentar desafios, dificuldades, problemas de todos os tipos. A vida ao lado de alguém não é comercial de cereal matinal ou margarina onde toda a família está feliz, sorrindo, reunidos em volta de uma linda mesa em um belo jardim em uma maravilhosa manhã de sol. A vida não é comercial de TV. A vida não é propaganda de edredom em que o casal vai dormir abraçadinho e sorridente. Não! Vai ter dia que vocês não vão tomar café juntos. Não

vão conversar. Um estará chateado com algo e vai responder mal. Quando chegarem as contas, então!... Vai ter época que um quer o ventilador ligado e outro o ar-condicionado e a situação piora quando não se tem nenhum dos dois aparelhos. Sinal que a coisa tá feia. O que precisamos analisar, minha irmã, é o quanto nós estamos dispostas a ceder. O quando este ceder vai significar tristeza, mágoa ou contrariedade para nós. Se você é capaz de aguentar o Régis viajando e viajando... Se é capaz de levar o casamento nas costas, como vem fazendo para prepará-lo, tudo bem! Pra você esse tipo de relacionamento e união é perfeito. Casamento é ter roupas para lavar, louças sujas, comida para preparar, compras de mercado para fazer... Um cara como o Régis ou o Naum, muito provavelmente, não vão contribuir, a não ser com o dinheiro e reclamações, porque as coisas não vão ser feitas do jeito deles — falou olhando nos olhos de Marcella. — O pouco que eu conheço o seu noivo, não acredito que ele vá se deitar ao seu lado e te fazer um cafuné quando você estiver triste porque brigou no serviço. Nem sempre homem tem essa disposição. Não pense que ele vai te levar café na cama, porque, se não houve algum motivo muito forte, ele não vai se lembrar disso. Homem geralmente é assim. Dificuldades surgirão. Caras feias acontecerão. Problemas aparecerão. Contrariedades ocorrerão. Chateações e chateações terão sempre. Agora as perguntas certas são: além de todos esses desafios normais do dia a dia, será que você vai aguentar alguém que te deixe carregar sozinha o peso dessa união? — foi direta. Mesmo assim, insistiu com novas indagações para que a irmã refletisse: — Você e o Régis conversaram sobre a responsabilidade de um casamento ou está deduzindo que ele sabe que terá novas responsabilidades e afazeres? Os dois vão se doar na mesma medida? Se ele não se doar para ajudar, você será capaz de arcar com tudo sozinha ou vai dar uma de que nada está acontecendo até entrar em depressão por ter de aturar tanta coisa? Tô cansada de ver gente assim.

Muitas mulheres não admitem a sobrecarga — bebeu o café que estava na caneca em um só gole.

— Você está me confundindo, Bárbara! Parece que não quer que eu me case!

— Desculpa... Nem sei porque estou falando tudo isso... Acho que é para eu mesma pensar e não para você...

— Se a gente quiser uma pessoa perfeita ao lado, ficaremos sozinhas. Essa pessoa não existe.

— Não precisamos de alguém perfeito ao lado, Marcella. Precisamos de alguém que nos respeite, que nos ame o suficiente para não nos sobrecarregarmos. Mas só iremos encontrar alguém assim quando nós nos respeitarmos e não nos deixarmos sobrecarregar. Se eu estou chateada ou vivendo um conflito por ajudar financeiramente o Naum, a culpa é minha. Toda minha! Não devia ter começado a provê-lo só pra vê-lo se mexer, procurar um trabalho. Assim como você. Se está sobrecarregada com os preparativos para o casamento, desde a montagem do apartamento até a festa e as roupas dos padrinhos, a culpa é toda sua, que assumiu tarefa por tarefa e assim foi-se sobrecarregando. Não chamou o Régis e disse: Amooor! — arremedou. — Cuida disso porque não posso fazer tudo sozinha. — Breve pausa e desfechou: — Então, minha irmã, se ficou tão sobrecarregada a ponto de ter de fugir para o Jardim Botânico, para se desconectar e passar uma tarde sozinha e isso custou seu carro, a culpa é sua. Divida a responsabilidade de tudo com seu noivo. Falasse para sua futura cunhada que não quer casal de noivinhos no seu casamento porque isso está te deixando estressada. Chegasse para as madrinhas e determinasse que os vestidos teriam de ser assim ou assado ou mandasse todas se entenderem com a cerimonialista!

— Credo! Você está sendo amarga!

— Posso ser amarga, mas não sou mentirosa. No entanto, Marcella, as pessoas que ficam sentindo peninha de você são as mais falsas e as que mais torcem para que dê tudo errado. Elas, muito provavelmente, riem nas suas costas quando te veem reclamando disso ou daquilo.

— Não é por aí não!

— Quer um exemplo? Vejamos... Se, por acaso, o casal de noivinhos de menos de quatro anos entrarem pelo lindo tapete vermelho e rolarem no chão, chorarem, saírem correndo... a mamãe deles vai dizer: Oh! Que lindinhos! Eles são ainda pequenos e não sabem direito o que estão fazendo... — arremedou de um jeito pitoresco. — Ela vai se lixar para o que as crianças estragarem! É capaz de ela mesma colocar o vídeo na *internet* para que muitos outros riam! Enquanto você terá de olhar, pelo resto da vida, para a filmagem ridícula das crianças mimadas e mal-educadas que estragaram todo seu casamento, tudo o que pagou, porque foi você quem permitiu serem seus noivinhos!

Marcella se levantou. Colocou na boca o último pedaço de torrada e, de boca cheia, disse:

— Você está muito amarga. Muito mesmo!

— Sou realista! Realista!

— Vou me trocar. Você me leva pra casa?

— Levo! — Bárbara afirmou sem dizer mais nada.

Ao chegar a casa de seus pais, Marcella contou o que tinha acontecido, repetidas vezes, por causa das interrupções e indagações dos pais que pediam detalhes do que havia ocorrido. Enrico e Antonella não gostaram do fato de a filha ter omitido, a princípio, e passado a noite na casa da irmã.

— E até agora não acharam o carro?! — o pai quis saber.

— Tomara que não achem. Não sei se vou querer um carro que foi roubado e eu não sei o que aconteceu com ele.

— Não é possível uma coisa dessas! Roubarem o carro de dentro do estacionamento! — admirava-se a mãe.

Não demorou e Graziella chegou e ficou sabendo de tudo. Quando houve uma trégua, perguntou:

— Nós vamos ou não vamos ver seu vestido de noiva, Marcella? Marcamos horário. Esqueceu?

— Não. Não esqueci. Só que não estou com cabeça para pensar em vestido, né?

— Filha! Precisa decidir esse vestido logo!

— Eu sei, mãe! Vai dar tempo.

— Está muito em cima da hora! — tornou a senhora preocupada.

Sem que esperasse, Enrico quis saber:

— E o Naum, Bárbara? Arrumou emprego?

— Até onde sei, não. Mas...

— Esse moço precisa fazer alguma coisa. Não pode ficar assim, sem trabalho.

— Olha, papai... É bem provável que amanhã, ou depois, isso não seja mais da minha conta — Bárbara comentou friamente.

— Mas, por quê?! — tornou o homem com modos surpresos.

— Estou achando o Naum muito acomodado e... Não acho que dê para continuar o namoro. Vou terminar com ele — esclareceu.

— Mas vocês namoram há muito tempo! Não pode terminar assim!

— Assim como, papai? Não vou me casar para sustentar a casa sozinha! Aturar marido vivendo à minha custa, não! Tô fora!

— Ela está certa, Enrico! — Antonella opinou. — Nossa filha trabalha bastante! Faz mais de um ano que esse moço está parado.

— O que eu não gosto é da Bárbara namorar tanto tempo e depois desfazer o namoro. Daqui a pouco arruma um e mais outro e outro... Acaba que vai ficar falada!

— Você precisa ter a mente aberta, homem! — a esposa exclamou.

— Mas no nosso tempo!... — tentou dizer. Foi interrompido.

— O nosso tempo já passou faz tempo! Você precisa entender que... — tornou ela.

A CONQUISTA DA PAZ

A discussão começou entre o casal. Nada sério. Parecia mais uma conversa exagerada entre italianos tentando se entenderem.

As três irmãs se olharam e acharam graça. Sabiam que não adiantaria opinarem ou tomarem partido.

Marcella levantou-se, colocou sua xícara na pia e foi para o quarto. As irmãs a seguiram.

Jogando-se sobre uma das camas que havia no quarto, Bárbara comentou rindo:

— Agora vão falar até!... Terão conversa pro dia inteiro!

— Você terminou mesmo com o Naum? — Graziella quis saber.

— Ainda não. Mas pra mim já deu. Estou decidida a pôr um fim em tudo — respondeu a irmã.

— Ela decidiu isso ontem à noite, depois de duas garrafas de vinho — Marcella contou em tom de riso.

— Duas não! Três! E foi você quem me ajudou a beber! Não vem não! Foi meio a meio! — Bárbara achou graça. Depois contou: — Não decidi ontem não. Há alguns dias ando pensando muito nisso — falou mexendo no celular.

— O Naum é um bom rapaz. Educado, atencioso... — Graziella não terminou. Foi interrompida.

— Essas qualidades não podem ser suficientes para que eu tenha de me casar com ele! Aliás, nunca fiz questão de casar nem de ter filhos.

— Deixa a mãe ouvir isso! Ela fica horrorizada — Marcella lembrou.

— Ué! A mamãe tem de se acostumar. Eu não faço questão de casar e não quero ter filhos. Pronto. Simples assim. Qual é o problema?

— O problema é que ela acha isso absurdo — tornou Marcella. — Diz que é pecado uma mulher não querer filhos.

— É um direito meu. Não quero filhos e pronto. Talvez, um dia, quem sabe... Mas, hoje, não. Não me vejo mãe. Não tenho ideia de como fazer. Fico apavorada só em pensar.

— Você muda de ideia quando fica sabendo que está grávida — Graziella opinou.

— Ah, Grazi... Não sei não. Nunca troquei uma fralda... Nem dos sobrinhos! — riu. — Nem sei por onde começar.

— Você aprende. Mulher tem instinto de mãe. Não adianta.

— Duvido muito. Eu não tenho. Sei lá...

— E se seu marido quiser ter filhos? — Marcella quis saber.

— Vamos ter de conversar muito. Mas acho que nunca vou ter um marido — Bárbara acrescentou. — Vou namorar eternamente! — riu com gosto.

— Penso diferente. Sempre quis me casar, ter filhos... — Marcella sorriu lindamente.

— Enfrentamos muitos problemas, desafios diários quando temos filhos — Graziella falou.

— Por isso não quero. Acho que não sei lidar com desafios de filhos. Fico apavorada só de pensar — Bárbara reforçou.

— O Naum nunca falou em ter filhos? — Graziella quis saber.

— Nunca. Mas ele não é mais preocupação minha.

— Você vai terminar tudo mesmo, né? — insistiu a outra.

— Definitivamente sim. O Naum não está se esforçando. Financeiramente, só eu sustento o namoro.

— Mas ele não está procurando emprego? — tornou Graziella.

— Diz que está. Como é que posso saber se isso é verdade? Faz um ano e meio que está desempregado. Pegou alguns *freelancers* que não deram em nada. Nada significativo. Parece que não se esforça o suficiente. Vive com os pais. Casa, comida, roupa lavada... Namora comigo que mantenho o carro e o provejo com algumas roupas, além de pagar as contas do barzinho, cinema, lanchonete... Pra não ficar chato, dou o dinheiro para ele ou faço um depósito na conta dele.

— Eu não sabia disso! — Graziella se surpreendeu.

— Pois é!... Ninguém sabe disso. Eu não estou disposta a carregar um cara ou o casamento nas costas. Eu não! Companheiro nenhum me obriga a nada.

Graziella abaixou a cabeça e nada disse.

— Quando pretende conversar com ele? — Marcella indagou.

— O quanto antes! Isso está me deixando travada. Não paro de pensar no assunto. Não tem nada pior do que estar em um relacionamento tóxico.

— Relacionamento tóxico? O que você quer dizer com isso? — Graziella perguntou. — Será que não está fazendo tempestade com um copo de água? — Não deixando a outra responder, justificou: — Nenhum relacionamento é um mar de rosas. Em todos existem problemas, dificuldades...

— Sem dúvidas! — ressaltou Bárbara. — Enfrentaremos problemas e situações difíceis. Não dá para prever. Mas, quando um relacionamento começa com dificuldade, a situação só tende a piorar. Relacionamento tóxico é aquele em que você entra bem, saudável, equilibrada e, com o tempo, passa a se desgastar. Fica preocupada, torcendo extremamente para que dê certo, sofrendo por não acontecer aquilo que precisa. Isso te desequilibra de modo emocional, físico e espiritual. Tô fora!

— Então você não ama o Naum! — tornou a irmã.

— Tenho que amar primeiro a mim! — levantou, virou as costas e saiu.

Alguns segundos e Graziella comentou:

— Nossa! Como a Bárbara é...

— Tinha de ver o que disse ontem e hoje lá no apartamento dela. Se eu fosse dar ouvidos, desmanchava meu casamento hoje!

— Credo!

— Ela está muito amarga — Marcella afirmou.

— Também achei.

— Tenho algumas roupas para lavar e também tenho de lavar o blusão do moço que me ajudou.

— Então não vamos procurar o vestido hoje?

Marcella ficou em dúvida. Por fim, decidiu:

— Tá bom. Vamos ver se a Bárbara vai junto? Quem sabe ela me dá sorte! — riu.

— Vai chamar a Patrícia? — lembrou que a cunhada sempre as acompanhava.

— Não... Manda uma mensagem pra ela dizendo que a Bárbara vai junto hoje. Muita gente, muito palpite me deixa em dúvida. Mas não escreve isso!

— Vou falar com a Bárbara e já mando mensagem para a Patrícia.

Assim foi feito.

Depois de muita procura, finalmente, naquele dia, Marcella conseguiu encontrar o vestido que lhe agradasse muito e coubesse em seu orçamento.

Sentiu-se feliz.

As três irmãs decidiram comer alguma coisa e comemorar. Fizeram um brinde a isso.

— Fui eu quem deu sorte! Lembrem-se disso! — ressaltou Bárbara rindo. — Enquanto não fui junto, não encontraram o seu vestido, Ma.

— Serei eternamente grata! — exclamou Marcella, verdadeiramente, feliz.

— E por que não veio antes, engraçadinha? — perguntou Graziella com um toque de ciúme.

— Por que nos finais de semana, na maioria das vezes, acompanho meus clientes. Tenho muito trabalho. Para estar aqui hoje precisei mandar a Fátima no meu lugar.

— Você só pensa em trabalho, Bárbara! — Graziella ressaltou.

— Ainda bem que gosto do que faço, não é mesmo? — sorriu e espremeu os lindos olhos castanhos bem delineados entre os cílios longos. Passou uma mecha de cabelo para trás da orelha. Tomou um gole do refrigerante e quando colocou o copo sobre a mesa, reparou: — O que é isso no seu braço, Grazi? Que roxo feio!

— Bati na prateleira lá na loja. Preciso chamar um marceneiro para arrumar aquilo. Vivo batendo ali — explicou e riu.

— Outro dia eu levantei à noite e estava tudo escuro. A porta do quarto ficou entreaberta. Eu, meio dormindo, meti a testa com toda a força na quina. Ficou um galo enorme! Que raiva! — Bárbara contou e achou graça.

— Você acordou? — Marcella perguntou rindo.

— Engraçadinha... — falou de um jeito espirituoso. — Ainda bem que o cabelo cobriu. Doeu tanto!... Tomei até analgésico!

— Grazi, você precisava conhecer o Promotor que me ajudou. Um rapaz tão elegante e...

— Vou contar para o Régis! — Bárbara brincou.

— Bonito? — a outra quis saber.

— Muito bonito! — Bárbara respondeu na vez de Marcella.

— Ele gostou do seu nome viu, Bárbara? Antes de você chegar, disse que era um nome bonito.

— Por que você não disse que eu também era bonita? — fez um gesto engraçado e as outras riram.

Bárbara era uma moça bem bonita mesmo. Olhos castanhos expressivos, bem delineados entre cílios compridos e curvados. Pele alva. Cabelos lisos com suave ondulação, com um corte ousado. Curto de um lado, até a orelha e mais longo do outro, encostando ao ombro. Tingido com a cor preta muito brilhante, com leve camada vermelha por baixo, só nas pontas. Algo ousado para cabelos. Sedosos. Com o movimento, ficavam bem bonitos. Suas sobrancelhas eram escuras, delineadas e marcantes. Rosto miúdo e bem feito que se iluminava quando sorria. Tinha uma pele aveludada e estava maquiada. Usava batom de cor forte, daqueles foscos e sem brilho nos lábios grossos e bem contornados. Adorava brincos grandes, compridos que combinavam com um único brinco pequeno de brilhante que sempre usava em uma das orelhas, no furo que tinha a mais. Estava sempre suavemente perfumada. Estatura média alta. Aliás, era a mais alta das irmãs. Corpo esbelto e bem definido. Adorava usar anéis e pulseiras que combinassem com seus colares de muito bom gosto. Embora, algumas vezes, não usasse absolutamente nada, talvez para ver as amigas e conhecidos perguntarem.

Tinha uma voz bonita, sedosa e marcante, principalmente, quando impunha um modo gostoso de falar. Dicção impecável, e sabia disso. Muitos diziam que era uma voz típica de anúncios de aeroporto. Falava inglês e espanhol fluentemente, além do italiano, claro. Fez questão de aprender. Dos filhos de Antonella e Enrico foi a que mais estudou e se aperfeiçoou.

Era difícil vê-la indecisa. Se isso ocorresse, seria por pouco tempo. Tinha personalidade marcante. Não era pessoa que dava muitas satisfações. Só conversava e detalhava sua vida para a irmã Marcella. Mas não esperava opiniões.

Muito diferente, Graziella era de estatura baixa. Cabelos e olhos pretos. Bem magra, tinha braços e pernas finos, além do normal. Cabelo sempre cortado na altura dos ombros. Nunca mudava. Os primeiros fios grisalhos surgiram, mas isso não a fez tingi-los. Dificilmente se maquiava. Vivia apressada, ansiosa e com preocupações na cabeça. Embora fosse proprietária de uma loja de roupas, não era vaidosa. Suas vestimentas eram sempre nada chamativas. Parecia não ter vaidade.

As irmãs passaram uma tarde agradável e se divertiram muito como há tempo não faziam.

Naquele princípio de noite, ao ser deixada em sua casa por Bárbara, Graziella entrou rindo, por uma brincadeira que uma das irmãs fez.

Sua filha abriu a porta, assim que escutou um barulho no portão que identificou a chegada da mãe.

— Oi, Sarah! — cumprimentou.
— Oi, mãe.
— Tudo bem? Seu pai já chegou?

Séria, com um toque de medo no olhar, a jovem respondeu:
— Chegou.

Graziella sentiu que havia algo errado e procurou entrar o quanto antes.

Foi para o quarto e não encontrou Cláudio, porém ouviu o chuveiro ligado, indicando que o marido estava no banho.

Voltou para a sala e perguntou:

— Ele falou alguma coisa?

— Reclamou o tempo todo por não te encontrar em casa.

— Vai pro seu quarto, Sarah. Vai estudar.

— Mas, mãe!...

— Vai pro seu quarto, menina. Eu me entendo com ele.

— Mãe!...

Antes que Sarah obedecesse, Cláudio chegou, reclamando:

— Isso são horas de chegar?!

— Não são nem sete da noite.

— É tarde demais para uma mãe de família! — Ela nada respondeu. Procurando um motivo para brigar, perguntou irritado: — Tá fugindo por quê?

— Não estou fugindo. Vou tomar um banho.

— Por quê? Onde você esteve? Com quem?! — exigiu enérgico.

— Você sabe. Eu avisei. Saí com as minhas irmãs. A Marcella até que enfim encontrou um vestido de que gostasse. Ela ficou tão feliz — tentou falar de outros assuntos.

Cláudio se aproximou, segurou-a pelo braço e inquiriu:

— O dia todo só pra procurar um único vestido?! Conta essa história direito!!! — vociferou.

— Pai!... — exclamou Sarah com certo tremor na voz.

— Saia daqui!!! Suma! Antes que sobre pra você!!! — ele berrou.

Com medo, chorando, a adolescente se retirou correndo.

— Você está me machucando... — reclamou Graziella, encolhendo-se.

O marido socou seu estômago e a esposa curvou-se pela forte dor.

Cláudio soltou-a, deixando-a cair ao chão.

Não bastasse, chutou-a várias vezes.

— Você tem de me respeitar!!! Tem de tá em casa antes de eu chegar!!! — xingou-a de vários palavrões enquanto a agredia. Assim que parou, exigiu: — Levanta!!! Levanta!!! Tô mandando você levantar!!!

Com dificuldade, Graziella se levantou.

Pegando firme em seu rosto, olhou-a, pedindo com modos grosseiros:

— Cala a boca! Não chora! Não tem motivo pra choro aqui! — breve pausa e disse: — Isso é pra aprender a estar em casa antes de eu chegar. Entendido?

A esposa, sem encará-lo, balançou a cabeça positivamente e ele a soltou com um empurrão, exigindo:

— Agora vai pro banho, sua... — ofendeu-a.

Embaixo do chuveiro, Graziella chorou muito.

Ao sair do banho e chegar à sala, viu o marido sentado no sofá com a televisão ligada. Quando a percebeu, ele solicitou como se nada tivesse acontecido:

— Você pede uma pizza pra gente?

— Sim. Peço.

— Tem cerveja gelada? — tornou ele.

— Tem.

— Traz para mim.

Ela obedeceu.

Depois arrumou a mesa colocando dois pratos.

Quando a pizza chegou, o marido foi receber. Ao retornar, Cláudio olhou a mesa e perguntou:

— Por que só dois pratos?

— Um pra você e outro para a Sarah... — respondeu intimidada.

— Você também vai comer. Vai lá, amor. Pega outro prato pra você. Pega.

— Não quero...

Aproximando-se da esposa, ele afagou suas costas e disse:

— Vai, amor... Já passou. Fiquei com raiva só aquela hora. Detesto chegar e não te encontrar. — Beijou-a no rosto e pediu: — Desculpa... Desculpa, vai... Chama a Sarah. Vamos comer como deve fazer uma família.

Com medo, Graziella foi até o quarto da filha que, deitada de bruços sobre a cama, tinha um travesseiro sobre a cabeça.

— Sarah... Sarah... — a jovem se remexeu. — Vamos comer um pedaço de pizza. Vem.

— Não quero.

— Filha... Por favor. Ele já está mais calmo. Levanta. Vamos lá. Já está tudo bem.

— Não, mãe. Não está nada bem. Não temos paz! Como consegue aceitar isso?! — perguntou com indignação cravada na voz.

— Isso passa, filha. Isso vai passar. Agora vamos... Se você não vier, pode ser que seu pai fique nervoso de novo.

A contragosto, Sarah obedeceu e seguiu a mãe.

Não demorou e todos estavam sentados à mesa da sala de jantar. A televisão ligada, passando um filme de comédia. Cláudio, bebendo cerveja, ria e chamava a atenção das duas para que vissem a cena e achassem graça como ele.

Ele mesmo cortou a pizza e serviu à esposa e à filha.

Graziella forçava um sorriso enquanto Sarah não os encarava. Cada garfada que a jovem engolia, parecia um pedaço de tijolo descendo por sua garganta. Estava mais contrariada a cada dia.

Assim que terminou, a filha disse:

— Estou com dor de cabeça. Com licença.

— Toma um remédio, filha. Vai deitar — o pai aconselhou.

Sem dizer nada, Sarah se foi.

Virando-se para a esposa, ele perguntou:

— Já passou, não passou? Está tudo bem, não é mesmo?

— Sim. Está tudo bem... — respondeu baixinho.

— Só fiquei nervoso naquela hora... Você sabe...

Nota: O livro *O Resgate de uma Vida*, romance de Eliana Machado Coelho e Schellida, publicado pela Lúmen Editorial, traz muitas informações a respeito de violência contra a mulher, Lei Maria da Penha entre outros temas esclarecedores.

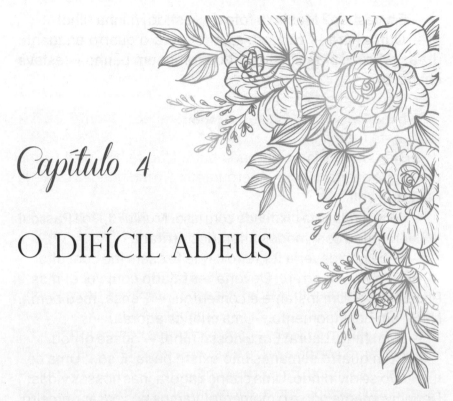

Capítulo 4

O DIFÍCIL ADEUS

Marcella chegou à casa dos pais satisfeita por ter conseguido escolher o seu vestido de noiva.

— Sua irmã não quis entrar?! — perguntou a mãe que não gostou do jeito de Bárbara ir embora.

— Não. Disse que tinha alguma coisa para resolver ainda hoje. Amanhã ela tem que promover um evento.

— E a Graziella? Por que não veio?

Marcella acreditou que o seu vestido escolhido era menos importante do que a presença das irmãs.

Fechando o sorriso, respondeu:

— Sei lá! Ela não quis vir. Estava preocupada com o Cláudio e a Sarah como se os dois fossem duas crianças de cinco anos!

— Eles deveriam ter vindo pra cá. Poderia ter convidado. Encomendaríamos pizza e...

— Poxa, mãe! Estou tentando falar do meu vestido! Tirei fotos pra mostrar, mas a Grazi, a Bárbara, o Cláudio, a Sarah e sei lá mais quem são mais importantes! Credo!

— E o vestido? Mostra a foto do vestido, minha filha!
— Outra hora — zangou-se e foi para o quarto enquanto dizia: — Precisa de ajustes... Vou tomar um banho — estava chateada.

Longe dali...
— Você ainda está chateado com isso, Murilo? Já foi! Passou! — Laura falou com modos alterados, irritada.
— Você não deveria ter feito o que fez sem me consultar.
— Tá bom. Eu errei... Deveria ter falado com você, mas... Paciência. — Um instante e comentou: — Pensa, meu bem... Não é um bom momento... Uma criança agora...
— É um filho, Laura! Era o nosso filho! — quase gritou.
— Com quatro semanas não existe nada. É só... Uma célula-ovo se dividindo. Uma criança agora, nas nossas vidas... Definitivamente não é o momento! Vamos nos casar primeiro. Viajar! Aproveitar! Curtir a vida! Depois vamos pensar em filhos. Nós falamos isso, lembra?
— Sim. Lembro que sim. Mas era para nos precavermos de uma gravidez. Se o contraceptivo falhou, a conversa deveria ser outra. O que não aconteceu! Eu deveria opinar. Precisava saber!
— Você iria dizer que não. Eu já sei sua opinião. Além do que... O corpo é meu, a vida é minha! — zangou-se.
— Mas a vida de um filho que está dentro de você não te pertence! — Murilo gritou.
Aproximando-se do namorado, afagou-lhe as costas e o abraçou por de trás, recostando seu rosto nele.
Murilo se virou e a segurou pelos braços, olhando-a inconformado.
Falando baixo, com doçura na voz, Laura pediu:

— Me desculpa... Eu não sabia que isso era tão importante para você. Me perdoa?... — abraçou-o. Não demorou, chorou.

Murilo a abraçou e afagou seus cabelos, recostando o queixo e a boca em seus cabelos ao fechar os olhos.

Seus pensamentos eram céleres. Muitas dúvidas e contrariedades, além de certo medo por assuntos que ainda não tinha revelado para Laura.

Ficaram assim por algum tempo.

Silêncio absoluto até ela dizer:

— Nos últimos tempos, você estava meio estranho, quieto... Sempre distante e isso me fez pensar que, talvez, ficasse chateado comigo.

— Estou com alguns problemas e não convém comentar. Não agora.

— É no serviço? Algo com algum amigo?

— Não convém comentar, Laura. Por favor.

— Sei que não agi certo com você, mas...

— Tudo bem... — demonstrou-se contrariado. Suspirou fundo. Tirou os braços dela que o envolviam e foi para o sofá. Pegou o controle remoto e ligou a TV. Ficou passando pelos canais, procurando algo para assistir.

— Vou abrir um vinho e pedir uma pizza.

— Pra mim não — ele respondeu friamente.

— Como assim? — a namorada não entendeu.

— Não quero comer nada. Pede pra você.

— Murilo, por favor! — foi para a sua frente e ficou parada.

— Laura, eu não estou bem. Minha cabeça está confusa. Estou cansado e... Não estou num bom dia.

— Você não é assim! — falou como se exigisse mudança imediata.

— Não. Não sou assim. Estou assim. Você pode respeitar isso?

Ela ficou sem jeito. Respirou fundo e não respondeu. Saiu da sua frente e foi para a cozinha.

Laura abriu uma garrafa de vinho, encheu uma taça e foi para a sala, ocupando outra poltrona.

Ao vê-lo olhá-la, ofereceu o vinho:

— Quer? Tá frio... Ajuda a esquentar.

— Não. Obrigado — murmurou. Pegou o celular e ficou olhando as mensagens. Depois voltou a se interessar por um filme que passava.

Algum tempo se passou e Laura sugeriu:

— Está tarde. Vamos dormir?

Murilo abaixou a cabeça, respirou fundo e, parecendo ter dificuldade para falar, disse:

— Eu gostaria de ficar sozinho hoje. Se não se importar, te levo para sua casa.

— Como assim, Murilo?! Final de semana eu sempre durmo aqui! — irritou-se.

— É... Eu sei — falou no mesmo tom calmo. — Mas hoje quero ficar só.

— Tudo bem. Nem precisa se dar ao trabalho de me levar. Eu sei ir pra casa sozinha — disse e virou as costas.

Murilo esfregou o rosto com as mãos, apoiou os cotovelos nos joelhos, segurando a cabeça com as mãos e fechando os olhos. Ficou assim até Laura retornar com sua bolsa e se despedir.

— Tchau!

— Não faz isso... Eu vou te levar — levantou. Foi para o quarto, calçou um sapato, vestiu uma jaqueta e colocou um gorro. Pegou a chave do carro e foi levá-la.

Ao retornar para seu apartamento, jogou a chave do carro sobre o console e foi para a sala.

Sentou-se. Pegou o celular e ligou:

— Mãe?

— Oi, filho! Tudo bem?

— A bênção, mãe!

— Deus te abençoe, meu filho.

Quando ouviu isso, os olhos do rapaz ficaram empoçados em lágrimas. Então, disfarçando a voz embargada, perguntou:

— É muito tarde pra conversar?

— Não, meu filho! Seu pai está dormindo. Você sabe... Ele levanta cedo. Eu não! — e riu. — Fico aqui fazendo meu crochê, meu tricô ou lendo um pouquinho.

— Vocês estão bem? — ele quis saber.

— Estamos sim. E você, Murilo?

— Estou bem... — mentiu. — Desculpa ligar esse horário, é que...

— Oh, Murilo... E filho precisa se desculpar por telefonar pros pais?

Ele sorriu e ela percebeu.

Gostava do jeito de sua mãe. Em seguida, perguntou:

— E a vó? Sonhei com ela.

— Sua vó tá boa. Melhor do que eu! Você acredita que ela picou a lenha toda pro fogão? Quando vi...

— Deixa, mãe.

— Sua avó tem oitenta anos, meu filho. Pode se machucar. Semana passada ela deu banho nos cachorros. Preciso ficar de olho. Quando vejo, as coisas estão prontas. Decidiu que quer ir sozinha pra igreja. Falei pro seu pai: não deixa. Então, amanhã, ele levanta cedo pra levar sua avó lá pra cidade. Ainda bem que seu pai também gosta de missa. Sabe... Estive pensando... — conversaram bastante. Dona Eloísa, mãe de Murilo, sempre tinha assunto. O filho puxou a ela.

Mas ele não estava disposto a conversar. Bem diferente do que costumava ser.

Ouviu.

Durante aquela ligação escutou sua mãe com todo carinho e se sentiu bem. Era como se houvesse um bálsamo que o acalentasse naquele momento.

Depois que se despediram, desligou. No mesmo instante, o celular tocou.

— Oi, Laura.

— Nossa! Estou tentando ligar pra você faz um tempão! Não escutou o bipe da segunda linha?

— Eu liguei para a minha mãe. Estava conversando com ela e não quis interromper.

— A dona Eloísa está bem?
— Está sim.
— Você ainda está chateado comigo?
— Estou com muita coisa na cabeça, Laura. Tem muita coisa acontecendo e me chateando.
— Não vai me contar mesmo o que é?
— Não agora. Preciso de um tempo.
— É muito ruim não saber o que está acontecendo. Sinto-me enganada, ao mesmo tempo culpada... Estou me sentindo muito mal — silenciou. Pensou que ele fosse contar ou confortá-la. Longo tempo e pensou que a ligação tivesse caído:
— Murilo?
— Oi... Estou aqui.
— Melhora logo.
— Vou me esforçar.
— Amanhã a gente conversa melhor, tá?
— Amanhã cedo vou caminhar um pouco. Depois passo aí. Está bem?
— Tá... Tudo bem.
— Até amanhã, então, Laura. Durma com Deus.
— Até amanhã. Eu te amo muito.
— Eu também te amo. Beijos.
— Beijos.

O final de semana passou rapidamente.

Os dias que se seguiram foram repletos de compromissos e afazeres.

Antes do próximo final de semana, Marcella enviou mensagem para Murilo, perguntando como poderia entregar o blusão que ficou com ela.

Sem muita demora, ele respondeu:

"Que tal nos encontrarmos no Jardim Botânico, no mesmo lugar onde nos conhecemos? Estarei lá fazendo caminhada no sábado pela manhã."

Marcella titubeou. No mesmo instante, enviou mensagem para Bárbara querendo saber se a irmã poderia acompanhá-la.

Devido à demora, decidiu ligar:

— Oi, Bárbara. Desculpa te incomodar. Tá ocupada?

— Se for breve, pode falar. Vou entrar em uma reunião.

— Você topa ir ao Jardim Botânico comigo no próximo sábado de manhã? Preciso entregar aquele blusão.

— Sábado de manhã... Eu tinha um compromisso com o sono — riu alto. — É que acabei de dizer aqui que não via a hora de chegar sábado para dormir sem me preocupar em acordar.

— Ah... Por favor... — Marcella se expressou com jeito dengoso.

— Mas tem de ser sábado de manhã?

— Lá pelas 10h. Não é tão cedo.

— Ai, Ma... O que eu não faço por você... Tá bom. Pode contar comigo.

— Obrigada, maninha! Eu não gostaria de ir sozinha. Além do mais, estou sem carro. Preciso de carona.

— Combinado. Passo pra te pegar às 10h.

— Obrigada! Beijos! — ficou muito feliz.

Voltando para as mensagens, que trocava com Murilo, respondeu:

"Só posso chegar ao Jardim Botânico às 11h. Estou sem carro e dependo de carona".

"Combinado. Às 11h. No banco onde nos conhecemos".

Despediram-se.

No sábado de manhã, conforme combinado, Bárbara chegou para pegar a irmã.

— Entra, filha! — a mãe convidou. — Fiz um café delicioso. Tá fresquinho.

Sem resistir, ela aceitou.

— Café fresco! Estou sentindo o aroma daqui — disse entrando e beijando a mãe. — Cadê o papai? — Bárbara quis saber.

— Saiu para passear com o Billy — referiu-se ao cachorro de estimação.

Ao chegar à cozinha, Bárbara tirou a bolsa cruzada ao peito e pendurou na cadeira. Tirou os óculos de sol e colocou sobre a mesa. Logo se sentou.

A mãe serviu-lhe café e ela começou a bebericar de imediato. Estava bem quente.

— Precisa vir mais vezes aqui, filha. Seu pai sempre reclama disso.

— É... Eu sei, mamãe — nesse momento, sentiu-se triste. Sabia que ficava tempo demais distante e um sentimento de culpa a invadiu.

— Come biscoito. É uma receita nova. Depois eu vou te dar.

A filha aceitou e perguntou:

— Mas cadê a Marcella? Não levantou?

— Já sim. Está se arrumando.

— Ouvi meu nome sendo louvado? — perguntou a irmã que acabava de chegar à cozinha.

Bárbara e Antonella riram.

Marcella beijou a irmã e convidou:

— Vamos?

— Não vai nem tomar café? — Bárbara quis saber.

— Já tomei — respondeu.

Bárbara deu um último gole no que havia na xícara, colocou um pedaço de biscoito na boca e foi levantando com modos apressados.

— Toma café direito, menina! — a mãe exclamou.

— Depois, mamãe. Juro que volto pra almoçar aqui — disse beijando sua mãe.

Marcella repetiu o gesto. Beijou a mãe e saíram.

No portão, Antonella ficou parada na calçada, observando as filhas entrarem no carro, quando ouviu:

— Dona Antonella! Dona Antonella!... — As três olharam e viram um garoto correndo em direção a casa. Quando bem próximo, avisou: — O seu Enrico caiu lá na praça. Chamaram socorro e estão aguardando. O Billy não deixa ninguém chegar perto dele!

A praça a qual o garoto se referia, ficava bem próxima à residência. Mesmo assim, Bárbara imediatamente falou para sua mãe:

— Fique aqui! A casa está toda aberta. Eu vou lá de carro e vejo o que está acontecendo. — Virando-se para Marcella, praticamente, ordenou: — Fique com a mamãe! Cuida dela!

Marcella, muito confusa, obedeceu. Voltou para junto de sua mãe que exclamava:

— Ai, meu Deus! Meu Deus do céu! O que foi que aconteceu com meu Enrico?! O que aconteceu?! — sentiu-se tonta devido à forte e inesperada emoção.

Com a ajuda da filha e de uma vizinha, que viu a cena e se aproximou, Antonella foi levada para dentro de casa, enquanto Bárbara ligou o carro e saiu.

Marcella ofereceu um copo com água e açúcar para que a mãe se acalmasse. Mas a senhora, sentada no sofá, fechava os olhos e lamentava sua dor, orando:

— Oh, meu Deus! Meu Deus cuida do Enrico! Cuida dele, Senhor!... Ampara meu marido!

Marcella pegou o celular e mandou mensagem para os irmãos, contando o que havia acontecido. Achou que seria importante eles saberem.

Graziella morava perto e rapidamente chegou ali.

Não demorou, um outro vizinho foi até a casa levando o cachorro da família. Ele contou que uma ambulância de resgate chegou ao local e Bárbara seguiu-a até o hospital onde o pai foi socorrido.

Antonella e Enrico moravam ali desde que se casaram. Tinham muitos conhecidos. Vizinhos de longos anos.

Aos poucos, a notícia correu e havia muitas pessoas ali, querendo saber o que tinha acontecido. Alguns curiosos, outros prestativos.

As horas de espera eram longas.

Sandro, o filho mais velho do casal, assim que soube, foi direto para o hospital, enquanto a esposa Patrícia pegou os filhos e foi para a casa da sogra.

Algum tempo se passou e os médicos informaram aos filhos que o pai não havia resistido a um infarto.

Bárbara se abraçou ao irmão e choraram.

Não foi fácil retornar para casa com a notícia.

Antonella passou mal e precisou ser socorrida.

Todos estavam atordoados. Enrico tinha boa saúde. Não apresentava qualquer problema. Bem diferente da esposa, que sempre tinha queixas, médicos para ir e exames para realizar.

No domingo pela manhã, após o enterro, todos ainda experimentavam um estado de choque, incredulidade, talvez. Ninguém está preparado para o adeus. Ele sempre provoca dores.

Uma vizinha, muito amiga de Antonella, preparou uma sopa para a família.

A viúva, desfigurada por sua dor, chorava sentida e não quis se alimentar.

Os irmãos ficaram muito gratos à senhora amiga.

Antonella sempre estava rodeada de, pelo menos, um dos filhos, o que lhe dava um pouco de conforto.

Sandro conseguia se conter. Somente, vez e outra, uma lágrima escapava por sua comoção. Ao contrário dele, as filhas choravam contidas.

Somente no dia seguinte ao enterro, Marcella conseguiu verificar as inúmeras mensagens que chegaram ao seu celular e também pelas redes sociais. Ela havia avisado sobre a morte inesperada do pai, com poucos detalhes do ocorrido.

No celular, uma mensagem diferente chamou sua atenção.

"Fiquei te esperando no J.B. até às 13h. Acredito que aconteceu algum imprevisto importante, por não ter me avisado. Sem problemas. Quando puder, nós nos falamos. Abraços".

A mensagem era de Murilo e estava ali desde sábado. Era segunda-feira à tarde.

Respondendo, ela avisou:

"Oi, Murilo. Desculpe-me, por favor. Sábado, quando ia sair de casa para ir ao J.B. meu pai faleceu. O enterro foi ontem. Perdão. Esqueci, completamente, de avisar. Vamos marcar outro dia ou você me passa um endereço para eu enviar seu blusão pelo correio".

Algumas horas depois, ele respondeu:

"Oi, Marcella. Nem tenho pelo que te perdoar. O blusão é insignificante. Como você está?"

"Bem, na medida do possível. Foi uma surpresa muito triste. Meu pai não tinha qualquer problema de saúde aparente".

"Sinto muito. Sinto mesmo... Desejo bênçãos a você e sua família. Que tenham forças neste momento difícil. Que seu pai receba toda a luz, amor e amparo na nova vida".

Bárbara, que estava na casa de sua mãe naquele momento, pois não retornou para seu apartamento, entrou no quarto e se jogou sobre a cama.

— Oi...

— Oi. Estou falando com o Murilo — Marcella avisou.

— O Promotor?

— É. Esqueci de avisar e ele ficou lá no Jardim Botânico nos esperando até às 13h. — Nesse momento, ela viu a última mensagem e chorou. Mostrou para a irmã.

Bárbara leu e se emocionou. Não disse nada. Deitada, ficou em silêncio esperando que Marcella parasse de mexer no celular. Então disse:

— Ele reclamava tanto por eu não vir muito aqui... — lágrimas quentes correram em seu rosto. Secou-as com as mãos e se queixou: — Tá doendo... Por que será que fazemos isso?...

— Isso o quê?

— Isso... Deixamos para depois... Sempre acreditamos que aqueles que amamos estarão ali, a nossa disposição e ao alcance da mão quando quisermos. Então... De repente... Um dia você acorda e descobre que não pode mais abraçar, beijar, falar, tocar naquela pessoa... Descobre que não pode mais visitá-la... O adeus é tão difícil... — Chorou. Um instante e perguntou: — Por que somos tão estúpidos que não percebemos isso antes?

Quando a irmã pensou em dizer algo, seu telefone celular tocou. Era Régis e precisava atender.

Ao perceber que se tratava do noivo de Marcella, ela se levantou e saiu.

Ao chegar à sala, Bárbara percebeu sua irmã Pietra tentando conversar com a filha Ullia, de dezesseis anos.

— Não é hora de sair com suas amigas. Seu avô acabou de ser enterrado — praticamente sussurrava.

— O enterro foi ontem! — exclamou a jovem falando baixinho, mas de modo insolente. — Se eu ficar aqui, ele não vai ressuscitar! Caramba!

— Ullia, por favor!...

— Vou pedir pro meu pai. Se ele deixar, eu vou e tá acabado!

No mesmo tom, Dáurio, de quatorze anos, o outro filho de Pietra, igualmente decidiu:

— Se ela sair, eu também vou. Tá um saco ficar aqui.
— Vocês dois querem parar com isso, por favor!

Ullia levantou-se abruptamente, pegou o celular e foi tentar falar com o pai. O irmão a seguiu.

— Adolescentes são fogo... — disse Pietra para a Bárbara, quando a viu.

Graziella, encolhida em uma poltrona, pareceu nem ouvir.

Bárbara, por sua vez, comentou:

— Pietra, se continuar criando seus filhos dessa forma, sem se impor, eles vão sofrer e você também.

— A juventude de hoje é diferente da do nosso tempo — a irmã respondeu. Não gostou do que a outra disse.

— É verdade. Não fomos criados com mimos. Nossos pais nos amaram. Eles nos deram limites, educação. Se uma de nós respondesse para a mamãe dessa forma, ficaria sem os dentes.

— Eu amo meus filhos! Você diz isso porque não é mãe!

— Lógico que não sei o que é ser mãe. Imagino que deva ser um amor imenso. Porém, é preciso educá-los para a vida. Para que não tomem uma surra do mundo. Não cometa o crime de aleijá-los, Pietra. Eles precisam ouvir quantos nãos forem necessários e também explicações lógicas do porquê desses nãos. Crianças e adolescentes precisam se frustrar com as pequenas grandes tragédias de suas idades. Os pais de hoje em dia necessitam, urgentemente, treinar seus filhos para se calarem quando for preciso, porque eles, os pais, estão falando. Ensiná-los a negociarem. Obrigá-los a esperarem. Intimá-los a fazerem tarefas, serem humildes, capacitá-los a hábitos saudáveis e muito mais. Vejo por aí crianças e adolescentes tendo chiliques, neuróticos para irem a algum lugar ou por causa de um ídolo, dando *shows* quando seus menores desejos não são atendidos! O que é isso senão a falta de uma boa repreensão?! Onde estão os pais que não os ensinaram?! Aleijaram seus filhos que agora são criaturas insuportáveis, birrentas e mimadas. Crescem sem respeitar a ninguém. Quando recebem um não do mundo, da vida, entram em depressão e se suicidam. Sabe por quê? Porque não foram treinados a respeitar.

— Meus filhos são respeitosos! — Pietra se defendeu inconformada com os apontamentos da irmã.

— Ah! É?! Vi todo o respeito que têm quando foram ligar pro pai pra obter uma ordem que supere a sua! Vi te respeitarem pela morte do seu pai e avô deles, cedendo e ficando ao seu lado em um momento que precisa. Estou vendo respeitarem a avó que está sofrendo lá no quarto. — Ofereceu uma pausa e lembrou: — Ficar presente, ao seu lado, num momento como esse é amor, é respeito. Os seus filhos querem sair com os coleguinhas para se divertirem e não faz nem 24h que o avô foi enterrado. Estou vendo quanto respeito eles têm por você!

— Você não sabe o que está dizendo. Não tem ideia de como é cuidar de uma criança. Não sabe nem trocar uma fralda!

— Qualquer um que ler as instruções em um pacote de fraldas aprende como trocar um bebê e, se tiver dúvidas, procura vídeos na *internet* e vai aprender rapidinho! Mas ensinar caráter aos filhos, não. Não existem instruções de um jeito tão fácil. É preciso ser maduro para ensinar caráter. Se pensa que cedendo sempre aos filhos eles vão te amar, está muito enganada, Pietra. Antes do amor deve haver respeito. Muito respeito. Só depois de respeitar, somos capazes de amar. Só amamos o que e quem aprendemos a respeitar. Filhos criados sem limites, podendo fazer de tudo, tendo tudo o que querem, crescem dependentes, aleijados psicologicamente e se tornam insuportáveis. Vão sofrer muito! Pais que criam filhos e que não deixam ninguém chamar a atenção, corrigir, negar algo, pais assim acabam se decepcionando e não sabem o porquê. Como eu disse, crianças que não se frustram, não sabem trabalhar psicologicamente com as negativas da vida. E o mundo está repleto de negativas. Dessa forma, elas não sabem superar nada, não sabem ser fortes. Vão se matar quando brigarem com o namoradinho. Vão sofrer muito. Mais tarde, quando adultos, terão grandes chances de se tornarem depressivos, terem transtorno de pânico e ansiedade. Alguns, muito provavelmente, serão dependentes químicos, alcoólatras... Tudo porque, na infância e adolescência, não ficaram contrariados, não foram ensinados a esperar. Quando ouvirem um não bem grande, vão procurar as drogas, as bebidas alcoólicas para acalmá-los, para se sentirem confortáveis. Vão aceitar o ombro do traficante, que vai compreendê-los totalmente! — falou com ironia. — Eles têm de aprender que terão dificuldades em tudo o que fizerem na vida, no trabalho principalmente, pois todo trabalho exige. Não há como ser diferente. Outro dia, eu vi a coitada de uma criança com televisão no carro! Que absurdo! A pobrezinha precisava ser estimulada o tempo todo para poder ficar quietinha. Precisa assistir a sua animação favorita para dar sossego! Talvez, para não encher os pais, né?... — foi irônica. — A criança precisava de distração para não sofrer a caminho da escola, do médico, da aula de sei lá o quê... Crianças que não podem ser contrariadas serão aleijadas! Aprenda isso! Elas sofrerão muito. Nunca aprenderão a ser fortes. O mundo inteiro precisará ficar aos seus pés ou elas morrem, se desesperam, se deprimem... Não saberão começar depois de uma tempestade na vida. Pais que fazem isso, que hiperestimulam seus filhos com TVs, *tablets*, celulares, jogos para filhos darem sossego... Pais permissivos que deixam filhos menores saírem com quem quiserem, irem para onde quiserem e voltarem a hora que quiserem são irresponsáveis. Querem se ver livres da responsabilidade de educar!

— Olha aqui, Bárbara, não sei por que você está com raiva do mundo. Talvez, esteja frustrada por não ter filhos ou sei lá o quê... Não vem me dar sermão não. Confio na minha filha! Ela é responsável! Minha filha é minha amiga! Ela me conta tudo!

— Quem garante, Pietra? Quem garante que a Ullia te conta tudo? Lógico que não! Quando conta alguma coisa, fala do jeito dela! Isto é: conta meia-verdade. Pai e mãe não têm de ser amigo, tem de ser pai e mãe. Amigo não tem a menor responsabilidade com o outro e, se o outro quebrar a cara, o amiguinho não está nem aí! Pai e mãe são para ensinar o que é certo e não para apoiar o que é errado. Eles têm é que educar e, muitas vezes, para educar, é preciso dizer um não bem grande! Quando escuta um não, o jovem fica contrariado, mas é aí que ele aprende a esperar e a respeitar. Tem de ter punição quando desobedecer também! — Para encerrar, Bárbara disse: — Quer o bem dos seus filhos? Ensine-os a realidade da vida! Corrija-os! Chame a atenção. Dê um castigo quando fizerem *bullying* com o coleguinha na escola! Faça-os respeitar os mais velhos, os avós, os tios, os professores, a tia da cantina da escola!... Os mais velhos têm de ser chamados de senhor, sim! Tios chamados de tios e não pelo nome! Professores são professores. Não são pro nem tias! Eles merecem respeito. Estudaram muito para estarem ali. Pro e tia são termos de intimidade. Por favor, obrigado, desculpe-me tem de ser usado! E não: foi mal! Foi mal não é pedir desculpas, não é ser humilde o suficiente para reconhecer que errou! Pai e mãe são pai e mãe. Não devem ser chamados pelo primeiro nome ou por apelidos. Não é meu veio nem minha veia! — falou de modo irritado. — E quer saber? Se não ouviu meu conselho, não exija minha ajuda! Pronto! Falei!

Virando as costas, saiu.

— Que absurdo! — Pietra reclamou. — Vocês viram o que ela falou?! — perguntou, olhando para a cunhada e para Graziella.

Patrícia fez um gesto singular, embora, em seu íntimo, concordasse com Bárbara. Porém não quis contrariar Pietra ainda mais. Já Graziella demorou um pouco para responder. Por fim, disse:

— Concordo com ela.

— Ah!... Até você?! — surpreendeu-se. Ficou contrariada.

— Desculpa, Pietra. Às vezes, percebo que seus filhos não têm limites. Você precisaria...

Não a deixando terminar, Pietra se levantou esbravejando:

— A Bárbara tem inveja! Quero ver quando tiver seus próprios filhos! Quanto a você!... Eu posso dar tudo o que meus filhos querem! O pai deles tem condições de oferecer tudo do bom e do melhor! Quem regula aos filhos uma vida boa, certamente, é fracassado e sem condições!

Virou-se e saiu.

Encontrando com sua filha em outro cômodo, Pietra ouviu da jovem:

— O seu Hélio deixou! — exclamou com ironia, falando do pai. — Vou sair com minhas amigas!

— Eu também! Vou jogar com meus amigos — avisou o filho.

— Vai! Vão logo!

— Quero dinheiro! — tornou Ullia com ar de insatisfação enquanto aguardava.

A mãe pegou a carteira e a jovem reclamou do que ofereceu. Pietra aumentou o valor.

— Eu também quero dinheiro! — Dáurio pediu.

— Toma. É tudo o que eu tenho — ela disse.

Os filhos viraram as costas, sem se despedirem, e se foram.

Capítulo 5

CONFLITOS DE MARCELLA

Com o passar dos dias, Reginaldo chegou de uma de suas viagens a trabalho. Ele e a noiva estavam na sala.

— Foi isso... Tão de repente... Até agora não me conformo — Marcella dizia.

— Eu entendo. Quando meu pai morreu, também foi subitamente.

— Tá doendo tanto... — ela chorou e o abraçou.

— Vem cá... — envolveu-a com carinho. — No começo é assim. Dói mesmo. Depois suaviza e fica a saudade.

— Você viu como minha mãe está abatida?

— Vi... Coitada da dona Antonella. Eles eram tão unidos.

— Eram sim. Não sei como será a partir de agora — Marcella comentou em tom de lamento. Estou preocupada com uma coisa... Depois do nosso casamento, ela ficará sozinha nesta casa. Não sei se isso é certo. Ela deveria morar com uma das filhas, mas... A única que tem condições de recebê-la é a Pietra. Ela tem uma casa grande.

— Mas a dona Antonella não vai querer morar com as filhas, eu acho. — Reginaldo pensou um pouco e sugeriu: — Falta pouco tempo para o nosso casamento... Você quer adiar a data?

Marcella não se sentiu bem com a proposta e ficou preocupada.

Se não adiasse o casamento, ela seria fria? Talvez parecesse desrespeito.

Por outro lado, tudo já se achava praticamente pronto. Até os convites estavam na gráfica com a data agendada.

Afastando-se do abraço, quis saber:

— Faltam quatro meses. Você acha bom adiar?

Ele titubeou. Não sabia responder e o fez com outra pergunta:

— Quer esperar mais alguns dias para pensar melhor sobre isso?

— Sim, porque... Está tudo marcado. Os padrinhos estão com roupas escolhidas na medida. Por serem alugadas, não sei como fica isso. A maioria das madrinhas está com vestidos comprados. Para algumas, as medidas podem ser um problema, podem não servir... O espaço reservado, o *buffet* pago, fotos e filmagens pagas... Igreja reservada... Não sei se encontraríamos data na mesma igreja. Reservamos há um ano! Não sei se dá para adiar tudo isso. É complicado.

— Poderíamos ter feito algo mais simples como eu falei — Reginaldo disse praticamente sem pensar.

— Régis! Nossas famílias são grandes! Temos muitos parentes e amigos!

— Já recebi tantas informações em vez de convites sobre o casamento dos meus primos. O que você está fazendo só gerou gastos.

— Por que você não me disse isso antes? — Marcella perguntou imediatamente. Ficou chateada.

— Eu falei sim. Foi você quem não deu atenção e as coisas foram crescendo aos poucos. Primeiro seria só uma recepção

A CONQUISTA DA PAZ 75

para os padrinhos e parentes mais próximos. Aí alguém lembrou de um amigo... Seus pais quiseram chamar seus tios. Quando minha mãe soube, achou-se no direito de convidar meus tios também... Teríamos somente dois casais de padrinhos, mas você quis chamar uma amiga, outra amiga. Acabou que temos seis casais de padrinhos. Então a coisa foi crescendo aos poucos como eu falei. Foi isso o que aconteceu. Só que somos só nós dois que estamos pagando tudo!

— Não teríamos noivinhos se não fosse por sua irmã insistir tanto para colocar um casal de gêmeos, filhos dela, claro! — zangou-se.

— Daí você decidiu que teria damas de honra adultas. Quatro primas suas e duas amigas, lindas e maravilhosas, seguindo você da entrada da igreja até o altar. Elas estariam vestidas espetacularmente com o aluguel de vestidos que ficou uma fortuna. Sem contar os arranjos de flores na cabeça e os buquês que elas vão carregar.

— Mas você concordou, Régis!

— Teria como não concordar com você?! Responde! Eu estava longe. Não acompanhei nada e você só me informando tudo por mensagem ou quando conversávamos. Tem dó!

Marcella, já muito sensibilizada, começou a chorar sem querer que ele visse. Levantou-se e foi para o quarto.

— Droga! — ele murmurou. Pegou o controle remoto da TV, ligou-a e colocou em um filme para se distrair.

Bárbara chegou até a sala e perguntou:

— Aceita um café?

— Não. Obrigado. — Falou: — Vou pegar uma água.

— Fica aí. Eu trago pra você — disse. Virou-se e se foi. Sem demora, voltou, oferecendo: — Aqui está... — entregou-lhe o copo.

— Não quero te fazer de empregada — ele sorriu e brincou.

— Fique tranquilo. Não vou permitir isso. É que hoje estou boazinha — esboçou um sorriso. Sem demora, perguntou: — Cadê a Marcella?

— Foi para o quarto. Ela... — contou tudo.

Bárbara ouviu com paciência e decidiu não dizer nada, a princípio, apesar de ter opinião formada.

— A Marcella está bem sensível agora. Aliás, nós estamos. Esta semana fiquei por aqui e ainda não sei se aceitei o que ocorreu com meu pai... E nem moro aqui. Imagine-a, ao lado deles todos os dias, sabendo que em pouco tempo terá de deixar nossa mãe sozinha. Preocupações com o casamento... É muito para ela.

— Foi a Marcella quem quis que o casamento fosse dessa forma. A Ma não me deixou muita escolha. Estava longe e...

— Eu te entendo. Mas também sei o quanto é bom ter alguém que toma conta das coisas e decide tudo por nós, não é mesmo?

— Com isso, você está querendo dizer quê?...

— Ora, Régis!... — sorriu de modo enigmático. — Se você quisesse mesmo, teria dito para a Marcella o que realmente queria. Teria colocado um basta. Poderia tê-la chamado para conversar e juntos limitarem os gastos, convidados, arranjos e muito mais.

— Pra você, eu sou o errado.

— Não. Pra mim, os dois erraram. Mas, como os erros fazem parte dos aprendizados... Está tudo certo. Levem essa lição para o resto da vida. Sentem, conversem e planejem tudo a partir de agora.

— Eu propus adiarmos o casamento. O pai de vocês acabou de falecer. Seria um desrespeito para com sua mãe e... O que os outros vão pensar?

— Tá aí! Mais uma coisa para os dois conversarem e resolverem juntos.

— Mas o que você acha? — ele insistiu saber.

— Você quer meu apoio, opinião ou consentimento, Régis?

— Sua opinião! — foi firme, mas ofereceu leve sorriso, quase irônico.

— Faltam quatro meses para o casamento e está preocupado com a opinião dos outros? — não esperou resposta. — A opinião dos outros é dos outros. Tudo já está marcado. Vocês dois têm de avaliar isso. Não importa o que os outros pensam. O que interessa é o que os dois sentem e querem.

— Já que é uma pessoa tão sincera... — sorriu. — Preciso te dizer que não me ajudou em nada com sua opinião.

Bárbara sorriu enigmática e comentou:

— Se eu dissesse o que gostaria de ouvir, certamente, a minha opinião seria ótima! — enfatizou. — Mas, pelo fato de fazê-lo pensar, não serve. — Virou-se e foi para a cozinha.

Em outro cômodo, conversando com sua mãe, Bárbara contou:

— Terminei com o Naum.

Antonella rodeava uma xícara de café nas mãos. Erguendo a cabeça lentamente, perguntou:

— Era o que queria?

— Era sim. Naturalmente temos nossas preocupações com a vida, com o trabalho... Ter de se preocupar com os assuntos e problemas de um companheiro... Ninguém merece. Vamos carregar um fardo que não nos pertence. Acredito que foi melhor assim. Dessa forma ele, provavelmente, acorda e sai da inércia, deixa de ficar parado e se toca. É preciso movimento para se sair do lugar que não gosta. Então, se não está bom, movimente-se. Faça algo para que tudo fique melhor. Não posso me sacrificar e carregar um companheiro nas costas. Principalmente alguém que já venha com toda uma problemática.

— Eu te entendo, filha. O marido da filha da Alzira — referiu-se a uma conhecida de muitos anos —, sofreu um acidente e ficou perturbado. Era um homem trabalhador, marido e pai sempre presente. Eles têm uma casa muito boa e bonita. Eu fui lá visitar quando sofreu o acidente. Agora ele não pensa e não reage direito. A mulher e os filhos são os que estão sustentando a casa e tudo mais, porque a aposentadoria dele não dá pra nada. Podemos dizer que foi um acidente de percurso que deixou o homem assim.

— Com isso eu concordo, mamãe. Um parceiro que sempre se dedicou, sempre foi presente e, de repente, sofre um acidente de percurso, se atravanca, seja por uma doença física, mental, uma limitação por conta de um trauma, um acidente físico... Com isso eu concordo. É diferente. Mas aceitar um companheiro já limitado, conflituoso, com problemas, com vícios, estressado, nervosinho... Esperar que ele melhore, comporte-se melhor, te trate bem... Não. Isso é trazer complicação para a própria vida. Aliás, é complicar a própria vida. Nos dias atuais, graças a Deus, as mulheres têm liberdade de escolha, trabalho, sustentam-se sozinha. Deus me livre ser dependente! Eu não sou do tipo de mulher que aceita isso. Não vou me sujeitar a isso.

— E por que esperou tanto tempo para terminar com o Naum? — indagou a mãe.

— Talvez porque, justamente, cometi a burrada de esperar que o Naum melhorasse. Esperei tempo demais.

— Como ele ficou? — tornou a senhora.

— Lógico que não gostou. Pediu para eu reconsiderar. Não aceitei.

— Você comentou com ele o motivo?

— Não. Não disse isso. Eu falei que não dava mais. Que parecia, para mim, que tínhamos propósitos diferentes. E o que eu sentia por ele não era mais a mesma coisa. Ele perguntou se havia outra pessoa. Respondi que não.

— E não existe?

— Não, mamãe. Não mesmo.

O assunto foi interrompido quando Marcella chegou à cozinha, junto com Reginaldo, que já se despedia.

Mais uma vez, educadamente, o noivo de sua filha prestou condolências à senhora e se colocou à disposição.

A mulher o abraçou e agradeceu.

Após se despedir de todas, ele se foi.

Ao prestar atenção na filha, Antonella perguntou:

— O que foi, Marcella? Que cara é essa?

— Estava conversando com o Régis e nós nos desentendemos um pouco. Ele falou que eu coloquei coisa demais no casamento e... — contou e chorou novamente. — Por fim, sugeriu adiarmos a data por causa da morte do pai e eu não sei...

— Na verdade, se me permite dizer, o casamento foi planejado somente por você — Bárbara opinou, falando de modo manso para não magoar a irmã. — O Régis pouco participou das suas escolhas. Toda dedicação, esforço pessoal e comprometimento foi somente da sua parte. Reparou?

— Mas ele sempre estava trabalhando, ocupado com alguma coisa. Não tínhamos muito tempo juntos para planejarmos as coisas — tornou Marcella.

— Isso ficou claro? — indagou Bárbara.

— Como assim? O que quer dizer?

— Ficou claro que você poderia fazer e organizar tudo e ele não iria se importar? Pelo que parece, isso não ficou claro. É por isso que seu noivo está reclamando. O Régis opinou timidamente e você não quis entender e continuou fazendo o que queria.

— Mas eu pretendia que o casamento tivesse tudo isso. Tivesse todos os detalhes como planejei. Disso ele sabia e concordou — justificou Marcella. — O problema foi ter reclamado das minhas escolhas somente agora.

— Se seu noivo sabia, não pode reclamar — concluiu Bárbara. — Mas isso mostra com quem você vai se casar. Ele vai sempre manipular a situação para colocar a culpa em você.

Marcella ficou pensativa e Antonella comentou:

— Estranho o Régis propor adiar o casamento, não é? — Sem pensar muito, acabou falando: — Parece que quer usar a morte do seu pai como pretexto.

Bárbara, que havia pensado nessa possibilidade, olhou para sua mãe e não disse nada.

Marcella, por sua vez, ficou mais intrigada ainda.

— Por que ele usaria a morte do pai como pretexto? A senhora acha que o Régis está em dúvida sobre se casar?
— Não sei, filha. Nem sei direito o que disse. Desculpa... Minha cabeça não anda boa...
Ninguém falou mais nada sobre o assunto, mas os pensamentos de Marcella causticavam em tudo o que o noivo havia dito.

Era uma manhã nublada quando Bárbara parou o carro frente à casa de sua mãe. Desceu do veículo e entrou.
Havia combinado de se encontrar com sua irmã, que precisava de companhia para comprar um carro e resolver alguns outros assuntos.
— A bênção, mamãe.
— Deus te abençoe, filha.
Nesse momento reparou que sua mãe estava bem abatida e estranhou.
Havia se passado um mês desde a morte de seu pai.
— A senhora está bem? Está pálida.
— Não estou muito bem não. Andei sentindo umas dores estranhas na barriga e nas costas que depois desce para as pernas. Mas a dor maior é na alma, minha filha... — chorou. — Era meu companheiro de todas as horas... Nunca ficava sozinha... Levanto, preparo a mesa pro café e fico esperando ele chegar, mas não acontece... — chorou. — À noite, pra dormir... Fico esperando ele deitar. Demoro pra perceber que terei de dormir sozinha... É triste, filha. Muito triste.
Bárbara não sabia o que dizer. Era capaz de entender aquela dor.
— A senhora marcou médico para ver essas dores?
— Ainda não. Vou esperar pra marcar pra depois do casamento. Se seu pai estivesse aqui, ele iria comigo. Era ele quem sempre me levava ao médico.

— Isso não pode esperar, mamãe.

— Tá... Vamos ver.

Bárbara não deixaria passar. Sabia que seria diferente a partir de agora. Precisaria dar mais atenção e cuidado para sua mãe. Falaria com Marcella.

Enquanto tomava café, a irmã chegou à cozinha. Cumprimentou-a com um beijo no rosto e foi logo se planejando:

— Primeiro nós vamos passar na gráfica. Vou pegar os convites. Já estão prontos. Depois vamos entregar o blusão do Murilo, coitado... — achou graça pela demora. — Daqui a pouco esse blusão vai dar cria — riu. — Bem que pedi a ele o endereço para enviar o blusão, mas não quis. Ficou decidido nos encontrarmos no Jardim Botânico. — Pensou um pouco e concluiu: — Depois vamos a alguma agência para ver se encontro algum carro.

— Acho que ele não quis dar o endereço dele por segurança. O cara é Promotor Público. Tem medo... Sei lá...

— Pode ser isso sim. De fato. Não devemos dar nosso endereço para estranhos. No lugar dele, eu faria o mesmo. — Um segundo e recordou: — Lembro que não queria pegar carona com ele até a delegacia. Tive o maior receio. Só aceitei por que a Nanda ficou com as fotos do carro que ele mesmo me viu tirar.

— Ainda bem que o seguro pagou direitinho — considerou Antonella.

— Por isso é importante fazer seguro bom. Às vezes, o barato sai caro. Mas vê se o próximo seguro você inclui um carro reserva — Bárbara sugeriu. — Que carro pretende comprar?

— Sabe... Eu estava até pensando em não gastar tudo que o seguro pagou. Pensei em comprar um seminovo. Com a sobra, eu poderia comprar algumas coisa ou deixar de reserva para o casamento, viagem...

— Não seja tola, Marcella! — exclamou a irmã. — Não vai se doar mais ainda para esse casamento! Lembre-se de que o casamento é de vocês dois!

— É porque nós vamos viajar e...

Foi interrompida:

— Por acaso o Régis vendeu o carro dele ou comprou um inferior para sobrar dinheiro para o casamento? Ah!... Faça-me um favor, né? Não seja boba! — tornou Bárbara.

— Sua irmã tem razão, filha.

— Ai... gente!... — Marcella se melindrou.

— Pare e pense! — pediu Bárbara.

Mesmo sabendo que as duas tinham razão, ela pareceu indecisa.

Vendo-a pensativa, a irmã disse:

— Vamos logo, vai. Temos de resolver tudo o quanto antes. Eu trabalho hoje à noite. Tenho a cobertura de um evento para fazer.

As irmãs se foram.

Após pegarem os convites na gráfica, como haviam planejado, foram para o Jardim Botânico para se encontrarem com Murilo.

Marcella e a irmã se sentaram no banco onde seria o local de encontro.

Passada uma hora do horário combinado, reclamou:

— Ele não mandou mensagem nem nada... Acho que surgiu algum imprevisto ou resolveu se vingar por tê-lo deixado esperando também. — Assim que disse isso, ouviu o tilintar do celular e olhou o aparelho. — Ah! Ele diz que está chegando. Está perto da portaria e vindo para cá.

— Que bom. Cansei de ficar aqui. Queria mesmo é dar umas voltas, fazer uma caminhada... Esse lugar é lindo! — Bárbara contemplou.

— Quando falou que não conhecia nem acreditei.

— Por incrível que pareça, não.

— Adoro esse lugar — Marcella admitiu.

— Comecei a adorar também... — confessou Bárbara, circunvagando o olhar na linda vegetação.

Alguns minutos e perceberam a figura de um rapaz surgindo em direção a ambas.

Murilo chegou exibindo suave sorriso.

Bárbara o encarou a certa distância e, novamente, seus olhos se imantaram ao ponto de sentirem uma energia percorrer seus corpos.

— Oi, Marcella! Tudo bem? — cumprimentou quando estava próximo e a beijou no rosto.

— Oi! Tudo e você?

— Estou bem — e olhou para a outra.

— Esta é minha irmã Bárbara. Lembra-se de que ela foi me buscar na delegacia?

— Como iria esquecer... Oi, Bárbara! Tudo bem?

— Tudo.

— Nossa! Hoje estou observando melhor. Vocês se parecem muito. O rosto é o mesmo.

— Deus estava economizando e usou a mesma forma — Bárbara riu com gosto.

— Não! Ele achou tão bonito que replicou — foi educado. — Só o corte de cabelo é bem diferente, mas vocês são, incrivelmente, parecidas.

— É o que todos dizem. Chegam a perguntar se somos gêmeas. Porém nossa voz é diferente e sou bem mais baixa que a Bárbara.

— É só usar um salto, Marcella... — sugeriu a irmã brincando.

— Por favor, desculpem-me pelo atraso. Surgiu um imprevisto de última hora.

— Aqui está seu blusão. Desculpe-me pela demora.

— Imagina... — disse pegando a sacola. — Aliás... Aceite meus sentimentos pela partida do pai de vocês.

— Obrigada — sorriu com simplicidade.

— Obrigada — Bárbara também agradeceu.

— Ele nunca esteve doente. Não tinha qualquer problema de saúde. Foi tão de repente... — Marcella considerou.

— É isso o que nos faz sofrer mais. Algo assim, tão de repente... E a mãe de vocês? Como está?

— É bem difícil para ela. Sempre a pego chorando escondido... — Marcella disse. — Com a aproximação do meu casamento, tudo fica mais difícil. Ela acha que vai ficar sozinha, que ninguém vai visitá-la.

— Não vai — Bárbara disse, sem que esperassem. Quando viu a irmã olhando para ela de modo surpreso, esclareceu: — Estou com planos de vender meu apartamento e voltar a morar lá com ela.

— Mas você vai abrir mão da vida livre com que tanto sonhou e conquistou? — Marcella quis saber.

— Primeiro, é uma boa causa. Ela é minha mãe e eu não tenho nem terei outra, pelo menos nesta vida. Segundo, vou poupar um bocado. Dessa forma, posso expandir minha empresa como quero. Terceiro... Minha mãe nunca será um fardo. Nós nos entendemos bem. Saí de casa, talvez, para me testar. Para ver do que eu era capaz. Conquistei minha empresa, um apartamento que não é tão grande, mas é legal! — ressaltou e riu, fazendo um jeito engraçado. — Tenho um carro do ano. Trabalho pra caramba! — riu alto. — Viajo muito. Quer dizer que já me testei demais.

A princípio, Murilo achou que Bárbara estava se autopromovendo, mas depois considerou e disse:

— Gostei de ver! Dedicar-se a sua mãe agora sabendo que, a qualquer momento, em qualquer fase da vida, é capaz de superar barreiras e se superar. Isso é autoconhecimento. Algo bem importante. Você é bem confiante. O que faz?

— Sou publicitária. — Pensou um pouco e comentou: — Deu pra perceber, né? Acabei de fazer a maior propaganda da minha vida, sem querer! — ofereceu uma risada cristalina, gostosa de ser ouvida. — Desculpe-me... — ficou sem jeito. — Tenho uma agência com duas sócias e, graças a Deus, tudo está dando muito certo. Se você tiver um negócio que quiser divulgar, fale comigo — sorriu lindamente. Abriu a bolsa, tirou um cartão e estendeu a ele.

— Vou me lembrar disso. Aliás... Se puder me dar mais um cartão...

— Claro! — estendeu outro.

— A esposa de um amigo meu quer divulgar os negócios dela.

— Que tipo de negócio?

— Não sei explicar direito... Ela faz tudo para temporada. Trabalha na linha culinária. Faz ovos de Páscoa na Páscoa, Panetone no Natal, sorvetes no verão, bebidas quentes no inverno... Ela quer alcançar empresas, fábricas que forneçam essas cestas para funcionários, estabelecimentos pequenos como supermercados... Algo assim.

— Peça para ela me ligar. Vamos agendar um horário sem compromisso. Verificamos o que quer alcançar de acordo com o potencial que tem. Sem publicidade nós não existimos.

— Verdade — ele concordou.

— Bem... Já que seu blusão está entregue... Precisamos ir. Já recebi o valor do seguro pelo furto do meu carro, mas, com tudo o que aconteceu, ainda não tive tempo de comprar outro. Hoje a Bárbara vai comigo a algumas agências de veículos para ver o que encontro. Não tenho a menor ideia ainda.

— Eu conheço uma concessionária de veículos aqui perto. É muito boa. Bem confiável. Sempre compro e troco meus carros lá. Não é longe daqui. Posso levá-las, se quiserem.

— Muito gentil da sua parte — Bárbara comentou e sorriu lindamente.

Mais uma vez, seus olhos se prenderam e disfarçaram.

— Então... Podemos almoçar, aqui, no Jardim Botânico mesmo. Depois vamos pra lá. O que acham?

— Aqui tem restaurante? — Bárbara quis saber.

— Quase ao ar livre. Passamos por ele lá atrás — a irmã lembrou. Depois disse: — Por mim, tudo bem. Se não for atrapalhar você, Murilo...

— De forma alguma!

Foram para o restaurante onde almoçaram e conversaram muito, estreitando a amizade. Logo após, seguiram o rapaz até a concessionária. Lá, ele as apresentou para um vendedor conhecido e logo se foi.

Capítulo 6

DEUS, ALICERCE DE TUDO

Após deixar Bárbara e Marcella na concessionária, Murilo se encontrou com Laura na casa dela.
— Oi. Tudo bem? — ela perguntou.
— Tudo.
— Pensei que chegaria mais cedo — a namorada disse, insatisfeita.
— Lembra da moça que roubaram o carro no Botânico?
— Lembro — envergou a boca para baixo sem que ele visse.
— Fui ao Botânico buscar meu blusão.
— O pai dela morreu... Não foi?
— Isso mesmo. Ela e a irmã foram lá me entregar o blusão. De lá iam procurar agência para comprar um carro. Então decidi apresentá-las ao Juvenal, o vendedor da concessionária onde sempre compramos nossos carros.
— Ah... Sei... — Laura esboçou um sorriso e comentou: — De uns tempos para cá você está mais solícito, benevolente, empático... Dando uma de bom menino! — foi irônica.

— Não custava nada ajudar. Gosto de fazer isso — defendeu-se, mas não aprovou o tom que ela usou.

— Pensei em sairmos um pouco.

— Quer jantar fora?... Teatro?... Barzinho?... Sair seria muito bom. Estou precisando.

— Não sei... — disse ela.

— Como não sabe? Foi você quem convidou — o namorado achou estranho.

— Estou me sentindo esquisita.

— Esquisita? — ele quis entender.

— Não sei o que quero.

— Estou com vontade de comer pizza. Pode ser? — Murilo sugeriu.

— Claro. Vamos. Mas preciso me arrumar.

— Vamos àquela pizzaria que eu gosto. A massa é bem fininha.

Laura concordou e foi para seu quarto.

O casal se encontrava na pizzaria que Murilo escolheu, quando o celular de Laura recebeu uma mensagem.

Ela leu e disse:

— A Edna e o Pascoal estão perguntando o que estamos fazendo.

— Já sei... — Sorrindo e disse: — Eles querem saber onde estamos e se dá para nos acompanharem?

— Deve ser isso. Você se importa se vierem para cá e ficarem com a gente?

— Não. De jeito nenhum. É cedo. Vamos esperá-los. Convide-os.

Laura respondeu à mensagem chamando os amigos para fazer-lhes companhia.

Quando garçom se aproximou para anotar o pedido, Murilo avisou:

— Estamos aguardando a chegada de alguns amigos. Então... Vamos pedir as bebidas e uma porção de fritas. Eu quero uma água com gás e limão espremido. — Virando-se para a namorada, perguntou: — Amor, o que vai beber?

Laura olhou-o com certa estranheza e respondeu:

— Eu quero um chope, por favor.

— Uma porção de fritas... Água com gás e limão espremido e um chope... — o garçom repetiu.

— Isso mesmo. Obrigado — ele agradeceu educado.

Logo que o rapaz se retirou, a namorada, ainda com ar de estranheza, observou:

— Reparei que você não está bebendo nada alcoólico nos últimos tempos. Aconteceu alguma coisa?

— Não — respondeu sem firmeza. — É que vou dirigir depois. Esqueceu?

— Ah... Verdade — porém, em seus pensamentos, Laura recordou que, em outras ocasiões recentes, Murilo parecia evitar bebidas alcoólicas. Mas não disse nada.

Enquanto aguardavam, ele comentou em tom inseguro:

— Eu vou tirar uns dias longe do serviço... É porque...

— Férias?! E não me falou nada?! Sempre tiramos férias juntos para viajarmos e... — Não esperou explicações. De imediato, quis saber, perguntando de um jeito ríspido: — O que está acontecendo, Murilo? Você está muito diferente!

Por causa da reação que a namorada teve, ele decidiu não explicar como queria, a princípio. Talvez, quisesse conhecer melhor suas reações.

— Estou me sentindo sobrecarregado no trabalho e preciso de uns dias. Estou com muita coisa na cabeça e... Gostaria de tirar um tempo para mim.

— Um tempo para você? Muitas coisas na cabeça? Ora! Não estou entendendo!

Todos nós emanamos energias características aos nossos pensamentos, sentimentos e práticas. Dessa forma, chamamos a atenção e atraímos espíritos com a nossa vibração.

Naquele instante, por sua irritação, Laura chamou a atenção de espíritos levianos do local.

— Olha! Olha aquela ali! Tá armando o maior barraco! — disse um espírito apreciando o que ocorria.

— Vamos lá! Vamos lá! — propôs o outro companheiro, achando graça e animado.

Ao lado de Laura, sem que qualquer encarnado pudesse perceber, começaram a prestar atenção na conversa e interferir.

— Laura... Estou cansado. Só isso — disse o namorado, fugindo-lhe ao olhar.

— Você só sabe dizer isso. Só fala que está cansado, mas não justifica. Não mostra a razão. Não diz o que é! Sempre tiramos férias juntos. Viajamos e curtimos muito. Agora marcou férias e nem me avisou! — zangou-se, falando baixinho.

— Chiiii, mina! Esse cara tá te enrolando. Tá com outras intenções e nem aí pro cê! — divertiu-se um dos espíritos inferiores.

— Dá uma dura nele! Mostra quem é que manda na relação! — pedia o outro.

— São só uns dias. Não vou viajar. Vou cuidar de outras coisas bem importantes para mim — tornou Murilo. — Por isso não te contei.

— Ah! Tenha dó!... Não queira me enganar! Diz isso agora, depois diz que apareceu viagem de última hora!

— No máximo, vou para a casa dos meus pais, no interior. Nada mais, além disso.

— Tá te enrolando, mina! Tá te enrolando! Vai logo! Faz ele passar vergonha! Fala alto. Tá falando muito baixinho por quê?

Olhando o namorado nos olhos, ela afirmou:

— Você está diferente, Murilo! Foi por causa do que eu fiz? Seja sincero! — exigiu firme.

— Não vou negar que fiquei muito chateado com o que você fez e... Ainda estou magoado. — Breve pausa e considerou: — Aqui não é um bom lugar para conversarmos a respeito desse assunto.

— Vixi! O que será que ela fez? Chifrou ele?! — gargalhou um dos espíritos.

— Não! Olha bem! Olha bem nela! Ela tem aquela marca. Ela abortou.

— Abortou? Ah! Se fez isso é porque quer aproveitar a vida. Olha que mulher bonita! Loirona, alta... Tem banca de inteligente. Uma criança só ia atrapalhar.

— Mas não sei por que é errado fazer isso — tornou o outro. — Todo mundo diz que é errado.

— Não é uma boa hora para termos uma criança! — ela sussurrou nervosa. — Não me culpe! — Laura exigiu.

A conversa entre os namorados não prosseguiu devido à presença do garçom, que chegou trazendo os pedidos.

— Obrigado — Murilo agradeceu. — Após o homem se retirar, falou a ela: — Tem muita coisa acontecendo e o que você fez não me agradou. Mexeu comigo.

— O corpo é meu! A vida é minha e... — tentou se defender, mas foi interrompida.

— Havia uma vida no seu corpo que deveria ter sido respeitada. Você não era dona dela! — disse firme, irritando-se.

— Foi por causa dessa sua postura que não te contei. Nós dois divergimos nesse aspecto.

— Tá bom, Laura. Vamos parar por aqui. Não é hora de termos esse tipo de conversa.

Ela pegou o copo e deu um grande gole na bebida, enquanto Murilo despejava levemente a água com gás na taça em que havia o suco de limão.

— Ele mandou você ficar quieta e você vai obedecer, mulher?! Qual é?! — influenciava um.

— É mesmo, mina! Mulher tem direito de falar! Ele te mandou calar a boca e vai deixar por isso mesmo?! Mostra pro cara que você não é submissa a ele! Diga alguma coisa, caramba! — incentivou o outro.

— Cala aí, meu! — tornou o primeiro. — Agora é que ela vai soltar a língua! Tá bebendo! — gargalhou. Aproximando-se mais ainda de Laura, aproveitou-se das energias da bebida como se a sugasse.

Sem demora, a namorada se manifestou:

— Não estou engolindo essas férias repentinas!

— Não são férias, Laura... — murmurou o namorado bem insatisfeito. — Eu não disse isso.

— Daqui a pouco vai me dizer que vai viajar e tchau! — tornou ela como se não o tivesse ouvido.

— E você, seu banana! Não responde nada? — influenciou um.

— Que droga, Laura! Dá pra parar? — o namorado exigiu firme, com volume baixo na voz.

— Não! Não dá porque não gostei. Sou sincera. O que não gosto digo na cara. Não gostei que tomou uma decisão dessas sem me consultar. Já estamos juntos há três anos!

— Você já disse que não gostou e eu entendo. Não precisa repetir. Além do que, o que eu omiti é bem mais simples do que o que você fez e não me contou — olhou-a firme.

— Vai continuar me acusando, não é? — falou baixinho, encarando-o.

— Vamos mudar de assunto? — Murilo propôs com calma.

— Não muda não, cara! Tá muito legal! Tô gostando de ver! — gargalhou outro espírito, que acabava de chegar e era simpatizante do que acontecia.

— Dê um jeito de suspender a droga dessas férias! — ela pediu, exibindo contrariedade.

— Não vou fazer isso. Não posso — respondeu ponderado.

— Vixi, mina! Não sei não! Vai ver tem mulher no meio! Acorda, sua idiota! — gargalhou. — Vai ver conheceu alguém mais interessante!

— Mais interessante do que ela? Duvido! — exclamou o outro. — Olha esse corpão! Esse decotão! Lindona! — expressou-se de modo vulgar.

— Mas vai que o cara curte uma aventura diferente! — gargalhou outro, zombando do casal.

Laura, entretanto, na faixa vibratória daqueles espíritos inferiores, disse:

— Ah!... Por acaso a sua nova amiguinha, a garota do carro roubado no Jardim Botânico, vai tirar férias também?

À medida que se contrariava e se deixava dominar pela irritação, mais era influenciada pelos espíritos sem instrução, inferiores e sofredores que ali se aglomeravam. Laura passou a ter pensamentos confusos e não coordenava as ideias.

Rapidamente, tomou toda a bebida do seu copo e pediu outra.

— Não vai comer nada? — Murilo perguntou em tom brando. Pegando uma batatinha frita, levou até a boca da namorada que, num gesto brusco, empurrando com a mão e virando o rosto, rejeitou: — Come uma batatinha — ele ainda insistiu.

— Já vou ter de comer pizza hoje e você ainda quer me entupir de batata frita? Quer que vire uma bola?

— Bebida alcoólica também engorda — comentou sem pensar.

— Vai querer controlar o que estou bebendo, vai? — retrucou estúpida.

Murilo respirou fundo e se jogou no encosto da cadeira. Deixou o olhar percorrer em volta. Talvez quisesse espairecer, tirar o foco. O clima junto à Laura não estava nada bom. A forma como ela reagia o aborrecia.

— O que foi? — a namorada perguntou.

— O que foi o que, Laura? — indagou insatisfeito.

— Que cara é essa? — exigiu.

— Gostaria que eu estivesse feliz depois do que conversamos? Só se fosse masoquista!

— E o que quer que eu diga? — ela quis saber ríspida ainda. — Quer que fique feliz por agendar férias sem me dizer nada?

Murilo não respondeu. Ficou em silêncio.

Na espiritualidade, havia uma farra para que as palavras fossem cada vez mais acaloradas.

O rapaz tinha domínio sobre si e continha qualquer expressão. Por essa razão, as coisas não pioraram.

Ao contrário de Murilo, Laura se torturava com pensamentos tumultuosos e infinitos detalhes na imaginação, que era induzida por espíritos irresponsáveis e inferiores.

Não demorou muito e os amigos que esperavam chegaram.

Tudo ficou diferente. Habilidosa, Laura disfarçou a hostilidade trocando-a por animação.

Já, Murilo, tinha um toque de aborrecimento e uma ponta de angústia no olhar, apesar do sorriso.

Naquela noite, mais ouviu do que falou.

Na casa de Pietra, o clima estava um pouco agitado.

Embora desejasse, ela não tinha firmeza para lidar com os filhos.

Hélio, marido e pai ausente, limitava-se a responder com acenos discretos e sorriso simbólico de quem não se preocupava nem um pouco com éticas e princípios. Para qualquer problema no lar, ele estava sempre ocupado demais e se distanciava.

Sua família ignorava seus projetos escusos. Cedia rapidamente aos desejos dos filhos, mais para ficar longe de seus pedidos do que por concordar com as solicitações.

Para ele, a família era uma mera figura decorativa a fim de ser reconhecido como o homem que tinha o título de esposo e pai.

Sua mulher negava-se a acreditar no que percebia. Pietra iludia-se. Culpava-se quando notava a ausência e o desprezo de Hélio para com ela e pensava que deveria compreendê-lo, pois de um homem trabalhador e muito ocupado, não poderia exigir.

— Eu vou assistir ao *show* sim! O pai vai deixar!

— Ullia, é longe, minha filha. Está tarde — Pietra tentava dialogar.

— Todas as minhas amigas vão! Por que só eu não vou?! Ah! Eu vou sim!

Naquele momento, Hélio chegou.

O bater da porta e o barulho da chave do carro anunciaram sua presença.

No mesmo instante, Ullia correu para junto do pai, mal beijou seu rosto e pediu:

— Pai! Pai! Deixa eu ir a um *show* com minhas amigas? Deixa? Vai! Vai! Vai!

— Oi, minha princesa. O que sua mãe disse?

— A Pietra falou que é tarde. Mas todas as minhas amigas vão. A Keila está organizando tudo. Nós vamos pra casa dela. A mãe dela vai levar a gente lá. Quando terminar, ela vai buscar. Deixa! Deixa!

Pietra se aproximou, cumprimentou o marido e perguntou:

— Você não acha tarde, Hélio?

— Ah... O que é que tem? A Ullia é muito ajuizada — afagou os cabelos da filha, que estava sentada no braço do sofá. Olhando-a nos olhos, afirmou: — Nós confiamos em você, filha. Não vá trair nossa confiança. Não se envolva com gente estranha. Nada de bebidas fortes nem vá fumar nada.

— Não aceite nada de estranho! — acrescentou a mãe. — Você está cansada de ver na televisão e na *internet* o que acontece a meninas e até a muitas mulheres que ficam conversando e aceitando coisas de estranhos.

— Sou muito esperta, mãe! Não vem com sermões não! — exclamou. Levantou-se rápido e correu para o quarto para se arrumar.

A sós com o marido, Pietra comentou:

— Acho que não deveríamos deixar...

— Ela é jovem. Precisa se divertir. A Ullia é muito inteligente. Ninguém vai fazê-la de boba.

— Confio nela, mas não confio no mundo.

— A Ullia precisa ter suas próprias experiências. Deixe a menina! — Hélio concluiu.

Pietra não disse mais nada, apesar de sentir seu coração apertar. Algo não estava certo. Porém, não escutou a si mesma. A filha era jovem demais para sair sozinha.

— Amanhã vamos almoçar com alguns clientes. Você sabe, não é mesmo? Fique linda e mantenha uma conversa suave. Observe tudo.

Aproximando-se, a esposa o abraçou pelas costas, mas o marido desvencilhou-se e, tirando o paletó, reclamou:

— Estou muito cansado. Preciso de um banho e descansar bastante. Esta semana foi difícil — dizendo isso, Hélio seguiu para a suíte do casal e ela o acompanhou.

— Você fez uma boa viagem, não foi?

— O voo foi tenso. Teve muita turbulência de Curitiba até São Paulo. Não gosto disso. Sabe como é...

— Mas deu tudo certo, não foi?

— Até que foi. Tenho certeza de que vamos ganhar essa licitação. Estou bem informado — sorriu.

Enquanto tomava banho, conversava com a esposa sobre detalhes da reunião.

Após vê-lo trocado, Pietra comentou:

— Pensei que fôssemos sair. Só nós dois, já que Dáurio foi para a casa do amigo e Ullia vai sair — sorriu com alguma esperança.

— Estou exausto. Já te falei. Hoje não vai dar.

Ela o abraçou e lhe fez um carinho.

Hélio beijou-lhe a cabeça, tirou da sua volta os braços que o envolviam e disse:

— O que mais quero, neste momento, é sentar na minha poltrona e relaxar. Você pode me preparar uma bebida?

— O que quer? — quis saber, sorridente.

— Um uísque com gelo. Só.

— Eu preparo.

— Ah... Pede algo pra gente comer.

— Tem alguma preferência, amor? — tornou ela, dengosa.

— Não. Você decide, meu bem. Estou exausto até para isso. Você entende, né?

— Claro... — aceitou e saiu para fazer o que precisava.

Muitas vezes, Pietra acreditava ser mais empregada do que esposa. Vivia servindo ao marido e não sendo sua parceira.

Mas logo que esses pensamentos chegavam, ela os mudava. Justificava-os de alguma forma. Acreditava ser fundamental para o sucesso de Hélio. Muito necessária para que ele ficasse bem. Dessa forma, o esposo seria bem-sucedido em seu trabalho e, consequentemente, teriam uma vida farta e próspera.

Hélio nunca se preocupava com ela e com os filhos. Muito menos com a casa. Para Pietra, ele vivia tão atarefado que não caberia mais nada em suas ocupações.

Porém, algumas vezes, passava-lhe pela mente que o marido não a valorizava. Nunca perguntou se ela estava bem, cansada ou sobrecarregada. Hélio nunca se importou com o que a esposa queria ou não. Fazia com que ela se apresentasse bem, que impressionasse os conhecidos e clientes em almoços, jantares e outras confraternizações. Nunca questionou se gostaria ou não de ir.

Como as irmãs mais novas, era uma mulher bonita naturalmente. Quando se produzia, chamava mais ainda a atenção.

Havia alguns meses que Pietra não se sentia bem. Experimentava um medo descabido, tremores, insônia, entre outras sensações que não sabia explicar.

Seu médico diagnosticou-a com estresse e encaminhou-a a um psiquiatra que lhe receitou medicação apropriada e orientou-a para fazer psicoterapia com um psicólogo.

Ela aceitou as indicações. Há mais de seis meses fazia psicoterapia uma vez por semana e tomava as medicações indicadas.

Sentia-se melhor, mas não estava no seu normal. Não bem o suficiente.

Ficou com vergonha de contar isso para a mãe e as irmãs. Em uma das sessões, a psicóloga questionou sobre isso.

— Você reconhece que sua mãe e irmãs são ponderadas e te amam. São pessoas que acredita estarem dispostas a te ajudar sempre. A respeito de não contar a sua mãe e a suas irmãs sobre seu estado emocional, você está com vergonha ou sendo orgulhosa?

Pietra retrucou:

— Por que estaria sendo orgulhosa?

— O orgulho é quando acreditamos ser superiores, infalíveis, perfeitos, incapazes de errar ou termos problemas. Quando assumimos ser imperfeitos, falíveis, iguais aos outros, estamos sendo humildes. Pense nisso.

Depois dessa conversa, ela ficou contrariada com a psicóloga. Até faltou às sessões seguintes, arrumando desculpas. Não gostou de ser alertada para refletir sobre suas crenças.

Se você não pensa em agir diferente, tudo permanece como está.

Não mudando a forma de pensar e agir, continuamos reféns das circunstâncias.

Dessa forma, Pietra seguia enganando-se, muito embora sua ansiedade e momentos depressivos mostravam-lhe que era preciso mudar.

Sandro e a esposa discutiam.

— Ela não vai comer mais nada doce e acabou — Patrícia era firme ao falar com o marido.

— O que tem de mais dar um doce para a menina?! Aquele vidro lá no armário está cheio!

— Não é pelo simples fato de ter ou não ter doces em casa que vou satisfazer os gostos da Thaís. Ela já ganhou o mesmo que o irmão. Chega. Pronto. Acabou por hoje. Ninguém vai morrer se ficar sem comer doces. Além do que, já é tarde demais. É hora de ir dormir.

— Eu vou dar um doce para ela — disse Sandro que andou alguns passos em direção à cozinha.

Firme, Patrícia colocou-se à frente dele e se posicionou, pedindo:

— Não faça isso, Sandro.

No mesmo instante, a pequena Thaís de cinco anos choramingava para que o pai se comovesse e seu desejo fosse atendido.

— Não vê que ela está chorando?! — o marido perguntou.

— Choro desse tipo não mata. Nunca matou! Temos de dar limite aos nossos filhos desde pequenos. Criança precisa ouvir não e obedecer. Precisa entender que nem tudo o que deseja pode ser realizado. Não é não e pronto. — Voltando-se para a filha, aproximou-se e se abaixou, ficando bem perto. Olhando-a nos olhos, em tom brando, porém firme, explicou: — Thaís, você já comeu muito doce por hoje. Comeu o mesmo tanto que seu irmão. A mamãe não vai te dar mais nada. Se quiser chorar, chore. Vá para sua cama agora.

A garotinha esperando que o pai a defendesse, sapateou forçadamente e, com voz esganiçada, chorou e gritou:

— Mas eu quero! Eu quero agora!

Procurando manter a calma, Patrícia disse firme:

— Não! Vá para sua cama agora! Estou mandando!

A pequena Thaís deu um grito agudo e se virou. Passando perto da mesa da sala de jantar, a menina puxou a ponta da toalha e algumas louças que estavam em cima, foram ao chão, provocando forte barulho.

Sem pensar duas vezes, Patrícia foi atrás da filha, que seguia pelo corredor. Segurou-a pelo braço e a fez voltar, exigindo firmemente:

— Vá pegar tudo o que você derrubou!!! Agora!!!

Enquanto a mãe foi até a área de serviço, pegou uma lixeira e levou-a para a sala, Thaís ficou olhando para o chão.

— Pegue cada caco, cada pedacinho quebrado e jogue no lixo. E cuidado para não se cortar ou eu te bato!

— Você está ficando louca?! Vai deixar uma criança de cinco anos mexer com vidro?! — Sandro esbravejou.

— Se ela é capaz de quebrar é capaz de limpar também. Se não educarmos nossa filha agora, é o mundo que irá fazê-lo mais tarde, sem dó nem piedade! Se uma funcionária fizer isso em uma das lojas será demitida, não será? Estou ensinando a Thaís a se colocar no lugar dela desde já! — falou segura de si.

Contrariado, Sandro foi para o quarto e nada mais disse.

Voltando para a filha, Patrícia exigiu que pegasse os cacos maiores das louças quebradas. Em determinado momento, pediu para a menina parar. Ela mesma pegou pá e vassoura e recolheu o resto com bastante cuidado. Em seguida, fez Thaís levar a lixeira até a lavanderia. Ao vê-la retornar, sentou a garotinha de castigo em uma cadeira dizendo que permaneceria ali enquanto ela mesma terminasse de fazer todo o serviço que ainda tinha de realizar antes de dormir.

Conversando, falou que tudo poderia ser diferente se ela tivesse, simplesmente, obedecido. Mas não. Sua rebeldia piorou a situação. Não bastasse, decidiu que a filha não comeria doces por uma semana para aprender com a lição.

Thaís demonstrava-se magoada com a mãe, mas aceitou.

No final de mais de trinta minutos, Patrícia deixou-a sair do castigo. Mandou-a para o banheiro antes de dormir e a filha obedeceu.

Em seguida, foi para o quarto das crianças e disse:

— Sente-se, Thaís. Vamos fazer a prece do Papai Nosso antes de dormir — sentou-se ao lado dela.

A menina ficou calada.

— Vamos. Estou esperando você orar.

Mesmo contrariada, ela obedeceu.

Quando ia se deitar, a mãe lembrou:

— Peça a bênção para a mamãe.

— A bênção, mamãe.

— Deus te abençoe. Que Jesus te ilumine e Santa Maria te proteja — beijou-a. Assim que a viu deitada, cobriu-a.

Foi até a outra cama do filho Enzo, que dormia, cobriu-o e murmurou:

— Deus te abençoe, Enzo. Que Jesus te ilumine e Santa Maria te proteja.

Somente depois, foi para o seu quarto onde o marido, contrariado com ela, mexia no celular.

— Amanhã vamos à missa das 8h. Vou colocar meu celular para despertar às 6h.

Sandro não disse nada por um bom tempo. Depois perguntou:

— Vamos até a casa da minha mãe depois da igreja?

— Vamos sim. Tenho de lembrar de levar alguns potes de plásticos, que são dela que estão aqui em casa.

— Não gostei do que você fez com a Thaís.

— Sandro, não podemos mimar nossos filhos, dando a eles tudo o que querem e na hora que desejam. A Thaís está sem limites. Ela é geniosa por natureza, mas não pode continuar assim. Ela está ficando chata, mandona, intrometida, exigente... Ouvi várias queixas da professora sobre o comportamento dela na escola. Precisamos educá-la para que não sofra mais tarde.

— É só uma criança!

— Por isso mesmo. Por ser somente uma criança ela precisa aprender. E o lugar de fazer isso é em casa, com pequenas coisas. Ela e o Enzo já haviam ganhado o doce. Foi igual para os dois. Ela pediu mais e eu neguei. Disse que só amanhã. Aí, escovei os dentes deles e os coloquei para dormir. Nossa filha não se contentou, voltou e pediu mais para você. Está errado. A Thaís estava querendo desafiar a minha autoridade.

— Ora! Que é isso! Ela é só uma criança. Não pensaria nisso.

— Será? Se não pensou e não planejou, agiu por instinto e me desafiou da mesma forma. Está errado. Precisa aprender a me respeitar e obedecer. Ela errou. Estou ensinando quem manda. Estou ensinando a respeitar a decisão de quem sabe mais do que ela. Dessa forma, saberá obedecer e ter limites a vida toda.

— Achei que você exagerou.

— Filhos precisam respeitar os pais. Outro dia vi a Bárbara falando sobre isso. Partilho da mesma opinião que ela. O respeito vem antes do amor. É provável que, no momento e até daqui a alguns anos, a Thaís não entenda e ache que fui injusta. Mas, um dia, com certeza, vai crescer, amadurecer e saber o quanto isso foi importante. — Vendo-o quieto, disse: — Olhe como os seus sobrinhos, a Ullia e o Dáurio, são. Os pais dão tudo para eles. Permitem tudo! Observe como são adolescentes chatos, arrogantes, exibidos, mal--educados... Você mesmo já disse isso. Eles chegam à casa da sua mãe, onde todos estão reunidos e não cumprimentam a ninguém. Quando o fazem, dão um oi geral e dizem: e aí? E viram as costas. Como vai ser mais tarde se não aprenderem a se comunicar como gente civilizada? O que podem receber da vida por toda essa insolência? Cuidado com o que oferece aos outros, a vida devolve tudo o que você dá.

— Meu pai sempre foi opressor. Exigia de mim e das minhas irmãs que fôssemos educados. Cumprimentássemos a todos... Chamava a minha atenção na frente de todo o mundo só para mostrar que era o pai que repreendia os filhos. Eu odiava isso.

— Sabendo disso, por que esperava ele chamar sua atenção? Por que não chegava e cumprimentava todos como deveria?

— Mas não foi só isso. Ele exigia que fôssemos à igreja todo domingo. Batizado, Primeira Comunhão, Crisma... Eu não gostava. Mesmo assim, tinha de ir.

— Se hoje você sabe se apresentar, se comportar, falar, tratar bem as pessoas... Se hoje é um homem educado, deve ao seu pai. — Sandro olhou-a de modo estranho. Talvez não tivesse pensado nisso. Sem demora, Patrícia disse: — Se seu pai não tivesse colocado freio em você, muito provavelmente, você seria outro tipo de pessoa. Vou te contar uma coisa. Comecei fazer faculdade de Pedagogia, depois larguei e fui fazer Administração de Empresa. Você sabe. Eu nunca vou esquecer a aula de uma professora que contou o seguinte: foi realizada uma pesquisa em vários países de todo o mundo, incluindo o Brasil. Países da Europa Oriental, Ocidental, África... ou seja, países de diferentes níveis sociais, cultural, religião, economia... A pesquisa visava descobrir porque alguns jovens, em torno de vinte a vinte e dois anos, eram suscetíveis ou que tinham uma predisposição a se envolverem com drogas, sexo promíscuo ou troca frequente de parceiros sexuais ou prostituição, transtornos sexuais ou tudo isso junto. Enquanto outros jovens da mesma idade não. O que explicava um jovem se inclinava para esse tipo de vida e outro não? O que explicava um jovem ter comportamento sexual transtornado e outro não? A pesquisa foi bem séria e profunda. Descobriram que não era a classe social, não era a cultura, não era a religião, não era a etnia, tão menos a economia familiar. Nenhuma dessas coisas eram importantes. Mas, surpreendentemente, um padrão apareceu e impressionou os pesquisadores. Havia algo que diferenciava os jovens que não se envolviam com drogas e nem eram vulneráveis ao comportamento sexual desequilibrado. Foi uma descoberta impactante. Independente do país, das condições financeiras, da cultura, da religião, da classe social desses jovens. Todos eles, até os seis ou sete anos de idade, junto com seus pais, frequentavam suas igrejas, sinagogas, mesquitas ou casa de oração, algum templo religioso ou filosófico. Independente de serem budistas, protestantes, mulçumanos, hindus, católicos, protestantes, espíritas, cristãos de uma forma geral... Quando crianças, eles frequentavam, assiduamente, uma religião ou filosofia junto com seus pais. O que intrigou esses cientistas, muitos deles ateus, foi descobrir que algo ensinado a uma criança na primeira e segunda infância exercia um poder tão forte que era capaz de fazer com que aquela criança levasse isso para a juventude e fase adulta. Diferentes religiões, até seis ou sete anos, gera no jovem a competência de enfrentar à tentação das drogas, do sexo vulgar. Entendeu o poder disso? — Não houve resposta. — Alguns desses jovens que, por infelicidade, não venceram a tentação eram capazes de sentir culpa, sentir que tinha algo errado naquilo e conseguiam, em seguida, negarem-se novamente à experiência. Eram poucos, tipo... um em mil, que cediam à tentação, ao desequilíbrio, mas isso era gerado por outros problemas como agressões físicas na infância, abusos sexuais que os pais ignoravam... ou seja, as crianças que tinham uma vida entendida como normal, aprendiam sobre religião e frequentavam uma, viviam a religiosidade em casa, não se desequilibravam.

Patrícia ofereceu breve pausa, quando observou Sandro pensativo.

Não demorou e o marido se pronunciou:

— É curioso. Não sabia disso. Sempre achei que não deveríamos insistir para nossos filhos irem à igreja.

— Da mesma forma que crianças precisam de escola, elas necessitam de religião. Seja católica, espírita, protestante... Não importa. É indispensável levá-los, insistir para que conheçam Deus de alguma forma. Aquele que não se abastece com ensinamentos para a alma, será um fraco diante das lutas e pode perecer na batalha mais suave. Dizer não às drogas é tão fácil, não é? Dizer não ao sexo promíscuo é tão fácil, não é? Por que será que nossos jovens não têm forças para dizer esse não? — Diante do silêncio, ela respondeu: — Para garantirem os falsos amigos que oferecem tudo isso, não é?

— Provavelmente — ele concordou, reflexivo.

— Mas, por que será que esses jovens não encontram outros tipos de amigos? Por acaso na casa de oração que frequentam não têm? Ah!... Provavelmente eles não frequentaram ou não frequentam. Então eles vão procurar em outros lugares. — Breve pausa e observou: — É interessante como as campanhas contra as drogas de muitas emissoras de TVs e meios de comunicações não divulgam essa pesquisa. Talvez, por medo de as pessoas se tornarem religiosas e deixarem de assistir a baixarias dos entretenimentos que dispõem ao público. Chego a pensar que certas emissoras recebem dinheiro de traficantes para patrocinarem determinados programas lixos que passam em horário nobre. Eu não assisto. Quando coloco na missa daquele padre, que gosto tanto de assistir, imagino anjos no meu lar, abençoando minha família, protegendo nossos filhos. Se coloco em programas nojentos, serão entidades daquele tipo que estarão na minha casa, transmitindo suas energias para mim e minha família. Outro dia o padre falou isso.

— Você está exagerando.

— Eu me sinto bem assim. Os pais têm o dever de apresentar Deus aos filhos da mesma forma que os levam para a escola, quer o filho queira ou não. É quando pequeno que eles aprendem padrões de comportamento e um processo chamado identificação. Eles começam a desenvolver responsabilidades, independência e gostam de exploração, descobertas. Por que não ensinar a descobrir Deus? Deus é o alicerce para todas as lutas na Terra. Precisamos tomar cuidado com o que disponibilizamos para os nossos filhos. Eles não estão maduros para muitas coisas, principalmente, para a televisão. Podemos, na infância, causar-lhes perturbações, conflitos e dores para uma vida toda. Deus vai nos responsabilizar por isso.

— Às vezes, acho você religiosa demais.

— Melhor assim — disse e ofereceu um sorriso suave. — Vamos dormir que já está tarde. Vamos levantar cedo. — Inclinou-se e o beijou dizendo: — Boa noite. Durma com Deus.

— Boa noite.

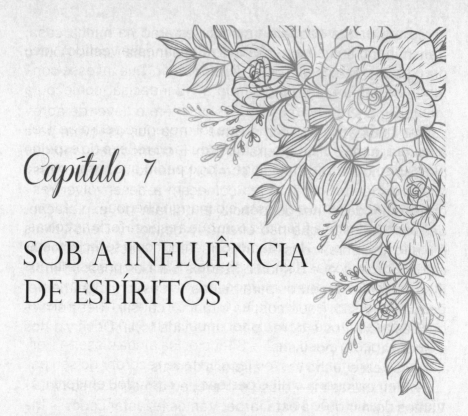

Capítulo 7

SOB A INFLUÊNCIA DE ESPÍRITOS

Na manhã seguinte, Patrícia acordou cedo como de costume. Preparou o café e arrumou as crianças.

Quando Sandro chegou à cozinha, cumprimentou-a com um beijo e depois beijou as crianças.

Sentando-se, comentou:

— Gostaria de ter sua disposição para levantar cedo.

— Acho que é costume. Nunca soube o que era dormir até tarde — disse e ofereceu um sorriso. Ao terminar de dar o desjejum para Enzo, o filho de três anos, pegou-o e foi saindo, dizendo: — Assim que terminar, vem pro quarto, Thaís. A mamãe vai separar a roupa pra você usar. — Lembrando-se, avisou em tom de brincadeira: — Sandro, a louça do café é toda sua, amor! — desfechou com graça.

Logo depois, no quarto, arrumou Enzo e o deixou distrair-se com um brinquedo, enquanto propunha para a filha uma roupa que agradasse. A menina não havia gostado do que ela escolheu.

— Eu quero o vestido vermelho.

— Filha, hoje não está calor. Para usar esse vestido, você precisa usar uma blusa. Não vai combinar. Que tal esse conjunto aqui? — mostrou. Quando a viu indecisa, começou a vesti-la.

Thaís se conformou com o que foi oferecido pela mãe. Depois de arrumá-la, elogiou e mostrou-a no reflexo do espelho para ver o quanto estava linda. Logo pediu que fosse para a sala.

Patrícia se vestiu depressa e o marido chegou.

Sandro admirava a rapidez com que a esposa fazia as coisas, mas não disse nada. No entanto, comentou como se reclamasse:

— Poderíamos assistir à missa das 10h. Não precisaríamos acordar tão cedo aos domingos.

— Mas teríamos o dia mais curto. O domingo não renderia.

— Nossa... Você está falando igual ao meu pai.

— Não gosta disso, né? — Silêncio. Ela ainda disse: — Percebo que, muitas vezes, eu faço você se recordar do seu pai.

— Meu pai queria o filho perfeito! — ressaltou em tom irônico. — Mas eu não sou.

— Acho que seu pai queria que você desse o melhor de si. — Breve pausa e contou: — Uma vez ouvi uma história que era mais ou menos assim: havia dois irmãos gêmeos cujo pai era alcoólatra. O homem bebia muito. Não conseguia parar. Perdeu o respeito da família e dos mais próximos. Ele morreu e os filhos cresceram. Um deles se tornou alcoólatra e o outro não. Quando perguntavam para o primeiro: por que você bebe? Ele dizia: porque meu pai era alcoólatra. Quando perguntavam para o segundo, que vivia sóbrio, era um homem respeitoso e respeitado: por que você não bebe? Ele respondia: porque meu pai era alcoólatra. — Olhando para o marido, que não disse nada, Patrícia comentou: — O que os outros fizeram a você não importa. O que importa é o que você fará com isso. Seu pai já está morto, Sandro. Reconcilie-se com ele agora.

— Eu conversava com o meu pai! Íamos lá... Nós nos falávamos.

— Então, por que essa mágoa no seu coração? Joga fora! Agradeça as broncas, as corrigendas, a casa, a cama, a comida... Agradeça tudo o que ele te deu. Pense diferente. Essa mágoa só vai te trazer coisa ruim.

— Que mágoa? Não tenho mágoa nenhuma.

— Então, por que sempre reclama que seu pai te corrigiu, foi duro com você, que te fazia levantar cedo no domingo e muito mais...? Por quê? Ele fez o melhor que podia.

— Ah! Para com isso! — enervou-se. — Vamos logo para essa porcaria de missa que você faz tanta questão!

Patrícia se sentiu ferida, decepcionada, mas não reclamou e ainda lembrou:

— E de lá vamos até sua mãe. Prometemos almoçar lá hoje! — lembrou-o.

Desde o falecimento de Enrico, era a primeira vez que todos os filhos, genros, netos e nora se reuniam para o almoço de domingo.

Antonella ficou feliz ao ver todos ali reunidos. Apesar disso, uma tristeza dilacerava seu coração: a ausência do marido.

Quando todos estavam acomodados em torno da grande mesa de refeição, as conversas se cruzavam, mas se entendiam.

O lugar do patriarca, à cabeceira da mesa, estava vazio.

No lugar, pairava a dor áspera e silenciosa da saudade.

Demorou até Marcella perceber uma lágrima no rosto de sua mãe.

— Mãe... Não fica assim.

E foi aí que todos notaram a matriarca entristecida.

— Dona Antonella, não fica assim não. Todos nós estamos aqui! — Cláudio, marido de Graziella, falou em volume alto na voz forte, querendo animá-la.

O esposo de Pietra, por sua vez, tentou lembrar:

— Melhor deixá-la quieta. Vamos falar de outras coisas — disse Hélio bem baixinho, só para o cunhado a sua frente ouvir.

— Mãe? Foi a senhora quem fez esse molho? — mesmo sabendo, Pietra perguntou, concordando com as considerações do marido. Ao ver a senhora acenar positivamente com a cabeça, ainda falou: — Está uma delícia! Acho que foi um dos molhos mais gostosos que já comi.

— Ontem cedo, ela já estava preparando esse molho — Marcella contou. — Quando voltei do trabalho, já tinha tanto molho preparado, parecia que ia vender — riu.

— Ela fez o molho a mais pensando em mim, não foi mamãe? — Bárbara brincou para vê-la sorrir.

— Fiz três vidros para cada uma levar.

— É sério mesmo que a senhora tira a pele e as sementes de todos os tomates?! — Hélio indagou para que a sogra interagisse mais.

— É sim. Semana passada fui lá na barraca de tomate, na feira, e encomendei os mais maduros. Essa semana eles trouxeram e fiz uns cinco litros de molho.

— Está ótimo, dona Antonella! Ótimo! Com essa massa então!... — tornou o genro.

— A massa fiz hoje cedo. A Marcella me ajudou — explicou a mulher.

— Ou eu levantava cedo para abrir massa ou a mãe me derrubava da cama. Por isso, estou liberada de arrumar a cozinha depois do almoço! — Marcella ressaltou e riu.

— E o carro novo? Comprou? — perguntou Cláudio.

— Ontem eu e a Bárbara fomos a uma agência muito boa indicada por um conhecido. Fechei negócio sim. Vai ser surpresa. Não vou falar a cor nem o tipo — Marcella disse de um jeito engraçado.

— Não vai me dizer que pegou a mesma cor e tipo! — Cláudio falou.

— Não. Resolvi mudar. Carro novo, vida nova! Peguei um Honda Civic na cor preta — ela revelou. Não aguentou guardar segredo.

— Carro preto é muito bonito — Patrícia considerou. — Eu gosto.

— É bonito, mas a sujeira aparece com mais facilidade — Sandro opinou.

— Cadê seu noivo? O Régis anda muito sumido, hein — Cláudio perguntou.

— Conversei com ele agora há pouco. Está no Paraná fazendo uma matéria. Esta semana deve voltar para São Paulo — a cunhada respondeu.

— E o Naum, Bárbara? Virá mais tarde? — Cláudio se interessou.

— Não sei do Naum. Terminamos.

Ao ver Bárbara mexendo no celular, Antonella deu-lhe um tapa no braço e exigiu séria:

— Nada de celular à mesa!

No mesmo instante, Graziella olhou para a filha e disse:

— Isso serve pra você também, Sarah. Guarda esse celular.

A adolescente não fez cara de satisfação, mas obedeceu.

— Deixa a menina!... — Pietra opinou. Olhou para Ullia que nem viu o que tinha acontecido e mexia em seu aparelho.

— Não são minhas filhas — disse Antonella —, por isso não vou corrigir, mas são minhas netas. Acho que, como mães, vocês têm de ensinar. Assim eles serão mais educados. Vão obedecer aos chefes quando estiverem trabalhando... Nem tudo o que é feito dentro de casa é tolerado no trabalho ou no mundo. O respeito aos outros tem de existir.

— A Patrícia pode até concordar com isso, mas detestei ser criado de forma tão rigorosa — Sandro desabafou. — Eu não podia fazer nada. Não podia sair com meus amigos. Se saísse, tinha de voltar cedo. O pai sempre foi muito exigente. A primeira vez que cheguei aqui cheirando bebida alcoólica, tomei uns tapas na orelha!

— Agora não é hora de falar sobre isso, Sandro — alertou a esposa com bom-senso, falando baixinho.

— Não venha você me controlar. Já bastava meu pai!

— Você só é o homem que é, graças ao papai — Bárbara considerou falando firme.

— Isso é conversa mole! Não vem não, maninha! Quando ele também quis te controlar, você saiu de casa e se emancipou.

A conversa foi ganhando um tom ríspido, quase agressivo.

Toda a família ignorava o que havia na espiritualidade envolvendo, principalmente, os mais suscetíveis a energias daquele nível.

— Sem dúvidas eu saí daqui, mas nunca reclamei da educação e das condições que nossos pais nos deram — Bárbara afirmou. — Foi graças a isso que me sustento sozinha até hoje. Nunca fui ingrata à educação e às orientações recebidas. Foi isso o que me tornou uma pessoa melhor. Mais precavida, sensata e independente! Nunca reclamei do papai. Nem mesmo quando apanhei dele.

— E por acaso eu sou dependente? Não entendi o porquê de você falar isso! — tornou o irmão.

— Não, Sandro! — disse com voz alterada. — Você não é dependente, hoje, mas já foi. Apesar disso, só reclamava. Sempre reclamou. Quando se está sob o mesmo teto tem de obedecer às regras do líder, meu caro! — Bárbara sempre tinha um toque de ironia ao falar firme. — Sabe por quê? Porque quando se está sob o mesmo teto ou você aprecia, gosta de onde está ou não tem condições de se sustentar sozinho e por isso precisa calar a boca, aceitar as regras e se submeter.

— Eu tava cuidando da minha vida! Por isso não saí daqui!

— Ah! É?! Até que enfim admitiu que usou o pai e tudo o que ele te proveu! Para quem tinha tanto o que reclamar, você demorou muito pra sair daqui, não acha?! — tornou a irmã com exaltação.

— Vamos parar com essa conversa, pessoal! — Marcella pediu sem se intimidar.

— Não! Mas não vou mesmo! Quero saber o que a dona mandona da nossa irmãzinha tem mais a dizer sobre mim! — Sandro desafiou. — Vamos lá, Bárbara! Pode falar!

— Quer mesmo que eu diga o que estou pensando?

— Vamos lá! Pode falar! — tornou a desafiá-la.

— Você só reclamava e ainda reclama do papai, mas era ele quem te ajudava a pagar os estudos. Você morava nesta casa, comia da comida que ele comprava! Usava água, luz, telefone que ele pagava! Tinha roupas que a mamãe comprava com o dinheiro do papai! Você é um ingrato! Egoísta! Mal-agradecido! Ficou anos, depois de adulto, morando aqui à custa de nossos pais, fazendo a mamãe de sua empregada! E o que os dois ganharam em troca? Suas reclamações! Seus queixumes! Mal-agradecido! Ingrato! Saiu daqui dessa casa para se casar quando tinha trinta e cinco anos! Nunca ajudou em nada nas despesas! É um egoísta! Enquanto isso, foi guardando dinheiro, fazendo as coisas! Montando suas lojas!

— Quem é você para falar de mim, Bárbara?! Não é muito diferente de mim não!

— Ah!... Sou sim! Muito, muito diferente! Primeiro porque nunca reclamei de nada. Segundo que, assim que comecei trabalhar, ajudei um pouco em casa. Paguei as contas de água e luz, pois eram as maiores reclamações do papai por eu demorar no banho. Nunca fui egoísta!

— Se pagou essas contas foi porque quis! Se tivessem me dado para pagar eu tinha pagado.

— Mas ninguém me deu nem pediu nada! Fiz por iniciativa, coisa que nunca fez!

— Vamos parar, vocês dois! — Pietra exigiu. — Cada um é de um jeito e acabou.

— Cada um é de um jeito sim, mas não podemos admitir alguém reclamar injustamente do papai! Ainda mais na sua ausência. Ele não está aqui para se defender.

— Nesse ponto a Bárbara está certa — Opinou Marcella apoiando a irmã, mas dando continuidade a discussão.

— Quer dizer que você está contra mim também? — Sandro perguntou em tom irritado. — Todo o mundo agora decidiu ficar contra mim?!

— Presta atenção, Sandro... Queremos que enxergue que o pai não falhou com a gente. Tudo o que fez foi para o nosso bem — Graziella se manifestou. — Não é justo você falar mal dele.

— Não estou falando mal! Estou contando o que senti na pele! — Sandro reagiu.

— As exigências do pai mostravam o quanto ele se preocupava com a gente. É isso — tornou Graziella.

— Comigo ele nunca se preocupou muito. Às vezes, eu me sentia invisível — Marcella desabafou.

— Ai, Marcella! Qual é?! — Pietra exclamou. Não sabia que havia uma interferência espiritual ali que os induzia a brigar. — Você sempre se melindra com qualquer coisa.

— Qualquer coisa não!

— Isso é verdade. A Marcella sempre se melindra sim! — Sandro se manifestou ríspido.

— Discordo — Bárbara disse. — Ela está comentando algo sob a visão dela. É a opinião dela.

— Quer dizer que a Marcella pode ter a opinião dela e eu não? Foi isso o que entendi, Bárbara?! — Sandro indagou firme, sem sequer imaginar a grande influência espiritual negativa que atraia.

— São coisas diferentes. Não vem não! Você está reclamando do pai. Está sendo ingrato. Sempre foi mesquinho e egoísta. Só pensa em si mesmo. Cuidado, egoísmo costuma ser aperfeiçoado pelos praticantes! — respondeu a irmã de modo quase sarcástico que também ignorava envolvimento em vibrações espirituais inferiores.

— Ah! Cala a boca, sua... — Sandro não completou.

— Sua o quê?! — exigiu.

— Você se mudou daqui pra não dar satisfações do que faz naquele apartamento. Deve levar um e outro pra lá!... — o irmão acusou.

— Prova!!! Prova isso o que está falando!!! — Bárbara gritou.

— Seu mau-caráter! Sem-vergonha!

— Prova, então, que sou mau-caráter!!! — ele exigiu.

— Falou mal do próprio pai! Daquele que te ajudou a chegar a este mundo! Que te deu de tudo! Se isso não é ser mau-caráter, não sei o que é! — Bárbara se levantou e arrastou a cadeira, fazendo um grande barulho. Em um grito firme, exigiu: — Quero que prove o que falou de mim!!!

Começou uma grande e acalorada discussão.

— Você está errado, Sandro! Não pode falar assim da própria irmã! Bárbara nunca deu motivo! — Marcella defendeu enérgica.

— Tenho minhas desconfianças! Por que uma mulher vai morar sozinha quando tem pai e mãe? Até eu, que sou homem, saí daqui aos trinta e cinco anos!...

— Desconfianças não são provas! Você está errado! — Graziella também foi a favor da irmã.

— Quer saber? Eu falo o que quero, tá bom?! Se não gostaram, danem-se! — Sandro exclamou e levantou-se, caminhando pelo recinto.

— Ah! Eu tenho a ver com isso sim! Você está falando de mim! Está mexendo com a minha moral! Peça desculpas! Retire o que falou! Eu exijo!

— É cunhado... Você pegou pesado... — disse Cláudio, marido de Graziella.

— E quem é você pra chamar a minha atenção?! Vai lá tomar suas pingas! Sujeito folgado que sempre viveu aqui abrindo geladeira, comendo, bebendo e reclamando da marca da cerveja!

A briga se intensificou.

Aos poucos, um por um era envolvido na confusão. Irmãos e cunhados se levantaram. A refeição acabou esquecida nos pratos. Todos falavam ao mesmo tempo.

Patrícia, um pouco antes, sem que ninguém tivesse notado, pegou a filha Thaís e foi para o quarto, onde o filho menor dormia.

Quando escutou que a discussão ganhou proporções maiores, lembrou-se da sogra. Dirigiu-se até lá e, novamente, sem que ninguém percebesse, levou-a para o quarto.

Ninguém tinha dado atenção para o que a senhora falava. Sua voz não foi ouvida e ela chorou.

Começou a pensar no marido.

Acreditava que, se Enrico estivesse ali, os filhos não brigariam.

Em meio a tamanha discussão, Pietra pediu ao marido para irem embora. Hélio concordou. Pegaram os filhos Ullia e Dáurio e se foram.

Não demorou, Graziella procurou por Patrícia e sugeriu que convidasse Sandro para irem também. Ele e Bárbara estavam quase a ponto de se agredirem fisicamente. Ambos tinham personalidade muito forte.

A cunhada concordou. A custo, convenceu o marido a se retirarem.

Num impulso, Bárbara pegou suas coisas e também se foi.

Cláudio, por sua vez, sob o efeito de bebida alcoólica, ficou falando e se queixando, mesmo quando os demais já tinham saído.

Demorou algum tempo para ele e a esposa voltarem para casa.

Já era início da noite e Cláudio não parava de falar.

Depois que chegou a sua casa, decidiu beber mais ainda.

Havia se sentido ofendido por Sandro e também por outras opiniões que acabou ouvindo, enquanto almoçava na sua sogra.

— Só não quebrei a cara dele porque ele saiu logo dali! — Falou alguns palavrões. — Mas deixa ele! Deixa! Não vai faltar oportunidade de quebrar a cara daquele sujeito! O Hélio também é outro cretino, idiota! Arrogante de uma figa!

— Deixa isso pra lá, Cláudio. Esquece tudo isso — Graziella pediu.

— Vai ver você já sabia de tudo isso! Não sabia?! Vai ver você vai lá falar mal de mim pra eles!! — acercou-se da esposa.

— Vou fazer um café pra você — ela decidiu, temerosa.

— Eu tô te pedindo café?! Por acaso tá achando o quê?! — segurou-lhe o braço.

— Solta meu braço, Cláudio. Você está me machucando... — pediu com a voz fraca, sentindo-se intimidada.

O marido a segurou pelos cabelos, bem rente à nuca e a forçou contra a parede, pressionando o rosto da esposa. Apertando-a com seu próprio corpo, puxando-lhe os cabelos, sussurrou-lhe no ouvido, cuspindo e exalando cheiro de álcool enquanto falava:

— Tô machucando, é?! Tô machucando?! Agora você não tem mais o seu papai, né?! Pra quem você vai correr?!

Puxando-a, jogou-a novamente com força contra a parede, largou-a em seguida.

Graziella bateu na parede e caiu.

No mesmo instante, a jovem Sarah correu e se ajoelhou ao lado da mãe.

Quando Cláudio se aproximou para pegar a esposa, a filha gritou:

— Para com isso!!! Para!!! Você é um monstro!!!

Sem pensar, Cláudio esbofeteou a filha com força.

Quando viu o marido indo de novo à direção da adolescente caída, Graziella se levantou e o agarrou pelas roupas.

Cláudio deu-lhe vários tapas e socos.

Não bastasse, segurou-a pelos cabelos e chutou-lhe o ventre, o estômago e onde mais os chutes puderam pegar.

Sarah tentou detê-lo, mas não tinha força suficiente. O pai a empurrava.

Ao perceber a mãe sem reação, a menina pegou um objeto e acertou a cabeça de seu pai que, tonto, largou Graziella, que caiu no chão, parecendo desfalecida.

Cláudio cambaleou e mesmo assim foi à direção da filha que o atingiu novamente e só parou de bater quando o viu caído.

Sarah foi até sua mãe. Graziella estava inerte. A filha correu, pegou o telefone e ligou para a casa da avó.

Ao saber do ocorrido, Marcella enviou mensagem para Bárbara, relatando o fato e correu para a casa da outra irmã.

Logo ao chegar, Marcella ficou sabendo pela sobrinha detalhes do acontecido.

Indo para junto da irmã, ainda ao chão, viu-a se remexer e chorar.

— Cuidado, Grazi... Cuidado... Você consegue se levantar? — Marcella perguntou.

— Consigo... — sussurrou e foi se sentando.

— Venha... Cuidado...

Enquanto Marcella a ajudava a chegar até o quarto, Sarah foi abrir o portão para a outra tia que havia chegado.

Ambas quiseram saber o que aconteceu.

Após um breve relato, Bárbara decidiu:

— Precisamos ir ao hospital. Pegue a bolsa da sua mãe e...

— Não... Eu não vou...

— O que é isso, Grazi?! Olha pra você! Olha o seu rosto! — exclamou Marcella.

— Você não tem de querer. Você vai! — Bárbara reforçou.

— Não... Não vou... — falou choramingando e se deitou sobre a cama, chorando em seguida. O medo e a vergonha a dominaram.

Sarah aninhou-se ao lado da mãe e a abraçou.

— Onde está aquele canalha?! — olhando a sua volta, Bárbara quis saber.

— Bati nele com a estatueta de bailarina. Bem na cabeça. Ele caiu. Quando a tia Marcella chegou, ele deve ter saído pelos fundos.

— Covarde! Cachorro! Infeliz! Por que não ficou pra enfrentar a gente?! — tornou Bárbara furiosa.

— Vim correndo pra cá, assim que a Sarah ligou. Meu chinelo até arrebentou no caminho! — Marcella contou. Morava a duas quadras da casa da irmã.

— Quando estacionei, vi um homem andando rápido na calçada. Mas estava escuro e não deu pra reconhecer — Bárbara contou. — Procurando acalmar-se, sentou-se na cama ao lado da irmã e passou a mão em seus cabelos, fazendo um carinho. Depois, em tom brando, perguntou: — Por que não nos contou?

— Eu sempre quis contar, tia. Minha mãe não deixava — Sarah respondeu, chorando.

— Ele faz isso sempre — tornou a sobrinha.

— Não... — Graziella titubeou ao murmurar. — Foi só... — calou-se.

— Ora, Grazi! Pelo amor de Deus! Como pode se submeter a isso?! Você é uma mulher instruída! Trabalha! Tem seus próprios rendimentos!

— Parece fácil, mas não é, Bárbara... Tem muita coisa envolvida...

— Sempre que bebe meu pai ameaça a gente e, na maioria das vezes, bate na minha mãe — Sarah desabafou chorando.

— Precisamos ir à delegacia fazer uma queixa, Grazi. Isso não pode ficar assim — Marcella aconselhou em tom piedoso.

De imediato, sem que esperassem, a irmã reagiu com firmeza:

— Não! De jeito nenhum! Não vou fazer nenhuma queixa.

— Como não?! — Marcella indagou surpresa.

— Não posso. Não consigo. Por favor...

— Grazi, o Cláudio te agrediu! Ele bateu em você, na sua filha! Isso não pode ficar assim! — Marcella quis convencê-la. — Ele já fez isso outras vezes! Não vai parar!

— É verdade. Isso não pode ficar assim. Vamos à delegacia — Bárbara reforçou. — Quem agrediu uma vez, vai agredir de novo. Isso não tem fim até providências mais severas serem tomadas.

— Não! Não vou!

— E o que pretende fazer? — Bárbara perguntou zangada.

— Ele vai se acalmar. Vai ficar tudo bem... — respondeu chorosa.

As irmãs não conseguiram convencer Graziella a ir à delegacia fazer uma queixa contra o marido pelas agressões sofridas.

Também não tiveram como tirá-la de casa junto com Sarah.

Graziella decidiu ficar ali junto com a filha. Acreditava que Cláudio faria como sempre. Retornaria mais calmo, envergonhado pelo feito. Pediria desculpas e prometeria nunca mais reagir daquela forma.

Agora, talvez, por saber que suas irmãs estavam cientes das agressões, a esposa acreditava que ele ficaria intimidado e não faria mais aquilo.

Depois de muito tempo ali Marcella e Bárbara retornaram para casa.

Acharam melhor não comentarem nada com sua mãe. Antonella já estava abalada demais.

Ao deixar a irmã frente a casa onde morava com a mãe, Bárbara perguntou:

— Você agendou a consulta para a mamãe? Lembra que te falei, né?

— Ah, sim. Agendei. Ia mesmo falar com você. Acha que dá para ela ir sozinha?

— Não. — Pensou e quis saber: — Para quando você agendou?

— Quarta-feira que vem. Às 8h.

— Eu a levo — Bárbara decidiu. — Estarei aqui às 7h.

— Obrigada. Eu não posso faltar.

— Deixa comigo — a irmã sorriu meigamente.

— Sobre a Grazi... O que você acha? — Marcella quis saber.

— Acho que vai ter de acontecer de novo e talvez de novo... Até ela tomar uma atitude ou ele matá-la.

— Credo, Bárbara!

— Isso é fato, Marcella! Não podemos ignorar! A Grazi está dominada pelo medo. Talvez não tenha dito nada antes por vergonha do pai, vergonha de todos nós... Por medo de encarar a vida sozinha. O medo é uma droga! Ele paralisa a gente. Ele nos deixa covardes. O medo do futuro, o medo de ficar só e não ter com quem dividir um problema ou dificuldade... Medo de não dar certo... Medo... Medo... Medo... Quando ela vencer isso, saberá como dar um basta. Vai acreditar em si mesma e encarar a vida sozinha. Aí vai descobrir que é mais fácil viver só e muito mais difícil viver junto com alguém problemático. Só que para isso, talvez, seja ainda mais agredida e até corra risco de morte. — Olhando para a irmã, ainda disse: — É lamentável não podermos fazer nada.

— Vamos orar.

— Sim, vamos orar e fazer a nossa parte. Falar com ela quando tudo estiver mais calmo e orientá-la. — Inclinando-se, beijou-a no rosto e avisou: — Agora tá tarde. Preciso levantar cedo. Manda mensagem... Fica com Deus.
— Você também. Tchau.

Capítulo 8

GRANDE DECEPÇÃO

Os dias foram passando...

Sem que soubessem, um envolvimento espiritual, provocado por espíritos nada simpáticos à família, começava a fechar o cerco. Iriam se aproveitar de qualquer situação para envolvê-los a tomar as piores decisões. Desejavam incliná-los as mais baixas paixões, aos vícios morais e físicos. Eles se empenhariam para aproveitarem de todas as oportunidades, nublando seus pensamentos, cegando-lhes a fé e a esperança.

Como se nada houvesse acontecido, Sandro foi procurar por Bárbara, explicando o que estava ocorrendo.

Sem guardar mágoa, ela ouviu com atenção.

— Fui pegar a documentação da casa do pai para fazer o inventário e descobri uma coisa.

— O quê? — ela quis saber.

— A casa do pai ainda está no nome do nosso avô. O nosso primo, o Aurélio, está cuidando da documentação da casa do tio Salvador e do terreno ao lado da casa do pai. Acontece que uma construtora está muito interessada em comprar a casa do tio Salvador, o terreno ao lado, que fica entre a casa do tio e do pai e agora também está interessada na casa do pai. Eles têm condições de mexer com essa documentação antiga e que está bem irregular. Se fizermos por conta própria, vamos gastar muito e teremos trabalho demais. Eles têm prática nisso.

— Você está querendo vender a casa do papai?! — surpreendeu-se. Aquilo não tinha passado por suas ideias.

— Seria melhor, Bárbara! Pense! Aquela casa é velha. Nem tem laje, é de estuque. Tem tacos no chão. Uma reforma ali, para melhoria, ficaria uma fortuna. Teremos de erguer colunas, mexer na fundação... Mexer em tudo!

— Não sei... — titubeou.

— A casa do pai não tem valor algum. O que vale ali é o terreno. A intenção da construtora é derrubar tudo e fazer um condomínio com sobrados. Está muito em moda hoje em dia.

— A mamãe mora ali desde que casou. Não sei... — ficou em dúvida.

— Pensa comigo, Bárbara! Mesmo se a mãe continuar morando ali, aquela casa vai precisar de melhorias o quanto antes. Quem vai bancar? — Esperou um instante e prosseguiu: — Precisamos falar com ela. Pelo fato da mãe dar muita atenção a você e a Marcella, achei por bem falar com você antes. Vocês duas podem convencê-la.

— Eu estava pensando em morar lá depois que a Marcella se casar. Vender meu apartamento...

— Faça o contrário. Leva a mãe pra morar com você!

— Não é uma boa ideia. Aquele apartamento é muito pequeno para duas pessoas, se uma for de idade, tiver suas manias de guardar coisas, colecionar objetos... Você já viu como a mamãe tem coisas? — Riu ao dizer: — Uma pessoa tem de pedir licença para outra para andar no meu apartamento. Ele tem cinquenta metros quadrados! Talvez meu carro valha mais do que ele — achou graça e expressou um jeito delicado.

— Não parece tão pequeno.

— É minúsculo, Sandro. Vou pra lá só para dormir. Por isso serve para mim. Mas para morar... Ainda mais a mamãe. Ela vai ficar o dia todo presa em cinquenta metros quadrados. Não... Não dá. É deprimente só de pensar.

— Mas aquela casa vai dar muito trabalho e gastos. Além da documentação que vai custar uma fortuna. Pensa!...

— Por esse lado você tem razão, mas... Não sei. Vamos ter de falar com a mamãe e com nossas irmãs. Não se esqueça.

— A Pietra não está nem aí. A Graziella tem de cuidar da própria vida. A Marcella só está preocupada com o casamento. Só restamos eu e você para decidirmos isso.

— E a mamãe, né? — lembrou.

— É... Também.

— Vamos falar com ela, Sandro. Não tenho opinião formada a respeito disso.

Assim foi feito.

— Então, mamãe, é isso — Bárbara explicou.

— Esta casa está velha. Precisa de muita reforma. Vai ficar bem caro, porque ela é muito grande. É a oportunidade que temos para vender — Sandro reforçou.

— Não sei... — Antonella ficou indecisa e profundamente triste. Circunvagou o olhar e observou toda a sala.

De fato a residência precisava de uma reforma.

Lembrou-se de que, há três anos, teve problemas com goteiras e Enrico mandou refazer todo o telhado. Ficou bem caro. Era a única coisa nova que havia ali. O teto de estuque. As paredes sem pintar há cinco anos. Era uma casa grande. Quatro quartos, duas salas, copa, cozinha e dois banheiros, uma área tipo varanda e lavanderia, além de amplo quintal em toda a volta.

Por enquanto ainda tinha Marcella morando com ela, mas, em breve, ficaria sozinha. Como uma viúva poderia cuidar de tudo aquilo?

— E o que faríamos depois de vendermos isso tudo? — Antonella quis saber.

— Podemos comprar uma casa menor, mas que esteja em ótimo estado e aqui no bairro mesmo ou até um apartamento. Com tudo pronto. Sem ter de reformar — Sandro sugeriu.

— Depois que a Marcella se casar, pensei em vir morar aqui, para a senhora não ficar só. Venderia o meu apartamento e investiria na empresa. Seria bom para mim e para a senhora. Mas... Com essa oportunidade de vender aqui, mamãe...

— Não descarte a ideia de vender seu apartamento, Bárbara. Compraremos uma outra casa ou apartamento que dê para você e para a mãe. Você mora com ela — incentivava Sandro, fazendo de tudo para convencê-las.

— Não sei, mamãe. É a senhora quem decide.

Sem ânimo, Antonella comentou:

— Não quero que, além de mim, vocês tenham mais encargos com essa casa velha. Vocês decidem.

Ao saber da proposta do irmão, Marcella relutou:

— Construtora não costuma pagar bem por um imóvel — lembrou. — Será que o Sandro não está sendo precipitado?

— Não sei. Não entendo muito disso. Mas... Quem compraria essa casa? — perguntou Bárbara, sem opinião formada.

— É uma casa velha, mas é grande. O terreno é enorme.

— O terreno tem valor. A casa não. Precisa de muita reforma, se não precisar derrubar tudo.

— Bem... O Sandro deve saber o que está fazendo — Marcella considerou.

— Estou com muita coisa acontecendo nesse momento na empresa. Não posso cuidar disso.

— Problemas? — a irmã quis saber.

— Quem não os tem? — Bárbara sorriu com meiguice e não respondeu.

— Também estou sobrecarregada com o casamento. A irmã do Régis quer dar convite para os padrinhos dos gêmeos!

— Diz não.

— É difícil, né. Isso me estressa.

— E o vestido? Fez a prova?

— Fiz! — sorriu. — Quando olhei no corpo... Ai! Ficou tão lindo!

— Que ótimo! — a irmã alegrou-se.

— Graças a Deus! — Marcella exclamou, olhando para o alto e unindo as mãos como em prece.

As irmãs conversaram mais um pouco sobre a venda da casa. Estavam inseguras, mas acreditavam que o irmão sabia o que fazia.

Bárbara já estava em sua empresa, cuidando dos assuntos de alguns clientes, quando foi procurada por um oficial de justiça, que lhe entregou uma intimação.

Estranhou. Assinou, confirmando o recebimento. Logo após a saída do oficial, abriu o envelope contendo a intimação e leu.

Ficou confusa, atordoada e sem saber direito do que se tratava nem sabia dizer se aquilo tinha cabimento.

— O que foi? — a amiga e sócia Vera perguntou.

— Recebi uma intimação judicial — praticamente murmurou.

— Se não deve nada... — disse e saiu de perto, tinha outros afazeres.

— Não mesmo... — murmurou. — Desgraçado! — xingou quando a amiga saiu.

Aquilo a incomodou profundamente. Uma angústia instalou-se no seu peito e a inquietação na sua mente. Sentiu raiva como nunca.

Muito interessado em negociar a casa de seus pais, Sandro fez com que as irmãs e a mãe lhe passassem procurações autorizando fazer toda e qualquer negociação e recebimento.

Assim foi feito.

O tempo foi passando...

Faltava somente um mês para o casamento de Marcella.

Os últimos preparativos estavam sendo arrumados quando ela e Reginaldo conversavam.

— Só falta a prova do bolo — a noiva lembrava. — Gostaria muito que você fosse comigo para escolhermos o sabor. Já escolhi o modelo. É lindo! Vai ver! Escolhi um que... — explicou todos os detalhes.

Quando parou de falar, Marcella percebeu que o noivo não tinha ouvido uma única palavra.

— O quê? — ele perguntou após longo silêncio.

— Falei um monte de coisa e você não ouviu nada?

— Não. Não ouvi — foi áspero e se levantou. Caminhou alguns passos pelo apartamento onde iriam morar.

— O que foi? Está preocupado com o quê? — indagou quase irritada.

— Estou preocupado comigo e com o que tenho pra te falar. — Ofereceu uma pausa e revelou: — Não dá, Marcella. Não quero me casar.

A noiva acreditou não ter entendido direito. Sentindo um torpor, pediu que repetisse:

— O que foi que disse?

Calmamente, Reginaldo encarou-a e falou bem devagar:

— Tem uma coisa me remoendo e... Preciso ser sincero. Não dá... Não posso me casar com você.

— Como? O que aconteceu? Eu preciso entender o que está acontecendo! — exaltou-se, inconformada.

— Faz uns meses que estou assim me remoendo... Não posso levar isso adiante.

— Por que, então, deixou que tudo acontecesse? Marcamos esse casamento há mais de um ano!!! — gritou. — Preparamos tudo!!

— Não! Não preparamos! Você preparou tudo! — exclamou ríspido.

— Mas foi você quem falou em nós nos casarmos!!! Como pôde mudar de ideia depois de tudo arrumado?!!!

— A ideia da gente se casar foi minha sim! Admito! Mas eu queria algo muito, muito simples! Gostaria de ter ido ao cartório e resolvido tudo. Um almoço para nossos pais e padrinhos e pronto! Mas não! Você quis festa! Um monte de padrinhos para cada um! Damas de honra! Sei lá mais o quê!

— Mas você não me impediu! Em nenhum momento me disse que não aprovava o que eu estava fazendo! Não! Não! Não! Não estou entendendo! Quer dizer que não está querendo se casar por que eu quis festa, vestido, bolo e tudo o que temos direito para celebrarmos o nosso casamento?! Se tivéssemos ido ao cartório, como você falou, nós já estaríamos casados e vivendo bem ou você estaria pedindo o divórcio?! Explique-se!

— Não sei, Marcella! Não sei! Talvez eu tivesse um comportamento diferente, se estivéssemos casados! Como vou saber?!

— Seja honesto, Régis! — rodeava-o, balançando a cabeça negativamente em um gesto nervoso.

Ele caminhou de um lado para outro, inquieto, e ela o acompanhava com os olhos. De repente, o noivo revelou:

— Eu conheci uma pessoa... Nós nos conhecemos e...

— Como assim?!

— Eu estava cansado. Estava de saco cheio das suas exigências! Veja isso! Vamos escolher aquilo! Vamos para o cursinho de noivos na igreja! Vamos ensaiar a dança dos noivos! Tem de sair bonito! Tem de ter luz, brilho e sei lá mais o que diabos você inventava a cada vez que a gente se encontrava! Estava cansado! Fora isso, era dinheiro e mais dinheiro! Dei um cartão meu para você e tive de ficar te mandando mensagens todos os dias por conta dos gastos! Você nunca se tocava!

— Por que não falou?!

— Falei! Falei, mas você não quis ouvir! Fazia voz de mimo... — Arremedou-a: — Ai, bem... só se casa uma vez... Vai ser um casamento lindo... — Silenciou por alguns segundos. — Gastamos uma fortuna neste apartamento só em decoração!!! Olha em volta! Olha tudo isso!!! Por que cortinas tão caras, feitas de sei lá o quê?! Por que sofás sob medida, de tecido de não sei o quê?! Eu já tinha um sofá que me servia muito, muito bem. É só um lugar pra sentar! Você comprou jogos caríssimos de banho, cama... Acho que são bordados a ouro de tão caros que custaram! Para quê?! São só roupas de cama e banho! Vão pra máquina de lavar! Eu falei! Falei sim! Mas não quis me ouvir! Ignorou o que era dito numa boa! — Encarando-a, perguntou: — Veja esse tapete! Para que precisamos de um tapete tão caro desse jeito?! — Viu-a parada, petrificada e falou mais brandamente: — Tudo isso foi me deixando cada vez mais desgostoso e contrariado. Eu estava trabalhando muito, viajando direto e... Conheci uma pessoa. Ela também era comprometida e... Nós nos identificamos. Nossos gostos eram semelhantes e... Ela é menos exigente. Essa é a verdade. A cada dia que nos encontrávamos, percebia o quanto eu e você não tínhamos nada em comum. Essa pessoa terminou o compromisso dela e... Também me vejo na obrigação de terminar com você.

— Você me traiu... — Marcella murmurou com olhos empoçados.

Reginaldo fugiu-lhe ao olhar e abaixou a cabeça ao dizer:

— Estou sendo sincero. Não posso me casar com você. Errei por ter deixado você chegar tão longe com todos os preparativos para o casamento. Desculpe-me por isso.

Num impulso, Marcella virou as costas e saiu correndo, batendo fortemente a porta quando passou por ela.

Ullia, a filha mais velha de Pietra, havia sido convidada para uma festa que ocorreria na casa de praia dos pais de uma amiga.

Tanto a mãe quanto o pai depositavam total confiança na filha. Sempre que tinha oportunidade, Pietra falava sobre os perigos das drogas, das doenças sexualmente transmissíveis — DST —, do sexo promíscuo e das bebidas alcoólicas. Acreditava que seus alertas seriam suficientes para a adolescente ficar atenta.

Hélio, por sua vez, considerava que a filha fosse esperta e bem orientada.

Mas isso não bastava.

A música alta entorpecia os sentidos enquanto Ullia pulava agitadamente em meio aos amigos, conhecidos e desconhecidos.

Sem demora, um copo de bebida alcoólica estava em sua mão.

A princípio ela titubeou, mas se sentiu pressionada pelos amigos que insistiam e observavam se beberia ou não.

Logo após os primeiros goles, a jovem sentiu-se solta e animada como nunca.

Desinibida, pulou, dançou e bebeu mais ainda durante a madrugada.

Pela manhã, confusa, Ullia não se lembrava de como foi parar em um dos quartos da casa, acordando no chão, deitada sobre um tapete e passando muito mal.

Sua amiga Keila ria por vê-la daquele jeito. Ajudou-a se levantar, tomar um antiácido e deitar em uma cama.

— Se minha mãe souber disso, ela me mata...

— Como é que ela vai saber disso? Estamos quase a duzentos quilômetros de distância! — disse Keila que ria. — Fica tranquila. Melhora logo pra gente dar um passeio de lancha com a turma.

— Tô tão ruim...

— Toma também esta aspirina e este remédio pro fígado. Já, já ficará de boa.

— Preciso de um banho — comentou depois de tomar o que a amiga ofereceu. Olhando-a, pediu: — Não vai dar com a língua nos dentes, hein! Se minha mãe souber...

— Cala a boca! Vai tomar banho logo!

Assim o fez.

Depois do banho, sentiu-se um pouco melhor. Nunca havia bebido.

No período da tarde, conforme a amiga havia dito, fizeram um passeio de lancha.

Novamente ofereceram bebida alcoólica, mas Ullia recusou. Ainda sentia os efeitos da ressaca.

Um dos rapazes levou cigarros de maconha e todos começaram a fumar, inclusive Keila.

Após recusar, Ullia percebeu que riam e caçoavam dela. Para provar a eles que não era submissa aos pais e era dona de si, a jovem aceitou fumar o cigarro de maconha oferecido.

Todos gritaram e aplaudiram sua demonstração de opinião própria, de liberdade.

Por sua vez, a adolescente sentiu-se feliz e aceita pela turma.

Os jovens, em sua maioria, mesmo recebendo orientações a respeito, cedem ao apelo da turma que, direta ou indiretamente, pressiona-os.

Jovens adolescentes e até mesmo jovens adultos cedem sob à pressão psicológica dos que estão a sua volta quando não têm construção firme sobre princípios do que é certo ou errado. São capazes de desrespeitarem suas fracas opiniões, capazes de se sacrificarem somente para atenderem uma necessidade de sua carência de serem aceitos por um grupo para não ficarem sozinhos.

Apesar do mal-estar que sentiu após o efeito do entorpecente, Ullia ria e brincava junto com os novos amigos.

A aprovação da turma massageava seu ego. Sentia-se querida e amada, mesmo que, lá no fundo, acreditasse que pudesse ser algo falso e ilusório. Isso a fazia se sentir bem.

Para um espírito fraco não há nada melhor do que receber elogios e se sentir querido, mesmo que seja sob a hipocrisia de alguns.

Quando todo efeito passou e se viu longe dos amigos, Ullia sentiu-se triste.

Não sabia tratar-se de sua própria consciência chamando-a à realidade. Seu Eu interior anunciando, em forma de sentimentos aflitivos, que aquele tipo de aventura não lhe faria bem.

Algo a incomodava. Uma angústia amarga a deprimia. Ignorava ligar-se a companhias espirituais que não desejavam seu bem, enquanto outras lhe sugavam vitalidade.

Quantos de nós não damos atenção a uma sensação apreensiva após realizar algo que ainda não percebemos que vai nos prejudicar?

Algum tempo havia se passado desde que as irmãs tomaram conhecimento das agressões sofridas por Graziella.

Apesar de ouvir as orientações, ela se recusou a denunciar o marido e também não quis se separar. Acreditou que Cláudio mudaria, principalmente, agora. Ele sabia que as cunhadas tomaram conhecimento e estava envergonhado. Fazia de tudo para não encontrá-las nem ver ninguém da família.

Isso fez com que a esposa acreditasse, mais ainda, na sua mudança.

A notícia do término do noivado soou como uma bomba para todos.

Até os convites já haviam sido entregues. Ninguém esperava aquela atitude do noivo. Nem mesmo a família dele, que passou a questionar sobre o comportamento de Marcella ter colaborado para aquilo.

Sem ter condições emocionais, Marcella chamou os padrinhos e explicou o fato. Solicitou a eles que ajudassem a avisar os amigos que receberam os convites que o casamento foi cancelado. Pediu ainda que repassassem seu pedido de desculpas, pois ela não tinha condições emocionais para falar com todos.

Sem disposição, Marcella decidiu pegar as férias, que já estavam marcadas para aquela época, para tentar se recuperar do choque.

Achava-se deitada em seu quarto, sob as cobertas. Não conversou muito naquele dia. Sua mãe levou chá e biscoito, mas ela nem tocou.

A amiga Nanda foi visitá-la e pareceu surpresa por vê-la tão abatida.

— Não quero, Nanda. Não tenho ânimo.

— Está uma tarde linda! Não vai poder ficar aí deitada nesta cama para sempre. Qualquer hora você vai ter de levantar.

Marcella chorou e a amiga ouviu em silêncio.

Mesmo assim, passado um tempo, Nanda não desistiu:
— Vamos. Levanta. Vamos dar uma volta.
— Não quero.
— Até o portão só.
Nanda se animou ao vê-la se sentar.
— Estou horrível... — Marcella murmurou.
— Põe óculos escuros e um boné e tudo bem. Ninguém vai ver.
A amiga procurou pelo quarto e, com as indicações, encontrou o que precisava.
Não demorou e Marcella calçou o tênis, colocou um boné e os óculos. Vestiu uma blusa leve e decidiu se levantar.
Sentiu-se tonta, a princípio. Havia ficado deitada e chorando tempo demais.
— Vai, amiga! Toma um gole desse chá que sua mãe fez.
Aceitou. Em seguida, saíram até o portão onde pararam por algum tempo.
— Respira fundo. Vamos sair e dar uma volta.
— Ah... não. Não quero... — murmurou. — Não consigo...
Naquele instante, Bárbara estacionou o carro em frente à residência. Desceu. Trancou o veículo e foi para junto da irmã.
— Oi... — beijou-a no rosto. — Que bom vê-la aqui fora. — Virando-se para Nanda, beijou-a no rosto e cumprimentou:
— Oi, Nanda. Tudo bem com você?
— Tudo. Eu insisti para ela dar uma saída... Dar uma volta... Vai fazer bem.
— Estou sem forças. Quero entrar.
Bárbara entrelaçou seu braço ao da irmã e disse:
— Na, na, ni, na, não!... — brincou e riu. Lembrou-se de quando eram crianças. — Vamos dar uma volta no quarteirão. Faz dias que você não sai. A Nanda vai junto e, se fraquejar, vamos fazer cadeirinha com os braços e te trazer de volta.
Isso arrancou um tímido sorriso de Marcella.
De braços dados com a irmã e a melhor amiga, aceitou sair e caminhar um pouco.

Bárbara e Nanda começaram a conversar de coisas simples. Desde moda de cabelo, roupas, sapatos e até criticar comerciais. Tudo para distrair os pensamentos de Marcella.

Chegaram até uma cafeteria e Bárbara sugeriu, animada:

— Gente! Eu preciso de um café! — sorriu lindamente, iluminando o rosto.

— Tô sem dinheiro! Deixei minha bolsa na casa da sua mãe — Nanda lembrou.

— Eu tenho cartão de débito aqui no bolso. Sem problemas. É que adoro o bolo recheado e o café que servem aqui. Já experimentou, Nanda?

— Nunca.

— Então, vamos! — ficou toda feliz, feito criança saltitante quando sabe que vai ganhar doces.

Marcella nada disse, simplesmente, acompanhou as duas.

Sentaram-se a uma mesa. Pediram três cafés grandes e Bárbara foi até a vitrine escolher seu bolo predileto.

— Nem perguntei se vocês queriam — riu com graça. — Pedi logo três pedaços. Vocês vão amar o bolo recheado daqui!

— Pronto! Meu regime foi pro brejo! — Nanda disse fingindo-se incomodada e riu.

— Em pensar que eu não estava comento quase nada para não ter problemas com o vestido de noiva... — Marcella murmurou e fugiu o olhar para que não a vissem sentida.

— Então, desconta tudo agora, minha irmã. Hoje você pode! Um docinho vai te fazer bem. Coma o bolo com o maior gosto!

Bárbara e Nanda continuaram conversando para distrair Marcella. Tentavam tirar seu foco do acontecimento desagradável. Por sua vez, ela mal prestava atenção no que diziam. Tomou um pouco de café e só comeu um pequeno pedaço do bolo.

Esforçava-se, mas sentia-se muito mal. Uma espécie de fraqueza a dominava. Desejava sair dali. Estava ficando inquieta.

Ao perceber que as outras duas haviam terminado de tomar o café e comido todo o bolo, pediu:

— Vamos embora, por favor... Não estou me sentindo bem. Tenho a sensação de que vou desmaiar a qualquer momento. Estou sentindo uma coisa ruim... Estou em pânico.

— Quer que eu vá buscar o carro para te levar para casa?

Olhando a irmã nos olhos, respondeu em tom lamentoso:

— Quero. Por favor, faz isso.

— Não seria melhor você se forçar a andar um pouco? Não estamos tão longe — Nanda propôs.

— Tenho medo de cair.

Até a voz de Marcella estava enfraquecida.

A irmã achou melhor ir pegar o carro e assim o fez.

Quando se encontravam dentro do veículo, Bárbara perguntou:

— O que acha de ir ao meu ap? — referiu-se ao seu apartamento. — Vamos conversar, falar bobeira, ver um filme... Seria bom. Não precisamos medir palavras por causa da mamãe — riu.

— Quero deitar... — Marcella disse.

— Sem problemas! Paro o carro ao lado do elevador, subimos e você vai direto pro sofá. Que tal? — Antes de dar oportunidade de a irmã responder, comentou: — Estaremos em ambiente neutro. A mamãe não estará perto e não vai chegar ninguém lá.

— Tá bom... — Marcella concordou.

— Por mim, tudo bem. Mas passa antes na casa da sua mãe. Preciso pegar minha bolsa com o celular. Vou avisar lá em casa que estou com vocês, senão ficarão preocupados. E avisar sua mãe também.

Feito isso, foram direto para o apartamento de Bárbara, mas antes, passaram em um mercado para pequenas compras.

Capítulo 9

FICA NA SUA

Chegando ao apartamento da irmã, Marcella deitou-se no sofá e fechou os olhos por alguns instantes.

Nanda passou o olhar em volta e comentou:

— Como é gracioso. Lindão o seu AP.

— Obrigada — Bárbara agradeceu. Sentiu-se satisfeita com o elogio.

— Você gosta mesmo de morar sozinha, né? — a amiga considerou.

— Eu gosto. Pra mim é liberdade.

— Não sei se me acostumaria. Gosto de movimentação em casa — a amiga ainda disse.

Marcella se sentou, olhou para as duas e comentou:

— O Régis está avaliando o apartamento.

— Como ficou essa situação, Ma? Vocês conversaram mais a respeito? Você o ajudou a pagar?... — Bárbara quis saber. Achou que faria bem a irmã desabafar.

— O apartamento é dele, mas eu o ajudei com as últimas parcelas para quitar logo. Falou que vai avaliar o imóvel e dar a minha parte. Disse que não quer mais morar ali. Também pediu para eu ir lá e pegar as coisas que comprei, se eu quiser. — Marcella deixou o olhar perdido por alguns instantes como se se desligasse do ambiente em que se encontrava.

— Está muito decepcionada, não é, minha irmã?

— Não entendo o que aconteceu. Para mim, ia tudo bem. De repente...

— Pelo menos, ele decidiu antes de se casarem e terem filhos. Seria pior, não acha? — perguntou a amiga.

— O que achei errado foi o Régis deixar para tomar uma atitude dessas tão perto do casamento. Poderia ter decidido isso antes — Bárbara opinou de modo tranquilo.

— Foi o que eu falei para ele. Sinto-me tão mal com essa situação... Estou envergonhada. Os convites entregues... Não sei como olho para as pessoas agora. Nem sei como vou voltar ao trabalho.

— A culpa não foi sua. Quem deve se envergonhar é ele — a irmã lembrou, tentando conscientizá-la.

— Eu quero sumir...

— Posso te entender. Por muito tempo, namorei uma pessoa. Quando ele terminou comigo fiquei muito mal. Não éramos noivos nem tínhamos marcado o casamento, mas... Apesar disso, perdi o chão. Foi uma decepção imensa.

Bárbara chegou com uma garrafa de vinho e três taças. Deixou sobre a mesinha central da sala e voltou com porções de queijo e azeitonas. Serviu-as e comentou:

— Nunca sabemos a capacidade de alguém, por mais que convivamos com a pessoa. Não temos ideia do que ela pode fazer contra nós. Eu terminei com o Naum. Agora, recebi uma intimação judicial. Fiquei tão impactada!... — bebeu um grande gole de vinho. — Não entendi direito o que estava acontecendo e fui ver do que se tratava. Pois bem... O Naum quer indenização e uma possível pensão e sei lá mais o que, pois disse que tivemos uma união estável e ele me ajudou muito.

— Como assim?! — Marcella se surpreendeu.

— Foi isso mesmo o que você ouviu. Tomei um choque! Por ter dormido aqui algumas vezes, por ter trocado lâmpadas, arrumado um vazamento no banheiro, comprado um pacote de amendoim ou uma garrafa de vinho... — pendeu com a cabeça negativamente. Estava inconformada. — Por não termos feito um contrato de namoro, em que fica estabelecido que, no rompimento, por qualquer uma das partes, ninguém deve nada ao outro, ele abriu um processo contra mim. — Bárbara bebeu todo o restante do vinho de uma vez só. Respirou fundo e encheu sua taça novamente.

Marcella e Nanda ficaram chocadas, encarando-a com olhos arregalados, por alguns segundos, até que a amiga disse:

— Eu já ouvi falar nesse tipo de coisa, mas... Como assim?! — Nanda não se conformou.

— Pra vocês verem. Não conhecemos ninguém. Não podemos confiar em ninguém. As pessoas que estão sorrindo ao nosso lado, participando das mínimas coisas, podem ser monstros e não percebemos. Depois, quando menos esperamos, acontece algo absurdo.

— Por que não nos contou antes? — a irmã quis saber.

— Porque você começou a passar por essa situação com o Régis e... Não quis incomodar. Não contei pra ninguém.

— Mas o Naum pode fazer isso? Quer dizer... Ele pode pedir indenização? — insistiu Marcella querendo entender.

— Pode. Pode sim. Se vocês querem saber, dependendo do juiz que analisar o caso, posso perder até minha empresa. Não só o apartamento.

— Que absurdo! — a irmã protestou.

— Pois é... Até você, se quiser, pode mover uma ação contra o Régis e pedir indenização por todo esse constrangimento que está passando. Embora tudo dependa do entendimento do juiz que analisa o processo. Quando procurei o advogado, para entender o que estava acontecendo, ele me falou tanta coisa... Mas tanta coisa!... Olha que me considero uma pessoa instruída e bem informada. Hoje em dia, logo que o casal se considera namorado, saiu três ou quatro vezes junto, foi visto em público, um foi a casa do outro... Enfim, logo que se considerem namorados, é necessário fazer um contrato de namoro estabelecendo regras, limites, indenizações ou isenção de indenização e pensão para quando e se houver término do relacionamento — Bárbara informou.

— Namoro vai custar caro agora. Vamos precisar de advogado para isso — disse a irmã.

— Não. Não é preciso advogado para fazer esse contrato. Basta você procurar e baixar da *internet* cópia desse tipo de contrato, acrescentar ou excluir o que quiser. Existem vários modelos. Preencher com os dados pessoais dos dois, ir ao cartório e reconhecer firma das assinaturas. Cada um fica com uma cópia e pronto. Quando romperem o namoro, é só seguir o que foi estipulado — Bárbara esclareceu.

— O que o Naum alegou? O que ele disse? — Marcella quis detalhes.

— Ah... Alegou que me proporcionou viagens, fez pequenos reparos no apartamento no dia a dia, que me emprestou dinheiro para quitar o apartamento e eu não lhe paguei, isso é o que mais está pesando. Disse também que comprou alimento e objetos... Comprou remédios para mim por causa de uma gripe... Falou um monte de coisa — Desgraçado! — Tomou mais vinho. — Ele armou pra mim. Guardou um monte de comprovantes de compras e torceu os fatos.

— Será que ele planejou isso tudo ou foi um golpe de sorte? — Nanda falou de boca cheia.

— Prefiro nem pensar muito nisso para não ficar com mais ódio dele. Cretino! Crápula! — Bárbara exibiu toda a raiva que sentia e espremeu os olhos, franzindo o semblante sem perceber. — Uma vez, ele ainda estava empregado, nós planejamos uma viagem. Cada um ia pagar sua parte. Aí, ele disse que precisava de dinheiro, em espécie, para arrumar uma coisa no carro e o mecânico pediu em dinheiro. Não tinha maquininha de cartão. Era um homem simples... Aí, a idiota aqui, sacou o valor todo e deu pro Naum, pois ele apresentou recibos no nome dele do pagamento dessa viagem e de outros passeios. Ele sempre pedia dinheiro em espécie quando pagávamos algo juntos, eu nunca desconfiei. Agora apareceram vários recibos de comprovantes de pagamentos. Comprovantes de mercado, adega... Eu adoro vinho e a adega sempre estava fechada quando eu deixava o serviço. Aí ele passava lá durante o dia e comprava vinho. Depois eu dava em dinheiro para ele. — Bebeu mais um pouco e lembrou: — Teve uma vez que dei dinheiro para ele comprar uma torneira. Ele comprou e a nota fiscal saiu com o número do CPF dele! Gente! Nem acredito que o sujeito foi capaz de guardar isso!

— Come um queijo, Bárbara — disse Nanda, espetando um palito em um quadradinho de queijo e ofereceu a ela.

— Obrigada — aceitou. Seguiu contando, desabafando e indignada: — Quando recebi a intimação, passei mal. Senti uma coisa tão, mas tão estranha. Senti que tremi toda. Quando fui falar com o advogado e ele me esclareceu mais ou menos o que pode ou não acontecer, fiquei pior ainda. Acho que passei umas três noites em claro. Quando dormi, depois de encher a cara de vinho, tive sonhos com o que acontecia. Sonhava que perdia a causa na justiça, perdia meu apartamento...

— Que horror! — Marcella enfatizou.

— Será que isso pode acontecer de fato? — insistiu Nanda.

— Pode. Se ele reuniu todas essas provas e der a entender que eu o usei, corro esse risco. O juiz pode até determinar que eu pague pensão pro desgraçado! A droga, nisso tudo, é que não tenho como comprovar que não recebi benefícios nem pedi essas coisas todas para ele. Vou precisar de um bom advogado. O advogado com quem conversei, não é especialista nisso.

— Cafajeste! Infeliz! Cada dia que passa tenho mais certeza de que homem não presta — Marcella comentou. — Olha pra mim! Olha pra minha vida! Eu me dediquei, fiquei empenhada, focada nesse casamento... Gastei todas as minhas economias. Comprometi meu salário... — chorou. — Olha pra mim agora! Sou um farrapo! Tudo por causa de um canalha como o Régis! Agora vem você e me conta isso...

— Se vai fazer você se sentir melhor, move uma ação contra ele — sugeriu Nanda.

— Não sinto vontade de fazer isso. O Régis não está me impedindo de pegar as coisas que comprei. Aliás, disse que posso pegar tudo. Falou que vai vender o apartamento para me dar a parte que me cabe. Vou pegar esse dinheiro pra ajudar a pagar parte do meu cartão de crédito que está com o valor da fatura lá em cima!... Sinto raiva, muita raiva. É uma coisa horrível! Passo mal, sinto tremores, depois sinto uma moleza, uma sensação de desmaio. Um medo tenebroso. Parece que vou morrer. Fico sem forças até pra levantar — Marcella revelou.

— Foi ao médico, amiga? — Nanda quis saber.

— Fui. Ele me disse que isso é estresse excessivo. Falou que tudo está muito recente e que devo melhorar aos poucos. Recomendou procurar um psicólogo. Disse que não quer me dar remédio. Muitas vezes, esse tipo de sensação está associada a um estresse excessivo que deve passar sozinho e o remédio pode mascarar, viciar e não resolver, em alguns casos.

— Tá aqui o meu remédio! — Bárbara falou alto, ergueu a taça cheia de vinho, deu uma risada gostosa e, em seguida, um gole.

Nanda riu com gosto e comentou:

— Também uso esse tipo de remédio, só que de outro laboratório — riu com gosto novamente.

— Qual? Qual laboratório? — a anfitriã riu ao perguntar.

— Cervejaria — riu mais ainda.

— Ah! Eu tenho isso na minha farmácia! Você quer? Está geladinha!

— Pra te dizer a verdade, prefiro cerveja sim.

A outra não pensou duas vezes. Levantou-se e foi até a cozinha e voltou com uma latinha de cerveja e um copo.

— Vamos pedir algo melhor para comer. Estes amendoins, azeitonas e queijo não estão com nada — decidiu Bárbara.

Continuaram conversando e o clima ficou mais relaxado.

A comida chegou e isso as deixou mais satisfeitas.

— Amo batatas fritas! — disse Nanda.

— Esses croquetes de carne estão uma delícia — Marcella se animou mais.

— Eu amo tudo o que esse lugar faz. Eles entregam super-rápido — Bárbara falou. — Mas... Voltando ao assunto, você deveria processar o Régis. Ele te traiu, colocou até sua saúde física em risco. Já pensou nisso?

— Já pensei em um monte de coisa. Eu só gostaria de saber quem é a vadia que está com ele.

— Ele não contou? — Nanda se interessou.

— Não. Tá protegendo a safada. São dois cretinos... — xingou.

Bárbara foi até a cozinha e voltou com mais latinha de cerveja e outra garrafa de vinho.

— Fiquei aqui analisando... Você contou que ele disse que a outra tinha compromisso e terminou, não foi? — Nanda lembrou.

— Isso mesmo — Marcella confirmou. — Chego a pensar que seja alguém lá da filial do Rio.

— Marcella, a Helina se divorciou há cerca de oito meses. É a única que, eu saiba, terminou um relacionamento recente. E olha que sou bem-informada.

— A Helina, diretora da redação?! Não!... — Marcella duvidou. — É uma pessoa horrorosa. Ficou casada uns...

— Cinco anos! — a amiga afirmou, interrompendo-a.

— Até que o marido aguentou muito. Ela é antipática, grossa, feia, não sabe se arrumar... Muito me admira uma mulher dessa ser uma das diretoras da revista, mas...

— Quando o Régis voltava para São Paulo, eles ficavam conversando muito na sala dela.

— Fazia parte do trabalho...

— Sei não... — Nanda duvidou.

— Minha irmãzinha querida, não duvide de nada para não se decepcionar ainda mais.

— Não, gente! Não pode ser! Me trocar por aquilo!!! Ah! Não!...

— Tem homem que é mau-caráter mesmo. Não importa você ser isso ou aquilo. O mau-caratismo, a imbecilidade estão neles. Lembra do meu ex? — Nanda perguntou. — Terminou comigo e logo arrumou outra com quem se casou em seis meses! Seis meses! — ressaltou. — Uma moça que não se cuidava, falava e escrevia errado, não tinha uma profissão. Trabalhava no que aparecia e passava a maior parte do tempo desempregada. Mal-educada, falava palavrões, sem princípios, fazia-o passar vergonha perto dos amigos e da família dele. E ele? Não tava e não tá nem aí! Outro dia eu a vi na feira livre de domingo. Ela estava horrorosa. Cabelo desgrenhado, usando uma camiseta que, além de velha, estava suja e furada. Um horror! — bebeu todo o conteúdo do copo, pegou um petisco e comeu, ficando pensativa e demonstrando-se indignada.

— Às vezes é bom esses trastes sumirem da nossa vida. Mas o difícil é a forma como fazem — Bárbara argumentou. — Sofremos. Mesmo quando somos nós quem terminamos.

— Ah, mas eu sei por que o Anderson terminou comigo. É pelo fato de eu ter duas mães. Vocês sabem. Fui adotada por duas mulheres que tinham uma vida incomum à época. Só recentemente é que oficializaram a união. Quando contei para o Anderson, ele se preocupou e também achou que eu era gay — riu alto, com gosto.

— E você é? — Bárbara perguntou, caindo na risada. — Que cara idiota!

— Um idiota perfeito! Se eu estava namorando ele, como poderia ser gay?! — riu novamente. — Depois que ele soube, demorou um tempo pra aceitar, mas aceitou. Só que, depois que a família dele ficou sabendo... Acho que falaram tanto que o sujeito não aguentou a pressão.

— Será que foi por isso mesmo? Homem... sabe como é... — perguntou Bárbara.

— A respeito de sexualidade, de uma forma geral, não somente homo ou heterossexuais, acho que todos precisamos ter responsabilidade, equilíbrio e respeito ao corpo — a amiga respondeu. — Não podemos, de forma alguma, impor ao outro o nosso comportamento sexual. Heterossexuais não podem exigir que todos sejam heteros. Assim como homossexuais não podem exigir que todos sejam homossexuais. Precisamos ter equilíbrio e usar a nossa sexualidade sem fazer afrontamento a ninguém, principalmente, a quem pensa diferente. Não precisamos impor a ninguém o nosso comportamento. A isso, dá-se o nome de respeito.

Deus não é contra nada — Nanda explicava com bom-senso. — Ele entende que estamos em evolução e aprender faz parte disso. Não importa se somos heteros ou homossexuais, o que será levado em conta é o nosso comportamento respeitoso diante das Leis Divinas. Precisamos respeitar o nosso corpo e o semelhante em todos os sentidos. O que é errado, nisso tudo, é a imposição. Todo extremo é prejudicial. Todo extremo é desequilíbrio. Não vivemos mais como animais irracionais, andando nus e transando como bichos. Deus dotou o ser humano de raciocínio lógico e isso o levou a entender a importância das Suas Leis Morais. O ser humano é dotado de emoções e sentimentos. Quando magoamos, machucamos o semelhante, nós infringimos as Leis Morais de Deus. Desrespeitamos o nosso semelhante. Não amamos o nosso próximo como Jesus ensinou.

— Você acha que a intolerância à homossexualidade é o quê? — Bárbara perguntou.

— Tenho dó dos intolerantes em geral. Sejam intolerantes à homossexualidade ou a qualquer outro tipo de orientação sexual. Intolerantes ao negro, ao obeso, aos portadores de deficiência física ou mental, ao idoso, à criança, à religião... Seja qual for a diversidade, tenho muita compaixão. Mostra alguém totalmente ignorante, com falta total de conhecimento, falta de controle pessoal, domínio de si, ausência de amor e, pior de tudo, essa pessoa está abraçando débitos futuros.

— Débitos futuros... Interessante. Eu já havia pensado nisso — Bárbara considerou.

— Eu acredito na pluralidade da existência, ou seja, acredito na reencarnação. Reencarnamos quantas vezes forem necessárias para aprendermos a viver em paz e harmonizar o que desarmonizamos. Precisamos conquistar a paz. Quem é preconceituoso não vive em paz. — Ofereceu breve pausa para reflexão. — Em muitas situações, não costumo tomar partido. Defender um único lado. Nunca sabemos, de fato, quem tem razão. Vemos muito disso nas redes sociais. Pessoas com ódio, criticando e desejando a morte de um, querendo que tudo dê errado pra outro, só pra se sentir com razão. Que horror! Esse tipo de pessoa mostra o que tem por dentro, como nos disse Jesus: "A boca fala o que está cheio o coração"[1]. — Um instante e prosseguiu: — Deus é nosso Criador, nosso Pai. Ele é a Força Criadora do Universo, é a Força Cósmica Universal que criou tudo e todos. Cada um de nós foi criado a Sua imagem, como disse Jesus. Somos, então, uma centelha de luz dessa Força Divina. Uma centelha, uma chama da luz Divina. Temos a mesma fonte, por isso somos irmãos. Temos a mesma energia Criadora, mas somos seres individuais. Deus nos permite uma coisa: o livre-arbítrio, a livre escolha, ou seja, seremos responsáveis por tudo o que fizermos, por tudo o que escolhermos. Tudo! — enfatizou. — Há mais de dois mil anos, já foi ensinado: "Todas as coisas me são lícitas, mas nem todas as coisas me convêm; todas as coisas me são permitidas, mas eu não me deixarei dominar por nenhuma delas"[2]. Essa máxima foi pronunciada pelo apóstolo Paulo para alertar os Cristãos de Corinto que adotaram um comportamento reprovável. Eles estavam praticando imoralidades e pecados sociais, tentando se justificar, com entendimento muito equivocado da liberdade cristã. Mas essa doutrina moral serve de referência até hoje.

— Você acha que somos responsáveis por tudo que fazemos, mesmo quando não temos conhecimento ou entendimento das Leis de Deus? Deus vai nos castigar por isso?

---

1 Nota: Evangelho de Jesus segundo Mateus Capítulo 12 – Versículo 34
2 Nota: I Coríntios 6:12

— Embora já tivesse noção, Bárbara quis ver a opinião da amiga. Percebeu-a com bastante conhecimento de um assunto que lhe interessava muito.

— Sim. Somos responsáveis por tudo o que fazemos. Já nos foi dito que devemos amar o outro como a nós mesmos. Isso basta para termos noção do certo e do errado. Coloque-se no lugar do outro e saberá que o que oferece é bom ou não, se machuca ou não, se traz dor ou não... Todas as criaturas de Deus, todas, têm o mesmo valor para Ele.

— Incluindo os animais? — Marcella perguntou.

— Inclusive os animais, por que não? O mesmo Deus que nos criou, criou os animais também. Animais são nossos irmãos menores. Também são seres em evolução. Possuem necessidades, têm fome, frio, sede, dor... Só que os pobrezinhos não sabem falar... — Breve pausa e concluiu: — Voltando à pergunta da Bárbara... Sobre Deus nos castigar pelo que fazemos de errado... Não. Deus não nos castiga. Deus, em Sua perfeição, criou-nos como seres tão perfeitos que nos deu uma consciência além do livre-arbítrio. É na nossa consciência que Suas Leis estão registradas, por isso Ele não precisa se preocupar. Não nos castiga, pois nossa consciência é que vai nos corrigir através do sentimento de culpa, arrependimento, fazendo a gente resgatar e harmonizar o que fizemos de errado. Nem que, para isso, nossa consciência nos faça sofrer. Corrigiremos nossas falhas, nesta ou em outra vida, com o abençoado esquecimento dos males que praticamos. É por isso que tenho dó de pessoas preconceituosas, de pessoas extremistas que querem obrigar os outros a engolirem sua condição, seja ela qual for.

Se você não gosta, não aprecia gay, por exemplo, fica na sua. Não agrida, não ofenda, não mate, não faça insinuações nem piadas para ferir o outro. Se você é gay ou hetero, não precisa se expor ao extremo da nudez, transar na rua feito bicho, fazendo encenações agredindo e desrespeitando a fé e a opinião alheia. Fica na sua. — Nanda fez uma breve pausa para que refletissem. Depois reforçou: — Fica na sua. Todo pronunciamento extremo é prejudicial para a nossa consciência e tem muita gente que não se apercebeu disso. Deus não criou nenhum privilegiado. Não criou anjos nem demônios, embora muitos se esforçaram, incrivelmente, e alcançaram essas posições — achou graça do que disse e riu. — O Criador, simplesmente, criou-nos não só simples e ignorantes, dotados de livre-arbítrio, mas também com uma consciência onde ficam registradas Suas Leis, que vão nos fazer corrigir nossos erros. E é por essa razão que existem as diferenças humanas. Quando reencarnados, não somos brancos, estamos brancos. Não somos negros, estamos negros. Não somos asiáticos, estamos asiáticos. Não somos portador de deficiência, estamos portador de deficiência. Não somos homem ou mulher, estamos homem ou mulher. Não somos gays ou heteros, estamos gays e heteros. O espírito não tem sexo, não como pensamos. Se estamos reencarnados em determinada condição, é para o nosso aperfeiçoamento, é para trabalharmos para o bem do nosso aprendizado e, consequentemente, para o bem da nossa evolução. Por isso, precisamos ter responsabilidade, equilíbrio e respeito com a nossa consciência, para com o nosso corpo físico que nos foi emprestado para esta vida. Também ser respeitoso com todos aqueles que cruzarem nossos caminhos. Hoje, na presente reencarnação, você, eu, todos nós estamos colhendo, estamos experimentando o que fizemos no passado. Em termos de sexualidade, é importante fazer o bom uso dela, independente de ser homo ou hetero. Precisamos entender que não somos animais irracionais. Já passamos dessa fase. Não precisamos sensualizar e sexualizar tudo. Não é legal ser promíscuo, fazer extravagâncias, afrontas e desafiar ninguém. Isso não é legal. Para que serve? É falta de respeito com você mesmo. Por outro lado, uma pessoa preconceituosa, que critica ou agride moral ou fisicamente alguém só pelo fato de o outro ser negro ou homossexual, por exemplo, mais cedo ou mais tarde ela vai se cobrar pelo comportamento cruel. Vai se sentir culpada e terá de harmonizar a consciência para conquistar a paz. Vai perceber que não somos mais animais irascíveis que resolvem as coisas na dentada, com violência. Isso não é legal.

— Por isso devemos ser a favor da liberdade, não é mesmo?

— Não, Marcella. Discordo — Bárbara opinou. — Pensando bem no que a Nanda falou, a partir de agora não sou a favor da liberdade. Esse termo pode e será muito confundido. A liberdade de um pode e vai ofender, magoar, machucar e transgredir a liberdade de outro. A mamãe sempre diz uma frase muito interessante: "Muita coisa que é tolerada em casa, não pode ser admitida na sociedade." Não devemos ser a favor da liberdade. Devemos ser a favor do respeito. Eu te respeito, consequentemente, não te magoo nem te agrido com meu comportamento verbal e físico. Você me respeita e também não me magoa com seu comportamento verbal e físico.

— Perfeito, Bárbara! Isso mesmo! — Nanda apreciou com ênfase. — Sempre teremos débitos futuros quando não respeitamos nossos irmãos e não nos respeitamos. Deus não vai nos punir ou castigar. É nossa consciência que vai nos culpar, julgar.

— Não sei se entendi ainda. Explica direito, vai. Acho que o vinho está fazendo efeito e estou lerda demais — disse Marcella rindo de si mesma.

— É mais ou menos assim... — Nanda prosseguiu: — Um homem que foi muito severo com gays, por exemplo. Em uma vida, maltratou, escarneceu, agrediu, matou ou induziu a outros que o fizessem... Esse homem vai se atrair para uma encarnação muito, muito semelhante a tudo o que ele odiava, repelia, escarnecia e não respeitava. Em outra vida, possivelmente, esse homem nascerá gay e viverá em meio a pessoas intolerantes, que o agridam verbal e fisicamente, que o escarneçam como ele fez. Dessa forma, ele vai se sentir mal, humilhado e deve aprender que não se pode tratar o semelhante dessa forma.

— Já li muitos livros. Tenho uma noção sobre reencarnação, mas nunca estudei profundamente o Espiritismo. Pensei que um homem que reencarnou muitas vezes como homem e, na nova encarnação como mulher, pode vir com trejeitos masculinos e ser gay — Bárbara comentou.

— Cada caso é um caso, Bárbara. Vemos muitas mulheres que executam trabalho de homens, têm jeito de homem e não são gays, não são homossexuais. Casam-se e têm filhos e não são a fim de outras mulheres. Elas podem ser assim por terem experimentado muitas encarnações como homens e nem por isso são homossexuais — Nanda explicou. — O mesmo acontece com alguns homens, com jeitos e gestos tranquilos, femininos, ocupam-se de profissões que são mais inclinadas às mulheres e não são gays, não são homossexuais. Enquanto isso, homens com jeito, gestos e trejeitos extremamente masculinos são gays. Cada caso é um caso. Cada um tem a sua necessidade individual de ser.

Outro dia, na casa espírita que eu frequento — prosseguiu Nanda —, um médium recebeu uma psicografia em que o espírito comunicante dizia mais ou menos assim: "Em uma encarnação fui dono de terras. Senhor austero e rigoroso. Ao saber de dois escravos homossexuais, mandei prendê-los, açoitá-los. Fui favorecido pelas leis do país e da igreja e os mandei espancar até a morte. Fiz isso em público para que servisse de exemplo. Alguns que assistiram desejaram que eu sofresse por aquilo. Desencarnado, senti cada chicotada que mandei dar. Senti cada paulada e pedrada que os atingiram. Em nova reencarnação, recebi os dois como filhos, que me odiavam sem eu entender a razão. Eles não eram homossexuais. Eram homens trabalhadores, empenhados, mas nada que eu fizesse, conquistava o amor e o respeito deles. Também tive duas filhas. Uma era muito diferente da outra. Obriguei-a a um casamento forçado. Ela fugiu de casa, pois seu marido era um homem tão rigoroso quanto eu. Mandei que a perseguissem e, quando a encontraram e a trouxeram até mim, eu mesmo a açoitei. Ela me ofendia. Fazia passar vergonha. Desencarnado, entendi o ódio dos meus filhos. Senti no espírito cada chicotada que dei. Em nova reencarnação, nasci homossexual. Não fui aceito por minha família. Apanhei do meu pai, dos meus irmãos para aprender a ser homem. Somente minha mãezinha me aceitava. Para não morrer, fugi de casa e morei na rua. Não tinha o que comer nem onde dormir. Sofri muito. Perturbado, com a mente confusa, aceitei me prostituir. Uma noite, fui perseguido e espancado até a morte. O caso ganhou os noticiários: 'Intolerância!'. Muitos gritaram. 'Foi perseguido, apanhou e morreu por ser gay, por ser negro, por ser pobre...' Outros diziam. Na espiritualidade, entendi que fui perseguido, apanhei e morri por ter feito o mesmo em outras vidas. Não melhorei nem quando tive a oportunidade de harmonizar as coisas com meus filhos. Fui negro, gay, pobre, prostituto porque precisei experimentar o que não tolerava. Todos aqueles que, no passado, odiaram-me por eu ser intolerante e cruel, passaram a clamar por justiça e se tornaram empáticos a minha causa quando souberam pela imprensa que fui espancado e morto. Mas a culpa, por tudo isso, era minha. Atraí, exatamente, para uma vida onde precisava aprender e entender a dor do outro para nunca mais provocá-la."

O silêncio reinou por longos minutos até que Bárbara disse:

— Uau! Que história. Faz todo sentido. Temos muitos amigos e amigas gays que são descolados, não passam por tantos preconceitos. Enquanto outros...

— É o caso das minhas mães — tornou Nanda. — Vivem juntas há mais de trinta anos. Vizinhos nem sabem que são casadas. Pensam que são irmãs e eu sou sei lá o quê — riu alto. — Minhas mães respeitam e são respeitadas. Já tiveram problemas, mas superaram, principalmente, quando não deram importância.

— Uma vez, uma cliente disse que se interessava por mim. Com todo respeito, eu disse que não era gay. Ela pediu desculpas e ficou na dela — Bárbara contou.

— Já aconteceu comigo também — Nanda admitiu. Continuaram conversando sobre o assunto tão atual... [3]

---

[3] Nota: O livro **Mais forte do que Nunca**, romance de Eliana Machado Coelho e Schellida, publicado pela Lúmen Editorial, traz muitas informações a respeito de orientação sexual, identidade sexual, gênero sexual, homossexualidade, transgênero, etc... Demonstrando, por meio de raciocínio lógico, que heterossexual, homossexual e tantas outras condições sexuais são obras de Deus.

Capítulo 10

A INFLUÊNCIA DE PERCEVAL

    Mesmo com o passar dos meses, Marcella não se animava.
    Há tempos tinha voltado ao trabalho, mas ficava com a impressão de que todos ainda a encaravam e se questionavam sobre o que aconteceu.
    Não suportava olhar para Helina, diretora de sua seção, e pensar que Reginaldo a trocou por ela.
    Seus pensamentos fervilhavam. Começou a recordar situações, lembrar de algumas conversas, ligar fatos... Decidiu vasculhar as redes sociais e descobriu fotos, no perfil de Helina, tiradas em datas e lugares onde seu ex-noivo estava, no mesmo período do ano.
    Conversando com sua amiga, desabafou:
    — Tudo está batendo, Nanda! Ele estava no Rio de Janeiro, em fevereiro, e ela também! Ele estava em Curitiba, e ela também!

— Lembro disso... Outra coisa marcante, era vê-los conversando muito na sala dela — Nanda comentou com simplicidade.

— Ele vai me pagar! Desgraçado!

— Calma, Marcella. Não fique assim. Vai se prejudicar por quem não vale a pena. Procura esquecer.

— Esquecer como?! Praticamente, fui abandonada aos pés do altar! Quanta humilhação! Constrangimento que só quem passa, sabe dizer como é! Que vergonha!... Nem consigo olhar para as pessoas. Tive prejuízos financeiros que ninguém imagina. Cancelar a festa, os preparativos. Devolver o que já havia ganhado foi desgastante demais... — chorou. — Como acha que estou me sentindo? Por que ele não terminou antes comigo? Além de tudo, saber que fui traída e ainda por uma criatura como a Helina!... — chorou mais ainda.

— Calma, minha amiga — Nanda disse e afagou-lhe as costas. — Procure mudar o foco. Concentre-se em outra coisa. Não vai poder mudar nada do que já aconteceu.

— Não dá! Não consigo... Não durmo direito, não consigo me concentrar em mais nada. Tudo, tudo fica martelando na minha cabeça.

— Isso passa. Sabe... Quem foi ferido se recupera mais facilmente do que o covarde que machucou. Isso vai passar e você vai se recuperar. Tenho fé.

Abraçou a amiga e a consolou.

O tempo percorria seu curso...

Fazia meses que Cláudio não se manifestava agressivo, porém, naquela noite, voltou a exibir insatisfação, procurando qualquer motivo para isso.

— Esta comida tá uma droga! Não dá pra comer isto! — reclamava.

A esposa e a filha ficaram em silêncio. Temiam que suas reações piorassem o seu comportamento hostil.

— O que aconteceu?! Vocês duas estão surdas?! Não vão dizer nada?! Estou falando que esta comida tá uma droga!!! — berrou e esmurrou a mesa.

De súbito, Sarah se levantou, colocou as duas mãos sobre a mesa e também gritou:

— Para, pai! Para!!! A mãe trabalha tanto quanto o senhor! Chega em casa e ainda tem de cuidar de tudo! O senhor não ajuda a fazer nada! E a mãe ainda tem de aturar seus desaforos! Seus gritos e exigências! Se não tá bom, chegue mais cedo amanhã e faça a janta!!! Essa casa é um inferno por sua causa! Só por sua causa!!!

Cláudio levantou-se, pegou o prato a sua frente e atirou contra a parede. Em seguida, socou a mesa com os dois punhos fechados, provocando grande estrondo. Depois berrou:

— Cala a boca!!! Quem é você pra falar assim comigo?!!!

Quando arrastou a cadeira, movimentando-se para ir à direção da filha, Graziella se levantou e entrou na sua frente.

— Nela você não vai bater! — falou com voz trêmula e quase encolhida, esperando alguma agressão.

— Saia da minha frente!!! — o marido berrou novamente, empurrando-a para o lado.

Graziella caiu no chão. Sentindo muita dor na mão e no braço que usou como apoio. Não conseguiu levantar. Ele foi à direção da filha que se afastou rapidamente, indo para o canto.

Quando se aproximou da jovem, o pai ergueu a mão, mas não esperava que a menina pegasse uma frigideira, que estava sobre o fogão, e o acertasse no braço com toda a força que tinha.

Em seguida, Sarah foi para perto da mãe, fez com que levantasse e puxou-a da cozinha para o quintal.

Cláudio xingou e gritou enquanto sentia forte dor pela pancada.

Mãe e filha ganharam a rua. Instintivamente, correram para a casa de Antonella.

Viram o carro de Bárbara estacionado. Tocaram a campainha, insistentemente, e Bárbara foi atender.

A irmã estranhou o comportamento das duas, mas logo deduziu que o cunhado havia feito alguma coisa. Mesmo assim, perguntou assustada, ao mesmo tempo em que abria o portão:

— O que foi? O que aconteceu com vocês?

— Foi meu pai, tia! Abre aí logo!

Entraram às pressas.

Graziella abraçou-se à irmã e chorou.

— Calma, Grazi... Não fica assim. Calma.

— Mãe, para. Vai acabar assustando a vó — Sarah lembrou.

Afastando-se da irmã, secou o rosto com as mãos e procurou se controlar.

Ao mesmo tempo, a sobrinha contou:

— Meu pai começou brigar e gritar... — contou tudo.

— Não sei mais o que fazer, Bárbara... — disse a irmã murmurando.

— Vamos. Entrem — convidou.

Graziella e a filha acomodaram-se à mesa da cozinha, enquanto Bárbara foi pegar um copo com água para servi-las.

Não demorou e Marcella apareceu. Estranhando a movimentação existente, quis saber:

— O que aconteceu? Por que estão chorando?

— Foi o Cláudio — Bárbara respondeu.

— Ele machucou vocês?! — tornou ela, acercando-se da sobrinha e da irmã.

— Não... — Graziella negou.

— Machucou sim, tia. Nossos sentimentos. Nossa alma está doendo.

— Até quando você vai suportar isso, Graziella? Está esperando virar noticiário de jornal barato?! Está esperando virar estatística de feminicídio?! — Bárbara indagou em tom firme, mas piedoso.

— Eu não sei... — a irmã chorou. — Não sei o que fazer...

A conversa na cozinha chamou a atenção de Antonella, que foi ver o que estava acontecendo.

Não teve como esconder. Precisaram contar a verdade. Seu rosto sofrido ganhou uma sombra a mais de tristeza quando descobriu tudo.

— Eu sabia... Sempre soube que havia alguma coisa errada no seu casamento. Perguntei, várias vezes, e você negou. Agora isso...

— Desculpa, mãe... Não iria incomodar a senhora e o pai... — chorou.

— Não vale a pena sofrer para manter as aparências. Viver bem, viver em paz é buscar o melhor.

— Tive medo do pai... Não queria trazer aborrecimento.

— Medo do que, filha? O que seu pai poderia fazer?

— Desculpa... — Graziella não sabia responder. Estava confusa, com a mente perturbada.

— O que você não pode é voltar para aquele cretino! — Bárbara se manifestou.

— Não sei o que fazer... Não sei...

— Prestar queixa. É isso o que precisa fazer — tornou a irmã em tom indignado.

— Não tenho coragem. É o pai da minha filha...

— Mais uma razão! Pensa comigo, Grazi: você deve dar exemplo de força e coragem para sua filha ou preservar um sujeito sem caráter? — Diante do grande silêncio, Bárbara decidiu: — Nós vamos com você até sua casa para que pegue seus documentos. De lá, vamos até a delegacia. Eu vou com você.

— Mas e o Cláudio? — ainda perguntou.

— O que tem ele?! Você não precisa mais pensar nele. Tem de pensar em você e em sua filha. Vamos! Levanta daí e vamos logo resolver isso de uma vez! Adiou demais essa situação, por isso chegou aonde chegou. Homens covardes e sem caráter continuam fazendo o que fazem por causa de comportamento como o seu. O resultado é a manchete nos jornais. O problema é que a mulher nunca acha que vai piorar.

Sempre acredita que ele vai mudar. Entenda de uma vez por todas: ele não vai mudar! Não conhecemos ninguém que mudou! Acorde! Ele fica bonzinho temporariamente! Quem te bateu uma vez, vai bater de novo! Quem te bateu uma vez, pode te matar! Além disso, as agressões verbais, o constrangimento são tão cruéis quanto as agressões físicas. Nossa alma também fica muito machucada. Dê um basta à violência emocional e física! Não se submeta a isso! Você não é aleijada! Trabalha e tem condições de se sustentar!

— Sua irmã tem razão, filha.

— É verdade, mãe. Chega! Chega de tudo isso! Eu não aguento mais! — Sarah disse chorando e com ênfase, demonstrando sua raiva e contrariedade.

Graziella olhou para Bárbara que lhe estendeu a mão e a ajudou se levantar.

— Vamos logo. Eu vou lá com você — afirmou novamente.

— Eu também vou! — decidiu Marcella.

Sem demora, as três irmãs foram para a casa de Cláudio, enquanto Sarah ficou com a avó.

Ao escutar o barulho da porta, Cláudio espiou para ver quem era.

Surpreendido, tentou enfrentá-las:

— O que é?! O que estão fazendo aqui?! — gritou e encarou-as de peito estufado.

A esposa mostrou-se coagida, mas Bárbara o enfrentou. Tomando à frente, falou firme, em bom tom:

— Saia da nossa frente! A minha irmã vai pegar o que ela precisa e vamos embora.

Enchendo o peito mais ainda, dando alguns passos em direção a elas, com o intuito de assustá-las, vociferou:

— O lugar dela é aqui!!! Vocês não têm nada a ver com a nossa vida!!!

— O lugar dela é onde ela quiser! — Bárbara se impôs, falando alto e firme. — A Grazi vai pegar o que precisa sim. Só vamos embora depois disso.

— Só se passarem por cima de mim!!!

— E o que vai fazer? Bater em nós três? — tornou a cunhada. Se você fizer qualquer coisa, chamo a polícia!

Cláudio não se moveu.

As irmãs entraram, mas Bárbara não tirou os olhos dele.

— Vai logo. Pegue logo os documentos e o que mais precisa — Marcella sussurrou.

A esposa passou entre o marido e a irmã e foi para o quarto. Aproveitando a oportunidade, pegou uma sacola e apanhou algumas roupas para ela e a filha.

Quando retornou, o marido parecia um animal encurralado, andando de um lado para outro, enquanto xingava.

Parada, Bárbara só o olhava, segurando o celular na mão como se, a qualquer momento, fosse usá-lo para chamar a polícia.

Porém algo detinha o cunhado para não agredi-la.

Ninguém poderia ver, mas, na espiritualidade, espíritos de baixo nível de entendimento, agressivos e animalizados, envolviam Cláudio para que reagisse.

Com aparência abrutalhada e asquerosa, os espíritos praticamente o abraçavam, insuflando-lhe, em nível psíquico, o que dizer. Eram seres perturbados, atraídos pela afinidade nas práticas, pensamentos e desejos. Criaturas perversas que lhe influenciavam a conduta por personalidade muito semelhante.

De tão horrendos, alguns quase não pareciam espíritos que já reencarnaram como seres humanos.

Essa estranha coletividade de espíritos inferiores, vez e outra, investiam contra Bárbara como se fossem agredi-la, mas não conseguiam tocar sua aura.

Obedecendo a uma ideia mental que ignorava não ser dela mesma, Bárbara parou de falar e o encarou firme. Sua feição ficou serena. Estranhamente calma. Somente os olhos em movimentos suaves, acompanhavam o vaivém de Cláudio de um lado para outro. A impressão que se tinha é de que ela não ouvia o que ele falava.

Ela não sabia, mas seu mentor Nestor a envolvia e, por meio dela, emanava energias sublimadas, luzentes, que repeliam qualquer outro nível de vibração inferior.

— Vamos — Marcella falou baixinho, quase no ouvido da irmã, e foi saindo com Graziella.

Andando de costas, sem tirar os olhos do cunhado, aos poucos, Bárbara se afastou até chegar próximo à porta. Virou-se e saiu.

Dentro do carro o silêncio só foi quebrado quando parou frente à casa de sua mãe.

— Deu tudo certo. Graças a Deus. — em seguida, sugeriu: — A Marcella fica com a mamãe e a Sarah. Daqui eu vou à delegacia com a Grazi.

— Certo. Fico sim.

Marcella desceu do carro.

Logo que entrou na sua casa, as irmãs se foram.

Era madrugada, quase início da manhã, quando as irmãs retornaram.

Marcella, deitada no sofá, acordou apreensiva e foi recebê-las.

— Nossa! Vocês demoraram.

— São coisas demoradas mesmo. Não adianta reclamar — Bárbara comentou. Percebia-se nela um ar cansado, apesar da postura e de bem-arrumada como sempre. Indo para a cozinha, quis saber: — Tem café?

— Não. Mas vou fazer — decidiu Marcella.

Graziella entrou cabisbaixa e em profundo silêncio.

Enquanto preparava o café, Marcella perguntou:

— Como foi lá?

— Constrangedor. Até fiz exame de corpo de delito, por causa do braço e da mão machucados, quando caí... — murmurou. — O pessoal te atende de um jeito frio...

— Grazi, você há de concordar comigo que a escrivã, a delegada e os policiais dali não são amas-secas ou babás de ninguém, certo? Assim como o médico. Ele foi muito gentil até. Eles são pessoas normais, que atendem pessoas, muitas vezes, mais problemáticas. Atendem gente com distúrbios psicológicos, grosseiras por natureza, mal-educadas e todos os piores tipos.

— Mas não custa nada ter um pouco de empatia — Marcella opinou.

— Foram educados. Bem diretos. Profissionais. Eles não podem ser empáticos. Não podem se colocar no lugar de quem está ali ou vão sofrer, ficarão afetados, tomarão partido... Isso não deve acontecer. Quantas pessoas se fazendo de vítimas, vão até lá e só depois se sabe que são os culpados?

— Ah!... Mas, na televisão, todos falam que a classe dos policiais deveria ser mais amável — a irmã continuou com sua opinião.

— Ah, Marcella! Faça-me um favor! Televisão, na maioria das vezes, é o veículo mais mentiroso e hipócrita. Eles manipulam os fatos, as notícias, os acontecimentos. São tendenciosos. Outro dia eu vi um jornalista, em um telejornal, criticando ferrenhamente o governo e instituições que não auxiliavam uma equipe de matemática que precisava de recursos para participar de uma Olimpíada de Matemática. O jornalista foi cruel, sarcástico questionando porque muitas empresas e o governo não ajudavam a equipe. Aí, eu fiquei me questionando... Aquela emissora de TV faz campanha e arrecada milhões ou bilhões dizendo que é para ajudar crianças. Dei uma olhada nos míseros projetos sociais que eles apresentam na campanha e vi crianças dançando, tocando instrumentos musicais, aprendendo a aproveitar materiais reciclados... Não encontrei nada, absolutamente nenhum projeto que incentivasse a escolarização, cursos profissionalizantes, etc... Pense, por que essa emissora não ajudou os alunos da equipe de matemática, financeiramente, para que participassem da Olimpíada de Matemática? Lógico que não vão ajudar. Quanto mais ignorante o povo, mais escravizado ele fica, mais manipulado ele é. Mas... Enfim... O pessoal da delegacia fez o Boletim de Ocorrência. Atendeu bem. Sem tomar partido. Foi educado. Agora a Grazi vai ao fórum procurar um advogado para tratar do divórcio e orientá-la como proceder daqui por diante.

— Divórcio? — Graziella murmurou.

— Lógico! Ou ainda quer voltar a morar com aquele traste?! — Bárbara indagou com uma nota de contrariedade.

— É verdade, Grazi — Marcella concordou. — É inadmissível você continuar ao lado do Cláudio.

— Certamente o juiz, que vai julgar o processo, vai exigir que ele se mantenha distante de você e da Sarah. Existem leis pra isso — Bárbara lembrou.

— É muito difícil para mim... Vocês não compreendem...

— Pelo amor de Deus, Graziella! Não vai me dizer que está com pena daquele canalha! Olha pra você! Olha sua mão e o braço machucados porque ele te empurrou! Não foi a primeira vez! Seu marido é doente! É sádico! Desculpá-lo e voltar para casa é aceitar e incentivar que ele faça de novo e de novo! Acorda, criatura!!! — Bárbara praticamente gritou. — Se voltar para ele, o Cláudio vai te espancar de novo, possivelmente, até te matar. Tenha coragem de assumir sua própria vida sozinha! Cuide de você e da sua filha! — ficou zangada. Falou muito firme.

A irmã teve uma crise de choro.

Marcella correu até ela e a abraçou, confortando-a.

Bárbara, com aparência cansada, foi para o quarto, pegou um roupão da irmã e depois foi para o banheiro tomar um banho.

Voltando para a cozinha, notou que Graziella estava fragilizada, cabisbaixa e com uma aparência horrível.

Bárbara foi até o armário, pegou uma caneca e encheu com café fresco. Aproximando o recipiente do rosto, apreciou o aroma por um bom tempo, antes de bebericar a bebida muito quente.

Não demorou muito, aconselhou:

— Vai tomar um banho e descansar um pouco, Grazi. Vai te fazer bem — falou em tom piedoso.

— Não sei o que fazer da minha vida agora — a irmã lamentou.

— Aceite as mudanças da vida como uma forma de recomeçar e fazer diferente. Para fazer melhor e ser melhor do que antes é necessário novo posicionamento, novas tomadas de decisões. Se você continuar repetindo tudo o que já fez, sua vida será sempre a mesma.

— Mas não é fácil...

— Sei que não é. Mas é possível e vai ser muito melhor. Você está livre daquele canalha.

— Aquele canalha é pai da minha filha.

— Foi a única coisa boa que ele te deu — falou sem pensar. — O Cláudio não é um bom exemplo para sua filha. Nunca foi. Você precisará ser forte e servir de exemplo para a Sarah. Ensinando que ninguém deve aceitar agressões físicas ou psicológicas de espécie alguma. Eu acredito que a Sarah não aprendeu isso até agora. Não entendo ainda o que te levou a aceitar isso do seu marido nesses anos todos. Mas chega, né? É o momento de se libertar e mudar. Chega!

Graziella ficou pensativa.

Levantou-se e murmurou:

— Vou tomar um banho.

Bárbara serviu-se de mais café e ficou na cozinha, pensando em tudo o que aconteceu.

Na espiritualidade, sem que pudesse ver, o espírito Perceval a observava ao mesmo tempo em que lhe emanava energias destituídas de sentimentos dignos.

— É somente o começo, minha cara. Na espiritualidade, não existe tempo nem espaço. Tudo é constante. A dor é constante, a raiva é constante... O ódio é imortal. Durante a vida terrena, tudo o que fazemos, pensamos e sentimos traz consequências. Não adianta reencarnar em outro país, em outro continente, ter nova aparência, outros nomes... Não adianta! A ligação que temos é espiritual. É energia. — Gargalhou de forma sarcástica e mórbida. Rodeando-a, curvando-se bem perto do rosto de Bárbara, procurava envolvê-la com sua vibração psíquica. Tinha conhecimento suficiente para saber como e o que fazer. — Paciência foi algo que adquiri ao longo desses séculos. Demorei para te achar, mas encontrei. Percebo que você sofre quando teus entes queridos sofrem, por isso já encontrei algozes deles para ajudar. Você e todos os seus vão sofrer. Quer acabar com alguém, faça-o perder a moral, ser promíscuo, leviano, imprudente... Seus familiares são tão vulneráveis aos vícios morais que carregam, não é? — dizia bem devagar, olhando-a de perto. — Quer abalar alguém? Faça-o perder o emprego e ter preocupações... Faça-o querer perder a própria vida! — enfatizou. — Não existe nada pior do que tirar a própria vida. Você sofre, infinitamente, antes de se recompor e entender tudo o que aconteceu. — Curvado, fez um movimento como se se encostasse à face dela ao dizer: — Por isso, Bárbara, prepare-se! Só estou começando.

Bárbara sentiu um forte arrepio percorrer seu corpo e chegou a estremecer.

Nestor, seu mentor, que não podia ser visto por ambos, aproximou-se e inspirou sua protegida:

— Ore. Ligue-se a Deus e receba energias do Alto. Vai ser preciso.

Após sentir o arrepio e sob a inspiração de Nestor, ela colocou a caneca sobre a mesa, fechou os olhos, entrelaçou os dedos das mãos como em prece, curvou a cabeça e orou o Pai Nosso, oração que Jesus nos ensinou.

Nesse instante, como que uma luz se acendeu na cabeça de Bárbara. Essa luz foi-se expandindo e ganhando proporções a cada palavra. Sentidamente, fazia a prece com o coração. No mesmo instante, uma luz do alto chegou, ligando-se àquele feixe de luz que ela emanava.

Seu mentor Nestor assumiu postura respeitável, em pé atrás da encarnada, também se ligou ao Alto em oração.

A energia gerada, naquele momento, incomodou Perceval que se afastou alguns metros e observou:

— Não conseguirá me repelir por muito tempo. Estarei ligado a você de todas as formas. — Perceval se afastou e foi para outro cômodo. Levando consigo outros companheiros submissos ao qual se vinculava.

Não demorou e Marcella chegou à cozinha, interrompendo e perguntando:

— Você está aí?

— Nossa! Que susto! — Bárbara exclamou.

— Estava dormindo? — a irmã sorriu. Em seguida, alertou: — Vai cair da cadeira!

— Não. Não estava dormindo. Eu estava... — não completou.

Perceval se aproximou novamente.

— Viu como posso manipular e usar tudo a meu favor? Por que acha que sua irmã veio aqui interromper o que fazia? — riu. — Vocês não terão paz. Quando não se tem paz, sofre-se muito. — Virando-se para os companheiros, ordenou: — Fiquem aqui. Vigiem e aproveitem todas as oportunidades.

— Eu estava dormindo e de repente levei um susto. Acordei e lembrei que deixei a Grazi aqui sozinha. Ela falou que ia esperar você tomar banho.

— Tomei banho, tomei café... Acho que vou embora — Bárbara decidiu.

— Não. Fica aí. Já são 7h da manhã. Descansa um pouco.

— Não tem cama o suficiente.

— Eu vou deitar com a mãe. Fica com a minha cama.

— Não. Fica tranquila. Vou me trocar e ir pra casa. Assim descanso melhor e vocês também. Mais tarde tenho muita coisa pra fazer — sorriu de um jeito meigo e se levantou.

Serviu-se de mais café e foi se trocar.

Capítulo 11

UM ENCONTRO COM MURILO

Chegando ao seu apartamento, Bárbara sentiu-se muito cansada. Havia um toque de desânimo no seu desapontamento com a vida. Ignorava tratar-se da influência espiritual recebida.

Preparou um café em uma máquina de expresso que tinha e murmurou:

— Meu dentista vai adorar saber que tomo tanto café. Clareamento dentário não está nada barato.

Foi para a sala e remexeu em sua bolsa.

Apanhou o celular. Conferiu e respondeu as mensagens que achou importante. Não estava disposta a trocar somente *posts* de bom dia com todos aqueles contatos que sobrecarregavam a galeria do seu aparelho.

Olhou sua agenda e notou que precisava falar com um cliente naquela manhã, mas bateu-lhe uma fadiga sem igual. Mesmo assim, forçou-se.

Mal olhou a lista de contatos, ligou conforme havia combinado.

— Pronto! — uma voz forte atendeu.

— Alô! Murilo?

— Sim. É ele.

— Bom dia! — ela se forçou animada. — hoje será a inauguração do restaurante. Os rapazes já cuidaram de tudo. A partir das 15h chegarão lá para fazer uma boa cobertura, já que abrirá às 17h. O *marketing*, conforme conversamos, vai abranger redes sociais, canais, *blogs* e outros. Aqueles nomes de pessoas importantes para essa inauguração, já confirmaram presença e nossos fotógrafos e cinegrafistas farão uma cobertura especial. Gostaria de saber se você precisa de mais alguma coisa ou se tem qualquer novo pedido?

— Preciso de um convite para essa inauguração — respondeu a voz grave e séria.

Bárbara ficou confusa. Acreditou que, por não ter dormido, estava com o entendimento comprometido. Porém, achou que o cliente poderia não ter se expressado bem. Disfarçou e perguntou com tranquilidade:

— Você quer que convidemos mais alguém? É isso?

— Não, Bárbara. Na verdade eu quero um convite para mim. Faz tempo que não saio de casa e... Seria interessante conhecer esse meu restaurante, do qual não fazia a menor ideia que existia. O que mais me interessa é a participação nos rendimentos. Tenho algum sócio? Qual a minha porcentagem nos lucros?

Ela riu de um jeito divertido. Em seguida, afastou o celular da face e olhou o aparelho de modo desconfiado.

— Você não é o Murilo, dono do restaurante que a minha empresa está promovendo, não é mesmo? — indagou com um tom engraçado na voz bonita, já sabendo a resposta.

— Não! — ele respondeu firme e enfático. — Sou o Promotor que você conheceu quando furtaram o carro da sua irmã no estacionamento perto do Jardim Botânico. As suas ordens! — riu e ela escutou.

Pela forma que o ouviu falar, Bárbara riu com gosto, achando graça da sua gafe.

— Perdoe-me, por favor. Estou com muito sono e...

— Só por estar com sono resolveu me acordar?

— Não... — achou graça novamente. — Desculpe-me. Deveria ter ligado para um cliente com o mesmo nome. Por favor, perdoe-me.

— De jeito nenhum! Quero ir a essa inauguração como parte da minha indenização.

— Por que não? — ela respondeu com uma pergunta.

— Sério?!

— Posso levá-lo como meu convidado. Quem vai com você? Tem algum ou alguma acompanhante? Preciso saber para avisar minha equipe.

— Avisar a equipe?! Como você é eficiente! Tem tudo sob controle. Seria só para mim, obrigado. E será um grande presente... Aliás, dois presentes. Um, por fazer muito tempo que não saio. O segundo, porque ontem foi meu aniversário.

— É mesmo?! Aceite meus parabéns!

— Muito obrigado! — Murilo agradeceu educado.

— Então vou pedir para alguém levar o convite até você. Esse convite dá direito a desconto especial de inauguração. Qual seu endereço?

— Eu envio por mensagem depois que desligarmos. É mais fácil.

— Claro. Vou aguardar. Vai ser bom conversarmos. Abusarei da sua amizade para tirar algumas dúvidas.

— Quer antecipar? — Estou à disposição.

— Não entendi. Como assim? — Bárbara perguntou.

— Quer antecipar o assunto? Talvez, na inauguração, não tenha tempo por estar ocupada com outras coisas.

— É mesmo... — Pensou um pouco e indagou: — Quanto você cobra por hora? Afinal, são orientações profissionais. Você estudou muito para isso.

— Um sorvete. Gosta de sorvete?

— Adoro! Mas... Só isso?

— Você não imagina como sorvete é importante para mim nesse momento — riu. Depois perguntou: — Antes de ir para a inauguração do restaurante, hoje à tarde você está livre?

— É assim... Eu não dormi esta noite. Por volta das 17h tenho de ir para o restaurante. Estou em casa e... Pensava em dormir um pouquinho.

— Vai almoçar onde?

— Vou fazer uma massa aqui em casa. É mais rápido. Já tenho molho pronto, preparado pela minha *mamma*! — falou de um jeito mimoso.

— Huuummm... Macarronada da *mamma*! — ele riu e propôs: — Você dorme. Acorda e almoça. Após o almoço, manda mensagem e nos encontramos para um sorvete. Esclareço suas dúvidas, se eu souber... Depois vamos ao restaurante. Certo?

— Combinado.

— Então vai, lá... Liga para o Murilo legítimo.

— Está certo — deu risada. — Desculpe-me por tê-lo acordado.

— Darei o troco! Aguarde. Não sabe com quem está mexendo...

Ela riu e se despediu:

— Tchau!

— Tchau.

Desligaram.

Uma gota de ânimo alegrou Bárbara, que sorriu sem perceber. Algo a deixou feliz naquela conversa.

Em seguida, ligou para seu cliente. Logo depois, quando foi deitar, consultou o celular. Havia uma mensagem de Patrícia, sua cunhada, perguntando se poderia telefonar para ela.

De imediato, Bárbara ligou.

— Oi, Patrícia. Tudo bem com você, as crianças?...

— Tudo. E você?

— Bem. Graças a Deus.

— Gostaria de falar com você sobre o Sandro.

— Algum problema com meu irmão? — preocupou-se.
— Talvez não fosse algo para eu falar por telefone. Sabe... estou achando o Sandro muito diferente desde a morte do seu pai.
— Diferente? Como?
— Implica com qualquer coisa. Não dá importância a outras... Mas isso é comigo, coisas entre o casal. Vou resolver. Mas...
Diante da demora, a cunhada quis saber:
— Mas?... O quê?
— O que tenho para te dizer é forte, mas não há outro jeito. Não estou reconhecendo o homem com quem me casei. Acho que o Sandro não está honrando os compromissos assumidos e, entre eles, a procuração que vocês passaram para ele vender a casa.
— Como assim? — não entendeu.
— Faz tempo que vocês passaram aquelas procurações.
— Sim... Faz meses.
— Já vai fazer um mês que a casa do seu pai foi vendida e não vi o Sandro dizer nada para vocês nem repassar o dinheiro que recebeu. Afinal, a dona Antonella precisa dele para comprar ou alugar outra casa. Acho que sua mãe e a Marcella têm cerca de sessenta dias para se mudarem.
— Espera aí! O Sandro vendeu a casa e não nos falou nada?!
— Sim. É exatamente isso — afirmou Patrícia. — Eu não tenho dormido direito por causa disso. Ia até a casa da sua mãe, mas o Enzo ficou febril por causa da garganta. Não tive tempo.
— Mas, Patrícia, não foi ninguém lá visitar a casa para comprar. Será possível isso?
— Quando o Sandro falou com vocês, já estava tudo muito certo com a construtora. Eles estavam bem interessados. Não na casa, mas no terreno devido ao espaço e a localização. O seu irmão levou a planta e todos os documentos, IPTU e tudo mais. O Sandro me disse que vocês ficaram interessadas na venda porque uma reforma custaria muito e daria trabalho

também. Passaram a procuração para ele e nem leram direito. Ele tinha o poder de negociar e receber valores. A casa foi vendida. Não podem esperar muito. Sua mãe e a Marcella precisam procurar outro lugar para morar.

— Procure falar com ele, mas te peço um favor... Não conte que conversamos. Está bem?

— Tá certo — concordou desapontada. — Não vou falar.

— Nós não estamos muito bem e... Isso só iria piorar as coisas.

— Tudo bem, Patrícia. Não vou falar nada.

— Agora tenho de desligar. As crianças acordaram.

— Claro... Muito obrigada por me contar. Fica tranquila. Vou conversar com ele.

Despediram-se.

Bárbara sentiu como se um peso enorme caísse sobre seus ombros.

— Droga — murmurou. Acionou o despertador do celular e se deitou.

Quando o celular tocou, na hora marcada, ela acordou com uma sensação ruim.

Havia dormido somente 3h.

Sentou-se na cama e esfregou o rosto.

— Não descansou nada, não foi? — Perceval indagou com sarcasmo. — Agora está se sentindo amarga, fraca, impotente. Se não estiver, vai se sentir.

Bárbara acreditou que seu desânimo aumentou porque dormiu pouco.

Pensou em voltar a deitar, mas havia compromisso marcado.

A custo, levantou-se e decidiu tomar um banho quase frio para acordar.

Saiu do chuveiro e foi até a cozinha. Não sentiu vontade de preparar qualquer refeição.

Ligou a máquina de café expresso e preparou um.

Olhou na geladeira, pegou um pedaço de queijo e comeu. Procurou por biscoitos, porém não tinha feito compras no mercado naquela semana. A despensa estava vazia.

— Droga... — olhou as horas.

Pegou o celular e viu as várias mensagens com insatisfação.

Foi para o quarto e decidiu se arrumar. Quando ficou pronta, enviou mensagem para Murilo perguntando se era muito cedo para se encontrarem.

Ele respondeu que não. Então marcaram encontro em um *shopping*.

Bárbara arrumou-se, como sempre.

O cabelo estava bem diferente de quando ele a conheceu. Compridos, passando dos ombros. Tingidos com a cor natural possuía um brilho impressionante nos movimentos sedosos. Ela sabia como se cuidar. Usava maquiagem suave.

Vestia um *jeans*, uma camisa branca com o colarinho levemente levantado, um colete marrom que tinha pontas na frente. Os acessórios combinavam perfeitamente com a roupa e a bota de salto e cano longo que sobrepunha o jeans. Na mão, levava uma jaqueta. O dia estava frio e, possivelmente, esfriaria mais.

Ela encontrava-se há mais de 15min parada onde combinaram o encontro.

Mesmo olhando firmemente, não reconheceu a figura de um homem que se aproximava. Demorou a identificar e franziu o semblante para ter certeza.

Murilo abriu um lindo sorriso. Tinha certeza de que ela o estranharia.

Era diferente vê-lo sem barba e com um gorro na cabeça. Mas não era só isso.

— Oi, Bárbara! Tudo bem? — perguntou para garantir que era ele.

— Oi... Tudo bem. E você?

— Agora estou bem.

— Você está diferente. Sem barba...

— E sem cabelos também — sorriu ao mostrar.

Murilo estava bem arrumado. Usava calça *jeans*, camisa azul-clara, jaqueta, tinha uma echarpe jogada ao pescoço e um gorro da mesma cor. Sapatos esporte marrom, que combinavam com a jaqueta. Mas as roupas achavam-se largas, como se tivesse emagrecido.

Ela notou um aspecto incomum, porém nada disse.

— Você já almoçou? — ele quis saber.

— Na verdade não. Acordei sem muito ânimo e com preguiça para cozinhar. Dormi tão pouco e fora do horário.

— Sei como é. Vamos caminhar um pouquinho e comer alguma coisa salgada, antes do sorvete que você vai pagar pra mim — ressaltou e riu.

— Vamos — concordou sorrindo.

Andaram um pouco de um lado para outro e o rapaz perguntou:

— Quer almoçar em algum lugar específico?

— Você já almoçou? — ela respondeu com outra pergunta.

— Não — disse, sempre esboçando suave sorriso.

— Então é meu convidado.

— Não. O almoço eu pago. Você já vai pagar o sorvete. Além disso, sou o convidado para a inauguração do restaurante.

— Você gosta de massa? Ali tem um ótimo lugar.

— Vamos lá ver o que tem — concordou ao mesmo tempo em que, com leveza, tocou as pontas dos dedos em suas costas para conduzi-la à direção certa.

Fizeram os pedidos, escolheram uma mesa e ficaram aguardando.

Enquanto isso, ela perguntou:

— Perdoe minha curiosidade. Aliás, não é curiosidade, é preocupação. — Breve pausa e quis saber: — Você está bem diferente. O que aconteceu?

— Muita coisa, nesses meses todos. Você está bem e, de repente, sua vida vira de cabeça para baixo. — Murilo respirou fundo, olhou para os lados, depois contou: — Eu comecei a me sentir estranho. Com o emocional meio abalado. Estava sobrecarregado. Peguei uma gripe terrível, o que foi muito bom, pois tive febre, infecção na garganta... — Achou graça quando viu a moça sorrir de modo enigmático, franzir o semblante e balançar a cabeça negativamente ao saber que ele apreciou a gripe. — Foi um pouco antes de nós nos conhecermos. A gripe foi embora, mas eu sentia minha garganta estranha. Algo diferente no meu pescoço quando passava a mão. Numa manhã, meu irmão me ligou. Disse que havia sonhado comigo. No sonho, eu parecia muito doente. Ele ficou impressionado com a realidade do sonho e pediu para eu procurar um médico. Até ri, pois não via razão para tanto. Mas aquela conversa ficou incomodando meus pensamentos. Apalpei minha garganta e pude sentir algo como um caroço. Pelo fato de ter passado por uma gripe e infecção de garganta tão recentemente, não me preocupei tanto. Deveria ser algum nódulo linfático parado por ali e desapareceria em breve. No outro dia, meu irmão me ligou novamente. Disse que teve outro sonho, igual ao primeiro. Então procurei um médico que me pediu exames. Resumindo... Fui diagnosticado com câncer de tireoide, um carcinoma. Mesmo em se tratando de um tumor pouco agressivo, quando descoberto no início como foi meu caso, a gente estremece.

— Ualll... — ela falou baixinho e suspirou fundo. — Mas... Como foi, Murilo? Qual o caminho percorrido, exatamente, até a descoberta? Você foi a vários médicos?... O primeiro médico descobriu tudo? Isso conta muito.

— Quanto mais cedo a descoberta, melhor. — Breve instante e contou: — Procurei um médico clínico geral que solicitou um exame simples de ultrassonografia de tireoide. Nesse exame, apareceram dois nódulos com cerca de dois centímetros cada. Então, fui encaminhado para um endocrinologista que solicitou exame de punção. Feito esse exame, o resultado não foi bom. Fiquei, emocionalmente, muito abalado, mas não deixei que os mais próximos percebessem.

— Já sabia desse resultado quando conheceu minha irmã?

— Já — sorriu. — Tinha acabado de descobrir. Vocês me entregaram a jaqueta uma semana antes da cirurgia.

— Você fez cirurgia?

— Fiz. Fui encaminhado para um especialista em cabeça e pescoço. Precisei fazer a cirurgia. A biópsia nos dois nódulos retirados confirmou ser câncer. Fizeram a segunda cirurgia para a retirada da glândula tireoide e alguns linfonodos das proximidades foram também retirados e eles, igualmente na biópsia, deram positivo para câncer. Meu mundo desabou, claro. Ninguém, aos trinta anos, está preparado para isso. Comecei tratamento com iodo radioativo para matar células cancerígenas, mas como você sabe, todo o seu corpo também morre um pouquinho diante de tratamento tão agressivo. Cheguei a ficar internado no isolamento do hospital por três dias, por causa do tratamento radioativo. Depois, mais uns quinze dias, isolado na minha casa. Fiquei pra baixo. Sentia-me muito mal. Quando a imunidade cai, seu humor também diminui. Alguns dias eu ficava bem, outros não. Pareceu que não foi o suficiente... — olhou-a nos olhos e revelou: — Exames, exames... Retirada de nódulos na axila... Quimioterapia... Foi horrível! Passei muito mal com a fraqueza que sentia, os enjoos que sofria. Não conseguia comer nada... — Ofereceu uma pausa. — Fui melhorando aos poucos.

Comecei a fazer psicoterapia. Isso me ajudou muito. Comecei a pensar que dias melhores viriam. Que ainda bem que era câncer de tireoide dos mais simples, assim como os da axila, e foram descobertos a tempo. Tudo tem uma razão. Se não entendemos isso agora, iremos entender um dia. Deus é esplêndido! Oferece, exatamente, o que podemos suportar. — Ficou um pouco reflexivo, depois prosseguiu. — Seja qual for a dor, a doença, o problema, o principal remédio é a fé, é o pensamento positivo. Não tem como ser diferente. A fé e a cura andam de braços dados. Por isso, cuidado no que você acredita. — Um instante, olhou-a e seus olhos se imantaram. Percebeu-a triste. — O desânimo toma conta da gente em alguns momentos, mas somos capazes de reverter. Algumas lutas não são fáceis, mas são possíveis. Então, me determinei a vencer o câncer, mesmo se para isso meu corpo morresse.

— Como assim? — sorriu.

— Eu acredito na vida após a vida. Independentemente do que acontece ao nosso corpo de carne, se temos uma mente elevada, nosso corpo espiritual permanece saudável na espiritualidade. Se nós nos ligarmos a Deus, com fé, preces sentidas e verdadeiras, seremos bem acolhidos quando desencarnarmos. Então, acreditei que, se mantivesse meus pensamentos no bem, no que é bom, mesmo se meu corpo não estivesse lá aquelas coisas... — riu — eu estaria livre do câncer na espiritualidade. — Nova pausa e contou: — Foi assim, no princípio, quando conversei com o médico especialista em cabeça e pescoço, ele explicou, detalhadamente, tudo o que poderia ser e acontecer, de acordo com o resultado da biópsia. As alternativas eram desde a mais terrível até a de não ser nada. A espera para o resultado foi horrível, emocionalmente falando. Não dormia. Não conseguia comer direito. Não queria conversar... Afastei-me do trabalho. Não gostava de ficar por muito tempo contando e recontando aos amigos e familiares tudo o que estava acontecendo... Repetindo diversas vezes como aconteceu...

— Ai... desculpa — ela lamentou. — Aqui estou eu fazendo você contar de novo seu caso.

— Não! É diferente. Isso foi quando aguardava o resultado da biópsia. Até que saiu o resultado. Naquela época, eu estava muito abalado. Em dois meses, precisei passar por duas cirurgias. Após me recuperar, começaram as sessões de iodoterapia. Fiquei em um quarto revestido de chumbo, tomando radiação via oral. Após três dias, novamente, voltei para o quarto comum. Depois fui para casa. Cuidado total! — enfatizou. — Tomando banho, fiquei intrigado com um caroço em baixo do braço. Um novo exame e descobriram os nódulos na axila esquerda. Fiquei péssimo emocionalmente. As sessões de quimioterapia me deixaram horrível. Aos poucos consegui me recuperar. Queda de cabelo. Fraqueza total. Humor zero. Uso de máscara para respirar e evitar público e aglomerações. Não foi fácil. Fiquei pensando: como foi que, em um ano, a vida pôde mudar tanto? — Silencio total. — Essa semana voltei a morar sozinho no meu apartamento. Durante todo o tratamento, minha mãe esteve comigo a maior parte do tempo. Quando não, para ela descansar um pouco, ficava meu irmão ou meu pai. Fiquei meio dependente, fraco... Mas ela, a dona Eloísa, não me deixou por nada. Até que o médico me liberou para sair. Minha vida é nova agora. Vou precisar de remédios, hormônios e vitaminas, pois não tenho mais as glândulas e meu corpo não fará mais sozinho a produção dos hormônios da tireoide. Agora estou disposto a uma vida nova. Comida de verdade, excluindo todos os açúcares, principalmente o branco, e adoçantes de toda espécie.

— Café com adoçante é horrível. Prefiro puro a usar adoçante no café.

— Concordo. Mas nem adoçante estou usando. Também são produtos cancerígenos. Você sabia que o câncer se alimenta exclusivamente de açúcar?

— Não.

— Pois descobri isso. Não uso mais açúcar nem no café. Também estou diminuindo, ao máximo, o consumo de carboidratos refinados. No organismo, o carboidrato se transforma em açúcar. Estou praticamente um vegetariano. Descobri que a carne vermelha é bem prejudicial, no meu caso.

— Por isso escolheu aquele prato?
— Sim. Foi — admitiu e sorriu.
— Mas e o sorvete?
— Juro que será só hoje, mesmo assim vou querer aquele sem açúcar — uniu as mãos como em prece e olhou para o alto.

Riram.

— Quer dizer que já pode sair, assim... Sem máscara para respirar... Pode dirigir?
— Posso. Tudo foi liberado na segunda-feira. Minha mãe fez as malas e voltou para casa. Eu voltei a morar sozinho. Confesso que estou meio perdido ainda e um bocado confuso. Sabe que descobri que tenho um restaurante!

Ela achou graça e se desculpou novamente.

O almoço foi servido e conversaram menos enquanto comiam.

Em dado momento, Bárbara perguntou:

— Já voltou a prática de esportes, academia?
— Ainda não. Sinto muita falta. Em breve, devo voltar. — Em seguida, perguntou: — Então... Quais eram suas dúvidas? O que quer falar comigo?
— Tive um namorado. Terminei com ele. Agora recebi uma intimação. Ele quer ser indenizado. Conversei com um advogado conhecido e fiquei aterrorizada, apesar de ele ter dito que não era especialista na área. Mesmo assim... O que você pode me dizer?
— É preciso saber o que seu ex-namorado alega e o que, de fato ele tem como provas. Provas são sempre bem-vindas das duas partes. Mas... Cada caso é um caso. Sem conhecer o processo, não posso dizer muita coisa. A minha forma de ver é que namoro é o período de duas pessoas se conhecerem, descobrirem qualidades, defeitos, do que gosta e do que não gosta. Conhecer as famílias... Já o noivado é um relacionamento mais sério. É um passo que antecede o casamento. É uma união com os mesmos propósitos. Todo e qualquer relacionamento está sujeito a ruptura. Porém, o fim de um

namoro, mesmo de longa duração, em que ambos tinham sonhos e propostas de casamento, não gera dano moral à pessoa dispensada. Assim como o término de um noivado, mesmo aos pés do altar. Eu não concordo que acarrete dano moral. Mas... Cada caso é um caso e cada juiz, que julga o caso, tem um entendimento diferente. Vai que o juiz passou por uma ruptura traumática e danosa, emocionalmente falando, ele condena todo o mundo que rompeu e... — riu. — Tô brincando. Mas... Precisa ver o que o juiz vai entender como direitos personalíssimos do requerente, a afronta à dignidade, como vai entender as emoções negativas geradas com o rompimento como a angústia, a tristeza, a dor, o sofrimento, a humilhação... Sentimentos esses que não podem ser confundidos com aborrecimentos do dia a dia, uma vez que houve muito empenho, entrega e dedicação da parte ofendida.

— Eu não duvido, de forma alguma, que a pessoa dispensada sofra, angustie-se, abale-se emocionalmente diante do rompimento de um relacionamento. Estou vendo a minha irmã, a Marcella, que você ajudou. Ela está abaladíssima ainda. Sofrendo muito. O noivo terminou com ela um mês antes do casamento. Mas esse é outro caso... No meu, foi só um namoro e...

— A Marcella não se casou? — surpreendeu-se.

— Não. O noivo terminou e ela está arrasada, mesmo depois de um ano, ou quase... Sei lá.

— Nossa... Que coisa.

— Pois é...

— Sabe, Bárbara, a meu ver, rompimento de namoro e noivado é algo que a pessoa tem de enfrentar, apesar da decepção e da desilusão. Ninguém é obrigado a ficar com outra pessoa. Pessoas partem da vida da outra através da morte. E aí? Vai pedir indenização para o defunto ou para Deus?

Nesse momento, ambos riram.

— Concordo com você. Término de namoro não pode virar crime.

— E não é! O pressuposto para que haja a obrigação de se indenizar a outra parte, é só havendo a prática de um ato ilícito.

Não é ilícito não querer continuar ou não querer casar. No caso da sua irmã, por exemplo, talvez tenha até sido benéfico para ela. Imagine o noivo se casando sem nutrir qualquer sentimento de afeto ou mesmo respeito, pela simples obrigação de terem mantido um longo noivado. Então começam as brigas, as dificuldades, as traições... Se for só isso o que me conta, no seu caso, fica tranquila. É desnecessário provocar o Poder Judiciário para tanto.

Em seu íntimo, Bárbara ficou envergonhada de dizer que Naum tinha provas de ter prestado muitos favores e se doado demais a ela.

— Você pensa assim. Que bom. Mas será que o juiz vai pensar também?

— Como falei, é necessário conhecer minúcias do processo. Detalhes são importantíssimos. Acredito que a grande maioria pensa como eu. É capaz de dar em nada e o juiz ainda fazer seu ex pagar as custas processuais. Mas... Como vamos saber? — Pensou um momento e lembrou de indagar: — Você o expôs a alguma situação vexatória ou humilhante? Ele foi traído? Desculpe-me perguntar, mas, nesses casos, existe sim direito à indenização, visto que tais fatos são extraordinários.

— Não. Nunca.

— Embora cada um tenha liberdade de decidir a ruptura de um relacionamento, não é permitido enganar, trair, colocar o outro em situação humilhante, vexatória ou agir de má-fé. Nesse caso, cabe indenização por danos morais. Porém, tudo precisa ser provado no processo judicial, sob pena de improcedente o pedido de indenização. — Pensou novamente e lembrou: — Outro fato relevante para o pedido de indenização é o queixoso ter sido explorado economicamente e deixado sua própria vida para viver a favor do outro. Igualmente, é necessário comprovar no processo a exploração financeira ou do seu tempo. Nesse caso, é plenamente cabível a condenação ao pagamento de indenização.

Bárbara sentiu-se mal quando ouviu aquilo. Foi exatamente o que o ex-namorado relatou no processo.

— O Naum estava desempregado há algum tempo. Vivia de bico e do que eu provia a ele.

— Você tem como provar?

— Provar?...

— Provar esse favorecimento financeiro?

Ela pensou e respondeu em tom duvidoso:

— Não. Acho que não. Comprei roupas, paguei contas quando saímos... Não consigo lembrar de tudo agora.

— Precisamos saber, exatamente, o que ele alega para merecer essa indenização. O que posso fazer é indicar um bom advogado.

— Por favor. Vou precisar sim. Estou com problemas com meu irmão também. Meu pai faleceu. Eu, minhas irmãs e minha mãe passamos uma procuração para o Sandro vender a casa. Hoje minha cunhada disse que a casa foi vendida há mais de um mês e meu irmão nem nos contou. Agora tenho de ajudar minha mãe e a Marcella, que nem estão sabendo disso ainda, a arrumarem uma casa ou serão despejadas.

— Às vezes o mundo parece desabar sobre nossas cabeças, não é mesmo? — Lamentou e orientou: — Quando envolve procuração, o caso é mais complexo do que parece. Através da procuração, vocês deram todo o direito para ele sem a obrigação de lhes ressarcir imediatamente os valores do imóvel. Esse caso é complicado.

— Além disso, como processar meu próprio irmão? — ficou reflexiva por algum tempo, depois decidiu: — Chega de falar de problemas. Que tal tomar sorvete?

— Tem sorvete de iogurte, no piso superior, que é uma delícia. Sem adição de açúcar. Conhece?

— Acho que sei qual é! — sorriu lindamente como se não tivesse qualquer preocupação.

Levantaram-se, colocaram as bandejas na ilha de coleta da praça de alimentação e seguiram conversando animadamente.

Murilo contou o quanto estava animado, pois conseguiu marcar férias e pretendia descansar e conhecer lugares.

Capítulo 12

À PROCURA DE UMA CASA

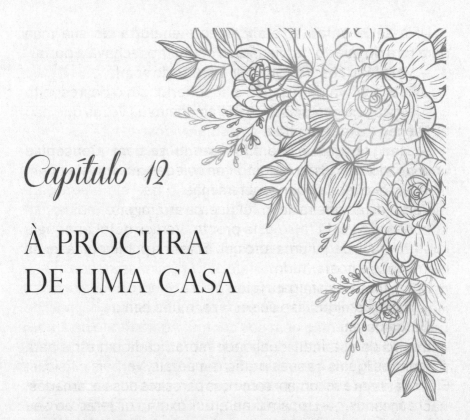

A jovem Ullia, filha de Pietra, estava em seu quarto em companhia de duas amigas.

Música alta, risos e brincadeiras.

As adolescentes acessavam a *internet* e se divertiam com o que faziam.

Em dado momento, Pietra abriu a porta e pediu, em tom brando, tentando ser simpática com as visitantes:

— Ullia, abaixa esse som, por favor, filha.

— Qual é, mãe?!!! — a jovem praticamente berrou. — Nem tá tão alto assim.

— É que incomoda os vizinhos, filha — tornou, falando com jeitinho.

— Os vizinhos que... — falou alguns palavrões.

— Ai, filha... Não fala assim, né — Pietra considerou de modo gentil.

Ullia se levantou e, praticamente empurrando sua mãe para fora do quarto, falou ríspida enquanto fechava a porta:
— Vaza! Vaza!... Vou abaixar a droga do som!
Ullia mostrava para a mãe a superioridade, o desrespeito e o descaso que cresciam desde as primeiras vezes que não obedeceu e a mãe aceitou.
As amigas riram e a anfitriã sentiu-se bem. Conseguiu uma oportunidade para mostrar às colegas que era ela quem mandava e exercia poder sobre a mãe.
Voltando ao que faziam, falou para as amigas.
— Agora o perfil falso está pronto. Vamos detonar aquela idiota. Vamos pegar uma foto que a cretina publicou, fazer as montagens e postar tudo.
Keila, uma das amigas, falou:
— Deixa comigo. Isso eu sei fazer muito bem.
Gargalharam.
Dentro da sua individualidade moral, cada um atrai para si espíritos iguais as suas práticas mentais, verbais e físicas. Eles se afinam e se tornam como que parceiros dos encarnados.
Encarnados que tocam piano, por exemplo, terão ao seu lado entidades que apreciam essa prática.
Dessa forma, espíritos inferiores também vão para junto de pessoas viciosas ou que podem se desregrarem em qualquer prática inferiorizada. Quanto mais tempo alguém permanece no vício ou em práticas inadequadas, mais gera sensações, vibrações e emoções que a liga, cada vez mais, e com laços energéticos mais fortes, a irmãos desencarnados de baixo nível.
Com isso, esses espíritos infelizes conseguem aproveitar a energia gerada pelas atitudes mentais, verbais ou físicas, como que sugando o encarnado e assim sentindo o mesmo prazer, as mesmas emoções e sensações que ele.
Com Ullia e suas amigas não era diferente.
Na espiritualidade, o quarto da jovem semelhava-se a um salão lotado de seres bizarros, horríveis, grosseiros e que, certamente, assombrariam as encarnadas se pudessem ser vistos.

Observando melhor, na espiritualidade, havia fios tênues de energias magnéticas que se ligavam do cérebro das jovens até a cabeça desses irmãos infelizes, perturbados, que elas não podiam ver. Tratava-se de espíritos que, em vida, foram desequilibrados pelo sexo, drogas e uma vida repleta de frivolidades que os asilaram no vale fundo da loucura.

Todos se impregnavam de fluídos inferiores.

Lamentavelmente, somente a dor extrema na alma é capaz de fazê-los despertar o amor em Deus, desejando mudança, arrependimento, reforma interior, trabalho no bem, harmonização do que desarmonizou.

As jovens riam e faziam piada. Alegravam-se de uma forma infeliz sobre algo que faziam para atingir, negativamente, uma outra jovem conhecida.

Keila, amiga mais próxima de Ullia, pediu:

— Passa a chave na porta e abre bem a janela. Trouxe um bagulho aqui.

Ullia obedeceu. Trancou a porta, aumentou o som novamente e continuaram buscando falsas alegrias que só trariam tristeza e dor.

Em outro cômodo, Pietra conversava com o marido Hélio.

— Mas o que está acontecendo de fato?

— Sabe quando a gente está tão estressado com uma coisa que não quer nem falar nela? — Não esperou resposta e disse: — Estou assim. Não quero detalhar o assunto. A história é longa e bem complicada. Mas... Resumindo... as coisas não estão muito bem.

— Ai, Hélio... Fico nervosa com isso.

— Não se preocupe. Vai dar certo... — comentou e deu grande gole na bebida que a esposa havia preparado.

Pietra sentiu-se estremecer. Ficou confusa. Não sabia explicar os detalhes daquelas sensações.

Era uma tarde tranquila quando Bárbara decidiu ligar para o irmão, já que ele não respondia as suas mensagens.
— Oi, Sandro! Por que não me retorna?
— Oi... É que não tive tempo. Estou bastante ocupado.
— Não acha que tem notícias muito importantes para nos dar? — indagou em tom firme.
— Que notícias?
— Você vendeu a casa e não nos disse nada até agora!
— É... Mas...
— Como foi capaz de fazer isso? Sabe, muito bem, que a mamãe e a Marcella terão pouco tempo para sair de lá. Você não pensou nisso?! Além do que, elas precisam do dinheiro para comprar uma casa nova. Precisamos nos reunir para falar sobre isso.
— Olha... Estou meio enrolado aqui. Podemos marcar isso. Mas agora não dá pra conversar. Faz assim... Conversa com elas e agenda um dia. Depois você me manda uma mensagem avisando.
— Escuta aqui, Sandro, você nem pense em fazer a gente de idiota! A mamãe precisa ter um lugar pra ficar. Nem brinca com isso. Sabe que já deveria ter repassado o dinheiro para ela. Foi o que combinamos!
— Qual é Bárbara?! Tá pensando que sou o quê?
— Por enquanto não estou pensando nada. Vou falar com elas e depois te aviso.
Desligou sem se despedir e ficou pensativa, preocupada.
O espírito Perceval acercou-se dela e riu em tom de deboche.
— As coisas ainda não começaram a acontecer, minha querida. Não fique preocupada. Não ainda. — Examinando-a

bem de perto, direcionou energias funestas que encobriu Bárbara como um manto tenebroso. — Você vai saber o que é se sentir só, esgotada, sem saída, indefesa, repleta de dor... Não falo da dor física, mas daquela que tortura a alma.

Nestor, mentor de Bárbara, aproximou-se sem ser visto pelo outro espírito e intuiu sua protegida:

— Ore. É o momento de se ligar a Deus.

Bárbara sentiu-se mal desde o instante que desligou o telefone. Quando lhe veio a ideia de pedir bênçãos a Deus para ajudá-la naquela situação. O sinal de mensagem do seu celular distraiu-a e foi olhar quem era.

Os dias foram passando.

A reunião foi marcada para saberem sobre a negociação da casa.

Bárbara e Marcella estavam nervosas. Já Graziella e Pietra pareciam neutras diante das explicações de Sandro.

— Deixa eu tentar entender — Antonella disse. — Filho, você vendeu esta casa e não me falou nada?

— Exatamente isso, mamãe! O Sandro vendeu essa casa e não avisou nem repassou o dinheiro. Estamos sabendo, só agora, que terão um mês para sair daqui — esclareceu Bárbara.

— Não é bem assim...

— Como não é assim, Sandro?! — a irmã indagou furiosa.

— A construtora vai dar um tempo a mais e... — ele tentou se explicar.

— Não precisaríamos de tempo algum a mais se você tivesse nos avisado e repassado o dinheiro. Simples assim! Como vamos arrumar outra casa em tão pouco tempo?! E cadê o dinheiro que você recebeu?! — ela exigiu novamente.

— Eu vou arrumar o dinheiro...

— Vai arrumar o dinheiro?! Como assim?! O que quer dizer com isso?! — Marcella exigiu.

— Calma gente! Deixa o Sandro se explicar! — pediu Pietra.

— Ele não tem de se explicar!!! Ele tem de pagar a mamãe!!! — Bárbara praticamente gritou. — Você não entendeu isso, Pietra?!

— Estou com problemas, tá bom! Estou com problemas nas lojas. Faturas vencidas, fornecedores que não querem mais entregar... Tive de usar parte do dinheiro. Foi isso o que aconteceu! — o irmão explicou.

— Eu não acredito!... Você foi capaz disso?! E nós?! Como ficamos?!! — Marcella exigia saber.

— Vou dar um jeito! Fica fria — o irmão respondeu.

— Que jeito, Sandro? A mamãe tem um mês para sair daqui! Que jeito você pode dar?!

— Vou falar com o pessoal que comprou aqui e ver o que dá pra fazer.

— Não! Você está errado! Você precisa dar o dinheiro da mamãe! Não adianta ganhar tempo e não ter com o que pagar uma nova casa ou apartamento. Era muita grana, Sandro!!! O dinheiro desta casa toda era muita grana!!!

Todas começaram a falar ao mesmo tempo e ninguém se entendia.

Vendo-se acuado, num impulso, ele saiu e foi embora.

O espírito Perceval, envolto em névoa de maldade, riu com leveza.

— Foi tão fácil desviar o Sandro. Muito fácil. A leviandade, a falta de honradez... Foi muito fácil. Tudo isso estava latente, bem guardado no fundo da alma dele. Foi só ter uma chance para se corromper e pronto. Inimigos espirituais que ele teve no passado estão todos felizes com o resultado. Sandro já é nosso. Bebidas, jogo ilegal, mulheres desonradas... Ele vai se envolver com tudo o que de mais baixo existe — riu com gosto. Virando-se para seus ajudantes, praticamente, ordenou: — Não descuidem. Deixem-nas loucas! Sabem o que digo. Fervilhem os pensamentos de todas com tudo o que podem preocupá-las. Façam-nas criar ideias monstruosas. Não as deixe ver soluções. Que tenham medo, muito medo de tudo, principalmente da mudança. Dificultem tudo!

Antonella começou chorar, deixando as filhas mais aflitas ainda.

Bárbara e Marcella começaram traçar planos de como alugar uma casa para saírem dali o quanto antes, mas uma inquietação e insegurança tomavam conta de seus sentimentos e se desesperavam sem demonstrar. Sabiam que Graziella e sua filha Sarah iriam acompanhá-las. Compreendiam que a irmã, em processo de divórcio, não conseguiria ajudar nas despesas.

O que Antonella recebia como pensão de viuvez, mal pagava seu plano de saúde. Temiam deixar a mãe sem esse benefício. Antonella já tinha idade. Alguma surpresa desagradável poderia acontecer.

Estavam bem confusas.

Pietra prometeu conversar com o marido e ver como poderia ajudar.

Um pouco mais tarde, a sós com Bárbara, Marcella reclamou:

— Era para eu ter um bom dinheiro. Mas tudo o que tinha investi no casamento, no enxoval, na montagem do apartamento... Se não fosse por isso, estaria em melhores condições. A parte que recebi com a venda do apartamento não chegou aos pés do que investi. Tive muito prejuízo... Mas o Régis me paga! Infeliz!

— Marcella, você investiu no casamento porque quis — a irmã falou com jeitinho. — Ele não te obrigou a nada.

— Eu sei disso. Mas o Régis me enganou! Se tivesse sido sincero e honesto, terminando tudo antes, bem antes!... Mas não! Não só isso! E a vergonha que passei? Até hoje me sinto constrangida por causa de tudo. Você pensa que esqueci?! Fui abandonada aos pés do altar!

— O quanto antes tirar essa mágoa do seu coração, será melhor. Reclamações não solucionam problemas. Atitudes sim.

— O que quer que eu faça, Bárbara?!

— No momento, precisamos focar em tirar a mamãe daqui. Vamos precisar alugar uma casa e isso não é tão fácil assim. Não pode ser um cômodo e cozinha! Tem de haver espaço para quatro pessoas ou talvez cinco... Não sei — lembrou-se da possibilidade de perder seu apartamento e, possivelmente, ter de morar junto com elas. — Temos um mês para isso.

— Só tenho o final de semana para procurar alguma coisa. Meu tempo é curto. Você sabe. Não imagino que a Grazi tenha condições de fazer isso junto com a mãe.

— Vou ver o que faço... Precisamos ter dinheiro para o depósito de alguns meses. Não teremos fiador. Sabe como é...

— Sei...

— Sabe também que seremos só nós duas para arcarmos com as despesas. Duvido muito que o Sandro repasse o valor que nos deve e que Pietra ajude com alguma coisa. O Hélio não vai permitir.

— Verdade. Vou começar a procurar algo pela *internet*... Quem sabe vejo alguma coisa que nos interessa.

— Como o Sandro foi capaz de fazer isso?! — Bárbara perguntou, ainda incrédula.

— Também não sei. Ele sempre foi muito responsável. — Um breve momento e considerou: — Se o pai estivesse aqui, nada disso ocorreria.

As irmãs conversaram por mais algum tempo.

Bem mais tarde, Bárbara se foi.

No dia seguinte, já na empresa, Bárbara contou para sua sócia o que estava se passando:

— Foi isso, Vera. Foi só tudo isso que aconteceu em tão pouco tempo.

— Caramba!... Nem sei o que te dizer. Você precisa se benzer, amiga.

— Pois é... Por isso vou precisar dar uma saída para ver duas casas de aluguel. É no bairro da minha mãe. Vocês seguram as pontas aqui pra mim?

— Claro. Fica tranquila — Vera afirmou e ofereceu meio sorriso. Pareceu um pouco insatisfeita, mas a amiga não percebeu.

Bárbara saiu da empresa e foi até a imobiliária onde havia agendado com um corretor.

Conheceu as casas e certificou-se dos preços e condições.

Sentia-se exaurida. Um esgotamento tomava conta do seu ser.

No estacionamento, enviou mensagens para a irmã a respeito do assunto, mas não foram suficientes. Precisou ligar para explicar melhor.

— Oi...

— Achei tão caro os valores — Marcella considerou.

— É caro mesmo. Mas acho que precisamos da casa de dois quartos. A Graziella e a Sarah vão morar com vocês.

— Me passou uma ideia pela cabeça...

— Qual? — Bárbara quis saber.

— Se você vender seu apartamento e vir morar conosco, seria muito bom — Marcella queria alguém com quem dividisse o valor do aluguel.

— Meu apartamento nem vale tanto assim. É pequeno.

— A localização é ótima. Pertinho do metrô!

— Não... — Suspirou fundo. Precisava falar do assunto que mais a desagradava. — Acho que não vou poder contar com isso. O apartamento está arrolado no processo do Naum. O advogado já me preparou... A causa é bem complicada e o Naum se vale de provas que, mesmo forjadas, têm valor. E olha que é um ótimo advogado, segundo o Murilo.

— O Murilo é advogado?

— Não! Presta atenção!... — impaciente e sem energia, zangou-se. — O Murilo me indicou o doutor Antônio, que pegou minha causa. Não basta correr o grande risco de perder o apartamento, estou pagando o advogado ainda. Estou com muitos gastos.

— Entendi. É que estou com a cabeça... — não completou.

— Concentre-se no seu serviço. Não pode ficar sem ele agora, Marcella.

— Tem dia que tenho vontade de sumir. Olhar para a cara daqueles dois cretinos... Me enoja! — xingou alguns palavrões.

A irmã ouviu seus desabafos sem interromper.

Bárbara sentia-se cansada e não gostaria de se desgastar mais. Estava sem ânimo.

Desde o término do noivado, percebeu Marcella muito irritada e reclamona. Sempre que tinha oportunidade, a irmã se queixava do ex-noivo e de tudo o que aconteceu. Percebia-a extremamente estressada e inconformada com todo o ocorrido. Mas não tinha o que dizer. Imaginava o quanto era difícil aquela situação, o quanto era constrangedor, principalmente, por trabalharem na mesma empresa.

Na primeira trégua que Marcella ofereceu, Bárbara avisou:

— Ma, não quero interromper, mas... Preciso desligar. Tenho de ir, agora.

— Hoje à noite, se der, passa lá em casa e a gente conversa. Pelo visto, só seremos eu e você pra cuidarmos de tudo isso.

— Está certo. Mando mensagem confirmando ou não.

— Tá bom. Tchau.

— Tchau.

Após desligar, olhando o celular, Bárbara viu uma mensagem de Murilo.

Olhou e sorriu ao ver a foto e ler:

"Bronzeando a careca".

Na foto, aparecia Murilo sorridente e tinha uma belíssima paisagem como pano de fundo.

"Que lugar lindo!" — ela escreveu.

"Em vez de admirar a mim, você só tem olhos para o lugar?" — e enviou figurinha demonstrando-se magoado.

"Você faz parte dessa paisagem". — ela respondeu.

"Estou no Jardim Botânico. Vem pra cá!!!"

Bárbara leu e respirou fundo. Fechou os olhos por alguns segundos. Recostou a cabeça no banco do carro e pensou. No instante seguinte, perguntou:

"Até que horas vai ficar aí?"

"Só posso ficar até o parque fechar" — e demonstrou-se rindo em forma das figurinhas.

"Estou indo". — ela afirmou.

Ele respondeu com figurinhas de sorrisos.

Algum tempo depois, encontraram-se.

— Oi!

— Oi! — Murilo a beijou no rosto. — Pensei que não viesse mais.

— Desculpa. Demorei por causa do trânsito.

— Perdoada.

— Obrigada — sorriu doce e lindamente.

— Vamos caminhar um pouco?

— Claro — ela aceitou.

— Vamos fazer a Trilha do Bambu. Adoro aquele lugar — o rapaz afirmou.

— Não conheci esse parque ainda. Só vim aqui aquele dia junto com minha irmã.

— Você vai adorar.

Enquanto caminhavam, ela perguntou:

— Como você está, Murilo? Faz tempo que não nos falamos. E o tratamento?

— Estou indo bem. Mês que vem volto a trabalhar. Graças a Deus. Mas, antes... Estou com planos de uma viagem para a Europa. Acho que ficarei cerca de dez dias por lá.

— Paris, Londres, Madri... São lugares lindos!

— Sim, são. Mas dessa vez quero conhecer mais ao norte. Fazer um *tour* por países escandinavos.

— Ualll! Aí sim! Deve ser lindo! — No instante seguinte, indagou sem pensar: — Vai sozinho? — Quando percebeu ser indiscreta, corrigiu-se: — Desculpe-me. Nossa!... Que feio... Intrometida, eu... — ficou sem graça.

— Não! Imagina!... Sim. Vou sozinho. A menos que você queira ir comigo — sorriu lindamente. Quis mostrar-se interessado, mas ela não entendeu a indireta.

— Quem me dera... Ainda mais agora, com tanta coisa acontecendo — a última frase ele praticamente não ouviu.

— Sempre quis ver a aurora boreal. Nem sei explicar por que. Quem sabe consiga vê-las na Noruega. Dizem ser lindas.

— Quem sabe um dia. Eu adoraria conhecer.

Murilo parou, ficou frente a ela, olhou em seus olhos e aconselhou:

— Faça. O quanto antes, faça a viagem da sua vida. Não espere passar por dificuldades, problemas sérios com a saúde para, só então, colocar-se como primeira na lista de suas prioridades.

Bárbara sentiu algo muito forte naquele olhar.

Um gelo percorreu-lhe o corpo. Ofereceu um sorriso que logo se fechou e prosseguiram caminhando.

Murilo, ao seu lado novamente, esperou que se manifestasse e perguntou, ao passar a mão pela cabeça:

— Viu como a grama está nascendo?

— Sim, está bem verdinha. Bonita.

O rapaz deu uma gargalhada e disse:

— Não é o gramado do jardim! Estou falando do meu cabelo! Ela parou, olhou para ele e riram juntos.

— Agora que entendi. Desculpa...

— Andei raspando a cabeça. Dizem que cresce melhor, com mais força e os fios crescem do mesmo tamanho. Reparei que ganhei cabelos brancos. Fazer o quê?...

— Cabelos brancos em homem é charme.

— Em mulher também. Acho bonito grisalhos bem cuidados. São charmosos. Tem uma juíza, lá no fórum, que acho lindo seus cabelos grisalhos.

— O meu está tingido, mas com a cor natural. Vivo mudando. Gosto de inovar — fez um jeitinho manhoso.

— Estou vendo... — parou e examinou. — Está diferente da primeira vez que nos vimos. Não só na cor. Está cortado todo igual... Pelo menos, dessa vez você teve dinheiro para pagar o cabeleireiro.

— Como assim? — Ficou séria. Não entendeu, apesar de perceber que ele brincava.

— É que, quando a conheci, seu cabelo era comprido de um lado e curto do outro. Então, fiquei imaginando que, quando o cabeleireiro te atendia, no meio do corte, você falou: para de cortar! — arremedou. — O dinheiro que tenho aqui não é suficiente! — riu com gosto. — E o cara parou na mesma hora!

— Idiota! — ela riu, mas pareceu brava. — É moda! — e deu-lhe dois tapas no ombro.

Rindo, Murilo se encolheu e correu alguns passos. Fez aquilo pra fazê-la rir. Percebeu-a tensa.

Mais tranquilo, elogiou:

— Você é muito bonita. Fica bem de todo jeito.

Desconfiada, olhando-o com o canto dos olhos, ofereceu meio sorriso ao dizer:

— Obrigada. Você também é um homem bonito.

— Não minta... O moreno aqui perdeu vinte quilos na brincadeira que experimentou, no último ano.

— Sério? Vinte quilos?

— Foi sim. Perdi massa muscular, o que foi pior.

— Já passou — falou para animá-lo. — Agora é só se recuperar. Vai ficar bem.

— Vou sim — respondeu sereno.
Caminharam mais um pouco e ela reparou.
— Esta trilha é linda.
— Gosto muito daqui. Vamos chegar ao Castelinho.
— Castelinho?
— Sim. Castelinho é como chamam a construção ali à frente, ao término desta trilha. — Em seguida, pediu: — Deixe-me tirar uma foto nossa? Adoro fotos!
— Sim. Claro — ela sorriu. Gostou da ideia.
Murilo pegou o celular e tirou fotos de ambos e também de Bárbara sozinha.
— Estou vendo que tem prática em *selfies*.
— E você em sorrisos! Olha que sorrisos lindos! Vou te passar.
— Obrigada. Terei registrado meu primeiro passeio improvisado no Jardim Botânico.
— Segundo — ele garantiu.
Ela pensou e admitiu:
— Verdade. Segundo.
— Da próxima vez, venha de tênis. Só de olhar para seus saltos sinto dor nos pés.
Riram e a amiga explicou:
— Estou acostumada.
Bárbara estava bem vestida. Elegante em uma calça jeans desbotada com pequeno rasgo na perna, coisas da moda. Usava um sapato de salto alto fino que a fazia parecer ainda mais alta. Uma camiseta branca de alças de tecido leve e uma jaqueta jogada nas costas. Bolsa de marca e óculos escuros também.
Tinha ótima aparência. Ninguém poderia suspeitar que vivia difíceis desafios.
Caminharam bastante e foram até a nascente do Ipiranga.
Retornaram e Murilo convidou:
— Vamos tomar um café?
— Claro — sorriu. Adorou a ideia.
Na lanchonete, ocuparam uma mesa.

A moça colocou os óculos sobre a cabeça como uma tiara, prendendo os cabelos.

Sem demora, ele quis saber:

— Embora esteja dando o máximo de si para disfarçar, estou percebendo-a tensa. Quer conversar?

Bárbara fechou os olhos por segundos como se desse uma longa piscada, ao mesmo tempo em que suspirou profundamente. Depois perguntou:

— Deu pra notar?

— Deu sim.

— Ou você é um bom observador ou estou perdendo o jeito. Por trabalhar com o público, não costumo demonstrar preocupações. Todos temos problemas, mas acredito que não é preciso ficar se expondo.

— Digamos que sou bom observador. Meu trabalho exige.

— É verdade. Esqueci isso — sorriu com jeito meigo.

— Mas... Voltando a minha pergunta... Quer conversar? Às vezes, ajuda.

— Não acha que já teve preocupações demais? Quer ainda saber dos meus problemas?

— Que garota difícil!! — jogou-se para trás, no encosto da cadeira. — Resistente! Não se abre com qualquer um!

— Ah!... Você já sabe um terço das minhas preocupações.

— Ah, sim. Já sei que seu ex quer indenização. Até indiquei um advogado. Mas... Sobre os outros dois terços das suas preocupações... Quer falar? Talvez, sinta-se melhor.

— Então... Vou resumir. — Respirou fundo e falou em seguida: — Minha irmã era agredida pelo marido. Descobrimos isso após a morte do meu pai. Da última vez, ela foi à delegacia. Queixa prestada e agora o divórcio. Ela e minha sobrinha adolescente estão morando na casa da minha mãe. Meu irmão vendeu essa casa. Minha mãe, eu e minhas irmãs passamos ao Sandro uma procuração para que arrumasse a documentação da casa, pois ela ainda estava no nome do meu avô. A procuração também permitia ao meu irmão vender a casa e receber o dinheiro. Ele vendeu a casa e gastou o dinheiro. Soubemos agora. Minha mãe tem menos de um mês para se mudar. Não só ela, minhas irmãs e minha sobrinha terão de ir junto. A Marcella trabalha e não tem tempo de procurar casa. Minha mãe e a Graziella, a outra irmã, não têm condições de fazer isso. Não saberão negociar e não têm ideia do quanto podemos pagar de aluguel. Então, restou pra mim. Hoje mesmo, vi duas casas pra alugar. Precisei deixar minha sócia cuidando da empresa. Ela aceitou, mas... Vou ter de arrumar dinheiro pra fazer o depósito adiantado de alguns meses de aluguel pra minha mãe. A aposentadoria por viuvez, que minha mãe recebe, mal dá pra pagar o plano de saúde. Não podemos deixá-la sem. A Marcella não tem muita coisa guardada... — parou de falar. Esperou um pouco e revelou: — Até onde lembro, é isso.

— Entendi. Sua mente fica ocupada direto. Você não come, não dorme, não trabalha direito...

— Bem isso.

— Não vai adiantar eu dizer que tudo passa, que nada é eterno, pois o que estão vivendo provoca sofrimento e isso dói agora, em tempo real.

— Exatamente! — ressaltou. — Às vezes, tenho raiva da frase: vai dar tudo certo! — falou engraçado. — Se a gente ficar sentado, de braços cruzados, sem fazer nada, vai dar tudo certo coisa nenhuma! A preocupação é: o que eu posso fazer?

— Concordo plenamente. Admirou sua garra.

— Percebo que a Marcella não está muito bem. Ela não para de falar sobre o casamento que não aconteceu. Minha irmã Graziella, a que foi agredida pelo marido, ainda está abalada. Fica parada, olhando para o nada. Em choque por tudo o que aconteceu.

— Ela não trabalha? — ele quis saber.

— Trabalhava. Tinha uma loja de roupas. Porém, o sócio majoritário era o marido. Pelo visto, não vai sobrar nada dessa sociedade. A casa onde moravam era de aluguel... — Ofereceu uma pausa e ainda comentou: — A minha sócia, outro dia, falou assim: "Você é emancipada. Não deveria cuidar da vida dos outros". Explica uma coisa: como é que vou viver com a consciência tranquila se vejo minha mãe e minhas irmãs sem ter onde morar? Uma coisa é eu não me preocupar com o Sandro, meu irmão que ferrou com as nossas vidas. Mas, e elas? Se eu estiver em uma situação difícil, elas irão me ajudar. Tenho certeza. — O silêncio gerou reflexão. Após segundos, ela completou: — Ai... Desculpa as queixas.

— Não considero queixas. Para mim é um desabafo.

— Acho que vou vender meu carro. Compro outro de menor valor e, com a outra parte, pago alguns meses de aluguel para minha mãe.

— É uma alternativa.

— Vamos mudar de assunto, vai... — ela pediu com semblante mais leve.

— Teatro?

— Como assim? — Bárbara sorriu. Percebeu que Murilo gostava de ser enigmático.

— Gosta de teatro?

— Sim. Comédia. Não aprecio dramas.

— Ótimo! Quer ir ao teatro hoje?

— Hoje?! — surpreendeu-se. Pensou e respondeu: — Pode ser. Faz tempo que não vou a um.

— Eu também. Combinado. Daqui a pouco eu vejo o que está passando... — Um momento e Murilo perguntou: — Que marca é seu carro? É que conheço um amigo...

Continuaram conversando...

Capítulo 13

UMA NOITE AGRADÁVEL

Após o teatro, Murilo estacionou o carro na porta do prédio onde Bárbara morava para deixá-la.

— A peça foi muito boa. Aliás, ótima. Adorei — ela comentou satisfeita, trazendo agradável sorriso no rosto.

— Foi mesmo. Há tempo não ria assim — o rapaz concordou.

Naquele instante, o celular do rapaz tocou. Ele pegou, olhou o aparelho por breves segundos suficientes para fechar o sorriso.

— Vou indo. Fique à vontade para atender — disse Bárbara inclinando-se para lhe dar um beijo no rosto e despedir-se.

Murilo segurou em seu braço e solicitou muito educado:

— Não... Espere... — e ficou olhando para o celular, que tocava insistente na outra mão.

— Não é melhor atender? Pode ser importante — ela sugeriu.

O rapaz suspirou fundo, demonstrando-se aborrecido e, ainda segurando seu braço, pediu:

— Espera só um minuto... — atendeu. — Pronto! — Ouviu por algum tempo e falou: — Não posso, Laura. — Ficou escutando por longos minutos e respondeu: — Já falamos sobre isso. Não tenho mais nada a acrescentar. E... No momento não posso conversar. Desculpe-me. Preciso desligar. — Desligou o aparelho. Virando-se para Bárbara, desculpou-se: — Perdoe-me, por favor. O que estávamos falando mesmo?

Ela pensou por longos segundos e riu ao afirmar:

— Não lembro. Acho que estávamos nos despedindo.

Ele conferiu as horas e disse:

— Que pena... O teatro foi ótimo, o jantar maravilhoso... Só não gostaria de deixá-la ir. Gostei muito da sua companhia.

— E eu da sua — confessou. Em seguida, olhou para os lados e ficou pensativa. Depois, decidiu: — Quer subir e tomar um café?

Murilo abriu um lindo sorriso ao responder:

— Quero sim. Só um café. Prometo.

Já no apartamento...

Murilo correu o olhar por toda a parte, observando o capricho em cada detalhe da decoração que não era nem extravagante nem cara, mas de extremo bom gosto.

— Muito bonito o seu apartamento.

— Obrigada — sentiu-se feliz com o elogio. — Fique à vontade. Vou ligar a cafeteira.

Era um apartamento pequeno. A cozinha, bem reduzida, possuía um balcão de onde dava para ver a sala em ambiente aberto.

O rapaz caminhou até a porta de vidro que dava para a sacada, que estava com as cortinas abertas. De lá, pôde ver e apreciar a vista ampla para os prédios ao longe e a principal Avenida da cidade de São Paulo.

Logo voltou. Pensou em espiar pela porta do quarto, entreaberta, mas achou que seria muita ousadia. Ela o veria certamente. Caminhou poucos passos e ocupou uma das três banquetas que ficavam no balcão, observando-a do outro lado da cozinha.

— Achei uma graça seu apartamento. Agora estou com vergonha de levá-la para conhecer o meu.

— Montei tudo aos poucos. Não é tão grande e isso facilitou a decoração simples e clara. Gosto de luzes. Essas no teto deram um toque especial.

— Estão bem distribuídas. Ficou muito bonito e eficiente.

Olhando para a cafeteira ligada, exibiu um recipiente com algumas cápsulas de café e perguntou:

— Que tipo de café você prefere?

Murilo espiou sobre o balcão e reparou:

— Ah!... Tenho igual! Deixe-me ver... — Bárbara passou-lhe a caixa contendo as cápsulas variadas e ele escolheu, entregando-lhe duas. — Posso pedir em dose dupla?

— Claro! — achou graça. Costumava fazer o mesmo. Pegou o que ele escolheu e foi preparar. — Pelo visto você gosta de café também?

— Gosto sim.

— Eu adoro. Fiquei superfeliz quando comprei essa máquina de expresso. Mas tem dia que preparo na cafeteira mesmo. Já faço uma garrafa térmica de um litro e vou tomando.

— Eu também faço isso, quando estou estudando alguns processos, principalmente. Tenho de ler por horas. O café ajuda a manter a atenção.

— Eu faço isso quando estou lendo. Pego um bom livro e fico horas focada na leitura... Não existe melhor companhia do que uma caneca de café, ao ler.

Bárbara o serviu com uma xícara grande e preparou o seu. Sobre o balcão, colocou um recipiente com biscoitos de leite.

Contornou e sentou-se ao lado do rapaz.

O telefone celular de Murilo tocou novamente. Ele olhou e disse:

— Desculpe. Preciso atender. — Em seguida, falou: — Oi, mãe! A bênção — ouviu. — Estou bem sim. — calou-se. — Vi que a senhora ligou. Eu desliguei porque fui ao teatro. Assisti a uma comédia. — Ouviu novamente. — Estou bem, mãe. — Longa pausa... — Não. — Nova pausa. — Não, a Laura não está comigo. — Ouviu com atenção. Olhou para Bárbara e deu um sorriso sem graça. — Também não fui sozinho. Eu estava com a Bárbara. Uma nova amiga que, aliás, está aqui na minha frente — Sorriu para ela e deu uma piscadinha. — Estamos tomando café e jogando conversa fora. — Ficou sem dizer nada por um bom tempo. — Estou bem, mãe. Só não quis atendê-la. A propósito, não quero mais falar com a Laura. Não temos nada pra conversar. Simples assim. Estou bem e não precisa se preocupar comigo. — Ouviu mais um pouco e se despediu. Voltando-se para Bárbara, pediu: — Desculpe-me. Precisava atender minha mãe para não deixá-la muito preocupada. Depois de tudo pelo que passei, ela fica apreensiva com qualquer coisa. — Pensou um pouco e decidiu contar: — A Laura é minha ex-namorada. Namoramos por três anos. Estávamos com planos sérios de nos casarmos, mas... — não completou. Ficou reflexivo, decidindo se contaria ou não. — Depois de um tempo, a Laura começou a ficar bem diferente. Ela é advogada. Uma mulher bem capaz, independente e decidida. Só que essa última qualidade, quando muito extrema, torna-se problemática. Percebi-a bem arrogante, vaidosa... Até comigo. Passava por cima das minhas opiniões e sentimentos. Demorei um pouco para sinalizá-la sobre isso e, quando o fiz, ela não deu importância. Mais uma vez, minha opinião não servia. Parei de falar sobre casamento. Achei que a Laura havia mudado muito e não tinha mais certeza se era aquele tipo de pessoa que gostaria de ter ao lado. — Silenciou por algum tempo. Bebericou o café e voltou a contar: — Ela é uma mulher muito bonita. Bonita mesmo! — ressaltou. — Além disso, cuida-se bastante. Veste-se bem. É vaidosa. Chama a atenção por onde passa. Um dia ela falou para mim que estava decidida a não ter filhos — suspirou fundo e explicou: — Eu sou do interior paulista. Venho de uma família de três irmãos e uma irmã. Muitos tios, primos... Ainda tenho avó! — destacou e sorriu satisfeito ao se lembrar da senhora. — Ela é uma graça! Amo minha avó! Adoro minha família. Sempre entendi que uma família era composta de filhos. Nunca me imaginei, no futuro, sem eles. Para mim é uma coisa natural. Só acredito que, para ter filhos, é preciso ter estabilidade. Não é colocar no mundo e ficar gritando para o governo dar condições. É você quem tem de prover seus filhos com boa educação, escolarização, plano de saúde... Coisas assim... A decisão da Laura me pegou de surpresa. Conversamos, mas ela não me ouviu. Só pensava no corpo dela. Dizia que um filho poderia atrapalhar e... Além disso, não teria tempo nem paciência para cuidar de uma criança. Um filho iria comprometer sua vida. Fiquei surpreso. Argumentei, mas... Com isso, passou cerca de um ano. Nem sei por que o namoro continuou. No meio disso tudo, comecei a observá-la. Psicológica, mental, espiritual e fisicamente eu também estava estranho — riu. — Estressado. Nervoso com e por qualquer coisa. Infeliz, era a palavra certa. Não tinha mais paciência com nada nem ninguém. Estava parecido com ela. Percebi meu orgulho, minha vaidade a todo vapor. Eu me pegava exibindo a Laura como um troféu. Uma mulher bonita, elegante, arrojada, advogada muito bem conceituada... Em viagens, festas, recepções... a Laura era exibida por mim.

— Um dia — prosseguiu pensativo — fui para o interior visitar meus pais. Minha mãe, dona Eloísa, esperou um momento mais tranquilo e foi falar comigo. Perguntou quem eu pensava que era? Quem estava querendo enganar? Para que todo aquele orgulho perto dos meus irmãos e outros parentes como se eu quisesse diminuí-los? Disse que todo meu orgulho e vaidade iriam por terra sem meu emprego e amigos. Que somente minha família iria me ajudar em momento de dor e dificuldade. Perguntou onde estavam os princípios e valores aprendidos na família? Onde estava minha educação e humildade? Onde estavam os ensinamentos aprendidos com a filosofia de vida que tinha? — Ofereceu uma breve pausa e confessou: — Nossa... Fiquei com tanta raiva da minha mãe. Magoado mesmo. Esqueci que foi ela, foi a minha família que havia feito de mim o que sou. Peguei minhas coisas e voltei para São Paulo. Mas... Aquilo ficou me remoendo por dentro.

— Conversou com a Laura a respeito? — Bárbara quis saber.

— Tentei. Juro que tentei. Ela nem me deixou concluir. Interrompeu e disse que tínhamos um ao outro, que não precisávamos da família. Não vivíamos mais na idade média, dependentes. O mundo hoje era outro... Enfim... Aquilo me incomodou. A cada dia, ficava mais estressado, mal-humorado. Estava perdendo minha essência. E quando se perde a essência, a gente se sente muito mal.

Um dia surtei em pleno tribunal — continuou contando. — O juiz, muito meu amigo, chamou-me em particular e perguntou a razão daquela agressividade. Comecei a me observar. Fui ao médico e reclamei de insônia, irritabilidade, tremores... Ele recomendou uma medicação e caminhadas. Não passou nada químico.

A Laura não quis me acompanhar nas caminhadas e fui sozinho. Ela preferia academia. Comecei a dar uma pausa, admirar a natureza e fui melhorando. Novamente, visitei meus pais e...

— riu. — Minha mãe me fez pedir desculpas! — ambos riram. — É!... Dona Eloísa é fogo!

— Você pediu? — ela ficou curiosa para saber.

— Eu que não pedisse desculpas, pra ver! — riu com gosto.

— Quer mais café? — Bárbara perguntou, ao ver que tinha acabado.

— Vou aceitar.

— Quer que eu prepare uma garrafa térmica? Assim vamos ali para a mesa ou para o sofá?

— Aceito! — ficou grato. Gostou da ideia.

A anfitriã sorriu satisfeita.

Passando para o outro lado do balcão, preparando a cafeteira, pediu:

— Continua contando. Estou ouvindo.

A CONQUISTA DA PAZ

— Então... Meu namoro com a Laura não estava muito bem. Foi nesse período que peguei gripe e senti problemas na garganta. Fui ao médico e tudo mais... Nessa época, nós tínhamos saído e deixei meu celular na bolsa dela. O aparelho começou tocar e fui pegar. Encontrei uma medicação e perguntei para que era aquele antibiótico. Não sabia que estava com algum problema. Foi então que, friamente, ela me contou que havia feito um aborto.

— Sério?! E não falou nada com você antes? — Bárbara se surpreendeu.

— Até você, que nem nos conhece, pensou nisso. Tenho certeza de que ela deveria... Teria a obrigação de falar comigo. Mas não. Tentou se defender dizendo que a decisão deveria ser só dela. Que o corpo era dela... Sabe aquelas falas prontas, né?

— Sei.

— Foi isso. Fiquei decepcionado. Nem comentei que estava fazendo o exame de punção. Aquilo acabou comigo. Até porque, se eu estivesse com câncer, eu sabia que os tratamentos me deixariam estéril.

— Nossa... Tem esse grande detalhe — Bárbara franziu o rosto sentindo a sua dor.

— Pois é... Aquela era a oportunidade de ter um filho e ela me negou. O médico ainda falou sobre o congelamento de esperma, mas... Custa uma pequena fortuna e eu estava preocupado em me curar. — Ofereceu uma pausa e revelou: — Quando ela me viu contrariado, começou a falar que não era um bom momento para ter filhos, que poderíamos deixar para o futuro. Deveríamos pensar em estabilidade primeiro. A Laura meio que quis me fazer pensar que ela havia mudado de ideia e pensava em ter filhos futuramente. Mas eu sabia que era mentira.

— Daí, contou para ela?

— Sim. Pouco antes da cirurgia sim. Contei. Fui pro interior e também contei para minha família. Minha mãe veio para cá e ficou morando entre meu apartamento e o hospital. Não me deixou sozinho por um minuto. A Laura... Ficou bem estranha. Começou a reclamar de estresse... Foi diagnosticada com Transtorno de Ansiedade. No meio do meu tratamento, eu coloquei um fim ao namoro. Não dava mais. Eu estava com muitas preocupações, medo da segunda cirurgia... Não dava. Ela mesma disse que não estava se sentindo bem ao meu lado, vendo-me daquele jeito. Passei por um período bem difícil. Comecei a achar que ia morrer — riu. — Homem é medroso!

Bárbara sorriu e perguntou:

— E ela?

— Aceitou. Sumiu. Não me procurou nem para saber como eu estava após a segunda cirurgia. — Breve instante e contou: — Mas... Há cerca de um mês, vem querendo falar comigo. Disse que não está bem e, por telefone, cogitou a possibilidade de voltarmos.

— E você? — interessou-se em saber.

— Não me sinto bem com a ideia. Depois de tudo, pretendo ter uma vida nova. Quero mais leveza.

Bárbara preparou o café e também fez pipoca.

Entregou o recipiente com pipoca para ele, pegou a garrafa térmica e duas canecas e foi para o outro recinto, chamando:

— Vamos pro sofá? É mais confortável.

Ligou a televisão, colocou a garrafa sobre a mesinha central e encheu as canecas, entregando uma ao rapaz.

Ele se acomodou no sofá e colocou a bacia com as pipocas entre eles.

Murilo sorriu quando viu as canecas. Apreciava mais do que xícaras.

A anfitriã sentou-se sobre uma das pernas e ficou voltada para ele. Em seguida, perguntou:

— Agora imagino que, por evitá-la, a Laura está procurando sua mãe para se aproximar de você. Estou certa?

— Certíssima.

Nesse instante, o celular de Murilo tocou. Ele pegou o aparelho, olhou, envergou a boca e pendeu com a cabeça levemente, mostrando-se contrariado, ao dizer:

— É ela.

A CONQUISTA DA PAZ

— É complicado, né?

— Se me dá licença... Melhor acabar com isso logo. — Murilo se levantou, deu poucos passos e ficou de frente para as portas de vidro da sacada. — Pronto! — Ouviu por poucos segundos e interrompeu: — Laura, por favor, preste atenção: Não temos mais nada para conversar. Não adianta. Vou te pedir um favor: não me ligue mais — foi direto. Mas ainda ouviu o que ela tinha para dizer. — Não posso ajudá-la sobre isso. Sinto muito. Preciso desligar. Estou com uma pessoa no momento. Não posso conversar.

Bárbara havia aguçado os ouvidos, interessando-se pela conversa.

Sem saber explicar, gostou de tê-lo ouvido dizer que estava com uma pessoa. Sentiu-se importante e sorriu sem perceber.

Assim que ele retornou, acomodou-se ao seu lado novamente e ela ofereceu:

— Pega pipoca antes que esfrie.

— Lógico! Mas me diga, quanto vale este apartamento?

— Não tenho muita ideia... A localização é ótima, mas o tamanho...

— É muito bonito.

— É muito pequeno, você quer dizer.

— Perfeito para uma pessoa.

— Não sei se posso me desfazer deste imóvel enquanto o processo está em andamento por causa do meu ex. Ele reivindica parte dele. Aconteceu que, quando o Naum foi demitido, peguei emprestado com ele um valor e quitei este apartamento. Quando lhe paguei, fiz em dinheiro e não tenho como comprovar. Não fizemos recibos.

— Tá brincando?!

— Não — respondeu desolada.

— Vamos aguardar e ver o que o doutor Antônio vai dizer. — Percebendo-a preocupada, mudou de assunto, tentando tirar aquilo de sua mente: — Que filme é esse?

— Nem sei. Liguei a TV pra... Sei lá — sorriu. — É costume.

— Também faço isso. Chego e ligo a TV só pra fazer de conta que escuto mais alguém em casa. Talvez seja por morarmos sozinhos.

— Pode ser.

— Você gosta de ler, né? Falou que gosta de tomar café enquanto aprecia um livro.

— Adoro ler! — ela confirmou.

— Leitura é algo bem importante. Tenho alguns livros como aquele ali de mistério — apontou para um exemplar que viu sobre o móvel onde estava a televisão. — Gosta de mistério?

— Mais ou menos. Não gosto de livros de terror. Aprecio bastante ficção, romances...

— Vou te emprestar alguns livros que tenho. Acho que vai gostar.

— Não gosto de livros nojentos!

Ele riu ao perguntar:

— O que você considera livro nojento?

— Sangue escorrendo pelas páginas, violência explícita, sexo explícito... Não gosto disso.

— Sério?! Nunca vou dar um processo para você ler.

— Nem pensar! — ela fez uma cara engraçada.

— Está certo. Eu também não aprecio obras assim. Apesar do que, se eu pegar por engano, leio até o fim.

— Eu não. Não mesmo. Paro onde estiver e procuro gravar o nome para não voltar a ler por engano.

Continuaram conversando sobre livros, filmes e outros assuntos até altas horas, quando ele decidiu ir embora. Passaram uma noite bem agradável.

Capítulo 14

HERDEIROS DA CORAGEM

Os dias foram passando...
Durante o sono, era o momento ideal para abalar Bárbara que, muitas vezes, de tão cansada nem mesmo orava para ligar-se a energias sublimes antes de dormir, rogando a Deus proteção e recomposição.
Espíritos de nível inferior, amigos de Perceval, vampirizaram-na, absorvendo e aproveitando-se de suas energias, proporcionando a ela uma noite agitada e maldormida.
Bárbara despertou cansada como se nem tivesse dormido.
Foi bem difícil sentar-se na cama e manter os olhos abertos. Demorou-se para levantar.
Pegou o celular e percebeu que estava bem atrasada.
Era sexta-feira e dia de evento bem importante para promover.
Olhou as incontáveis mensagens, mas não abriu nenhuma das janelas do aplicativo para responder.

— Droga! — esse foi o seu bom dia a Deus.
Caminhou até a cozinha e ligou a máquina de café.
Sentia a boca seca. Tomou um gole de água e foi para o chuveiro na esperança de sentir-se melhor após um banho.

Naquela mesma manhã, Marcella foi chamada até a sala da gerência onde trabalhava e não acreditou quando foi demitida.

Inconformada, chorava no banheiro ao lado de Nanda, sua grande amiga.

Revoltada, falou e xingou muito:

— Isso não poderia acontecer! O Régis e a Helina tramaram a minha demissão. Infelizes! Eles vão pagar! Eu não podia ficar sem emprego agora!

— Calma, amiga... — pediu Nanda. — Ficar nervosa vai piorar as coisas.

— Como piorar mais?! Você sabe que estamos de mudança de casa! Amanhã, sábado, nós vamos mudar para a nova casa de aluguel. A Bárbara vendeu o carro dela para pagar quatro meses de aluguel. Ela também pagou o caminhão de mudanças... No divórcio, a Graziella ficou com metade das coisas da loja de roupa que fechou e ela entregou o ponto. Minha irmã está sem trabalho com um monte de roupas lá em casa entulhada. Ela está baratinada! Não sabe o que fazer. Não tem iniciativa alguma! O infeliz do Cláudio vai pagar uma mísera pensão para a filha enquanto for menor. Minha irmã não teve qualquer direito. O desgraçado do juiz determinou que o ex-marido ficasse distante dela. Só! Mais nada! — Um instante e contou: — Ficou certo de que eu pagaria o aluguel e a Bárbara daria uma força, pelo menos no começo, com as outras despesas. O plano de saúde da minha mãe é pago

com a pensão que ela recebe. O que vou fazer agora? Diga?! — chorou.
— E o Sandro? Não fala nada em devolver o dinheiro?
— Meu irmão decidiu ir embora de casa. Abandonou a Patrícia e os dois filhos pequenos. Minha cunhada pegou as crianças e foi para a casa do pai dela.
— E as lojas que eles tinham?! — Nanda perguntou surpresa.
— Fecharam. Não se sabe direito o que o Sandro aprontou. Tudo indica que virou cafajeste! Arrumou uma sem-vergonha qualquer, gastou tudo o que tinha, até o dinheiro da casa da minha mãe e foi embora com ela. — Breves segundos e, angustiada, perguntou: — O que faço, Nanda?
— Agora, neste instante, o desespero não vai te ajudar. Você deve receber o valor do fundo de garantia. Vai dar para segurar as pontas por algum tempo. Logo vai conseguir outro emprego. Vamos entrar em contato com alguns amigos. Vai arrumar coisa melhor. Acredite.
As palavras da amiga não foram suficientes para tranquilizar Marcella que entrava em mais desespero a cada momento.
De imediato, decidiu não contar nada para ninguém. Esperaria um bom momento.

No dia da mudança, Bárbara, em seu apartamento, levantou cedo para ir ajudar sua mãe e as irmãs, mas foi surpreendida por uma mensagem de uma das sócias que se dizia urgente.
Ela decidiu ligar.
— Oi, Vera. Bom dia! E aí? O que é tão urgente?
— Oi, Bárbara. Precisamos conversar. Estamos com alguns problemas. Você aprovou o uso de uma imagem cujo direito de produção não foi negociado e... — contou tudo o que aconteceu.

Ela ouviu com atenção e tentou justificar:

— Quem escolhe essas imagens é o Júnior. Ele quem cuida disso. Eu aprovei a arte final, mas a responsabilidade de verificar o direito de imagem e negociá-lo é do Júnior.

— Não sei. Estamos com problemas. Conversei com ele e isso não ficou claro. A Angélica — referiu-se à outra sócia — também não gostou. Isso precisa ser resolvido o quanto antes. E... — uma longa pausa até que disse: — Precisamos nos reunir com urgência. Temos assuntos muito importantes para tratar.

— Agora?

— Se possível sim. O quanto antes. Estamos aqui na agência agora.

— Você sabe que hoje minha mãe vai se mudar. Preciso ajudá-la.

— Você decide o que é mais importante — Vera falou friamente.

— Vou chamar um táxi. Estou indo para a empresa — Bárbara decidiu.

Seu coração apertou. Sentiu algo muito errado naquilo tudo. Não sabia dizer o que era, mas um mau presságio invadia seu ser.

Sem demora, enviou mensagem para Marcella dizendo que houve uma emergência e que se atrasaria.

Era hora do almoço quando chegou à casa de sua mãe. Antonella passava o olhar pelos cômodos vazios.

Ninguém ousava adivinhar seus pensamentos repletos de lembranças que guardava na alma. Aquela casa representava muito em sua trajetória.

A senhora secou as lágrimas que molharam sua face enrugada. Cada linha era responsável por uma experiência de vida muito marcante.

— Mamãe... — o tom suave na voz de Bárbara tirou-a de longas recordações. — Podemos ir agora?

Antonella ficou parada, de costas para a filha. Talvez não quisesse que a visse chorar.

Bárbara se aproximou e a abraçou pelas costas com todo carinho. Envolvendo-a com amor.

— Tanta coisa aconteceu nesta casa. Todos vocês nasceram aqui...

— Que bom ter lembranças boas, não é mamãe? Mas é o momento de ir — falou em tom otimista.

Antonella se virou, abraçou-se à filha caçula de um jeito diferente, demorado. Depois forçou um sorriso e saíram envolvendo uma a outra pela cintura.

Marcella estava agitada com as últimas coisas que embalaram e colocaram no caminhão. Pedia cuidado para que não quebrassem.

Bárbara, já de posse da chave do carro da irmã, também repleto de coisas, ajudou sua mãe a entrar no veículo e deu a volta. Pela última vez, olhou para a casa. Sentiu como se seu coração fosse cortado. Respirou fundo para não chorar e entrou no carro.

Dirigiu bem devagar até o bairro vizinho e chegou à nova residência. Menor, simples, mas com um toque de novo.

Buscando alegrar Antonella, enfatizou:

— A senhora tem de ser a primeira a abrir a porta hoje, mamãe! Vamos lá! As chaves são suas!

A mulher forçou um sorriso tímido. Pegou as chaves das mãos da filha, mas teve dificuldades, talvez, por estar trêmula ou por seu coração estar apreensivo.

— Deixe-me ajudar, mamãe — a filha caçula pediu e, com a mão sobre a da senhora, abriu a porta principal. — Viu?! Quando estamos juntas, tudo fica mais fácil? A partir de agora, vida nova!

Antonella virou-se e beijou-lhe o rosto antes de dar o primeiro passo porta a dentro. Reconhecia todo o esforço da filha. Sentia que Bárbara estava dando tudo de si, embora não ousasse comentar.

Entraram.

Já havia algumas caixas com peças delicadas que Marcella e Graziella tinham deixado lá dias antes.

Bárbara providenciou um lugar para sua mãe se sentar, enquanto aguardavam o caminhão de mudanças, que não demorou muito.

Foi uma grande movimentação quando tudo foi posto para dentro da casa.

Os rapazes contratados cuidavam da parte da montagem dos guarda-roupas e das camas.

Algumas peças ficaram grandes em alguns cômodos e tiveram problema.

Marcella, visivelmente agitada, procurou por Bárbara e avisou:

— A mãe está sem almoço ainda.

— Mas como?! Agora que me fala isso?

— Você disse que ia chegar cedo! Só eu cuidando de tudo! Não dou conta, né! O que você queria?

— Poderia, ao menos, ter falado antes. Vou pegar seu carro e procurar uma cantina ou restaurante aqui perto para levá-la.

— Traga alguma coisa para nós também.

Bárbara olhou a sua volta para fazer uma contagem de quantas pessoas eram e ter uma base do que precisaria trazer. Procurou por sua mãe e se foram.

Era quase final de tarde quando retornou com frios, pães e refrigerantes para todos.

Graziella providenciou um lugar sobre a mesa para expor o que a irmã trouxe.

Estavam todas famintas, inclusive os carregadores que, praticamente, atacaram o que havia para comer.

Graziella chamou Bárbara no canto e comentou:

— Os rapazes estão comendo tudo o que você trouxe.

— Deixa os moços comerem. Eles têm um trabalho bem pesado, sentem muita fome. Fica tranquila. Eu trouxe mais, para nós, mais tarde. Está dentro da geladeira.

A irmã respirou aliviada e voltaram ao trabalho.

Quando a noite chegou, todas estavam exaustas e ainda havia muita coisa fora do lugar.

Na sala, o amontoado de caixas, no canto, aguardava ser desfeito.

Bárbara desenrolou um grande tapete pelo chão e estendeu-se sobre ele.

Dona Antonella acomodou-se no cantinho do sofá, onde sobrava um mísero lugar para sentar. O resto estava repleto de coisas.

Marcella, ao vê-las descansando, sentou-se ao lado da irmã deitada e comentou:

— Não aguento mais.

Não demorou e Graziella e a filha Sarah fizeram o mesmo: sentaram-se sobre o tapete no chão.

— Trabalhamos muito e ainda tem tanta coisa pra fazer... — Graziella comentou com nítido desânimo.

— É assim mesmo — Bárbara disse e sentou-se. — Mudança é algo cansativo, estressante, mas depois... Quando tudo estiver no lugar, fica muito bom.

— Estou com medo de não me adaptar — a matriarca falou, expressando um toque de angústia. — Vivi uma vida toda naquela casa. Conhecia cada tijolo, cada azulejo, cada cerâmica...

— A senhora vai ter de se acostumar, mãe. Não tem volta! Não temos alternativas — Marcella reagiu de modo duro.

Olhando para a mãe e entendendo sua dor, seu sentimento de perda, Bárbara orientou com bondade. Era bem direta com os demais, mas com seus pais nunca conseguiu responder duramente:

— Pense assim, mamãe: esta é a maior e melhor aventura da minha vida! — exclamou com um toque de animação. — Lembre-se da aventura maluca dos seus pais, nossos avós, que despencaram da Itália para o Brasil, com filhos pequenos e sem nenhuma garantia ou estabilidade nesta terra totalmente estranha. Somos herdeiros desse lado aventureiro de nossos antepassados. Herdamos força e coragem. Somos capazes de nos adaptarmos, trabalharmos e fazermos o melhor para darmos orgulho a eles.

Pela primeira vez, desde que chegou ali àquela casa, Antonella sorriu, fitando a filha com doçura.

Marcella olhou-a e sentiu um pesar em suas emoções. Achou que Bárbara mimava demais a mãe. Talvez por isso fosse a filha mais querida.

Espíritos empenhados na discórdia, insuflavam pensamentos de inveja e ódio.

Marcella não percebia seu jeito duro e sem gentileza ao falar. Não sabia ser dócil e compreender que os outros apreciam generosidade. Sempre recebia de volta o que oferecia, conforme a Lei Universal, e achava isso injusto.

— Você tem um jeito muito otimista de entender a vida, Bárbara — Graziella considerou e sorriu. Sem perceber, talvez mostrasse a importância de ser nobre com as palavras. Havia percebido como Marcella foi intolerante ao responder para a mãe. — Admiro isso. Mas... Preciso confessar que estou com medo. Não tenho mais a minha casa, não tenho mais marido nem família...

— Sua família agora está aqui, Graziella. Entenda isso de uma vez por todas você também — novamente, Marcella falou com intransigência.

— Não tenho nada a oferecer além de problemas. Não tenho mais minha loja, estou sem trabalho e com um monte de roupas acumuladas... Me sinto perdida. Talvez, fosse melhor ter ficado ao lado do Cláudio — lamentou chorosa.

— De jeito nenhum! — Bárbara reagiu. — Ficar sofrendo ao lado de um sujeito medíocre, cretino, inferiorizado só para ter uma casa e uma lojinha de roupas? Onde está seu amor próprio? Onde estão os seus valores? Quem alcançou a vitória, foi porque insistiu na luta. Vai me perdoar dizer isso, Grazi, mas você foi orgulhosa demais. Não quis que sua família soubesse que fez a escolha errada, casando-se com um sujeito cretino, mesquinho, ignorante, crápula como o Cláudio. Por isso, escondeu de todos nós a violência que vivia.

— Eu não poderia chegar pro pai e pra mãe e contar uma coisa dessa. Não foi orgulho. Eu quis poupar o pai e a mãe — a irmã defendeu-se.

— E achou que eles nunca descobririam? Acreditou que as agressões acabariam algum dia? Que, como em um passe de mágica, ele se tornaria um marido bom, compreensivo e carinhoso? Ora, minha irmã... Por favor... — tornou Bárbara inconformada. — Cuidado. O medo de assumir responsabilidade, através da liberdade, provoca o orgulho em ser escravizado.

— Tia... Falar é fácil. Quem está vivendo o dilema sofre e a dor sempre oferece insegurança.

— Eu entendo perfeitamente isso, Sarah. Por essa razão precisamos uns dos outros. Dividir, explicar, contar o que está acontecendo... Não digo que devemos despejar nossa vida, nossos problemas nas redes sociais ou sobre um amigo. Podemos conversar com um amigo chegado, com um familiar que nos quer bem... Ouvir com atenção o que ele tem para nos dizer... A opinião de pessoas confiáveis pode ajudar nossas tomadas de decisões. Além disso, precisamos nos colocar do lado de fora da nossa vida e analisar, buscar, ver o que pode ser feito para nos melhorarmos, para melhorar a maneira que vivemos. Dessa forma, podemos entender o que nos faz mal e fazer algo diferente do que sempre fizemos.

— Tá. Entendi, Bárbara. Mas agora estou divorciada e sem emprego. Vivendo com minha mãe e irmã sem ter como contribuir. Fiquei dependente! — Graziella esclareceu.

— Grazi, isso é só o começo. É só o momento. Ou você pretende ficar acomodada sem procurar o que fazer? — Bárbara questionou, obrigando-a a pensar. — Se me disser que está pensando em ficar aqui parada, sem procurar emprego ou ocupação, aí sim será dependente e, certamente, um peso para a família. — Pensou um pouco e decidiu sugerir: — Você e a Marcella precisam tirar o foco do passado. Desligarem-se das lembranças do passado. Cada vez que elas surgirem, mudem, pensem em outra coisa, nem se for em uma música! Mudem o pensamento. Comecem a ter ideias novas sobre o que devem e pretendem fazer. Para novas situações baterem à nossa porta, é preciso se desligar do que já aconteceu. Não tem como ser diferente.

— Pois é isso o que me preocupa. Não tenho a menor ideia do que preciso ou devo fazer! — exclamou Graziella com lágrimas correndo na face. — Estou vivendo de favor. Com uma filha adolescente. Não tenho emprego. Não tenho nada. Não sei por onde começar... O que eu faço?

— É tia... O que a gente pode fazer?

Bárbara ficou pensativa. Sentiu-se amargurada, mas não disse nada. Um tremor correu-lhe pelo corpo. Não tinha resposta para aquela pergunta.

Um manto tempestuoso cobriu sua alma mais ainda quando ouviu Marcella contar:

— Ontem fui demitida.

O silêncio absoluto consumiu cada uma com amarga insegurança.

Graziella, temerosa, quis ouvir novamente, talvez, para ter certeza:

— O quê? — perguntou baixinho, olhando para a irmã. — Você foi demitida?

— Fui — confirmou com a desilusão estampada em sua face, que trazia profunda tristeza. — A infeliz da Helina me demitiu. Ela e o Régis não se importam mais em esconder. Escancaradamente, assumiram que estão juntos. Os últimos tempos, lá na revista, estava bem difícil. Insuportável... Os dois são dois infelizes... — xingou-os. — Além de ser traída, de ser tão humilhada nos pés do altar, estou sem emprego... — chorou. Com voz entrecortada, perguntou: — O que será de nós agora? Como vai ser daqui por diante? Minha vida acabou, entendem? Acabou!...

Sentada no chão, ao lado de Marcella, Bárbara se inclinou e puxou a irmã para um abraço. Sentiu vontade de chorar e desabafar também, mas isso não seria bom. Poderia causar ainda mais desespero em todas.

Bárbara fechou os olhos. Abraçou-se firme à Marcella e calou o choro ao respirar fundo e embalar a irmã para consolá-la.

Na espiritualidade, o obsessor Perceval sentia-se satisfeito.

Havia tempos que desejava assistir àquele momento. Comprazia-se da amargura que Bárbara vivia. Sabia que, atingindo a família, atingiria aquela que perseguia e tanto odiava.

Não foi difícil encontrar algozes de Marcella na espiritualidade e ajudá-los a fazer, de seus pensamentos acelerados, um inferno.

Todos nós temos inimigos do passado a nos perseguir e fazer com que nós utilizamos nossos vícios morais ou físicos para nos prejudicarmos. Eles apontam nossas mazelas. Fazem com que nós mesmos usemos o que de pior há em nós e transformemos nossas vidas em infortúnios e infelicidades.

Um sorriso maldoso figurava-se em sua face cruel.

Dirigindo-se aos que lhe obedeciam, explicou:

— A nossa justiça não falha quando nos unimos. Demoramos, mas não falhamos. Envolvemos o pobre Sandro. Usamos contra ele suas próprias mazelas, seus próprios vícios, suas próprias fraquezas... Homem medíocre e insignificante que escondia sua propensão e tendências vis, desprezíveis. Não suportou as menores inspirações com que o envolvemos. Voltou-se ao exercício do sexo leviano, desprezando as responsabilidades e funções que agora, certamente, gerou tormentos que dão vazão a outros vícios, transtornos emocionais, alucinações. Geralmente, vícios morais levam a outros vícios morais e físicos e dependências de toda má sorte como álcool, tabaco, mentira, traição, talvez, outras drogas e uma série de misérias morais que entorpecem a fé e a razão.

Perceval parou por um instante e refletiu. Olhou para seus seguidores e ajudantes, esclarecendo, como se lhes oferecesse uma aula:

— Quase ninguém percebe a epidemia descontrolada da obsessão coletiva, nos dias de hoje. Poucos oferecem atenção à vida espiritual. Quando alguém fala a respeito, o alerta soa de forma ridícula. Por exemplo: existe, cada vez mais, a influência espiritual para que muitos voltem, exageradamente, a atenção para a beleza do corpo físico e nenhuma preocupação ao que é espiritual. Como sabemos, aqueles que trazem em si a extrema vontade e empenho para esculpir exuberância e sensualidade ao corpo físico é por saber, inconscientemente, que o corpo espiritual é deformado. Esses são capazes de tudo. Horas excessivas de exercícios que desgastam a saúde, em vez de somente o essencial para mantê-la. Cirurgias desnecessárias onde mostram a insatisfação com o corpo que a Natureza lhe emprestou. — Riu de modo contido. — Esses discordam da Criação, mas não admitem isso. Seja qual for o caso, quando detectamos a fraqueza da criatura, é aí que nós entramos. Simplesmente angariamos outros como nós, espíritos desencarnados, só que em grave sofrimento ou os que vagam sem rumo, para se aproximarem daqueles que nós queremos e desejamos nos vingar. Pegamos esses espíritos infelizes e, simplesmente, ordenamos que se instalem como parasitas perto do encarnado que indicamos para que esses sofram perdas energéticas que, aos poucos, vão se aprimorando em desequilíbrio psíquico. Lembrando que isso só funciona quando o encarnado não busca recurso ou proteção do Alto. Por essa razão, precisamos mantê-lo longe de qualquer ideia de prece, oração, busca de templos religiosos ou similares. Somente assim, esses desencarnados infelizes tornam-se vampiros espirituais e se sentem bem com o resultado. Não precisamos nos preocupar. Por se sentirem como que alimentados, energeticamente, ficarão ali.

Mas atenção — Perceval ressaltou como instrutor atento. — Cada um precisa ser atacado em sua fraqueza. Peguemos Sandro como exemplo. Atacamos suas fraquezas. Colocamos junto a ele espíritos atormentados que lhe induziam diuturnamente, pensamentos sedutores, visando a imaginar-se com mulheres bonitas, sensuais. Os espíritos que ligamos a ele, todos, estimulavam-no à volúpia. O trabalho desses obsessores foi incessante. O assédio só estimulou o que ele tinha. Sandro não resistia observar mulheres belas. Era atormentado pelo desejo de envolver-se sexualmente com elas, desrespeitando o juramento de fidelidade feito.

— Com o Sandro foi fácil. Mas não tivemos qualquer êxito com a Patrícia — observou um dos ajudantes.

— Isso é verdade. Nesse caso, podemos perceber que a fé e a determinação formam uma espécie de escudo — tornou Perceval. — Patrícia, devotada, frequenta igreja e segue princípios Cristãos. Tentamos induzi-la também ao ciúme enlouquecedor, mas as energias que cultiva atrapalham nossas tentativas. Ela ora... Isso é o que nos mantém distantes. Pode ser que, em raras vezes, conseguimos irritá-la, deixá-la nervosa, insegura e inquieta. Porém, quando se dedica à oração sincera, dissolve nossas energias. Ela não só ora. Vigia-se também. Por isso, nós a deixamos de lado ou nós nos desgastaríamos muito. O Sandro foi o suficiente.

Quase no mesmo nível de envolvimento — Perceval prosseguiu —, em um só aglomerado de perturbação, tomamos o controle da vida de Hélio, Pietra e dos dois filhos adolescentes. Foi a coisa mais fácil que fizemos. Hélio nem precisou da ajuda dos obsessores do passado — riu. — Sua má índole o deixa cego. A ambição que tem é doentia. Sem religião ou qualquer outra filosofia, está sendo fácil demais... Os inimigos não têm qualquer trabalho. A coitada da Pietra também. Orgulhosa, vaidosa, preconceituosa tem todas as qualidades que a conduzem a futuro sofrimento. Os obsessores só ajudam um pouco para que seus pensamentos sejam mais acelerados a cada dia, trazendo malefícios não só a mente, mas também ao corpo a longo prazo. É questão de aguardar. Os dois adolescentes... — riu novamente. — Pobres coitados... Eles têm um pai, por exemplo, que vive a exorbitância da grandeza, da riqueza, fechando a cortina da realidade das responsabilidades. Hélio exime-se da educação, da orientação e de dar princípios aos filhos. Deixa-os sem valores morais, sem educação religiosa, à mercê de equívocos que lhes custarão muito caro em futuro próximo. É tão fácil envolver jovens como eles, que exageram no cultivo do que é inútil, nas formas físicas, muitas vezes, direcionadas para o comércio de uma vida lasciva, da exploração ou, simplesmente, da vaidade, a raiz do envolvimento a tudo o que entorpece e anestesia o ego que grita: sou melhor do que os outros! — ressaltou. — Dentro de si, os filhos de Pietra e Hélio têm um imenso vazio que os derrotam e os deprimem mais a cada dia. Sem princípios e valores, esses jovens não sabem que se encharcam de energias doentias. Como vocês observaram, não precisamos de muito para envolvê-los. Basta os pais serem omissos e não educá-los nem corrigi-los. — Breve instante e prosseguiu: — Pietra sem descer do trono vaidoso em que seu orgulho a colocou, nega-se a enxergar que não passa de marionete nas mãos cegas do marido e dos filhos. Ela não se impõe e só aceita. Deseja ser admirada por conquistas que nunca fez. É um ser medíocre, vampirizadora, dependente. Uma coitada. Ainda não reparou que os filhos, Ullia e Dáurio, são jovens idiotizados por grupos, ainda anônimos, que têm como estratégia o domínio da sociedade. Jovens que se deixam invadir pelas tendências, modas e tudo o que há de pior para envolver a juventude não pensante e ignorante que acredita, sem estudar e analisar, em tudo o que vê. Esses, em sua realeza — debochou —, são jovens custeados por pais imbecilizados que tudo permitem aos filhos, menos educação, regras, normas, decência, princípios, valores e respeito. Os instintos grosseiros desses jovens são estimulados, sensual e sexualmente, cada dia mais, pela movimentação da mídia. Espíritos anticristãos atuam, incansavelmente, para prendê-los como animais admiradores e defensores de espetáculos exóticos e eróticos, gotejados de modo quase imperceptível. Isso os afasta da família, da religiosidade. Jovens assim são facilmente envolvidos. E mesmo que não os queiramos do nosso lado, eles vêm — riu. — Eles quase não precisam de obsessores. A mídia faz isso por nós.

E é assim que vamos envolvendo cada um da família. Trabalhamos em seus pontos fracos, em seus vícios — Perceval orientou. — Vejamos Marcella — rodeando-a, prosseguiu: — Ah, Marcella... Usamos contra ela seus próprios pensamentos acelerados, ansiosos, controladores... Reparem como ela quer controlar tudo! Por outro lado, por ter princípios e respeito que adquiriu na família, não adiantaria tentarmos seduzi-la ao sexo promíscuo, por exemplo, como fizemos com seu irmão. Ao contrário de Sandro, ela entendeu a orientação recebida dos pais e trabalhou-se. Ele, por sua vez, ficou procurando defeitos na criação que teve. Por isso, seria perda de tempo tentá-la. Mas, seus pensamentos acelerados, sempre preocupados com alguma coisa, são as melhores armas contra ela mesma. Diante de uma situação contrária a que Marcella idealizou, basta dizer-lhe: como você queria, seria melhor. Por que os outros não fazem como você? Por que os outros não colaboram como você? Por que os outros não aceitam?... — riu de modo controlado, debochando. — Sempre os outros! Para ela, a culpa sempre precisa ser dos outros. Nunca dela. Em vez de soltar o que precisa, focar no que somente ela pode controlar, Marcella preocupa-se, intensamente, em controlar o outro, o tempo, o futuro. Fazê-la se alterar, desequilibrar-se é bem fácil. É só inspirar os que a rodeiam. Manipular Reginaldo, seu ex-noivo, foi tão fácil.

E ela nem nos agradeceu — gargalhou. — A canalhice camuflada na alma daquela criatura iria aflorar a qualquer tempo. Mas ela não entendeu isso. Ainda acredita que, se estivessem casados, ele lhe seria fiel. Quanto engano. Tudo isso trouxe a tona os vícios morais de Marcella: xingamentos e palavreado baixo! — riu com gosto. — Quase não precisamos fazer nada contra ela, uma vez que os xingamentos, as palavras de baixo calão, a manifestação da contrariedade tentando agredir e ofender quem quer que seja, são fontes que criam energias e vibrações inferiores e doentias. Então — olhando-a ainda, explicou —, quando o encarnado xinga, fica contrariado, ofende, agride com palavras e todo tipo de expressão escandalosa, devemos estimulá-lo a fazer mais e mais. Se ele se irrita com o lixo do vizinho que foi parar em frente ao seu portão, estimule-o a reclamar e xingar mais e mais. Se ele não está satisfeito com os políticos, estimule-o a brigar, criticar, ofender, xingar... Tudo o que o incomoda, estimule-o! Estimule-o a ficar irritado e manifestar de modo, cada vez mais forte, essa irritação. Quanto mais o encarnado reclamar, ofender, brigar, melhor para nós. É ele quem estará se destruindo. Quanto mais energia negativa ele gerar, melhor. Mais e mais ele estará envolto por uma névoa de angústia sem perceber, sem imaginar que será afetado mental, física, espiritual, material, financeiramente a pequeno, médio ou longo prazo. Todas as reclamações, todas as vibrações negativas afetam a mente, o corpo, o espírito, o bolso. Vibrar, reclamar que nada está bom, que o outro é um incômodo, não vai ajudar o mundo em nada. Certamente vai ajudar os propósitos dos obsessores. Os encarnados não aprenderam a interromper o fluxo dos pensamentos e verbalizações queixosas. Não sabem ainda o quanto geram e atraem energias destruidoras, em todos os sentidos. Observamos que muitos deles nem precisam de obsessores para destruí-los. Eles fazem isso sozinhos.

— Mas é sempre bom dar uma forcinha — um dos companheiros lembrou, zombando.

— Claro! Como já foi dito, só trabalhamos estimulando o que de negativo a criatura encarnada tem. Se ele reclama do vizinho, do colega de trabalho, do parente difícil, do político que não escolheu, vamos envolvê-lo e estimulá-lo cada vez mais, para reclamar mais! O encarnado é quem cria essas energias funestas, pesarosa, perigosas como falei. Não permitam que parem. Quando receberem instruções para que não façam isso, por ser prejudicial, não deixem que acreditem. Vocês devem afastá-los dessas pessoas de bom-senso que podem libertá-los desse mal. Queremos a derrota dos nossos perseguidos! Vocês entenderam? — indagou Perceval. — Isso precisa ficar bem claro para vocês! Tudo começa no pensamento. Quando um pensamento ruim, de reclamações, queixas, mau preságio, inicia-se e não é combatido com o seu oposto, que são os pensamentos positivos e prósperos, as ideias negativas se tornam repetitivas e adoecem a mente. Elas criam energias mentais que se materializam em nível espiritual, impregnando os centros de forças conhecidos também como *chakras*. O principal centro de força que precisamos impregnar é o que fica na altura do coração.

— É por isso que muitos, hoje em dia, reclamam de aperto no peito? — um perguntou.

— Certamente. São energias que foram geradas por seus próprios pensamentos negativos, suas reclamações queixosas feitas em pensamento ou verbalmente. Vivem conflitos e contrariedades. Pessoas com esses sentimentos não agradecem com sinceridade, não oram aceitando suas tarefas, não praticam o bem, só criticam. Esse é o nosso foco! — ressaltou Perceval. — Estimular, cada vez mais e mais, reclamações e queixas! Lembrem-se disso. Não permitam que nossos perseguidos sintam gratidão.

As más emoções, a contrariedade, as queixas atravancam a prosperidade e a evolução espiritual. Observe que nunca vimos um ser evoluído reclamar, ofender, xingar! Sabemos que a prosperidade começa com a gratidão. Mas não podemos permitir que eles, os encarnados, pratiquem-na — orientou

Perceval. — Façam de tudo para distraí-los a atenção. Não podemos permitir o progresso pessoal. Distrações destroem! Onde está a sua concentração, está toda a sua energia. Onde está sua energia, as coisas crescem. Olha para onde você quer ir e foque. Por isso, lembrem-se: devemos distraí-los, estimulá-los às queixas. Muitos não se deram conta de que reclamações e queixas não levam a lugar algum e os prendem à dor.

— Entendemos, chefe. Precisamos deixar os encarnados focados em tudo o que não traz prosperidade. Já que sabemos que a prosperidade começa com pensamentos positivos, fé, compaixão, empatia, paciência, esperança, carinho, devemos induzi-los ao contrário como: raiva, mágoa, preocupações, ódio, falta de perdão, dúvidas, angústia, dor... Deixa com a gente.

— É isso mesmo. Percebemos que é muito fácil afetar, atingir e envolver pessoas como a Marcella, que querem que as coisas sejam todas certinhas — Perceval riu. — Poucos sabem ou admitem que a ansiedade seja a maior prova de falta de fé. Ansiedade só se manifesta naqueles que não acreditam, não depositam confiança... Aquele que exige que tudo saia conforme seu desejo é egoísta. Tão egoísta que não admite o egoísmo — riu. — O egoísmo é um vício moral que muitos desconhecem. É tão fácil induzir à ansiedade, à falta de fé... Encarnados não torcem, não vibram pelo bem coletivo quando reclamam, seja do vizinho, do colega de trabalho ou dos políticos. Eles querem que seja feita a vontade deles! Não querem harmonia, não desejam o bem. Como são egoístas! Depois dizem que nós somos espíritos inferiores e desequilibrados, quando, na verdade, só observamos as energias negativas e inferiores que eles mesmos criam com suas práticas mentais, verbais e físicas. Bando de hipócritas e ignorantes! Para desencaminhá-los, nós usamos, só e unicamente seus vícios, sejam eles morais ou físicos.

Vejam o Cláudio, marido da Graziella — apontou Perceval. — Não conseguiríamos induzir um manso e prudente à violência, mas os cruéis sim. Por sua vez, Graziella acovardou-se no orgulho. Não é fácil admitir que fez a escolha errada, que foi infeliz... Olha só o vício moral do orgulho como ele maltrata e faz sofrer. Foi só oferecer a ela pensamentos de insegurança e dizer que seus pais ficariam tristes em saber que ela sofria, que culpa os pais por não ter se separado antes. — Breve pausa. — Temos a nosso favor o medo. O medo de que tudo se torne difícil e complicado. Aí também temos a preguiça oculta no medo, pois longe do marido, haverá trabalho, luta e ocupação. A preguiça, disfarçada de insegurança e medo, é fácil de ser induzida. Por pior que seja, sair da zona de conforto, daquilo que se conhece, não é fácil. Enfrentar o medo e enfrentar o desconhecido, é movimentar forças interiores de renovação em busca de algo melhor. Isso derrota o medo, a insegurança e a preguiça. Mas não...

Acercando-se de Bárbara, Perceval rodeou-a sem perdê-la de vista e disse com ironia:

— Já você, minha amada... Você está diferente do que eu imaginava. Um enigma para mim, mesmo depois de tantos anos. Seu otimismo é o que mais me intriga e atrapalha. Mas... Sou paciente. Depois que se descobre ser imortal, não se tem mais pressa. Não vou permitir que sua fé se amplie. A fé oferece forças, não é mesmo?... Isso você não terá. Não! Nunca! Vou esmagá-la e destruí-la como permitiu que fizessem comigo! Eu não tinha nem como me defender!!! Você me entregou à dor e ao sofrimento!!! Não se importou com o que fizeram comigo!!! Não se importou como me usaram!!! Não perde por esperar!!! Dia e noite estarei ao seu lado. Vou descobrir sua fraqueza e abalar sua fé!!! Vai desejar morrer!!!

Mesmo em se tratando de um espírito inferior, Perceval era inteligente. Infelizmente, permitiu-se cegar pelo ódio que o consumia. Embasava-se somente no conhecimento que possuía.

A mágoa e o ódio atravancam a evolução e deixam-nos viver dor desnecessária.

Por essa razão, o Mestre Jesus nos ensinou que a verdade é libertadora.

Capítulo 15

DEUS ESTÁ VENDO

Mesmo em meio às caixas e tantas outras coisas fora do lugar, todas dormiram ali, na casa nova, com a intenção de acordarem cedo para terem mais tempo de colocar tudo no lugar.

Antonella não conseguia disfarçar a tristeza que maquiava sua face angustiada. Preparava o café, enquanto se preocupava com a conversa das filhas na noite anterior.

— Isso mesmo — inspirava um dos ajudantes de Perceval. — Fique cada vez mais deprimida. Essa vida é uma desgraça mesmo. Não pense em nada alegre. Nada. Regue com tristeza e infelicidade todos os alimentos que está preparando. Deixe a comida e a bebida com suas densas energias. Assim cada um que comer ou beber o que preparou vai receber desânimo e cansaço. Você é uma velha inútil! Uma pobre coitada! Um peso para suas filhas. Só oferece preocupação. Não serve pra nada.

Os pensamentos de Antonella vibravam exatamente em ondas de tristeza e dor. Sentia-se inútil.

A alimentação sobre a mesa estava coberta por um manto tenebroso de matéria espiritual inferior e invisível aos olhos dos encarnados.

As filhas e a neta se levantaram e foram se acomodar em torno da mesa quando, inesperadamente, Patrícia chegou.

Depois de cumprimentar a sogra e as cunhadas, foi convidada a ocupar um lugar à mesa, onde a senhora dispôs um copo e disse:

— Não repara, Patrícia. Ainda não desempacotamos as xícaras. Só os copos.

— Não tem problema, dona Antonella. Gosto de tomar café no copo — sorriu. — O mais importante é estarmos aqui, bem e reunidas. Graças a Deus, né?

— É sim. Graças a Deus temos um teto — disse Bárbara sem pensar. — Por ser oficialmente a primeira refeição e a primeira manhã nesta casa, deveríamos agradecer e não ficar com essas caras amarrotadas — falou e riu.

Ao dizer isso, Bárbara não tinha a intenção de sugerir que fizessem uma prece, mas sua cunhada entendeu isso e propôs:

— Por isso não! — exclamou Patrícia. Deixou o copo sobre a mesa e estendeu os braços como quem pedisse as mãos das cunhadas e da sobrinha para uma oração. De mãos dadas, mesmo sob o olhar surpreso, todas aceitaram. Inspirada, ela orou: — Senhor Deus, neste dia que amanhece, agradecemos pela vida, pelo teto que nos abriga... Agradecemos os alimentos sobre a mesa e rogamos que os abençoe para que possamos nos sentir fortalecidos para cumprirmos nossas tarefas da melhor maneira. Agradecemos a todos aqueles que contribuíram para que essa refeição chegasse a esta mesa. Abençoe nosso dia, nosso trabalho, nossos caminhos, nossos pensamentos... Que possamos ser instrumentos de amor, alegria e fé. Amém.

— Amém — todas pronunciaram num coro.

Sem que percebessem, durante a prece, energias vindas do alto derramaram-se sobre os alimentos, dissolvendo as energias funestas antes, ali, depositadas. A mesa recebeu como um brilho especial. Todas as presentes foram envolvidas e beneficiadas.

Em seguida, enquanto se alimentavam, Patrícia contou:

— Desculpem-me por não ter vindo ontem. Não tive com quem deixar as crianças. Trazê-las aqui não seria uma boa ideia. Iriam atrapalhar.

— Deixou-as com sua mãe hoje? — Marcella perguntou.

— Sim. Ficaram com minha mãe — a cunhada confirmou, mas exibiu um sorriso anuviado, que logo se desfez, embora Bárbara tenha percebido.

— Notícias do Sandro? — Graziella quis saber.

— Não. Nenhuma. Não atende o celular nem nada. Ele entrou em contato com uma de vocês?

Todas se entreolharam pendendo negativamente com a cabeça.

— O que deu na cabeça do meu filho?!... — Antonella questionou em tom lamentoso.

— Ninguém sabe explicar, sogra. Ninguém. Fazia um tempo que o Sandro estava diferente e, desde a morte do senhor Enrico, ele piorou. Tudo aconteceu muito rápido. Parece que o pai era quem colocava um freio nele... Até hoje estou abalada... Não paro de pensar... — deteve as palavras. Sentiu a voz embargada. Porém não iria se queixar. — Preciso arrumar um emprego, cuidar das crianças, retomar a vida e... — calou-se novamente. Tomou um gole de café e forçou um sorriso. Achava-se bem abatida, mas não derrotada. Forçava-se para superar o golpe que o marido lhe deu.

Observadora, Bárbara indagou:

— Teve um dia que conversamos e você comentou que estava temerosa por causa do seu pai. Como ele reagiu a essa separação, Patrícia?

— Meu pai sempre foi uma pessoa difícil. — Fez silêncio por longos segundos. Depois contou: — Ele me deu um prazo para sair da casa dele com as crianças.

— Vai voltar para o seu apartamento?! — Marcella perguntou de imediato.

— Não posso. Aquele apartamento vai ser tomado. O Sandro sonegou impostos das lojas e o apartamento está arrolado como pagamento. Seria um erro voltar, pois vou me desgastar demais quando precisar sair.

— Me deixa entender... — Antonella pediu. — Se você sair da casa dos seus pais, não vai ter onde ficar?

— Não. Não tenho para onde ir, sogra. — Seus olhos se empoçaram em lágrimas. Quis chorar, mas se conteve ao máximo. Abaixou o olhar e completou: — Ainda não consegui um emprego.

— Pode vir pra cá! — exclamou a senhora. — Daremos um jeito! Vamos colocar ordem nessa bagunça logo e você vem pra cá com meus netos.

Graziella olhou para sua mãe com semblante franzido. Não gostou da ideia.

— Viu só? Imagina como vai ficar esta casa. Cheia. Lotada. Com criança chorando. Não terá comida pra todos. As contas de luz, água, gás e outras despesas serão imensas! — um dos espíritos, ali deixado por Perceval, começou a induzir Graziella.

— Vai ficar meio apertado, né! — Graziella falou de modo rude.

— Nem tanto, Grazi — afirmou Bárbara. — Sempre podemos dar um jeito. Em um quarto fica você, a mamãe e a Marcella. No outro, a Patrícia, a Sarah e as crianças. — Riu ao dizer: — E quando eu vier pra cá, fico na sala, que é grande. Cabe um colchão atrás do sofá. O Billy ainda dorme comigo — Olhou para Marcella e ambas começaram a rir de boca cheia.

— Vou ter de aceitar — tornou Patrícia que tentou achar graça na situação. Respirou fundo e admitiu: — Não era isso o que eu queria. De forma alguma. Não tenho alternativa. Pelo menos, até arrumar um novo emprego e me estabilizar.

Graziella olhou para Bárbara como se não concordasse com a ideia. Mas ninguém disse nada.

Antonella tornou a reforçar para que fosse para lá. Não deixaria os netos e a nora passarem necessidades.

Tomaram café e conversaram sobre a mudança.

Logo depois, todas se empenharam em colocar mais coisas nos lugares apropriados, desfazendo as caixas da mudança.

Em determinado momento, ao se ver a sós com a irmã, Graziella comentou:

— Bárbara, estou muito preocupada. Será muita gente nesta casa e ninguém trabalhando. Por enquanto temos os meses de aluguel que você pagou. Mas, e as outras despesas? — A inquietação de Graziella gritava. Era usada por espíritos que não queriam o seu progresso e ela permitia. — Água, luz, gás, alimentação... Como vai ser? Tô ficando aflita! — sussurrou.

Olhando-a fixamente, a irmã lembrou:

— Ela não tem para onde ir. Terá de vir para cá. Não tem como ser diferente. A Patrícia está focada em arrumar trabalho logo. Nota-se isso. Ela não é acomodada. Você não vai ficar sem emprego por muito tempo, não é? — Não esperou que respondesse e lembrou: — Com um pouquinho de cada uma, vamos dar um jeito na situação.

Marcella, que estava próxima, também não tinha sossego mental e disse:

— Estou preocupada também.

— Ma, pare de sofrer com o que ainda não aconteceu e, provavelmente, não acontecerá. Foque no que você precisa fazer. Isso vai te poupar muito sofrimento. E me poupar muito sofrimento também.

A irmã não gostou do que ouviu, mas aceitou. Silenciou, embora seus pensamentos fervilhassem, principalmente, pela influência recebida da espiritualidade inferior que a rodeava.

No início da noite, Bárbara decidiu ir embora.
Estava cansada demais.

Marcella a levou de carro até a portaria do prédio onde morava e comentou:

— Estou pensando em vender meu carro também.

— Melhor não. Se precisar socorrer a mãe, por exemplo, melhor que tenha um carro. Espera um pouco. Carro não é luxo é necessidade.

— Você está com uma cara... — Marcella reparou.

— Estou cansada e preocupada com umas coisas lá na empresa... Rotinas! — desabafou com meias-palavras e exibiu um sorriso.

— Seremos um peso a mais para você, principalmente agora que perdi o emprego.

— Logo vai arrumar outro. É esperta e capacitada — não quis alongar conversa. Inclinou-se, beijou-a no rosto e disse:

— Amanhã a gente se fala.

— Você está bem mesmo?

— Estou — mentiu e sorriu docemente.

— Tchau, então.

— Tchau. Até amanhã.

Já em seu apartamento, Bárbara olhou em volta e não viu graça em nada.

Ligou a televisão, jogou-se no sofá e olhou para o teto por longos minutos.

Sentiu-se cansada demais. Um cansaço diferente. Um esgotamento físico e mental.

Fechou os olhos e ficou quieta.

Um tempo depois, sem perceber, ficou entre o sono e a vigília.

Na espiritualidade, Perceval a envolvia. Direcionava-lhe energias pesarosas e sombrias.

— Você não é tudo aquilo que imaginou, Bárbara. Não é forte o suficiente. Já está decaindo. Já está perecendo. — Rodeando-a, afirmou: — A vida não tem a menor graça. Não tem cor nem brilho. Para que tudo isso que conquistou? Para que viver? Você não tem importância para ninguém. Não vale nada. Não percebeu o quanto está cansada? Não percebeu o quanto está infeliz? Tudo e todos estão contra você! Só querem te usar. Você só serve para prover! Todos querem te usar!

A falta de se ligar a Deus, com fé absoluta, através da prece, fazia com que Bárbara se deixasse envolver por aquelas afirmações impiedosas e infundadas vindas do obsessor que não lhe queria bem.

Sentia-se mal a cada momento. Os problemas e as dificuldades esgotavam sua mente.

O barulho de mensagem, que chegou ao celular, despertou-a.

Sentou-se e ficou tonta. Confusa. Sua cabeça estava pesada. Não se achava bem.

Pegou o aparelho e viu, entre vários recados, um de Murilo, enviado há mais de uma hora.

Chegou a duvidar que tinha ficado ali deitada todo esse tempo.

Sem demora, abriu a janela do aplicativo e leu:
"O que você está fazendo agora?"
Respondeu:
"Acabei de chegar. Estou fazendo nada".
Alguns minutos se passaram e ele respondeu:
"Também estou fazendo nada. Gostaria de levar os livros que prometi. Posso?"

Encontrava-se cansada demais, tomada por um desânimo nunca antes experimentado. Pensou que tomar um banho e ficar sozinha seria melhor. Gostaria de descansar. Mas percebeu-o tão gentil. Não se sentiria bem em dispensá-lo.

"Pode" — respondeu.
"Vou aí levar os livros"
"Enquanto você não chega, vou tomar banho. Se eu demorar a atender, aguarde. Serei rápida".

"OK" — ele aceitou.
Depois do banho pareceu melhor, mais recomposta.
O interfone tocou e ela permitiu que o amigo subisse.
— Oi! — cumprimentou, beijando-lhe o rosto.
— Oi — sorriu. — Entra.
De imediato, ele notou:
— Mudou o cabelo desde que nos vimos. Ficou bem bonito.
— Obrigada — sorriu sem jeito, mesmo gostando do elogio.
— Estava arrumando minhas coisas. Separando algo para doação... Precisava liberar espaço nos armários e achei estes livros. Acredito que vai gostar. Estes para você. Estes outros são emprestados — colocou os dois montantes sobre a mesa.
— Obrigada — agradeceu e pegou um dos exemplares para olhar de perto. — Estão novos!
— Gosto de preservar livros. Nunca risco ou dobro páginas. Acho horrível! — exclamou de modo engraçado.
— Também não gosto. Para isso existem marcadores — ela lembrou e sorriu.
— Exatamente.
Quando observava uma das obras, reparou:
— É um livro psicografado?
— Sim. É um romance. E para quem pensa que não se aprende nada em romances, essa obra mostra o contrário. — Ao vê-la pensativa, perguntou: — Espero que não se importe com esse tipo de leitura. Caso não goste, posso levá-los embora.
— Não, não!... Já li vários romances espíritas e gostei muito. É que... — sorriu. Calou-se. Pensou que aquele momento que vivia era propício para livros com aqueles conteúdos. — Café? — ofereceu e sorriu lindamente.
— Café! Lógico! — ele se alegrou.
Bárbara foi para o outro lado do balcão. Enquanto preparava o café, comentou:
— Achei curioso me trazer esses livros e entre eles ter algo sobre espiritualidade.
— Também não sei por que o trouxe — o rapaz comentou e sorriu.

— Estou passando por momentos extremamente agitados, preocupantes e... Comecei a questionar tudo o que vivo. Por que será?

— Você é religiosa?

— Religiosa não é a palavra certa. Não, no momento. — Serviu-lhe o café e foi para o outro lado do balcão. Passou por ele e indicou-lhe uma poltrona. Murilo sentou-se e ela fez o mesmo. Estavam frente a frente quando Bárbara contou: — Meus pais são italianos. Fomos criados na igreja Católica Apostólica Romana. Mas... À medida que crescemos, fomos nos afastando da religião, ora por causa do estudo, ora por conta do trabalho... Creio em Deus. Sou cristã por crer em Cristo... — Pensou um pouco e deduziu: — Acho que essas turbulências acontecem para nós nos voltarmos para Deus.

— Ou será que acontece por ter se afastado de Deus? — Viu-a pensativa e nada disse. Somente sorriu. Diante do silêncio, Murilo prosseguiu: — Não creio que seja somente isso. Quando acreditamos na pluralidade das existências, ou seja, quando acreditamos nas reencarnações, refletimos a respeito, começamos a entender e aceitar alguns acontecimentos. Se tivermos como verdadeiro que só vivemos esta vida, devemos crer em um Deus injusto. Um Deus que deu oportunidade de um ser rico e outro miserável, um ser perfeito e outro com necessidades especiais, um ser lindo e outro nem tanto... e por aí vai! Como li em *O Evangelho Segundo o Espiritismo*: "Todo privilégio seria uma preferência, e toda preferência seria uma injustiça"[1].

— Com isso, entendemos que as reencarnações possuem ligação ou finalidade útil.

— Sem dúvida. Qual seria a finalidade da encarnação de uma criança que passa por tanta dor e morre com poucos anos de vida? — Não esperou resposta e explicou: — Teria sido uma vida sem proveito e só de sofrimento se aquele espírito, reencarnado naquele corpo, não tirasse alguma lição ou aprendizado com aquilo.

---

[1] Nota: Frase do livro: *O Evangelho Segundo o Espiritismo*, Capítulo IV – item 25

— Eu já li alguns livros da Doutrina Espírita, mas não lembro direito — sentiu-se constrangida e não soube explicar por que. — Já pensei muito sobre isso. Já li também passagens bíblicas em que Jesus fala sobre João Batista ser a reencarnação de Elias[2].

— Existem várias passagens bíblicas que falam sobre a reencarnação. Essa que mencionou é só uma delas. A Doutrina Espírita não inventou a reencarnação. Ela mostra a reencarnação sob uma ótica mais racional. A justiça Divina só pode ser explicada por meio da reencarnação. A Lei de Causa e Efeito é o que nos faz entender que amar o próximo como a si mesmo é fundamental para evoluir e conquistar a paz. Tudo o que vivemos e experimentamos são consequências do passado.

— E as dificuldades da vida?

— Provas ou expiações! — respondeu rápido.

— Nossa... Eu li sobre isso e me esqueci. Acredita? — achou graça.

— Acho que não estava preparada para o assunto. Talvez, hoje, esteja. — Breve pausa e explicou: — As dificuldades da vida são provas quando precisamos ser testados para ver se aprendemos mesmo. Por exemplo... — pensou. — Suponhamos que um homem foi ladrão em outra vida. Furtava ou roubava o que podia e não se importava com o próximo. Então ele foi preso, condenado e sofreu muito na prisão. Digamos que pagou por seus crimes. Em uma nova existência, ele nasce pobre, sem muitos recursos. De forma inconsciente, traz consigo medo de se envolver em coisas erradas. Ele é pobre e muito honesto. Mas será provado. Vai encontrar uma carteira com dinheiro e a possibilidade de encontrar o dono com um endereço ou telefone para testar sua honestidade. Vai encontrar um celular cujo dono vai ligar para ter seu aparelho de volta. Para esse homem, experiências desse tipo serão provas. A escolha é dele. Poderá se reprovar ou não. Esse é um exemplo bem simples. Para pessoas mais evoluídas, as

---

[2] Nota: Evangelho de Jesus, segundo Mateus Capítulo 17 – versículo 12

provas são mais elaboradas para ver se elas resistem, aprovam-se com louvor — sorriu. Lembrou da dificuldade que tinha enfrentado com a saúde, mas nada disse. Depois falou: — Repare, pessoas que prejudicam os outros nunca vão pra frente, nunca são prósperas.

— Não sei se concordo — Bárbara disse e ficou reflexiva. — Já conheci pessoas que prejudicaram outras, financeiramente, e estão bem posicionadas. Tem dinheiro, carro, casas...

— Bárbara, eu disse que pessoas que prejudicam outras não prosperam. Prosperidade não significa tão somente bens materiais. Prosperidade é, acima de tudo, paz na consciência. Depois vem saúde física e mental. Prosperidade é ser feliz, é ter orgulho do que faz, do que realiza. Ser próspero é ter êxito, equilíbrio emocional, ser confiante e, lógico, ser venturoso, satisfeito com o que possui. Tem gente que mora em uma casa simples, que chove dentro, mora ali com cachorro e gato, comem sempre a mesma comida e se sente afortunado. Tem paz na consciência. Dorme bem e é feliz. Enquanto outras pessoas que moram em apartamento que custa milhões, têm helicóptero particular, casa na Europa, têm muita grana e não têm paz, não têm saúde física ou mental. Não se orgulha dos projetos escusos ou atos degradantes que fazem. Pessoas assim não são prósperas.

— Muitas vezes pensamos que prosperidade é só dinheiro.

— Verdade. Em particular, conheço uma pessoa muito rica, riquíssima! Ela não se orgulha do que faz, sofre depressão, não tem saúde física, vive disfarçando seus sofrimentos... Ela não sabe o que é prosperidade. A prosperidade é um conjunto de bênçãos, não é só riqueza material. Para mim é um estado consciencial, e também não é um estado físico. As pessoas não são prósperas quando lesam as outras. A nossa consciência é ligada a uma Força Maior. No nosso inconsciente estão registradas as Leis de Deus. Sabemos, consciente ou inconscientemente, quando fazemos algo contra essas Leis e nos colocamos no caminho da punição, cedo ou tarde. — Ao vê-la sorrir de modo enigmático, Murilo perguntou: — Quer um exemplo? — Não esperou que respondesse e prosseguiu:

— Antigamente não existia pirataria. As pessoas compravam o que podiam ou conseguiam de acordo com o que ganhavam. De repente, surgiram as piratarias, as cópias, os livros em *pdf* colocados criminosamente na *internet*, os brinquedos de péssima qualidade, camisetas, roupas piratas em geral, calçados, etc... Tudo isso, sem dúvida, causa grandes lesões nos produtores e nos idealizadores originais. As pessoas desonestas, que praticam esse tipo de crime, são criaturas que deixam de crescer. Tanto quem produz quanto quem compra, quem consome. Repare que elas não prosperam. Ganham de um lado e perdem de outro. Nunca saem do lugar.

— Ah... Mas você há de concordar comigo que tem coisas que são caras demais! Nunca comprei, mas sei que uma bolsa original custa uma fortuna! — Bárbara reclamou e sorriu, pendendo com a cabeça negativamente.

— Custa caro? E daí? Se uma bolsa original custa uma fortuna, é só não comprar! — ressaltou. — Ou a pessoa não consegue vencer sua vaidade ou seu lado criminoso? Produto pirata é crime! — lembrou-a e riu. — Melhor ficar sem o produto do que ser desonesto! Não vemos pessoas desonestas serem prósperas. Elas acham que economizam, quando compram um produto pirata, depois acabam atraindo para si mesmas, situações que as fazem perder dinheiro. Sofrem doenças e gastam com remédios, são furtadas... Quando se lesiona alguém, sempre enfrentamos consequências. Se o original é caro, não compre. Obrigue os produtores a baixarem o preço. Sabe... Tem gente, nos dias de hoje, que vive querendo burlar Deus. Acha que Deus é burro. Não vê nada. Tem gente que é tão inferiorizada ainda que rouba ou copia até a ideia alheia! — riu. — Quando compramos pirataria, estamos fazendo algo contra alguém. Daí o sujeito compra tênis pirata, roupa com marca só que é pirata, brinquedo pirata, baixa livro da *internet* sem autorização do autor e da editora, baixa músicas piratas, compra filmes e *games* piratas... Compra um celular barato que, provavelmente, custou a vida de outra pessoa! Já pensou nisso?! — ressaltou. — A pessoa alega fazer isso para economizar, poupar dinheiro. Depois quer prosperar?!

Acha que Deus é besta?! A consciência de quem falcatrua, de quem faz coisa errada está ligada a uma Consciência Maior. Sabe das Leis de Deus. Por isso, querendo ou não, a mente inconsciente da criatura entra em desespero e quer corrigir tudo. Quer fazer o certo. Cedo ou tarde isso acontece. Todos nós vamos nos corrigir para fazer o que é certo, bom, útil, justo e saudável. Porque, se somos filhos de um Deus bom e justo, precisamos aprender a ser igual a esse Pai. Então, daqui uns tempos ou até em outra vida, essa pessoa que fez tudo errado, começa a ter prejuízos, perder emprego, roubam seu carro, fica doente, passa por desequilíbrios emocionais, uma série de dificuldades começam a acontecer, perde investimentos financeiros... Tudo isso acontece para chamá-la para o equilíbrio moral. Ela é chamada a fazer o que é certo tanto para ele como para os outros. Presta atenção: tudo, exatamente tudo o que fazemos, volta para nós. Vamos viver uma vibração de prejuízo, de pouco dinheiro ou até de muito dinheiro, mas com problemas que dinheiro nenhum resolve. Se sua vida estiver difícil, seja honesta. Se sua vida estiver boa, seja honesta. Deus está vendo.

— Sempre fui honesta. Aprendi esse valor com meus pais. Nunca falcatruei nem saí enganando as pessoas. Porém, nunca tinha pensado nisso sob essa ótica. — Achou graça e falou: — Nunca comprei músicas ou filmes pirateados nem baixei livros da *internet*! Mas sofri com os roubos de minhas ideias. Fiz algumas coisas e pessoas conhecidas leram e copiaram, na cara dura! Roubaram minhas ideias ou fizeram um trabalho bem parecido com os meus. Isso dá uma raiva!

— Não se preocupe. Essas pessoas terão prejuízos por roubarem suas ideias, seu trabalho, suas horas de dedicação. Nada fica impune. Quanto a não adquirir produtos piratas nem livros baixados da *internet*... Parabéns! Você está acima da média dos brasileiros honestos. Tenha certeza de que se sairá bem, com seus esforços, de todos os problemas financeiros que surgirem na sua vida.

— Será? — duvidou e sorriu.

— Tenha certeza! Mudando os pensamentos e as práticas para que sejam bons, úteis e honestos, os problemas se resolvem. O pensamento próspero é construtor de uma vida melhor.

— Mas não adianta ficar sentado só pensando em coisas boas.

— Lógico que não. Não vai prosperar nem evoluir. Porém, tudo começa no pensamento. Tenha uma ideia boa. Dedique-se para que ela se realize. Esforce-se e se comprometa para que as coisas aconteçam e vai dar muito certo.

Bárbara baixou o olhar e falou murmurando:

— O que se faz quando o desânimo começa a te dominar?

— Converse com Deus. Peça a Ele para ajudar a melhorar seu ânimo. A fé é muito importante para a mudança de nossos hábitos. Pensamentos negativos podem ser um hábito que leva ao desânimo.

O silêncio reinou por longo tempo.

Murilo reparou a sombra de grande preocupação que pairava sobre Bárbara e decidiu perguntar:

— Quer conversar?

— Como? — não ouviu direito. Estava mergulhada em grande reflexão.

— Estou te achando muito preocupada. Quer conversar?

Sem rodeios, ela comentou:

— Tenho duas sócias. Nunca deixei a desejar sobre nada na empresa. Nos últimos tempos, desde que meu pai faleceu, precisei dar mais atenção a minha mãe e aos problemas que surgiram. Levei minha mãe ao médico, exames, retorno às consultas... Graças a Deus não deu nada, mas... Foram situações que tomaram muito o meu tempo e me preocuparam. Meu irmão aprontou com a venda da casa. Não devolveu para minha mãe o dinheiro que recebeu. Acabou que ela e minhas irmãs precisaram mudar às pressas. A Marcella perdeu o emprego semana passada. E... Minhas sócias estão me pressionando para eu vender minha parte na sociedade. Não me tratam bem nem olham nos meus olhos... Tudo indica que precisarei vender este apartamento e dar uma parte ao meu ex... O desgraçado guardou cópias de transferências bancárias que fez para minha conta, constando valor e data da época que quitei este imóvel. Eu lhe paguei... Não devo absolutamente nada... Também guardou recibos de torneira, lâmpadas, pagamento da empresa de diarista feito por ele, mas eu paguei...

— Pagou em dinheiro?

— Sim. Ele sempre me pedia para pagar em dinheiro. Dizia que precisava... Inventava uma história e eu nunca desconfiei. O Naum alega que não arrumou trabalho logo porque viveu para me servir. Resolvia meus problemas. Dedicou-se ao meu bem-estar e sucesso profissional... Disse que levava meu carro para lavar, consertou o encanamento do banheiro, veio aqui para observar se a empresa de faxina trabalhava direito... Que esteve aqui quando um técnico veio arrumar a geladeira... — silenciou.

— Ele tem essas provas todas?

— Pior que tem. Ele armou pra cima de mim e nem me dei conta. O Naum mandava mensagem do tipo "Não confie na empresa de faxina. Vou lá dar uma olhada". Chegava aqui, pegava o dinheiro que eu deixava sobre a mesa e pagava no cartão de débito dele. Guardava o recibo... Com o técnico da geladeira foi a mesma coisa. Não foi nada do que ele declarou no processo. Estou tão desgastada com tudo isso. Você nem imagina. Ninguém imagina!

— Ele tinha as chaves daqui? Podia entrar e sair quando quisesse?

Bárbara olhou-o com desânimo e afirmou:

— Tinha. — Alguns segundos e desabafou: — Às vezes, me pego pensando... Como deixei que isso acontecesse? Sempre fui tão desconfiada, correta, de olho nos outros para não me fazerem de idiota. Em outros momentos penso: Será que eu o usei mesmo e nem me dei conta? Será que ele merece ser indenizado? — Breve pausa. — Era o Naum quem se oferecia para fazer esse tipo de coisa. Raramente pedi algo. A troca da torneira sim, eu pedi. Muitas vezes, eu me questionava: por que ele não se empenha em arrumar um emprego em vez de ficar aqui olhando ou consertando alguma coisa?

— Certamente ele planejou isso. Tá na cara.
— Parece que sim. Ninguém fica guardando recibos, notas fiscais de outra pessoa por um ou dois anos a troco de nada. Só que, para aprender sobre pessoa mal-intencionada, cafajeste e mau-caráter vou ter de pagar um preço muito, muito caro.
— Nem sei o que dizer. Imagino o quanto está sofrendo com tudo isso.
— Minhas sócias estão me pressionando para eu vender minha parte na empresa, como eu disse. O clima está difícil e já faz algum tempo. Mostram insatisfação. Fazem caras feias. Não me olham nos olhos. Falam de modo grosseiro. Se continuar lá, não vou me sentir bem, pois sei que não sou querida. Entende?
— Entendo sim.
— O mundo parece estar sobre as minhas costas. Não estou me sentindo bem com tudo isso. Não sei o que fazer. — Olhando-o de frente, perguntou: — Será que são provas ou expiações?
— O que importa saber isso? Digo... Qual a diferença? O que é muito relevante lembrar é que Jesus ensinou que Deus não coloca fardo pesado em ombros leves.
— É que... Não sei.
— Bárbara, o mais importante agora é fazer o melhor que dá. O melhor ao seu alcance.
— Estou com medo, Murilo. Muito medo.
— Entendo perfeitamente. Sei o que é sentir medo. O medo é paralisante. Ele faz com que a gente trave. Ficamos petrificados. Extremamente tristes. Pra baixo...
— Como se livrar do medo?
— Cada caso é um caso. Via de regra, é preciso fazer um enfrentamento ao medo. Encarar a situação e analisar o que se pode fazer e o que não se deve fazer. Será preciso entender que algumas coisas não vão depender de você e aceitá-las. Mas, o que cabe a você e somente a você fazer, ah!... Isso tem de ser muito bem feito. Terá de dar o seu melhor. Dessa forma, o medo passa. Os resultados bons surgirão.

— E quando não sabemos qual decisão tomar?

— Oremos. Com calma, com tranquilidade. Peça a Deus que te guie para tomar a melhor decisão. Ele vai te ouvir. Vai te guiar. Sabe, Bárbara, o medo, muitas vezes, é falta de fé. Quando confiamos em Deus e fazemos o que de melhor é preciso, o medo some ou diminui de intensidade.

— Tenho medo de não conseguir e... — não completou a frase.

— Para não ser derrotado nas lutas enfrentadas na Terra, procure suprimento espiritual. Sei o quanto é difícil, mas procure não odiar o seu ex.

— Ah!... Isso é difícil, hein! Vai me desculpar, mas... Quero matá-lo!

— Vou repetir: sei o quanto é difícil, porém procure não odiar. Ore e peça que aprenda a perdoar e também que a justiça seja feita. Se você tiver alguma dívida do passado para com ele e essa experiência for uma expiação por algo que necessita experimentar, a aceitação será mais fácil. Caso esse ex seja um aproveitador e você esteja sendo injustiçada, encontre um juiz também injusto e cego, que te faça pagar indenização ao ex, o que é seu vai voltar em dobro! — ressaltou. — Abra sua mente. Liberte-se do que te prende ao fracasso do mundo. Somente assim vai curar sua alma, seu corpo e terá prosperidade.

— Quem é esse infeliz?!!! — esbravejava Perceval, muito irritado.

— Foi por isso que a gente te chamou. O cara está dando um monte de orientações pra ela. Ele já esteve aqui outro dia, mas não conversaram desses assuntos. O papo foi outro.

O espírito Perceval rodeou Murilo e o olhou como se o examinasse.

Ficou confuso. Estranhamente, percebia certa proteção que não conseguia entender.

— Ele precisa se afastar dela. Não sei qual o interesse desse sujeito. Ele precisa se afastar. Vou descobrir o que ele quer! — tornou Perceval sem muita firmeza. Sentia algo diferente.

— Percebemos que ele está interessado nela, mas tem algo que o segura. Ele não se declara — tornou o ajudante.

Perceval acercou-se do rapaz. Sondou-lhe os sentimentos e qual seria seu ponto fraco.

— Ah... Ele é ciumento, mas se controla. Vamos ver até onde pode se segurar... — Não demorou e começou a impregná-lo com suas emoções e ideias: — Ela é uma mulher muito liberal. Reparou como deixou que subisse ao apartamento dela sem se preocupar. Sujeito como você, que aprecia tudo certinho, não deveria se interessar por pessoa assim. Ela é fácil, vulgar, moderninha demais... Já imaginou quantos caras estiveram aqui?

No mesmo instante, pensamentos hostis passaram pelas ideias de Murilo, enquanto a amiga falava. Mal atentou para o que ela disse.

"Acho que a Bárbara foi aproveitadora, mas não quer admitir. Deve ter usado o namorado para benefício próprio. Hoje sofre consequências. Melhor eu ficar quieto e não me envolver. Nem deveria ter vindo aqui. Posso ser mais um usado por ela. Vai saber quantos sujeitos passaram por aqui!..."

Conversaram mais um pouco.

Murilo não se sentia bem. Algo estranhamente o abalou e o deixou inquieto.

Na primeira oportunidade, decidiu:

— Agora preciso ir. Já é tarde. Você tem de descansar e eu também.

— Sou grata por tudo o que me falou. Ajudou muito.

— É bom saber.

Levantou-se e, sem demora, foi à direção da porta e ela o acompanhou.

— Agradeço pelos livros. Os que emprestou vou ler primeiro e devolvo o quanto antes.

— Tomara que goste. — Curvando-se, beijou-a no rosto: — Tchau.

— Tchau. Vai com Deus.

— Fique com Ele.

E se foi...

Capítulo 16

O AMOR VEM ANTECEDIDO DE RESPEITO

Bárbara ficou bastante pensativa em tudo o que ouviu. Não era fácil aceitar aquelas sugestões tão rapidamente.

Embora não demonstrasse, sentia muita raiva de Naum.

O que mais a preocupava era o fato de suas sócias não a quererem na empresa. Cada dia que passava, percebia que era colocada de fora de muitas tarefas. Não dividiam com ela muitos trabalhos nem pediam sua opinião.

Não entendia por que razão isso acontecia.

Ignorava que a influência negativa do espírito Perceval atingia também aquelas que, além de sócias e amigas, eram criaturas ambiciosas que estavam deixando seus vícios morais falarem mais forte do que qualquer companheirismo.

Bárbara, sem entender o que ocorria espiritualmente e por não dar atenção às sugestões do amigo, deixava o desespero tomar conta de sua mente.

Não conseguia se imaginar longe da empresa. O que faria da vida?

Ao mesmo tempo, pensava que, se insistisse em permanecer na empresa, não se sentiria bem. Sabia que não era mais bem-vinda àquela sociedade.

Refletia sobre o fato de suas amigas serem tão ingratas. A ideia de criação daquela empresa foi sua. O maior esforço, principalmente no início, foi seu. Como poderiam menosprezar isso?

Mais uma noite em que seus pensamentos fervilharam.

Não dormiu, apesar de todo o cansaço que sentia.

Levantou-se sem ânimo.

Não estava disposta a ir trabalhar.

Tomou um café e saiu. Dependeria do metrô, uma vez que vendeu seu carro. Quando fez isso, imaginou-se logo comprando outro, mas agora não tinha certeza se faria a compra conforme planejado.

Quando conversou com Murilo e ouviu-o falar, animou-se. Porém, agora, aquela conversa toda não fazia sentido.

À medida que seus pensamentos ficavam decaídos, as energias de Perceval a dominavam.

Desceu na estação do metrô e, praticamente, foi levada pela multidão de usuários à direção da saída.

Chegou à empresa e encontrou as sócias que a aguardavam.

Cumprimentaram-se e, sem que houvesse perguntas, Bárbara decidiu:

— Vou aceitar vender a minha parte da empresa. Apesar de ser contra a minha vontade. Senti-me pressionada, mas não quero e não vou trabalhar onde não sou bem-vinda. Vocês sabem que estou passando por um momento difícil, mesmo assim não querem compreender.

— Não é bem assim, Bárbara — Vera tentou explicar. — Acreditamos que o dinheiro será bom para você, neste momento.

— Nenhuma de vocês duas cogitou, sequer, a possibilidade de esse dinheiro acabar antes de eu arrumar outro trabalho? Por favor...

— Bárbara... — a outra sócia tentou dizer, mas foi interrompida.

— Por favor!... — reagiu. — Não percam a oportunidade de

ficarem caladas. Não tentem explicar nada para essa situação não ficar pior. Verifiquem com o contador a proposta que me fizeram e preparem a documentação para a negociação. Podem me chamar depois.

Dizendo isso, não se despediu. Virou as costas e se foi.

Voltou para o metrô e pegou um trem. Seus pensamentos estavam tão confusos e tempestuosos que esqueceu de descer na estação propícia para fazer baldeação e ir para a casa de sua mãe.

Quando se deu conta, precisou retornar.

Com o tempo, Marcella viu-se tomada de grande desespero.

Não conseguia encontrar emprego na sua área. As poucas oportunidades que surgiam, apresentavam um salário baixo demais.

A única que conseguiu emprego como balconista em uma loja de *shopping* foi Patrícia.

Ela precisou mudar as crianças da escola particular para pública e contar com a ajuda da sogra para buscar os filhos, uma vez que ela mesma levava.

Nem sempre Sandro pagava a pensão como deveria, por isso o dinheiro era curto.

Graziella, por sua vez, também estava sem trabalho.

Na casa de Antonella, viviam-se momentos bem difíceis.

Em conversa com a irmã, Marcella desabafava:

— Bárbara, não sei o que mais posso fazer! Já enviei currículo, entrei em contato com muitos amigos e nada! Não consigo nada! — Um instante de pausa e culpou: — Tudo por causa do Régis! Aquele infeliz! — xingou. — Não sei mais o que faço. Já anunciei meu carro e nem isso consigo vender! Meu Deus! Olha pra nós! Veja como ficaram nossas vidas! Desde que o pai morreu... — chorou.

— Virei morar aqui com vocês — a irmã anunciou sem rodeios.

— Não entendi... Morar aqui?

— Vendi minha parte da empresa e... — contou tudo.

— Você não deveria ter feito isso! Ficou louca?!

— Como poderia continuar onde não me querem?! Foi preferível aceitar o dinheiro e ver no que vai dar. Sei lá!...

— Não! Você não fez o certo, Bárbara!

— Não dava pra continuar lá! Eu me senti pressionada! Está feito! Pronto! Acabou!

Com muita dificuldade, Bárbara contou para sua mãe e para as demais que moravam ali.

— Mas por que você vem morar aqui? — Graziella quis entender.

— Porque vou ter de vender meu apartamento e, com metade do valor, preciso indenizar o Naum. Ele entrou com processo contra mim... — contou tudo de novo.

— Hoje em dia, não existem mais homens dignos que valham alguma coisa! — Marcella protestou. Falou e reclamou muito.

A princípio, Antonella só ouviu. Depois de algum tempo, disse:

— Não sei a razão... Não sei o porquê Deus está deixando a gente passar por tudo isso. Deve ter algum propósito. É impossível Deus castigar a gente por alguma coisa.

— Só se Ele está castigando para deixarmos de ser idiotas!!! Burras!!! Deixarmos de confiar demais nas pessoas!!! — Marcella exclamou enraivecida.

— Calma, filha... Tenho fé. Vamos ficar unidas e lutar juntas — tornou a senhora. — Vamos rezar. Pedir a Deus que nos ajude e a Nossa Senhora que nos cubra com Seu manto sagrado.

Calada, Bárbara se levantou e foi para o quintal. Caminhou alguns passos e sentou-se em um banco de madeira que havia próximo ao jardim. Olhou para a rua. Não sabia o que fazer. Uma angústia desesperadora fazia seu peito doer como se fosse enfartar. Chegou a desejar isso para acabar, de uma vez por todas, com aquele sofrimento, com aquelas preocupações.

Algum tempo se passou e Antonella foi atrás da filha. Ao vê-la, sentou-se ao seu lado, quase sem ser notada.

— Filha...

— Ah... Mamãe... — recostou-se em seu ombro. — Tudo está tão difícil... Tô me sentindo tão fraca, sem ânimo, sem forças... Quero dormir, quero fugir, quero... — calou-se e chorou.

— Filha, Deus não te criou para você desistir.

— Onde encontro forças? — perguntou como se lamentasse.

— Em Deus, filha! — sussurrou. — Ore, minha filha. Pede forças. Deus vai ajudar. Tenha fé. Quem sabe isso não é uma prova de fé, para todas nós.

Bárbara teve uma crise de choro.

A mãe a confortou, apesar de sentir seu coração aos pedaços. Não suportava ver um filho seu sofrer.

Enquanto a abraçava, Antonella fez uma prece. Rogou bênçãos, coragem, paciência e perseverança.

Preces de mães são as mais rapidamente atendidas.

Quando viu sua filha mais calma, disse:

— Bárbara, no primeiro dia nesta casa, eu estava me sentindo muito mal. Aí a Patrícia chegou de manhã e, no meio de uma conversa, você falou que precisávamos agradecer e ela fez uma prece. Lembra?

— Lembro...

— Naquela mesa, ali, na mesma hora, eu melhorei. Senti o poder de uma prece. Depois voltei a me sentir mal. Orei sozinha. Então, percebi que a prece é igual remédio. Quando a gente está com uma inflamação, precisa tomar anti-inflamatório por alguns dias e de oito em oito horas. Quando a gente se sente mal e não é nada físico, a gente precisa orar e depois orar de novo e de novo e de novo, atacando o que ataca a gente. Até acabar com o que nos faz mal. Ore, minha filha.

— Ela não vai orar!! — disse Perceval. — Assim que sair daqui, vai esquecer de orar e de tudo o que você está falando, velha fracassada! Intrometida! Ela vai querer que tudo se resolva como em um passe de mágica! O que é impossível. Gente que só deseja milagres não se esforça para nada. O mínimo que fazem, acreditam ser o bastante.

Naquele momento, um barulho chamou a atenção de ambas. Era Pietra que acabava de chegar.

Havia um desespero, uma aflição visível em sua face.

Bárbara secou o rosto com as mãos, enquanto Antonella foi à direção da outra filha.

— Mãe!... — exclamou Pietra que, com seu egoísmo, nem quis saber se as outras estavam bem. — Ai, mãe!...

— O que foi, Pietra?! — a senhora se assustou.

— A Ullia! Faz três dias que não aparece em casa! Até ontem ela ainda respondia minhas mensagens, mas hoje nada! Vim aqui porque não é coisa pra contar por telefone... — chorou.

— Venha. Entre... — Antonella levou-a para dentro e Bárbara a seguiu.

Chorosa, Pietra contou:

— Faz um tempo que a Ullia está muito diferente. Eu não contei nada porque não queria trazer mais problemas para a senhora — chorou.

— Você deu muita liberdade para essa menina, Pietra! — Antonella falou firme. — Nunca colocou limites para seus filhos. Onde está o Dáurio? — preocupou-se. Desejava saber sobre o neto.

— Na casa de um amigo...

— Bastou ele dizer isso e você acreditou?! Tenha dó, minha filha! Que tipo de mãe é você?! Com a Ullia foi a mesma coisa!

— Você não educa seus filhos e depois vem chorar aqui? — Graziella indagou.

— Quem é você para falar de mim, Graziella? Por acaso se saiu bem com o marido que arrumou? — a irmã retrucou.

— Não, mas, pelo menos, eu soube criar minha filha. Agora mesmo, sei onde ela está. Lá no quarto estudando, se quer saber. E a sua? — tornou Graziella.

— Parem, vocês duas! — Antonella exigiu, repreendendo-as. — Onde a Ullia disse que estaria?

— Disse que ia viajar com uma amiga para a casa de praia. Mas quando não voltou, eu liguei para a mãe da colega dela que me disse que ninguém da família foi para a praia. Daí mandei mensagem para a Ullia. Ela ficou zangada e respondeu mal... Depois não respondeu mais. Estou com medo que tenha acontecido alguma coisa.

— Já aconteceu alguma coisa! Você não acha?! — Marcella indagou irritada. — Só o fato de a Ullia ter mentido é algo grave. Basta saber se foi a primeira vez! É lógico que não foi!

— Mas os jovens de hoje são assim... — Pietra alegou.

— Não senhora! Os jovens idiotizados por pais sem noção são assim! Jovens imbecilizados e sem limites são assim. Jovens educados por pais de bom-senso, não — tornou Marcella insatisfeita com a postura da irmã.

— Parem de acusar sua irmã! Isso não vai adiantar nada agora! — Antonella pediu firme. A força interior da senhora parecia voltar, sem que percebesse.

Nesse instante, Pietra percebeu uma mensagem chegando em seu celular e olhou o aparelho.

Era Hélio dizendo que a filha havia chegado a casa deles.

Ela avisou a mãe e as irmãs e se foi rapidamente. Mal se despediu ou deu atenção para o que foi dito.

Ao chegar, ouviu a voz de Ullia que brigava com o pai.

— Você não manda em mim! Faço o que quero e ninguém tem nada com isso!

Aproximando-se, a mãe tentou exigir:

— Onde é que você estava?

— Não te interessa! Não vem você também me enchendo! — respondeu a jovem e virou as costas, indo para seu quarto.

— Estamos falando com você! Volte aqui! — o pai ordenou, mas a filha não deu a menor importância.

A sós com o marido, Pietra perguntou:
— O que a gente faz?
— Não sei! Não tenho ideia! Essa foi a filha que você criou!
— A filha não é só minha! Você deveria tê-la educado também.
— Ah! Agora a culpa é minha?!!! — ele esbravejou em tom agressivo. — Lembre-se de que eu estava trabalhando para sustentar o luxo que sempre dei a vocês! Você tinha a obrigação de educar nossos filhos! Você nunca trabalhou!!!

Pietra começou chorar, enquanto Hélio a acusava duramente.

No quarto, Ullia colocou uma música em volume alto para não ouvi-los.

Na espiritualidade, espíritos inferiores, que ali estavam por solicitação de Perceval, além de outros que se ligavam àquela família devido aos hábitos e costumes, sentiam-se felizes e vitoriosos com o que acontecia.

A ausência de respeito e religiosidade, de preces e vibrações positivas, deixou aquela família sem estrutura. Pais que não exibiam autoridade, não impunham respeito, não colocavam limites, recebiam em troca o desrespeito e a insignificância de sua autoridade por parte dos filhos colocados por Deus aos seus cuidados.

Hélio e Pietra acreditavam que foi de repente que os filhos se tornaram rebeldes, mas isso não era verdade.

Ullia e Dáurio tiveram suas bases morais formadas em todos os pedidos que não lhes foram negados, em vezes que gritaram e não foram repreendidos, erraram e não foram punidos, agiram mal e não sofreram consequências.

Os pais sentiam prazer em satisfazer as vontades e desejos dos filhos que, desde pequenos, choramingavam e exigiam para receber as coisas. Ignoravam que aquela ausência de educação traria, no futuro, uma vida frustrada e de dor.

Educar filho é trabalho diário de amor. Mas o amor, na maioria das vezes, vem antecedido da palavra não e de uma explicação justa e consciente. O amor vem antecedido de disciplina. O amor vem antecedido de limites. O amor vem antecedido de respeito. O amor vem antecedido de normas... Ou, então, não é amor.

Não existe amor sem que antes haja respeito.

Nós só amamos o que respeitamos.

Para que haja respeito, é preciso haver conscientização e obediência. Ensinar a obediência é colocar limites, regras e disciplina.

Deus tem Leis Universais que precisamos respeitar.

É vivendo e respeitando essas Leis que evoluímos com amor e bondade.

A partir desse dia, Pietra e Hélio passaram a ter diversos problemas com os filhos que não lhes obedeciam nem os respeitavam.

Quando a mãe procurava conversar com Ullia, a jovem a repelia com gritos, expulsando-a do quarto ou saindo de casa.

O mesmo acontecia com Dáurio. O jovem não ouvia. Ligava o som em volume alto e não dava a menor atenção.

Desesperada, sempre que podia, Pietra conversava com sua mãe, buscando orientação.

— Não sei mais o que faço, mãe... A Ullia não obedece. Sai e não diz aonde vai nem tem hora pra chegar. Deu pra pegar dinheiro na minha bolsa. Outro dia, ela pegou meu cartão e sacou dinheiro no caixa eletrônico. Só descobri depois que o Hélio me mostrou um extrato. Quando vou falar com ela, a Ullia me xinga... — chorou. — Ela sempre foi uma boa menina... Não sei o que aconteceu.

— Eu sei. Eu sei o que aconteceu, Pietra. — Quando a filha olhou-a fixamente, Antonella disse: — Quando a Ullia era pequena, tinha dois ou três anos, ela gritava, interrompia a conversa dos adultos exigindo atenção e você e o Hélio não corrigiam. Deixavam a menina gritar. Riam dela achando graça e até diziam que, tão pequena, tinha personalidade, que era exigente. Vocês achavam bonito. Perderam a oportunidade de educar. Conforme a Ullia foi crescendo, não ensinaram e também não obrigaram que ela cumprimentasse os avós nem os tios, quando chegavam ou iam embora. Ensinar isso, é ensinar respeito. Ela não queria cumprimentar a gente e para vocês estava tudo bem. Uma vez, filha, eu te disse para ensinar a Ullia e o Dáurio a pedir a bênção para mim, pro seu pai e pros seus irmãos. Filha... Você riu na minha cara e disse que isso não estava mais na moda. Quando foi que caiu de moda pais e avós rogarem a Deus bênçãos para seus filhos e netos? — deixou-a refletir. — Fiquei tão triste... Não imagina a energia que a gente coloca na frase: Deus que te abençoe! — Nova pausa. — Falamos para frequentarem uma igreja para seus filhos conhecerem Deus, Jesus, mas não se importaram. Quando não ensinamos as crianças a respeitarem Deus, elas não sabem a quem recorrer nas dificuldades e acabam por não respeitarem a elas mesmas. Acham que podem fazer tudo na vida e que não haverá consequências. Quando a Ullia tinha sete anos, fui corrigir ela porque interrompeu minha conversa com o seu pai. Ela achou ruim e eu chamei a sua atenção. Você falou para mim que seu jeito de criar seus filhos era diferente do meu. Que seus filhos eram livres. Tudo o que queriam, eles tinham. Quando damos muita liberdade para as crianças, elas crescem adultos desrespeitosos. Um dia, você chegou lá em casa e viu que eu tinha dado um pano de prato pra Ullia e pedi pra ela secar a louça pra vó. Você ficou brava. Muito brava. Disse que sua filha não era empregada. Mas eu não fiz ela de empregada. Estava só ensinando a menina a ser prestativa, ajudar, ser humilde, porém você não entendeu. Seus filhos foram crescendo e se achando com razão em tudo. Eles enxergam você e seu marido como provedores, empregados. Dessa forma não aprenderam a respeitar vocês nem ninguém. Onde não existe respeito, filha, não existe amor. Por isso, os pais têm o dever de colocar limites, mesmo que isso doa neles, mesmo. Os pais precisam fazer o filho calar e, quando não calarem, coloque de castigo como eu fiz com vocês. A sua filha não ficou assim do dia para a noite. Sinto muito em dizer, mas você e o Hélio se empenharam muito para ela se tornar o que se tornou. Você e o Hélio permitiram muito para que ela se achasse no direito de não obedecer. Você e o Hélio não exigiram respeito e é por isso que hoje ela não obedece. Você e o Hélio não quiseram se dar ao trabalho de ensinar uma religião e é por isso que ela não se respeita.

Quando a gente apresenta Deus aos filhos, ensinando a amar a Deus, ensinando a respeitar a Deus, ensinando que a vida que temos foi por uma bênção de Deus, ensinando que o corpo que temos não é nosso, mas sim que Deus que fez e nos emprestou, ensinando que o coleguinha e o amiguinho ou o outro que é diferente é também amado por Deus, nossos filhos se respeitam, respeitam seus corpos, respeitam o semelhante. Aprendem que sofrerão consequências dos seus atos.

Mas, quando não apresentamos Deus aos nossos filhos... Eles não respeitam nada nem ninguém. Não respeitam nem a eles mesmos. E pior, quando estiverem sofrendo as consequências de suas práticas, vão culpar o mundo pela dor que experimentam e não vão se socorrer em Deus... e vão fazer mais besteiras.

Sabe, filha... — prosseguia sempre no mesmo tom bondoso — É preciso muita dedicação para vencer na vida, se tornar uma pessoa boa, uma pessoa de bem. É preciso muito comprometimento para ter uma profissão, se aperfeiçoar nela, ser bem-sucedido. Mas, o contrário também é verdadeiro. É preciso muito esforço para se dar mal na vida. Horas e horas fazendo nada para não se especializar, não estudar, não se promover... É preciso se ocupar com tudo o que não presta na televisão, na *internet*, nos jogos, fazendo fofoca pra vida dar tão errado. É questão de escolha. Tudo, exatamente tudo na vida, é questão de escolha. É questão de se esforçar.

Por isso, filha — continuou com generosidade —, seja firme com seus filhos. Seja bem enérgica, se for preciso. Sempre é tempo de guiar seus filhos para o bem. Faça isso. Deus te confiou esses dois. Não decepcione o Pai da Vida. Quando for repreender seus filhos, pense em como eu e seu pai faríamos, se estivéssemos no seu lugar. Pense como os seus avós fariam, se estivessem no seu lugar. Não quero que bata ou espanque. Não é isso. Mas...

Silêncio total por longos minutos.

Pietra estava estática, paralisada, ouvindo tudo. Quando percebeu que a mãe ficou calada, disse em tom choroso.

— Eu errei, mãe... Errei. O que faço agora?

— Eu acabei de te falar. Ullia está crescida, mas ainda é dependente. Tente ser firme e não ceder ao que sua filha quer. Não colabore com as coisas erradas que ela está fazendo. Pelo menos isso, você pode fazer. Converse com ela. Mas precisa se impor. Exigir respeito, mesmo que isso te doa muito.

— E se ela não me ouvir? Se resolver ir embora de casa?

— Você vai ter de entender que sua filha terá de aprender com a dor. Se as escolhas dela fizer com que ela sofra, é esse o caminho. Dói na gente. Eu sei que dói, mas se for esse o jeito... Ela vai ter de aprender.

— Não sei se aguento.

— A escolha é dela agora. Não sua. — Breve pausa e lembrou: — Coloque limites no Dáurio. Coloque limites nesse menino. Mas... Antes de qualquer coisa, filha, ore. Peça a Deus forças e ajuda. Desse jeito estará dando o seu melhor com as bênçãos do Pai.

Pietra conseguiu entender onde havia falhado. Após ouvir sua mãe, sem ter alternativas, decidiu colocar em prática as indicações da senhora.

Mesmo temerosa, iria tentar, insistir, enfrentar. Entendeu que somente ela seria capaz de mudar a própria vida e a vida dos filhos.

Naquele mesmo dia, ao voltar para casa, foi até o quarto de Dáurio que estava jogando *game*. Sem dizer nada, foi até a tomada e desligou o aparelho.

O filho raivoso e indignado, encarou-a e gritou:

— Qual é?! O que você está fazendo, caramba?!!

A mãe sentia-se tremer. Um medo vibrava em seu peito, porém, firme, falou em tom calmo:

— A partir de agora as coisas vão ser diferentes. Suas notas estão muito baixas. Nada de *games*, filmes, *shoppings*, casa de amigos... Nada! Você vai pegar seus cadernos, livros e apostilas e vai estudar. A porta do quanto vai ficar aberta. Não quero som ligado. Depois volto aqui para ver o que você estudou. Vai ter de explicar para mim o que leu e estudou.

— Qual é, dona Pietra?! O que te deu?! — o garoto berrou.

— Pietra, não!!! — alterou a voz, impondo-se. — Sou sua mãe e exijo respeito! Vai me chamar de mãe! Vai me chamar de senhora! Vai me respeitar! — olhou-o firme.

Trêmula, mas sem deixar que o filho percebesse, virou-se e saiu.

Nesse instante, Dáurio bateu a porta do quarto com toda a força. Em seguida ligou o *game* novamente.

A mãe voltou. Abriu a porta e disse enérgica:

— A porta vai ficar aberta! — Quando percebeu o *game* ligado novamente, não disse nada. Mas, imediatamente, foi até a escrivaninha, pegou a tesoura, puxou o *plug* da tomada e, desligando-o da energia elétrica, cortou o fio.

Espíritos inferiores que ali estavam induziam o jovem para ser rebelde, estimulando a agressividade que o garoto tinha.

Dáurio foi à direção de sua mãe. Gritando, empurrou-a.

Pietra assustou-se. Não esperava aquela reação. No primeiro instante, não sabia o que fazer.

Nesse momento, lembrou-se de seu pai e pensou:

"O que o senhor Enrico faria se um dos filhos agisse daquele jeito?"

Imediatamente ela pegou Dáurio pelo braço, deu-lhe dois tapas e ordenando, em tom de voz que nunca foi ouvido antes:

— Você me respeita!!! Nunca mais faça isso comigo!!! Cale sua boca!!! Você vai ficar uma semana sem TV, sem *game*, sem celular, sem *internet*, sem nada!!! Só vai sair desse quarto para ir à escola, para almoçar e jantar quando eu chamar!!! Vai estudar até suas notas melhorarem!!! Eu mesma vou acompanhar seus estudos e suas lições! E nunca mais... Nunca mais pense em levantar a voz ou a mão para mim!!! Você entendeu?!!!

O filho ficou petrificado. Assustado, acuou-se. Sentando-se na cama, fugiu o olhar. Não a encarava.

Novamente, Pietra gritou:

— Você entendeu, Dáurio?!!! Responda!

— Entendi... — sussurrou, ainda sem encará-la.

Pensando rápido, imaginou o que seu pai diria, se fosse o caso, e insistiu:

— Responde direito! — exigiu. — Diga: Entendi, mãe! Me desculpa.

— Entendi, mãe. Me desculpa... — repetiu, murmurando, o suficiente para ser ouvido.

— Melhorou. — Um momento e intimou: — Agora tome um banho. Arrume esse quarto. Separe as apostilas e livros que precisa estudar. Venho aqui daqui a pouco para fazermos um cronograma de estudo. Era assim que se fazia na minha época. Faça logo o que tem de fazer que volto já. — Ia saindo quando se lembrou: — Ah!... Me dá seu celular!

— Mas, mãe!...

— Me dá o celular! — foi firme. Bem enérgica.

O filho obedeceu. Entregou-lhe o aparelho de modo rude e ela se foi.

Pietra sentia-se estranha. Trêmula por dentro. Talvez insegura. Ignorava ser amparada por entidades amigas que a queriam vitoriosa e desejavam seu bem e de sua família.

Assim que Ullia chegou, a mãe, parecendo outra pessoa, exigiu saber:

— Onde você estava? — indagou firme.

A filha olhou-a de cima a baixo e riu, dando-lhe as costas. Pietra a seguiu até o quarto e, novamente, perguntou:

— Onde você estava, Ullia?!

— Por aí...

— Não foi à escola de novo?!

— Eh... Qual é?!... — perguntou em tom de deboche.

Pietra foi até ela, que estava sentada na cama olhando o celular e, sem que esperasse, tirou-lhe o aparelho das mãos.

— Devolve meu celular, agora!!! — a filha berrou.

— Se fosse seu, comprado com o seu dinheiro, eu devolveria! Mas não é! — disse firme, bem dura e séria.

— O que você pensa que está fazendo?! — gritou a jovem.

— Estou fazendo o que sempre deveria ter feito. Você acabou de perder todas as regalias: celular, mesada, roupas novas, viagens... Tudo! — falou de modo seguro. — Se não estudar, não tirar notas boas, você não terá nada de volta! — virou as costas e saiu do quarto.

— Que saco!!! Qual é, meu?! — foi atrás de Pietra, esbravejando.

A mãe não lhe deu atenção.

Ullia protestou, berrou e exigiu, demonstrando o alto nível de baixeza a que chegou, graças a não repreensão, a ausência de limites e a todas as permissões recebidas.

Num impulso, começou a pegar objetos, que faziam parte da decoração da casa, e lançá-los ao chão ou contra a parede.

Pietra sentiu-se enervar e tomada por um sentimento que desconhecia.

Foi até a filha, sacudiu-a pelos braços e gritou muito firme:

— Pare!!! Pare com isso!!! Agora!!! — ordenou.

— Eu quero meu celular!!!

— Você não vai ter celular nenhum!!! Não mesmo!!!

— Você é uma idiota!!! Uma infeliz!!! Uma... — ofendeu a mãe.

Sem pensar, deu-lhe forte tapa no rosto, que jogou a filha sobre o sofá.

— Você me respeita, porque eu sou sua mãe!!! — falou alto, em tom muito enérgico e forte. Pode me pedir desculpas pelo que disse! Agora! — intimou.

— Só porque você quer! — atreveu-se Ullia.

Pietra se aproximou e ergueu a mão para bater, quando a ouviu murmurar:

— Desculpa... Desculpa...

Um choro silencioso de raiva e contrariedade tomou conta da jovem que, rapidamente, foi para o seu quarto e bateu a porta depois de entrar.

Pietra foi atrás dela.

Sem se intimidar, abriu a porta do quarto e ordenou:

— Nunca mais bata essa porta. Aliás, essa porta deve ficar aberta. Você só vai fechá-la para se trocar e depois abre de novo! Entendeu?! — A filha não respondeu e ela insistiu: — Entendeu, Ullia?!

— Entendi — falou baixinho.

— Você não vai sair dessa casa sem a minha permissão. Entendeu?!

— Entendi — murmurou, novamente, sem encará-la.

— Agora, arrume seu quarto. Separe as roupas que tem pra lavar e leve pra lavanderia. Daqui a pouco venho aqui ver se tudo está em ordem.

Pietra foi para outro cômodo da casa.

Sentia-se diferente. Um misto de nervosismo e dever cumprido. Nunca tinha sido tão firme com os filhos. Nunca os havia agredido. Mas lembrou-se do que sua mãe falou. Se não souber o que fazer, pense em como eu e seu pai ou seus avós faríamos.

Havia percebido que os filhos estavam caminhando para um lado errado e obscuro da vida. Sentiu a necessidade de fazer algo.

Assim que Hélio chegou, ficou ansiosa para contar ao marido o que havia acontecido.

— Depois fui lá ver se ele estava estudando mesmo. Fiz o Dáurio ler para mim a apostila e conferi as questões que vai levar amanhã para a escola. Também fiz a Ullia arrumar o quarto dela. Depois dei uma olhada no que pedi e mandei fazer a lição. Daqui a pouco vou lá de novo.

— Não gosto que nossos filhos sofram — Hélio comentou. — Não quero que os castigue.

— Não estão sofrendo. Estão aprendendo. O aprendizado exige esforço, comprometimento. Se dermos toda regalia, eles vão se perder. Vão sofrer muito mais. Hoje eu me dei conta disso.

Repentinamente, Hélio olhou-a com seriedade e falou sem trégua:

— Quero o divórcio.

A esposa pensou não ter entendido e perguntou para ter certeza:

— O que você disse?

— Foi o que ouviu. Quero o divórcio.

— Não estou entendendo. O que houve? O que está errado no nosso casamento? O que foi que eu fiz?

— Olha... Você não fez nada. Sou eu. Não estou bem. Cansei... Não estou mais sabendo lidar com a nossa vida, com você e as crianças... Não se preocupe. Não vou deixar faltar nada pra vocês. — Levantou-se da cama onde estava sentado. Sem encará-la, prosseguiu explicando: — É lógico que esse apartamento é muito grande e... Não vou poder manter vocês aqui. Mas terão uma casa muito boa. Não vou deixar faltar nada... Sempre vou ver as crianças...

— Não! Não! Não!... Eu preciso de uma explicação melhor, Hélio! O que houve?

— Não dá mais, Pietra! Não estou me sentido bem aqui! Sinto como se eu estivesse morrendo sufocado!

— Eu sempre me dediquei a você! Sempre cuidei dos nossos filhos! Nunca deixei nada fora do lugar! Te acompanhei em tudo!

— Você fez tudo isso porque quis! Nunca te obriguei. Vai ter de entender que acabou! Chega! Não quero mais estar casado com você! É simples!

— Você arrumou outra?! É isso?!

— Não... — não a encarou.

— Fala a verdade! — exigiu.

— Não é isso. Sou eu. Cansei. Não dá mais e pronto! É bom saber que você está atenciosa com as crianças e tomou as rédeas da situação. Vou encontrar uma casa boa. Não vai faltar nada.

— Não estou acreditando... Não vi nada errado entre nós... Você não reclamou de nada... Tivemos problemas com as crianças, mas tudo está se ajeitando. Vou resolver isso — falou quase implorando entendimento.

— Não é de agora, Pietra. Faz um tempo que estou pensando em me divorciar.

— Hélio... Espera... Vamos fazer uma terapia de casal... Vamos pensar nos nossos filhos...

Olhando-a nos olhos, falou duramente:

— Eu não quero!

A esposa ficou em choque. Incrédula.

Ele foi até o armário, pegou uma mala, colocou sobre a cama e começou a pegar algumas roupas.

— Para onde você vai? — ela ainda quis saber.

— Para um hotel.

Não disse mais nada. Arrumou o que precisava e se foi.

Capítulo 17

DOR SEM FIM

O tempo foi passando...
Abrir os olhos parecia um esforço sobrenatural para Bárbara.
Havia dormido na casa de sua mãe. Tinha improvisado um colchão no chão, em um canto da sala, atrás do sofá.
Despertar não fazia sentido. Assim como sua vida. Acreditava que não havia mais por que nem razão.
Estava sem vontade de conversar. Desejava sumir. Dormir e não acordar mais.
Sem que soubesse, em um dos quartos da casa, Marcella não havia dormido. Sua mente inquieta, com pensamentos acelerados, imaginava vários desfechos e incontáveis alternativas preocupantes para os diversos problemas.
E se não conseguisse um emprego?
E se não tivesse dinheiro para pagar o aluguel, as contas básicas da casa como água, energia elétrica...
E se alguém ficasse doente? Como pagar uma consulta médica? Comprar os remédios? E se fosse uma doença grave?

E se?...

Marcella sentia-se agitada por dentro como se seu sangue borbulhasse. Sentia-se trêmula, com um medo que não sabia descrever.

Assim que percebeu a claridade, que anunciava o novo dia, levantou-se.

Passando pela sala, reparou a irmã sentada com as pernas cruzadas, cotovelos apoiados nos joelhos, enquanto segurava a cabeça com as mãos.

Marcella foi para o banheiro e retornou.

Aproximou-se de Bárbara, sentou-se ao lado.

Apesar de percebê-la, a irmã ficou imóvel. Mal respirava.

— Perdeu o sono? — Marcella quis saber.

— Nem sei se dormi. Estou tão estranha e...

Quando pensou em conversar sobre o que acontecia com seus sentimentos, Marcella disparou a falar:

— Não consigo parar de pensar. Os meses passaram rápido demais. Não consigo um emprego... Não quero aceitar qualquer coisa, sabe. Aliás... Nem qualquer coisa está aparecendo agora. O aluguel vai vencer... Os meses que você pagou já se foram... Não tenho ideia do que vai ser. E se a mãe ficar doente? Ela tem idade e... — Despejou todas as suas inseguranças, medos e conflitos. No final, breve trégua, perguntou: — O que vamos fazer, Bárbara?

Após longo silêncio, a irmã esforçou-se muito para dizer:

— Eu também não sei. Tomara que meu apartamento venda logo. Assim dou a parte daquele desgraçado e teremos dinheiro para o aluguel.

— Você tem alguma economia do que recebeu com a venda da sua parte na empresa? — interessou-se em saber.

— Não muito. Quitei meu cartão de crédito, paguei condomínio, fiz mercado, comprei remédios da mamãe... Também tenho de segurar um pouco a grana. E se acontece uma emergência, um imprevisto?... — respirou fundo após esfregar o rosto com as mãos.

— Estou nervosa. As despesas são enormes. Seis adultos e duas crianças — Marcella preocupou-se. — Apesar do que, a

Patrícia não está deixando faltar nada para as crianças, mas elas não têm plano de saúde. Outro dia, o Enzo teve febre. Não tinha médico no Posto de Saúde e a Patrícia precisou pagar consulta particular! Ela ajuda com a alimentação da casa, mas... — Silenciou por pouco tempo, mas confessou: — Chego a tremer por dentro. Minha cabeça dói. Sinto um aperto no peito. Parece que vou ter uma coisa. Sinto como se fosse sofrer um ataque, um colapso. É muito ruim... — chorou e se curvou, debruçando-se no ombro da irmã.

Bárbara pareceu apática. Somente tocou o braço da irmã e afagou-lhe com leveza.

Patrícia havia acordado e ao passar pela sala, observou a cena.

Foi até elas e se agachou, perguntando:

— O que foi?

Marcella ergueu o olhar e chorou mais ainda, enquanto Bárbara mantinha-se quieta, fria.

Patrícia abraçou Marcella que sussurrou:

— Estou com medo... Não sabemos mais o que fazer... Estou com uns sentimentos estranhos. Não durmo. Sinto tremores. Umas coisas ruins... — admitiu novamente. — Ai, meu Deus...

Antonella, Graziella e Sarah acordaram com a voz de Marcella. Todas foram para a sala e ficaram ouvindo.

— Calma... — a cunhada pediu.

— Como calma? O que a gente vai fazer? Há meses estou sem trabalho. O dinheiro está acabando! Anunciei a venda do meu carro e nada... A Bárbara também está sem trabalhar e... As contas! Já reduzimos, e muito, as compras do mercado. Só você trabalhando. Você tem filhos!

Antonella acomodou-se em uma poltrona e não disse nada.

Graziella, sentada em um braço do sofá, lamentou:

— O que aconteceu com a nossa família? — sem obter resposta, ainda completou: — Estou com medo. Até a Pietra, que sempre viveu muito bem, agora está morando em uma casa de aluguel com os dois filhos. Ela me contou que o Hélio não vai mais pagar aquele colégio e vai mudar as crianças de escola.

— Parece coisa feita! — Marcella exclamou. — O que é tudo isso o que está acontecendo?! — chorou.

— De que isso importa? Seja o que for, precisamos ter fé em Deus! — Patrícia lembrou com firmeza. — Precisamos nos empenhar e ter muita fé de que tudo isso vai passar!

Bárbara se levantou sem dizer nada e foi para o banheiro.

Patrícia acompanhou-a com o olhar.

Todas silenciaram.

Antonella, apesar de triste pela situação, foi para a cozinha fazer café.

Um pouco depois, quando viu Bárbara arrumada para sair, Patrícia perguntou:

— Você está bem?

— Não sei dizer — respondeu sem encará-la.

— Bárbara! — chamou-a ao vê-la se virar. — Quer conversar?

— Obrigada, mas... Estou sem vontade — sorriu. — Não se preocupe. — Em seguida, avisou: — Vou até meu apartamento. Vou arrumar algumas coisas por lá.

— Tem certeza? — a cunhada insistiu.

— Fica tranquila — sorriu e se despediu: — Tchau.

— Tchau...

Em sua nova casa, bem menor e diferente da anterior, Pietra conversava com sua filha:

— Ullia, esse tipo de atitude só vai prejudicar sua vida. Você chegou bêbada, desarrumada... Nem sei como chegou aqui. Preste atenção, filha! Esse tipo de vida vai te prejudicar.

A filha quase não prestava atenção.

Ainda se sentia entorpecida pelas bebidas ingeridas.

Achava-se envolta por energias inferiores. Espíritos que, quando em vida, tinham as mesmas práticas e uniam-se a ela sugando-lhe as forças para partilharem das mesmas sensações.

Alguns se mostravam irritados aos conselhos de Pietra, apesar de ela não conseguir vê-los nem senti-los.

Era interessante e útil que a jovem não oferecesse atenção para sua mãe.

Desejavam escravizá-la cada vez mais na atmosfera pesada e asfixiante da bebida, sexo vulgarizado e drogas.

Ullia usava o corpo para conseguir verbas a fim de manter seus vícios. Prostituía-se para obter dinheiro e, depois, para fugir do sentimento de culpa, bebia e se drogava para esquecer o arrependimento.

Espíritos enlouquecidos para sugarem-lhe, envolviam-na como alucinados em busca de energias para sustentarem-lhes a dependência que, mesmo após a morte do corpo físico, continuava a existir no cerne de suas mentes doentes e desequilibradas na espiritualidade. Eram entidades de baixíssimo caráter que se emaranhavam em torno da encarnada, desesperadas para turvarem-lhe as ideias num processo de perturbação infindável para que não desse a menor atenção aos bons conselhos.

Ullia esforçava-se para resistir, mas era difícil.

Todo esse processo de envolvimento não começou de repente.

Tudo aquilo se iniciou quando a jovem não soube negar-se ao álcool, sexo vulgar e drogas.

Não havia recebido orientação suficiente para se preservar.

A religiosidade é algo muito importante que os pais podem oferecer aos filhos, desde a tenra idade.

Implantar nos filhos a crença em um Deus bom e justo, o respeito a tudo e a todos é o que pode fazer o jovem ou adulto preservar-se de envolvimento com o que lhe trará dor e comprometimento.

Cada um de nós possui a grande tarefa de aprimoramento. Não precisamos angariar mais dores e sofrimento com atitudes impensadas e desarmoniosas. Só teremos mais para harmonizar.

Precisamos nos vigiar e dizer não para tudo o que não serve para a nossa evolução.

O coração de Pietra estava partido. Quase sem esperanças.

Mais do que nunca, ela entendeu a missão de ser mãe e buscava todas as forças para encaminhar os filhos para o bem.

Após cuidar de Ullia, fazendo-a tomar banho e se alimentar, colocou-a para dormir.

Em seguida, foi até Dáurio e o encontrou quieto.

— Você está bem, filho?

— O que aconteceu com a gente, mãe?

— Eu também não sei, meu filho.

— O pai abandonou a gente... Tirou a gente de uma casa boa e jogou aqui. Tirou a gente de uma escola boa e...

— Não sei o que aconteceu com o seu pai. Mas sei que temos um ao outro, Dáurio.

— Um ao outro? — perguntou com um toque de ironia. — Olha pra Ullia! Olha pra você!

— O que tem?

— A Ullia vive bêbada, mãe. Você não trabalha. Como vai ser quando o pai deixar de pagar as contas?

Pietra o abraçou e chorou. Mesmo assim, disse:

— Vamos dar um jeito, Dáurio. Vamos dar um jeito.

— Que jeito, mãe?

— Ainda não sei...

Ao percebê-lo chorar, a mãe fez-lhe um carinho e perguntou:

— Quer ir à igreja comigo?

— Fazer o quê?

— Orar. Pedir a Deus que mostre um caminho.

— Deus existe, mãe?

— Existe sim.

— E por que Ele fez a gente perder tudo?
— Não foi Deus que fez isso. Mas sei que Ele pode dar forças e mostrar o melhor caminho a partir de agora. Vamos. Vamos lá comigo! — animou-o.

Apesar do medo e da insegurança, Pietra se levantou, ergueu o filho e o fez acompanhá-la.

Ela ignorava estar assistida e inspirada por seu mentor e espíritos amigos que desejavam ajudá-la.

Bárbara era o próprio desânimo.

Mergulhada em uma quietude sem fim, até seus pensamentos se calaram.

Havia algumas semanas que, aos poucos, retirava suas coisas do apartamento e levava para a casa de sua mãe.

Desde que o anunciou em imobiliária, pouco dormia ali.

Lembrou-se de como ficou feliz quando o comprou. Sentiu orgulho de si. Mais ainda quando o quitou totalmente.

O ódio dominou seus sentimentos ao recordar que pagou Naum, seu ex-namorado, por ele ter-lhe emprestado o dinheiro com o qual quitou o imóvel. Pagou tudo, cada centavo e Naum mentiu.

Perceval acercou-se de Bárbara e a envolveu em seus mórbidos desejos.

— De que valeu tanta luta? Olhe para você agora. É horrível se sentir explorada, não é mesmo? Sem paz, de que serve a vida?

Ignorando a influência espiritual, Bárbara passou a experimentar sensações e emoções perturbadoras.

Sua vida havia perdido a graça, o brilho. Todo amor por si mesma desapareceu. A vida parecia cinza, sem razão de ser.

Isso não poderia acontecer com ela, julgava.

Como viver daquele jeito?

Estava perdendo tudo. Sentia-se só, decadente, sem sentimentos.

— Lembre-se de que ainda pode ajudar sua mãe e suas irmãs com um último ato de heroísmo — tornou o espírito Perceval, rodeando-a e imprimindo-lhe seus desejos hostis. — Você ainda tem direito a um seguro de vida, lembra? Se você morrer, sua mãe vai receber esse seguro. É um ato heroico. Corajoso! — Aproximando-se, como se encostasse sua testa na dela, sugeriu: — Simule um acidente! Vamos! Aja rápido! Não pense muito! Pegue produtos e utensílios de limpeza, panos... Avise alguém que não vai voltar para casa para almoçar porque estará fazendo faxina no seu apartamento. Faça parecer acidente quando se sentar naquela janela para limpar a vidraça!

Bárbara, sem saber a razão, lembrou-se de que tinha seguro de vida. Receberia determinado valor em caso de acidente ou enfermidade grave. Em caso fatal, de morte sua mãe seria a beneficiada. Mas não poderia ser suicídio. Isso anularia a apólice.

Começou a ter ideia de que, o recebimento do seguro ajudaria sua mãe, irmãs, cunhada e sobrinhos. Ela valia mais morta do que viva.

Já que sua vida estava tão sem graça, tão sem razão de ser, por que continuar existindo?

"Mas tem de parecer acidente" — pensou.

Foi para o quarto e se trocou. Colocou uma roupa mais velha. Pensava simular um acidente.

Seu mentor procurava envolvê-la.

Seus pensamentos negativos e tristeza infinita, ligavam a mente de Bárbara às ideias e sugestões do espírito Perceval.

Sem obter sucesso, o espírito Nestor deixou o apartamento em busca de ajuda para sua pupila.

Bárbara pegou o celular e olhou as dezenas de mensagens recebidas naquele dia.

Deveria agir normalmente, se quisesse realmente que sua morte parecesse um acidente.

Respondeu a algumas mensagens como faria habitualmente.

Em uma janela do aparelho, destinada ao grupo da família, avisou que não almoçaria em casa. Disse que estava limpando o apartamento. Falou também para que Marcella fosse buscá-la no final do dia, pois pretendia tirar algumas coisas dali e deixar o imóvel totalmente vazio para visitação.

Depois, decidiu começar a limpeza pelo quarto. Ao menos um ou dois cômodos precisavam parecer limpos.

Assim o fez.

Em seguida, pegou uma mala e duas bolsas grandes e colocou algumas coisas dentro como se pretendesse levar embora. Colocou tudo perto da porta.

Bárbara agia mecanicamente.

Sua mente estava exausta, doente.

Não conseguia pensar direito. Experimentava uma dor sem fim.

Realmente ela limpava o apartamento maquinalmente.

Ao chegar à sala, olhou para a sacada. Levou um balde com água e produto de limpeza. Pegou um pano e começou a limpar a sacada. Precisaria se esticar para limpar aqueles vidros do guarda-corpo. Ali seria o lugar ideal para um acidente.

Como uma última tentativa de ganhar tempo, o espírito Nestor a envolveu fortemente com uma questão:

— Sua mãe e suas irmãs sabem que você tem seguro de vida? Elas têm acesso a esses documentos?

Foi o momento em que lembrou de deixar à vista, nas coisas que deveriam ser levadas, as apólices de seguro.

Bárbara voltou e foi procurar onde havia guardado tais documentos.

Não se lembrava.

Sua morte não ajudaria em nada sua mãe se ela não soubesse do seguro.

Foi até o armário do quarto praticamente vazio. Somente uma coberta e um travesseiro.

— Droga... — murmurou. — Onde guardei aquela pasta.

A CONQUISTA DA PAZ 271

— Esquece a pasta!!! — Perceval irritou-se. Ele não conseguia notar a presença e a influência de Nestor sobre sua pupila.

Bárbara ouviu o tilintar de mensagens chegando ao celular e isso a distraiu.

Nesse instante, lembrou-se de que, se quisesse ser fiel ao planejamento, precisaria verificar quem era.

Pegou o celular e olhou.

Havia mensagens de Murilo.

Ficou surpresa. Fazia tempo que ele não dava qualquer sinal de vida.

A última vez que se viram foi quando ele emprestou-lhe alguns livros. Ela os leu, mas já estava sendo consumida pelo desânimo e nem se deu ao trabalho de avisá-lo, falar sobre o que achou das obras e devolver os volumes emprestados.

Abriu as mensagens e leu:

"Bom dia!"

"Depois de muito tempo fora, estou de volta. Fiz a viagem dos meus sonhos! Assisti a um dos mais lindos espetáculos da Natureza! As Auroras Boreais são lindas! Divinas! Não sei por que, mas hoje cedo, comecei a pensar muito em você. Como tem passado?"

Uma nova sensação estranha a dominou.

Sentiu-se em conflito.

Seu mentor impregnava-lhe de várias ideias. Desejava que pensasse, ganhasse tempo refletindo e tirasse sua mente daquele estado doentio.

Bárbara recordou um dos livros que leu. Tratava-se de um dos romances espíritas que Murilo havia lhe emprestado.

Lembrou-se de uma cena, na trama, em que um personagem dizia ao outro: "As piores práticas que alguém pode fazer são o suicídio e o aborto. É algo que vai provocar muito sofrimento, muita dor àquele que pratica. A vida não acaba com a morte".

Aquilo a abalou imensamente.

Haveria uma dor pior e mais cruel do que aquela que estava sentindo?

Por um instante, questionou-se.

— E se você, pensando em acabar com essa dor, praticar algo que a faça sofrer muito mais? Algo irreversível! Que não dê para desfazer? E se o sentimento de culpa e de dor for tão intenso, interminável, ininterrupto, depois do suicídio? O que fazer? — Nestor a inspirava.

Sentimento de grande conflito a dominou e experimentou intensa vontade de chorar, talvez, como nunca tenha feito antes.

Ao fim de alguns minutos, olhou no celular novamente e respondeu ao amigo:

"Oi"

Murilo visualizou. Esperou que ela escrevesse algo, mas não aconteceu. Então, perguntou:

"Tudo bem com você?"

"Não sei" — tornou ela.

"O que foi? Quer conversar?"

"Não estou num bom momento."

"Por isso mesmo. Conversar ajuda."

Após longos minutos de espera, Murilo perguntou:

"O que me diz?"

"Estou dando uma limpada no AP agora."

"Posso ir aí, se quiser. Tudo bem?"

Diante de nenhuma resposta, ele insistiu:

"Estou indo aí. Dá um tempo que já chego."

"OK." — ela respondeu, tão somente.

Capítulo 18

A SAÚDE DA ALMA

Bárbara permaneceu sentada, no mesmo lugar, até a chegada de Murilo.

Seu mentor, o espírito Nestor, despendia-lhe energias, envolvendo-a com carinho.

O interfone tocou e ela atendeu. Era Murilo.

Permitiu que ele subisse e o aguardou em pé, na soleira da porta entreaberta.

Logo que o elevador se abriu, Murilo saiu, exibindo largo sorriso.

Bárbara forçou-se a sorrir, mas seu rosto se contraiu em expressão amarga. Tentou disfarçar, fugindo ao olhar do amigo. Recostou-se no batente e pediu:

— Entra. Não repara...

O rapaz curvou-se e beijou-lhe o rosto. Fez-se de cego, fingindo que não reparou seu semblante.

— Então, hoje é dia de faxina?

— É... — respondeu sem convicção, enquanto fechava a porta.

Ele foi para a sala e ela para trás do balcão da cozinha, perguntando:

— Aceita um café?... Uma água?...

— Agora não. Obrigado — e foi se acomodando na poltrona. Depois, comentou: — Seu cabelo está muito bonito. Comprido... De uma cor só... Quando fez aquelas mechas ficou legal. Mas, agora, também está legal — não sabia como elogiar. Talvez não entendesse tanto assim de cabelos.

— Não estão tão bonitos assim. Estão sem corte... Faz tempo que não faço nada diferente neles... — falou sem animação. Não deu importância.

Bárbara pegou um copo com água e foi para onde ele estava. Tomou um gole, descansou o copo em uma mesinha e acomodou-se no sofá.

— Desculpe-me ter forçado em vir aqui de repente. É que... — ofereceu uma pausa e a observou. — Senti que você não estava bem.

— Faz tempo que a gente não se fala, né?

— Faz mesmo — Murilo confirmou. — Eu estava em casa de bobeira e comecei a pensar muito em você. E aí... Quando mandei mensagem e respondeu, senti uma coisa... Não me pareceu bem.

Bárbara se inclinou. Pegou o copo e bebeu mais um gole de água. Colocou-o no lugar e falou:

— Há meses não nos falamos. Tanta coisa aconteceu.

— Quer conversar? — insistiu.

— Nem sei o que dizer. Estou desmotivada. Minha vida não faz sentido — confessou e fugiu-lhe o olhar.

— Desde quando está se sentindo assim? — interessou-se.

— Nem sei. Sabe... É difícil encontrar alguém em quem se possa confiar, conversar, desabafar... As pessoas não têm tempo. Estão sempre ocupadas demais.

— Não pense assim.

— Como não? Nos dias de hoje, as pessoas não se importam mais umas com as outras. Dizem: "Se precisar de mim é só falar". Mas aí, quando a gente tenta falar alguma coisa, quando se tenta puxar conversa... Elas estão ocupadas demais. Não têm tempo ou só querem falar delas mesmas. Não param de falar...

— Bárbara — falou sério —, já pensou na possibilidade de essas pessoas estarem passando por dificuldades, conflitos, dores na alma e estão disfarçando com um sorriso no rosto? Não seria egoísmo nosso pensar que os únicos a sofrerem somos nós? Não sabemos o que acontece no coração alheio. Talvez ele sinta mais dor do que o nosso.

— Estou sendo egoísta? É isso o que quer dizer?

— Não. Você só não pensou nessa possibilidade. O egoísmo, nesse caso, consiste em exigir que o outro te ouça ou te ajude mesmo sabendo do problema que ele enfrenta.

— De fato... Nunca pensei nisso — ficou reflexiva, séria.

— Pois é... Tem muita gente por aí com lindo sorriso no rosto para disfarçar a dor na alma, no coração. Então, outros criticam, reclamam... Por que essa pessoa não me ajuda? Por que não me ouve? Por que, quando eu a procuro, ela sempre está ocupada? — Breve pausa e prosseguiu: — Às vezes, o outro não está suportando a própria carga e não demonstra. Eu sei bem o que é isso. Por essa razão, digo: não julga. Quando entender que o outro, muito provavelmente, não tem forças para ajudar, para acompanhar, para fazer algo... Não criará em si julgamentos que levam a ter emoções ruins que, por sua vez, fazem nascer em você vibrações terríveis que vão prejudicar a saúde da sua alma, da sua mente, do seu corpo físico. — Vendo-a quieta, continuou: — No primeiro momento, quando escutamos falar sobre isso, não damos valor. Somente depois que passamos a entender que tudo o que criamos em nós, por meio dos pensamentos, palavras e ações, é responsável pela saúde da nossa alma, começamos a vigiar o que fazemos, em todos os sentidos.

As palavras de Murilo fizeram Bárbara refletir.

Havia ficado contrariada com Marcella que quase não ouvia e despejava suas preocupações com falas intermináveis, expressando suas dores, problemas e sentimentos. Murilo a fez pensar diferente e entender a dor que a irmã sentia.

— Estou passando por uma série de dificuldades. Vendi minha parte da empresa. Estou sem trabalho. Vendi meu carro. Coloquei este apartamento à venda. Metade do valor vai pro maldito do Naum! — expressou-se com ódio, demonstrado no olhar e na respiração forte. — Não sei o que fazer. Estou sentindo uma coisa muito ruim. Sem ânimo pra nada... Gostaria de dormir e não acordar nunca mais.

— Foi ao médico?

— Estou sem plano de saúde e não me acredito tão doente assim para procurar atendimento médico público. Não saberei descrever o que sinto nem ao médico. É uma coisa ruim que me puxa para baixo. Levantar a mão, levantar o braço é muito trabalho. Não consigo pensar direito... Não tenho ideias novas, esperança... Só pensamentos decaídos. Não sinto vontade de conversar. Não tenho vontade de nada... — falava baixo, de modo quase inaudível e continuou sem olhar para ele.

— Há quanto tempo está, se sentindo assim? — insistiu.

— Há alguns meses e só piorando.

— Já ouviu falar em depressão? — ele perguntou.

— Já... — demorou a responder.

— Somente um médico pode dar esse diagnóstico, mas, pelo que me descreve... Parece isso.

— Sinto um medo. Algo que me deixa aterrorizada, quando penso em depressão. Não sei explicar — trazia o olhar sempre preso ao chão.

— Eu tive depressão. Sei perfeitamente como é.

Nesse momento ela o encarou firme. Ficou diferente.

— Você?!... — perguntou, quase incrédula.

— Sim. Eu mesmo. Foi horrível. Terrível. Não existem nomes nem palavras para explicar o quanto é ruim esse estado. Em casos graves de depressão, morte é o único pensamento que vem à mente. Porém a morte não existe e o que vai conseguir com a prática do suicídio é uma dor maior e muito mais intensa do que a experimentada agora. — Breve instante e continuou:

— Eu tive depressão. Vivia disfarçando. Sorrindo, brincando, conversando... Mas, nos momentos em que estava só, queria sumir, desaparecer. Procurei ajuda. Fui a um médico psiquiatra que confirmou a doença. Precisamos entender que depressão é uma doença. Não é frescura. Não é algo para querer aparecer ou chamar a atenção. Em cada pessoa ela se manifesta de forma diferente. Por isso, comportamentos diferentes. Esse médico me pediu para fazer psicoterapia com um psicólogo. Já que se trata de uma doença mental, a psicoterapia é o que vai ajudar. Precisei de medicação também. Passei por quatro psicólogos até me adaptar com o que faço psicoterapia até hoje.

— Você ainda está com depressão? — Bárbara quis saber.

— Não. Graças a Deus! Graças a tudo o que busquei, eu venci esse estado. Não tenho mais nada. Mas precisei me mudar muito.

— Mas você ainda faz psicoterapia?

— Sim. Faço sim — afirmou sorrindo. — Adoro! Não é preciso ter depressão ou qualquer outro problema para fazer psicoterapia. A psicoterapia te ajuda a se descobrir, fortalecer-se, ter convicções para tomadas de decisões e atitudes.

— Já conversei com pessoas que fizeram psicoterapia e disseram que não ajudou.

— Ah!... Depende. Sabe... Tem gente que não entende algumas coisas. Por exemplo... A depressão é uma doença. Ela pode se desencadear por vários fatores, biológicos inclusive. Mas, na grande maioria dos casos, a depressão se desencadeia por conflitos, contrariedades, razões emocionais mal-resolvidas. Vou pegar o meu caso como exemplo. Eu fazia, aceitava e convivia com muitas coisas que não eram convenientes para o meu crescimento pessoal, espiritual, profissional etc... Dias, semanas, meses e anos fazendo errado. De repente, meu eu interior ficou estremecido. As sensações e sintomas físicos e emocionais que sentia, foram uma maneira do meu eu interior dizer: Olha quanta coisa ruim você está fazendo para si mesmo! — enfatizou. Ela ficou atenta e ele prosseguiu: — É preciso parar e se corrigir. Não foi da noite para o dia que a depressão se instalou e, muito provavelmente, não será da noite para o dia que vai se desinstalar. Como no meu caso, não entrei em depressão da noite para o dia. Nem me libertei da noite para o dia também. Todos os movimentos, sentimentos e práticas que te levaram a esse estado têm de ser revistos, corrigidos, compreendidos e, quando possível, equilibrados ou aceitados de alguma forma. A psicoterapia ajuda a fazer isso. O Espiritismo tem uma expressão muito boa para explicar o que se tem de fazer: Reforma íntima. Você precisa se reformar intimamente. Muitas vezes, é preciso parar bruscamente com algumas coisas que te fazem mal. — Ofereceu uma pausa e explicou: — Aí, o sujeito vai ao psicólogo que sugere a ele ser mais tranquilo, que não seja tão exigente. O psicólogo indica que faça *Yoga*, meditação... Tem psicólogo que até te ensina a fazer meditação ou aconselha a não beber tanto, pois observou que aquela pessoa só faz burrada quando bebe... Diz também que se afaste de certas companhias... Aí a pessoa diz: Ah! Não! Não consigo meditar! *Yoga* não é para mim! Mas a criatura nem tentou. Se tentou não insistiu! Como é que pode reclamar dos resultados? Cientistas, médicos estão afirmando que meditação e também o *Yoga* são altamente benéficos para a saúde. Essas práticas vêm curando, eu disse curando, depressão, pânico, transtorno de ansiedade. Mas a criatura acha que não funciona. A criatura não para de beber nem diminui o consumo de bebida alcoólica. Não se afasta de pessoas tóxicas... Mas quer resultados positivos. Diz que o psicólogo não presta, que é chato... Ele não fez nada do que foi proposto e acha que a psicoterapia não serviu. Pensa: se foi uma série de práticas que te levou à depressão, ao pânico, à ansiedade, será uma série de práticas inversas que vai te fazer sair desses estados. Por exemplo... Eu sofria muito com a exaustão emocional. Uma consequência por tentar ser forte o tempo todo. Algo que vejo em você — falou brandamente e olhou-a com ternura. Sorriu. — Demorei a aceitar, admitir e buscar mudar. A psicoterapia ajudou muito. Falei, falei, falei demais a respeito antes de agir. Antes de entender o que precisava fazer para reverter meu estado.

— Por que você diz que vê isso em mim? — interessou-se para entender.

— Eu me identifiquei com você. Percebi que é voluntariosa, porém se prejudica com isso. Quer ser forte e capaz o tempo todo. Não admite ser dependente... Devemos ser voluntariosos sim. O contrário nos faz egoístas. Mas precisamos saber dosar. Colocar limites ou ficaremos com uma sobrecarga que vai nos fazer entrar em colapso. Nosso corpo pode passar a sofrer inúmeras doenças ou uma doença grave. Quando sobrecarregamos a mente, uma forma de nosso Eu demonstrar sobrecarga é ter depressão, crises de ansiedade. Tudo devido aos pensamentos conflituosos, acelerados. Isso demonstra que não aguentamos mais. Na maioria das vezes, esse esgotamento emocional nos coloca em um estado que é difícil sair. Pessoas do seu convívio, parentes, amigos, pessoas com as quais interage nas redes sociais não são, de forma alguma, capacitadas para nos orientar. Mesmo que tenham formação na área mental como médico psiquiatra e psicólogos. Através das redes sociais, esses profissionais não têm como nos conhecer de fato, não têm como saber ou entender a profundidade dos nossos problemas, conflitos e angústias. Pessoas que convivem conosco podem nos ouvir, isso alivia a dor. Mas quando oferecem opinião nem sempre conseguem ver o melhor para nós, podem não falar coisas cabíveis ao nosso caso. Elas não têm responsabilidade quando nos orientam. Por isso, é importante procurar um psicólogo.

— São acontecimentos da vida, do trabalho, da família, dos conhecidos que nos colocam em situações que nos pressionam, que nos estressam.

— Bárbara, tá aí uma coisa que a psicoterapia me fez descobrir. Ninguém te coloca em situação estressante ou sob pressão se você não permitir. Ninguém tem esse poder. Nós vivemos hoje as experiências das nossas escolhas de ontem.

— Não sei se concordo — ela acreditou.

— Por quê? Dê-me um exemplo — o amigo pediu.

Bárbara ficou pensativa. Não sentia vontade de falar, mas se esforçou e contou:

— Namorei o Naum. O namoro era sério. Parecia um cara bacana. Tinha total confiança nele. Confiança a ponto de dar as chaves deste apartamento a ele e... Quando saíamos, eu ajudava ou pagava as contas. Ele passou a ficar aqui mais vezes. Cuidava ou consertava as coisas. Cheguei a crer que queria ficar aqui para o pai dele pensar que procurava trabalho. Por outro lado, achei que estava muito, muito acomodado. Decidi terminar. Qual foi o resultado? Ele moveu ação alegando... Você sabe. Ele mentiu. Foi desonesto... É verdade que peguei dinheiro emprestado dele para quitar esse apartamento, mas paguei cada centavo.

— Você não tem comprovante desse pagamento mesmo?

— Não. Paguei em espécie, todas as vezes. Dividi em seis parcelas e todas elas ele pediu que lhe pagasse em dinheiro. Não desconfiei de nada. Nunca me passou pela cabeça que o Naum pudesse fazer algo assim com alguém, muito menos comigo, que o ajudei tanto.

— Vai ter de pagar um preço alto por essa lição. Concorda que quem permitiu o Naum se aproximar foi você? Concorda que o permitiu fazer o que fez por comodismo?

— Sim. Mas... Todo esse estresse que estou vivendo é por causa dele — defendeu-se.

— Mas foi você quem permitiu. Gostaria que entendesse isso. Se não tivesse dado a chave pra ele, não teria como consertar torneira, trocar lâmpada, pagar empresa de faxina... No momento em que pagou o empréstimo, se tivesse feito recibo... Mas não. Foi cômodo para você, o caminho mais fácil. Se não permitisse que ficasse aqui sem a sua presença, não autorizando a consertar coisas... Mas...

— Quem iria imaginar isso?

— Ele. O Naum imaginou. Sabe, Bárbara, não podemos confiar totalmente nas pessoas. Elas nos surpreendem negativamente. Devemos estar preparados para decepções. Lamentarmos quando acontecerem. Ficarmos espertos e seguirmos em frente.

— E agora, depois de tudo isso, o que faço?
— Tenha fé.
— Fé?
— Sim. Fé de que, o que é seu mesmo, voltará de outra forma. Cedo ou tarde. O que é seu e foi tirado ilicitamente vai retornar. Enquanto isso, você precisa fazer o melhor por si mesma.
— Para quem está de fora da situação é fácil falar.
— É nisso que a psicoterapia ajuda. Ela te auxilia a se colocar fora da situação, entender soluções. Ter aceitação e ver que o que aconteceu foi ruim, mas foi uma grande lição. Tão grande que nunca mais, nem em outra vida, você vai cometer o mesmo engano. Você vai se fortalecer.
— É... Agora estou entendendo o quanto errei. Foi cômodo para mim. Não deveria ter confiado. Isso dói. Sem contar as consequências. A fase é difícil. Sem saída...
— Minha amiga! Sempre temos saída. Não existe essa de não ter saída. O que pode acontecer é de não conseguirmos seguir pelo mesmo caminho que estávamos andando. Às vezes, é preciso mudar o curso. Outra coisa é não enxergarmos a saída por não termos fé e, consequentemente, não termos aceitação, não queremos tentar ou buscar algo novo por desânimo. Olha quantos não conseguimos colocar na nossa jornada! Precisamos tirar a palavra não do nosso pensamento e do vocabulário quando queremos prosperar. — Ofereceu um instante para fazê-la refletir. Depois prosseguiu: — Quer ver um exemplo? — Não esperou que ela respondesse e falou: — Voltando ao assunto sobre meditação... Hoje em dia, a medicina e a ciência afirmam que a meditação auxilia incrivelmente na saúde mental e física. Uma pessoa que sempre viveu de modo inadequado para seu padrão vibratório e entrou em depressão ou desenvolveu Transtorno de Ansiedade, precisará se refazer, reprogramar sua mente para sair desse estado. Sabe-se que a mente ficou por anos e anos

até se sobrecarregar e adoecer. Não vai ser da noite para o dia que a pessoa vai reprogramar a mente pra se tranquilizar e ter paz. Não tem como virar uma chave e não ficar ansiosa, ter ânimo e bom humor, ter equilíbrio e saúde física e mental etc... Não funciona assim. Essa pessoa vai precisar harmonizar a mente através da meditação. Isso implica ensinar a mente como deve ser. Então ela vai atrás de como fazer isso. Descobre que existem vários métodos de meditação. Ela pega qualquer um. Acha difícil. Tenta duas ou três vezes e desiste. Pensa que isso não é pra ela. Acredita que isso não serve pra nada... Está errado. Não é assim que acontece. Quem nunca meditou precisa começar com métodos simples de relaxamento do corpo. Depois, procure aquietar a mente por três minutos. Tão somente três minutos. Só depois alongar esse tempo.

Bárbara esboçou um sorriso e revelou:

— Tentei fazer meditação. Um mosquito incomodou. Ficar com pernas cruzadas incomodou. Achei que precisava ser por meia hora... Por isso pensei como você disse: meditação não era para mim.

— Grande engano. Qualquer um pode e deve meditar. No começo, procure um lugar calmo, dentro de casa, para não ser incomodada por insetos. Coloque uma música bem tranquila, apropriada para esse exercício. Arrume uma cadeira confortável. Sente-se com os pés ligeiramente afastados e totalmente no chão, solas dos pés totalmente no chão. Sente-se com as costas retas, encostadas no encosto da cadeira. Pernas em ângulos retos, com as palmas das mãos sobre as coxas. Cabeça reta. Olhos fechados. Descontraia todo o corpo... — Pensou por um instante e propôs: — Quer fazer?

— Uma meditação? — Bárbara sorriu.

— Sim! Vamos fazer — decidiu animado. — Só precisamos de uma cadeira.

Bárbara sentiu-se um tanto constrangida. Não esperava por aquilo.

Levantou-se. Foi até a mesa e ele a acompanhou. Enquanto ela afastava a cadeira e se acomodava, Murilo pegou seu celular e buscou uma música bem propícia e colocou para tocar.

— Principalmente pra iniciantes, é preciso um lugar tranquilo onde não tenha pessoas transitando ou falando. Quem tem uma família grande, precisa fazer bem tarde da noite ou bem cedo, enquanto os outros estão dormindo. Existem pessoas que gostam de queimar incenso que lhes agrade. Isso é legal... Mas certifique-se de que você gosta muito do aroma pra não se sentir incomodada com o cheiro. — Observou-a e ensinou: — Coloque os pés ligeiramente afastados e totalmente no chão. Encoste as costas no encosto da cadeira. Joelhos em ângulos retos, mãos sobre as coxas. Feche os olhos suavemente. — Enquanto uma música suave tocava, Murilo falou: — Respire profundamente. Retenha o ar um pouquinho nos pulmões e depois solte suavemente. Faça isso três vezes — esperou que ela obedecesse. Depois, prosseguiu: — Concentre-se nos seus pés. Nas solas dos pés. Concentre-se nos dedos dos pés, nos calcanhares... Concentre-se no peito dos pés... Na parte inferior das pernas, nos joelhos... Concentre-se na parte superior das pernas, nos quadris, nas costas, do ombro até os quadris... Concentre-se nos braços, nas mãos, no seu peito. Imagine uma linda luz brilhando no seu peito... Seu coração está iluminado, seus pulmões estão lindamente iluminados... Pense na paz, na calma, na tranquilidade dessa região do seu corpo. Agora, concentre sua atenção no seu pescoço, na nuca em toda a sua cabeça... Concentre-se no maxilar, nos músculos da face, todo seu rosto está descontraído... Agora, imagine uma luz, uma pequena luz no centro da sua cabeça... Uma luz linda, clara, calma, tranquila... Essa luz está se expandindo, crescendo, crescendo e à medida que ela cresce, ela te acalma... Essa luz te acalma e te envolve... Essa luz, que vem do centro da sua cabeça, cresce, cresce e fica imensa, envolvendo todo o seu corpo. Essa luz é linda, limpa, bela... Essa luz, agora, liga-se a uma luz que vem do alto. Você está sendo envolvida por dentro e por fora... Você é totalmente luz... Permaneça assim, por alguns instantes, nessa luz calma, tranquila, linda... — Ele silenciou por cerca de três minutos. — Agora... Com essa paz que te envolve, recobre a consciência de si, de todo o seu corpo e comece, vagarosamente, a se movimentar. Calma e lentamente, mova os dedos dos pés, as mãos, as pernas, os braços... Movimente o rosto com um sorriso...

Bárbara sorriu e murmurou:

— Nossa... Você me hipnotizou.

— Não. Você meditou — Murilo respondeu e sorriu.

—Sério?!

— Lógico. Alguns chamam isso de auto-passe. Esse tipo de relaxamento e meditação é para principiantes. Não demorou mais do que quatro minutos ao todo. Nesse estado de calma e tranquilidade, eu costumo dizer que recebemos energias de Deus. Não importa se é auto-passe ou meditação... Não importa. O que interessa é o resultado final.

— Estou me sentindo tão leve.

— Você dominou sua mente. Mostrou pra ela como é que deve ficar. É isso o que a meditação deve fazer. É nesse estado que se deve ficar sempre. A meditação é algo que se deve fazer todos os dias. Tire de três a cinco minutos por dia, todos os dias. Há quem prefira pela manhã, pois dizem que somos uma folha em branco e que garantimos os benefícios para aquele dia e não nos sabotamos, alegando falta de tempo ou sono à noite. Porém, há quem prefira à noite para garantir um sono leve. Não importa. A pessoa é quem precisa escolher o melhor horário pra ela. São só cinco minutos.

— Que horas você costuma fazer?

— Logo que acordo. Levanto, vou ao banheiro, lavo o rosto, tomo um copo de água com limão e vou fazer minha meditação. O importante é fazer meditação todos os dias. Não adianta fazer hoje por uma hora e voltar a fazer depois de uma semana. Não terá o resultado esperado. A paz é uma conquista diária. — Ofereceu uma pausa e lembrou: — Assim como treinamos nossa mente para se preocupar excessivamente, deprimindo-a ou deixando-a ansiosa, precisamos treiná-la novamente para ser calma, viver em estado agradável, tranquilo. Isso vai refletir na nossa saúde física, mental, espiritual e, consequentemente, em tudo o que está a nossa volta. Atraímos para nós o que cultivamos no interior. Cultive paz e atrairá paz, situações e pessoas de paz. Cultive alegria e atrairá alegria, situações e pessoas alegres. Cultive harmonia e... — sorriu. — Durante os minutos de meditação, você precisa focar sua mente em coisas calmas. Quando o pensamento mudar e se lembrar de um problema ou de uma situação, finalize esse pensamento, essa lembrança e pense em um lugar de paz, um lugar agradável. Tenha a imagem mental de uma praia deserta, um jardim, uma região montanhosa... Algo que lhe agrade.

— No Jardim Botânico — ela lembrou e achou graça.

— Sim! Lembre-se dos lugares mais isolados, desertos do Jardim Botânico. Traga, mentalmente, a paz até você.

— Gostei desta frase: Traga, mentalmente, a paz até você.

— Isso mesmo. Medite. Tudo o que quiser poderá trazer até você desde que seja bom para seu coração e para o Universo.

Bárbara sentiu-se leve, com uma paz que não sabia descrever. Até seu semblante havia mudado. Estava serena.

— Essa meditação que fez agora trouxe relaxamento ao corpo e paz à mente. É para principiantes como eu falei. Mesmo com cinco minutos por dia, você sente os benefícios. Essa é a melhor forma de mudar seu padrão mental. Se quiser paz, precisará ensinar a sua mente como alcançar o estado de tranquilidade. Na *internet*, pode encontrar muita coisa boa sobre meditação, métodos disponibilizados pelos próprios professores, páginas que ensinam como fazer. Métodos e instrutores que te estimulam e ensinam com facilidade. Para principiantes, meditação ou relaxamento conduzido é bem mais fácil. Também existem músicas que ajudam a descontrair. — Ao vê-la atenta, lembrou: — É um dos passos que terá de dar para se resgatar da depressão, da ansiedade, do pânico... Por exemplo, fazer respirações profundas, retendo um pouco o ar nos pulmões, ajuda muito, muito mesmo nas crises. Será preciso que mude uma série de situações na sua vida. Será preciso mudar hábitos e costumes. Deixar vícios, vigiar-se de todas as formas para se resgatar de qualquer estado mental horrível em que se colocou.

— Não tenho vícios — ela afirmou.

— Ótimo! — sorriu, quase duvidando. — Caso descubra algum... Pois vícios morais, também são vícios.

— Vícios morais?

— Reclamação constante é um vício moral. Falar mal do outro, criticar... São vícios morais. Ah!... Falar mal da política também! — ressaltou e deu uma risada gostosa.

— Ai... Nem me fala! Não aguento mais tanta gente reclamando de crise, de políticos... Credo!

— Daqui um tempo, essas pessoas que reclamam ou criticam em excesso a política, os partidos... falam mal de políticos com tanto entusiasmo... podem adoecer muito. Essas pessoas vão atraindo uma aura escura para junto de si. Não tem como mentores de luz e amor tomarem conta delas. A partir dos seus sentimentos, das falas ou escritas, das ações que têm, elas criam em torno de si um manto de ódio como se fosse uma poluição espiritual... Ligam-se a falanges que são favoráveis à discórdia, a guerras, lutas e tudo o que não presta para desarmonizar um país, uma nação...

— Não importa quem esteja do lado certo?

— Não. Vamos lembrar da frase de Jesus: "É impossível que não venham escândalos, mas ai daquele por quem vierem".[1] Vibrações no ódio são negativas. Primeiro, se você confia e acredita em Deus, terá certeza de que nada é por acaso. Nascemos no país certo. Temos a política e os políticos que merecemos, no momento e período certos. Quando não gostamos dos que estão no poder, precisamos orar e vibrar luz para esse governante, pedindo honestidade, justiça e amor ao nosso país. Que esses governantes possam pensar no

---

1 Nota: Evangelho de Jesus, segundo Lucas Capítulo 17 Versículo 1

bem coletivo da nossa Nação. Nunca, jamais criticar, odiar... Seja quem saiu ou que está no poder. Novamente, lembrando o Mestre Jesus: "Todo reino dividido contra si mesmo é devastado; toda cidade, ou casa, dividida contra si mesma não subsistirá".[2] — Breve pausa e prosseguiu: — Precisamos ficar vigilantes com sentimentos de animosidade. Vamos sofrer, certamente. Criaremos, para nós mesmos, energias pesadas que vão prejudicar nossa saúde, nossa vida. Às vezes, criamos energias tão funestas por causa de ódio e rancor que temos prejuízo no fígado, dores nos tendões, nos músculos, nas costas, sofremos inflamações. Tudo isso ou coisa pior, cedo ou tarde. Mas, quando vibramos amor, desejamos honestidade, prosperidade, justiça, desejamos paz ao país, isso se volta para nós principalmente. Tudo é questão de vibração.

— Interessante. Nunca pensei assim. Também... Nunca me envolvi em brigas políticas.

— Não é errado ter um partido e defendê-lo. Vestir a camisa, ir às ruas, fazer reivindicações, participar de movimentos... O que não é correto é a hostilidade, emanar raiva, destilar ódio, desejar o mal. Isso sim vai fazer mal. — Um instante e orientou: — Bárbara, somos um todo. Faça o que sugeri. Medite. Harmonize-se. Tenha alimentação saudável. Faça atividade física. Mude sua mente. Resgate-se. Tenha em mente que você não vai poder melhorar as pessoas, mas pode se melhorar e se proteger em vários sentidos. O que passou, passou. Não pode fazer mais nada. Ficar com ódio vai piorar seu estado. A depressão ou a ansiedade ou o pânico vai passar, vai embora da noite para o dia? Não. Muito provavelmente não. Não existe pílula mágica. Essas doenças não são privilégios de pobres, ricos nem de pessoas da classe média. Qualquer um pode tê-la. É possível vencê-las? Sim. Se não for um problema orgânico, que é quando a pessoa nasce assim, sofreu um trauma ou outra coisa... Sim, pode-se vencê-la. Mas precisa se empenhar, reprogramar-se,

---

2 Nota: Evangelho de Jesus, segundo Mateus Capítulo 12 – versículo 25

reiniciar-se, reeducar-se. Aliás, acho que essa é a palavra certa: reeducar-se. Reeducar a mente, o corpo e o espírito. A propósito, a religiosidade e a fé ajudam imensamente. As pessoas religiosas ou que seguem uma boa filosofia, livram-se mais rapidamente da depressão.

— Já ouvi dizer que as pessoas que estão a sua volta podem ajudar.

Murilo pendeu com a cabeça, titubeou e falou:

— Não coloque a responsabilidade que cabe a você nos ombros alheios. Se você ficar enchendo a cara no bar junto de um monte de amigos, todos alegres, não acredito, em hipótese alguma, que isso vai te ajudar. Quando você começar a crescer e a mudar, tudo fica diferente a sua volta. Não é como um passe de mágica. Aos poucos, tudo muda. Podemos conviver com pessoas, digamos... pra baixo, negativas, mas se começarmos a vibrar em frequência positiva, mantendo os pensamentos elevados, certamente, a frequência de outras pessoas não vai nos afetar. Além disso, vamos atrair situações e outras pessoas melhores. Tudo vai mudando automaticamente. Porém, pessoas que exibem felicidade nem sempre são pessoas pra cima, positivas. — Pensou: — Quer um exemplo? Você está pra baixo. Um grupo de amigas te chama pra um *Happy hour*, pra beber em um bar. Você aceita. Vai lá e enche a cara — riram. — Fica exposta a tudo. Vai dançar com o carinha desconhecido que não presta, dá uns beijos no sujeito que nem sabe quem é. Absorve energias desse cara... Ou não. De repente, você só ficou na bebida e na risada. Mas, certamente, atraiu companheiros espirituais que ficaram te vampirizando. Dificilmente, alguém ingere bebida alcoólica sozinho. Aí você volta pra sua casa. Leva essas companhias espirituais. Cai na cama e dorme. Esses espíritos inferiores, que ainda apreciam os efeitos da bebida alcoólica, sugam suas energias a noite toda. Ah!... Minha amiga!... — riu alto. — Você foi um prato cheio pra esses desencarnados sem evolução. Te sugaram até!... Não só isso. Eles deixaram uma energia péssima, podre, horrorosa, pois sempre há uma troca.

Você vai ficar dez vezes pior do que antes de ter saído com suas amigas. — Deixou-a pensar, depois lembrou: — É isso o que os psicólogos espiritualistas, principalmente, querem alertar e não podem falar tão diretamente. Eles sugerem indiretamente e não são levados a sério pelo cliente. — Breve pausa e orientou: — Se quiser aprender a nadar, você tem de se molhar e não pode ficar parada nem fora da piscina. Dessa forma, não vai aprender nada. Se quiser melhorar vai ter de se mexer, procurar, insistir em fazer algo que seja bom, útil e saudável pra sua saúde física e emocional. Se for à igreja, vai ter de rezar. Se for pro bar, muito provavelmente, vai ter de beber. Qual o melhor pra você? — Não houve resposta. — Aliás, procure uma religião ou filosofia, é uma das coisas que mais vai te ajudar. Isso também ajudará a se aproximar de pessoas e energias melhores. Pense nisso.

Depois de longo silêncio, Bárbara disse:

— Entendi tudo. Concordo plenamente. Mas no momento está tão difícil...

— Eu sei disso. Mas, tente! Tente quantas vezes forem necessárias. Somente dessa forma vai conseguir.

Sorrindo suave e espontaneamente, ela ofereceu:

— Aceita aquele café agora?

— Agora aceito. — Quando a viu levantar, ainda aconselhou: — Pense nesta frase: o que está a sua volta é o reflexo do seu interior. Só ficamos tristes por ver o nosso reflexo no mundo.

Nota: Os livros **Força para Recomeçar** e também **Corações Sem Destino**, romances de Eliana Machado Coelho e Schellida, publicados pela Lúmen Editorial, trazem muitas informações a respeito de Depressão, Síndrome do Pânico, Transtorno de Ansiedade e outros transtornos emocionais que muito nos fazem sofrer nos dias atuais.

Capítulo 19

UM PEQUENO GRANDE AMIGO

As palavras de Murilo não saíram dos pensamentos de Bárbara. Parecia que o escutava falar.

Após o amigo ir embora, ela refletiu muito. Terminou de fazer a limpeza que precisava. Ligou para Marcella e pediu que fosse buscá-la de carro. Tinha algumas coisas que precisava levar.

Sentia-se mais leve. Os pensamentos sobre tirar a própria vida desapareceram.

Ao chegar, Marcella subiu para ajudá-la com as coisas.

Entrando no apartamento, viu as caixas no chão, perto da porta.

— Oi — cumprimentou a irmã.

— Oi. — Um segundo e reparou: — Nossa!... Como é estranho não ver suas coisas no lugar. Os objetos de decoração...

— É estranho mesmo. Ah!... Sabe quem veio aqui?

— Nem imagino — tornou Marcella.

— O Murilo.

— O Murilo?! — surpreendeu-se.

— Sim. Ele mesmo — arrependeu-se de ter contado, mas disfarçou. — Veio buscar uns livros que me emprestou.

— Você nem conhece o cara e o deixa entrar na sua casa. Fica sozinha com ele... Não sei se isso é legal.

Bárbara ficou pensativa. Já havia refletido sobre o assunto desde a outra vez que o amigo esteve lá. Insatisfeita, admitiu:

— É. Dei bobeira, mas... Por sorte, ele é gente boa. Conversamos bastante. É um cara legal. — Por um instante, reparou que ainda confiava muito nas pessoas e não deveria fazer isso. Não mais. Já estava sofrendo muito por ter acreditado no seu ex-namorado e não teve bons resultados. Não bastasse, permitiu um estranho ir a sua casa. Deveria ter aprendido com a primeira experiência. Não podemos crer tanto nas pessoas.

— Não tem como ele te ajudar na ação com o Naum, não é mesmo?

— Não. Nem pedi para não ficar chato — sorriu. — É outro fórum, outra vara... Não vou pedir algo que, provavelmente, não vai poder fazer nada. Se fosse possível, creio que ele já teria se oferecido para ajudar.

— Não foi legal o que o Naum fez.

— Eu sei... Mas eu também dei bobeira. Deixei que ele ficasse muito à vontade na minha vida. O sujeito era um cafajeste e não percebi. Agora vou pagar um preço alto por ter sido tão tola, ter permitido que fizesse tanta coisa...

— É, mas o que ele fez ou o que você o deixou fazer não vale a indenização que ele exigiu.

Os espíritos, que tentavam prejudicar Bárbara, começaram a induzir Marcella a falar de assuntos que a desmotivasse.

— Sei que não, mas... — Bárbara começou a se sentir esgotada, novamente. Sem demora, pediu: — Ma, vamos mudar de assunto? Estou tão desgastada com esse... Vamos lá! Me ajuda com essas caixas. Vamos levar para o carro.

Assim foi feito.

O que ninguém poderia imaginar era que, na espiritualidade, Perceval não apreciou as orientações de Murilo.

Tratava-se de um espírito de inteligência considerável, mas, moralmente, degradado. O ódio e o rancor consumiam sua consciência, assim como o orgulho e a vaidade nunca o deixaram ter paz. Era escravo de seus próprios sentimentos, pela falta de perdão.

Ele continuaria tramando e interferindo com vibrações de baixo nível.

Murilo dirigia seu carro de volta para sua casa, quando, parado em um semáforo, viu uma mulher segurando um saco e arrastando pela mão um garotinho que chorava.

Perto de um poste, em que havia muitos sacos de lixo amarrados e amontoados, ela deixou o saco que carregava. Seguindo, em seguida, puxando o menino que chorava mais ainda.

Nem Murilo, a mulher ou qualquer outro encarnado podiam ver que, naquele momento, uma leva de espíritos inferiores, cultivadores dos piores sentimentos, passou a acompanhá-la, seguindo-a para onde ia.

O semáforo abriu no instante em que Murilo percebeu que o saco plástico de cor escura, deixado perto do poste, moveu-se sozinho.

Alguém buzinou e ele precisou ir.

Não era problema seu, mas a visão do saco se mexendo e a cena da mulher arrastando a criança, não saiam da sua cabeça.

No quarteirão à frente, decidiu voltar.

Manobrou seu carro e retornou ao local. Demorou, mas encontrou um lugar para estacionar.

Era dia e horário que coletores de lixo passavam naquela rua.

Murilo desceu do veículo, andou alguns metros e se dirigiu ao local em que havia os sacos amontoados. Olhou e foi até onde a mulher largou o pequeno saco.

— Ali... Aquele ali — indicava um espírito que o guiou até lá.

O caminhão de coleta se aproximou e parou. Os garis já foram jogando o lixo no caminhão quando Murilo identificou uma sacola preta balançando.

Rápido, pegou-a. Encarou o coletor e sorriu.

— Não é lixo não, moço? — o coletor perguntou.

Apesar de sentir algo se movendo em suas mãos, não sabia responder o que era.

— Vou ver — falou. Ligeiro, rasgou a sacola e olhou para o gari, replicando: — Não! Não é lixo não! É um gatinho. — Em seguida, justificou: — De longe vi essa sacola se mexer. Vim ver o que era. É um gatinho.

— O senhor é um herói! A gente pega os sacos e nem olha... Joga direto no caminhão. O bichinho morreria... — disse um dos profissionais. — Minha vó, que é benzedeira, fala que quem salva a vida de um animal, liquida um débito com Deus. Boa sorte, moço!

— Boa sorte! — o outro gari também desejou.

Seguiram trabalhando.

Murilo olhou com atenção para suas mãos e observou melhor o pequeno e frágil gatinho, sujo e molhado. Aqueles olhinhos brilhantes no semblante assustado, fitaram fixamente nele. Exalava medo e um pedido de socorro. O bichinho tinha várias cores. Era muito delicado. Ao vê-lo miar com fraqueza, acariciou-o, dizendo:

— Vamos embora. Você não é lixo. Não tenho ideia do que vamos fazer, mas, vamos fazer algo. Nada é por acaso.

Acariciando o pequeno animal que miava, voltou para o carro. Ficou preocupado por um instante.

O que fazer? Como e com o que alimentá-lo? Onde ele dormiria?

Olhando para o animalzinho que miava bem fraquinho, decidiu:

— Amiguinho, você já foi a um *Pet shop*? — Admitiu sem demora: — Nem eu. Vamos conhecer um, meu pequeno grande amigo? — Enquanto dirigia, falava: — Não entendo de gato. Nunca tive um. Provavelmente você não entende de humano... E, certamente, nunca teve um. Então vamos nos conhecer melhor e vai dizendo o que precisa — ria sozinho, pois cada vez que falava, o gatinho miava como se respondesse.

O *Pet shop* mais próximo que encontrou era bem grande.

Entrando, procurou por uma funcionária e pediu orientações sobre o que precisaria para o novo amigo.

Chegando ao seu apartamento, entrou com as coisas em uma sacola e o gatinho na mão, dizendo:

— Amanhã vamos ao veterinário. Você viu a moça falando: é importante o seu médico examiná-lo, dar vacinas... Não vai doer nada. Será bem rápido. Mas, por hoje... — Olhou para o gatinho e decidiu: — Você precisa de um banho mesmo. Já está molhado, melado com não sei o quê... Muito fedido — riu. — Vamos lá para a pia do banheiro. A água é quente, não se preocupe. Deixe-me pegar uma toalha... Você é miudinho. Será bem fácil... Eu acho... — preocupou-se.

Preparou água bem morna na pia do banheiro, pegou o xampu que havia comprado, providenciou toalha seca e banhou o pequenino, deixando-o bem limpinho. O gatinho pareceu apreciar a higiene. Não estranhou.

Secou muito bem o felino com a toalha. Abriu um sachê próprio para gato daquela idade e ofereceu para o pequenino que comeu parecendo esfomeado.

Arrumou a caixinha de areia na lavanderia e apresentou-a para o gatinho, que a usou corretamente.

Murilo sentiu-se satisfeito, orgulhoso de si.

Foi arrumar algumas coisas e lembrou de fechar todas as janelas do apartamento, que não tinham tela. Precisava cuidar da proteção e segurança do seu novo amigo. O gatinho poderia pular na janela e despencar nove andares. Ele não gostaria disso.

Pegou o celular e deitou-se no sofá. O novo companheiro subiu e aconchegou-se entre seu braço e seu peito, aninhando-se ali de modo grato e feliz.

Murilo acariciou-o com ternura e murmurou:

— Você precisa de um nome... Vamos lá! Deixe-me pesquisar aqui... Nome para gatos!... — ficou mexendo no celular.

O espírito Perceval acercava-se dele. Ainda estava contrariado por sua interferência com Bárbara. Não poderia deixar que simples conselhos interferissem em seu trabalho que já durava tanto tempo.

— Quem é você?... Por que quer ajudá-la? — Um instante e considerou: — É estranho... Não estou entendendo. Não vejo outros aqui, acompanhando você...

— Olha só! — Murilo ainda falava sozinho. — Acho que você é menino — riu alto. — Sabe que não sei dizer... — divertiu-se com a dúvida. — Acho que é menino... Que tal te chamar de Malhado? — Olhou para o gatinho e decidiu: — Não, não... Esse nome não combina com você. Deixe-me ver... Oliver! — olhou novamente para o felino. — Tá aí! Um nome bonito! Oliver, se você for menino. Olívia, se você for uma menina. — No mesmo instante, lembrou-se: — Olívia é o nome da minha avó... — sorriu. — É um lindo nome. Se for menina, em homenagem a minha avó, você vai se chamar Olívia. Se for menino, Oliver. Está decidido.

— Vou descobrir tudo sobre você, criatura! — tornou Perceval sem ser percebido. — Ninguém vai atrapalhar meus planos — disse, direcionando energias densas, inferiores e pesarosas sobre Murilo, mas essas se dissolviam somente em contato com a aura de alegria e felicidade que rodeava o rapaz por causa do novo companheiro.

Quando nosso coração se abre para a interação de amor com nossos irmãos animais, promovemos em nosso ser energias sublimes que repelem o que não nos serve.

Nesse instante, vieram às lembranças de Murilo, as palavras do gari: "Minha vó, que é benzedeira, fala que quem salva a vida de um animal, liquida um débito com Deus. Boa sorte, moço!"

— Não duvido que seja verdade. — Repetiu em voz alta: — Quem salva a vida de um animal, liquida um débito com Deus. — Murilo falou baixinho. — Sempre há um fundo de verdade nas percepções dos antigos. — Afagou o gatinho que permanecia bem quieto, acomodado sobre ele. — Lógico que terei trabalho e gastos. Limpar caixa de areia, colocar ração, sachê, água... — riu sozinho. — Pior de tudo, é lembrar de comprar areia, ração, sachê... Mas serei recompensado. Terei alguém aqui me esperando para compensar tudo. — sorriu. — E não estarei falando mais sozinho. Se um vizinho perguntar, estou falando com meu gato!

Olhando para o felino, disse em voz alta:

— Amanhã mesmo, senhor Oliver ou senhora Olívia, precisamos falar com alguém sobre colocar telas nas janelas todas. Olha só o trabalho que vou ter por sua causa! — brincou. No instante seguinte, tirou uma foto em que ele também aparecia com seu novo amigo. Em seguida, começou a escrever um texto contando breve relato de como conseguiu um lindo gatinho. Enviou para sua mãe, seus irmãos e até para Bárbara.

— Não entendi direito o que me impede de atingi-lo. Mas não vai escapar de mim. Ninguém, nunca, deixou de se render ao que eu quero e desejo — Perceval ainda disse e se foi.

No dia seguinte, Murilo levou seu novo amigo ao veterinário. Contou sua história. Ouviu orientações e descobriu que Oliver, além de menino, tinha aproximadamente seis meses. O gatinho estava muito fragilizado, magro e fora do peso. Precisaria ficar mais fortalecido para ser castrado e vacinado adequadamente.

Cuidados não faltaram. O rapaz estava empenhado.
Servir alegra o coração e enobrece a alma.

Naquela manhã, reunidas à mesa da cozinha, estavam Marcella, Bárbara, Graziella, Sarah, Patrícia e Antonella.

A cunhada contava algo interessante que aconteceu no serviço. A única que não prestava muita atenção era Bárbara, perdida em seus próprios pensamentos.

Sem que esperassem, Pietra chegou.

Entrou, sentou-se à mesa, juntando-se a elas.

Nitidamente preocupada e abatida, parecia doente com o choque e o sofrimento de tudo o que vivia com os filhos, principalmente, Ullia.

Com voz embargada, levou ao conhecimento da família, a notícia que ninguém gostaria de ter. Chorando, com voz cortante e dolorosa, perguntava-se:

— Por que precisei passar por tudo isso? Por que com a minha filha? — chorou.

— Mas você tem certeza? Ela fez todos os exames? — indagou a cunhada ainda incrédula.

— Temos certeza sim. Ela fez todos os exames... Isso tudo aconteceu por falta de um pai... — chorou. — A Ullia sempre foi uma boa menina. Isso é culpa das más companhias e porque o pai foi embora... Tivemos de mudar de casa, eles de escola... Toda a comodidade e conforto que tínhamos acabaram — chorou mais ainda.

— Vai me desculpar lembrar isso, Pietra, Ullia repetiu os três últimos anos no colégio particular. Já era para ela ter terminado, há dois anos, o Ensino Médio — Marcella lembrou. — Ela está se envolvendo com essas más companhias faz tempo, porque você e o Hélio deixaram. Onde já se viu deixar adolescente de quinze, dezesseis ou dezessete anos viajar sozinha com amigas que vocês nem conheciam. Viajar com os pais das amigas... Que é isso!

— Isso é verdade, minha filha — Antonella concordou, falando com bondade. — Você e o Hélio não colocaram limites nos seus filhos. Olha as consequências aí, agora.

— Tá bom, mãe... Errei... Eu e o Hélio erramos... — chorou. — E agora?

— Quando dizem que coloco limites demais nos meus filhos, não aceito — Patrícia comentou. — Sei muito bem os filhos que tenho. Enquanto são menores de idade e/ou dependentes de mim e morarem sob o mesmo teto, eles terão de ser educados, gentis, obedientes, sim. Essa história de dormir fora, na casa do coleguinha, fazer festa do pijama... Não deixo mesmo.

— Concordo com você, Patrícia. Não deve deixar não — a sogra afirmou. — Você não sabe como os adultos daquela casa dormem. Se a mãe do coleguinha vai andar sem roupa pela casa ou o pai do amiguinho é um sujeito doente e vai se aproveitar dos seus filhos... Não sabe se bebem, fumam, usam drogas e vão oferecer pros seus filhos. Nunca conhecemos ninguém. Tem muita gente doente que abusa de criança e são pessoas acima de qualquer suspeita. Ontem mesmo vi no jornal uma mulher que deixava o namorado dormir em casa. Depois de cinco anos, descobriu que o homem abusava de sua filha de dez anos. Imaginem o quanto essa menininha sofreu! Não podemos confiar não. O mundo está muito complicado.

— Minha mãe tem razão. Nunca conhecemos ninguém — afirmou Bárbara. — Por mais que você conheça a mãe e o pai dos amigos dos seus filhos, muitas vezes, não pode imaginar o quanto de maldade eles têm. Essa coisa de deixar dormir na casa dos outros... Não mesmo. Sempre vi você aceitando isso, Pietra. Cheguei a falar, mas não me ouviu.

— Como sempre, a Pietra nunca ouviu os conselhos que demos para ela ou para os filhos — Marcella comentou.

— Foi assim que criei a Sarah — Graziella disse. — Quando quis dormir na casa de amiguinhas, quando quis ir pra baladas, *Shows* de *Rock in* qualquer coisa, as *Lollas* não sei do que e esses montes de porcarias... Não deixei. Ela não tem idade pra isso. Esses *shows* só têm o que não presta. Ela chorou, esperneou, mas não deixei. Se acontecesse alguma coisa que não tem retorno, ficaria chorando pelo resto da vida. Pelo menos, chorou só por uns dias.

— Eu achava um pouco de exagero prender os filhos, não deixá-los sair assim... — Bárbara opinou. — Mas, depois de saber de alguns casos... Quem diria que o Cláudio era um homem agressivo? Quem diria que o Naum era um homem mau-caráter? Quem diria que o Régis faria o que fez? Eram pessoas acima de qualquer suspeita.

— Eu também não concordava. Mas descobri que nosso pai tinha razão — Marcella disse. — Ele só deixou a gente sair pra algum lugar com amigas, sair pra ir pra *shows* depois dos vinte e um anos. E ninguém se deu mal! — salientou.

— Mas se a gente diz isso pros jovens de hoje em dia, eles morrem! — Pietra afirmou.

— O problema, tia, é que, na escola, os amigos ficam cobrando. Ficam tirando com a nossa cara, pelo fato de a gente não curtir festas, baladas, *shows*... Sempre fui excluída dos grupos por não ter liberdade de sair. Isso é uma droga! A gente não se encaixa... Vira motivo de chacota — Sarah desabafou.

— Mas você não perdeu nada, minha filha — lembrou Graziella. — Veja a vida de algumas amigas suas. Como elas estão hoje? Já vimos duas, da sua idade, com filho no colo! Nem sabem quem é o pai! Teve uma outra que a família até se mudou por vergonha, porque a menina contraiu HIV e ficou grávida, igual à Ullia.

— Mas a Ullia ainda foi pior... Ela contou que se prostituiu... — disse Pietra que chorou novamente. — Falou que começou usar algumas drogas... Os amigos iriam rejeitá-la se não participasse de tudo junto com eles. No começo, era de graça. Depois tinha de pagar. A mesada não era suficiente...

Os próprios amigos arrumaram clientes pra ela e pras outras se prostituírem... Com o dinheiro, compravam bebidas, drogas, faziam festas... Até quando disse que perdeu o celular, era mentira. Disse que tinha uma casa de prostituição que aceitava que fosse trabalhar lá de vez em quando... — chorou mais ainda. — Agora está grávida... Nem sabe quem é o pai... E é soropositivo... A culpa é minha... — chorou muito.

Bárbara, muito reflexiva, comentou em tom pausado:

— Não sei afirmar se a culpa é totalmente sua, Pietra. Sem dúvida alguma, os pais precisam colocar limites nos filhos, conversar muito, dar exemplo... Mas vamos lembrar que o filho, a filha é um ser pensante, dotado de opinião. Os pais precisam sim, dar limites, exigir satisfações, olhar as bolsas, mochilas e querer saber onde o filho ou a filha estão. Vigiar mesmo! — salientou. — Mas temos de levar em consideração que os filhos têm livre poder de escolha. Os pais aconselham, vigiam, mas não conseguem ficar vinte e quatro horas por dia vigiando. Por exemplo, a Sarah foi criada com limites, foi orientada pela mãe, mas, se quisesse mesmo, poderia ter se enturmado com uma galera da pesada, que usasse álcool, drogas, feito sexo sem responsabilidade... — Olhando para a sobrinha, perguntou: — Certo, Sarah? A tia está errada?

— Não. A tia tá certa. Nos momentos que eu ficava revoltada, com ódio, queria sumir, desaparecer... Dava vontade de fazer um montão de coisa para magoar minha mãe... — Graziella pensou em dizer algo, mas quando respirou para falar, Bárbara segurou-lhe o braço e fez um sinal, pedindo para deixar Sarah desabafar. E a jovem prosseguiu: — Eu sentia uma revolta, um ódio que não cabia dentro de mim. Mas aí, sentia também um medo. Lembro que um padre falou uma vez pra gente, ainda quando eu estava fazendo o curso pra Primeira Comunhão... Ele falou que o diabo fica tentando a gente em pensamento. Os pensamentos parecem nossos, mas não são. E para saber quando os pensamentos são do diabo é simples: basta saber se os pensamentos são pra coisas ruins, que prejudiquem a gente de alguma forma. Se prejudicam, são do diabo. Daí, eu ficava com medo. Se eu fizesse alguma coisa que desse errado, não teria como voltar atrás. Lembrava das coisas que minha mãe falava... Mesmo gritando, ela dizia: Quando estiver em dificuldade, tiver problemas, as amigas vão sumir da sua vida. Muito dificilmente vai ter uma ou duas do seu lado. Do contrário, quando tiver problemas, vai ter só a mim! E não me traga mais problemas porque eu tô cheia! — arremedou a mãe. — Tudo isso vinha na minha cabeça e eu tinha medo. Acho que foi por isso que não fiz besteira.

— Não sei se foi medo ou noção de responsabilidade — disse Patrícia. — Isso o que nos contou mostra o quanto é importante oferecer religiosidade para as crianças. Eu sempre admirei isso na Graziella. A Grazi sempre levou a filha para a igreja, para os cursos evangelizadores... Toda religião tem grupos para crianças e jovens. Esses ensinamentos morais conscientizam imensamente. No momento de fazer burrada, o inconsciente diz não. O medo é uma forma nítida de manifestação inconsciente. Por não conseguirmos traduzir as consequências de algo que nunca fizemos, muitas vezes, o medo se manifesta e nos protege.

— Mais isso... Nunca ensinei religião aos meus filhos... Só nos últimos tempos eu e o Dáurio começamos ir à igreja — Pietra chorou. — O que eu faço, meu Deus?... O que eu faço com a Ullia?

— Ensina sua filha a se cuidar com empenho — disse a avó, intimamente destruída.

— Hoje em dia, sabemos que não existe cura para o HIV, que resulta nas consequências da Aids. Mas existem medicamentos que podem conter o vírus para que a Aids não se manifeste.[1] Com uma vida regrada, alimentação saudável, vida equilibrada, muitas pessoas têm convivido com o HIV.

---

[1] Nota: O livro *No silêncio das Paixões*, um romance de Eliana Machado Coelho e Schellida, publicado pela Lúmen Editorial, traz muitas informações a respeito de HIV e Aids, no plano físico e espiritual, abordando de uma forma clara, em bases morais sólidas e respeito mútuo, algumas razões pelas quais se torna soropositivo.

Mas é preciso muito cuidado, muito amor e carinho para consigo mesmo. É o momento de Ullia fazer isso por si — disse Patrícia.

— Muito provavelmente, a gravidez foi uma bênção. Foi um acontecimento para que a Ullia parasse com o que estava fazendo e assumisse responsabilidades — Bárbara acreditou. — Desde agora, ela precisará tomar medicação, cuidar-se bem, manter a carga viral bem baixa para que tudo corra bem e o bebê tenha uma chance de nascer sem se contaminar. Por isso, Pietra, você vai ter de deixar sua filha fazer muita coisa. Não vá você fazer por ela. Ela tem de assumir responsabilidade e se manter ocupada — Bárbara estranhou a forma como disse aquilo. Ela não se achava capacitada para tal orientação. Mas não disse nada a respeito. Somente sentiu.

— Vou precisar da ajuda de vocês — Pietra falou chorosa.

— Terá, filha — Antonella afirmou.

As demais ficaram caladas. Pietra percebeu, mas nada disse.

Talvez, por estarem com tantos problemas e dificuldades, não gostariam de assumir mais nada. Além disso, sabiam que ela não trabalhava, teria mais tempo para cuidar e orientar a própria filha.

Contas vencendo, aluguel para pagar... Somente Patrícia trabalhando e um pouco de dinheiro que Graziella conseguiu vendendo as roupas que lhe sobraram da partilha da sociedade da loja que tinha.

Mais tarde, observando a cunhada, Patrícia chamou-a em um canto e perguntou:

— Você está bem, Bárbara?

— Não sei te responder. Tem dia que estou bem, em outros... Estou esgotada. — Fez silêncio por um instante e a outra aguardou. Por fim, Bárbara considerou: — Sabe aquela história que a Sarah contou sobre o diabo falando nos nossos pensamentos?

— Sim. Lembro.

— Acho que estou sentindo isso — confessou.

— Quer ir à igreja comigo?

— Não sei...

— Vamos, vai? — Patrícia insistiu. — Vai ser bom. — Quando não houve resposta, disse: — É você quem terá de se erguer depois de uma queda. Ninguém consegue fazer isso por você. A fé te dá essa força. A fé te coloca no bom caminho e te dá esperança. Para desenvolver a fé, é preciso despertá-la no seu coração, por meio da busca.

— Buscar o quê? — Bárbara perguntou.

— Deus.

— Deus?!

— Sim. Deus — tornou a afirmar. — Há quanto tempo você não busca Deus?

— Eu oro... — respondeu tão somente.

— Será que orar e cair na cama, entregando-se à sorte, à revelia vai te ajudar? — Não houve resposta. — Às vezes, necessitamos buscar Deus. Abrir nossa mente e o nosso coração. Ir atrás de coisas boas. Você ouviu a história da Sarah. Não bastou só os limites e as orientações da mãe. Precisou alguém de fora para fazê-la entender o que era certo ou errado. Você precisa sair, conversar com pessoas, ver coisas novas e boas... Ouvir histórias... — Lembrou-se. — A historinha boba que lemos para as crianças antes de dormir sobre a cigarra e a formiga... Muitos pais deixaram de ler essa historinha para os filhos e, talvez, por isso vemos muitos jovens e até adultos querendo não trabalhar e ter as coisas. Querendo que Deus ajude, mas sem se esforçar para fazer o que é certo. Faltou essa historinha para compor a base deles. Tem muita gente querendo, desejando ganhar as coisas por meio de reclamação, choramingando... Querendo que tenham dó das suas condições, mas não fazem nada, não se esforçam, não trabalham... É a verdadeira história da cigarra e da formiga na vida real.

— Eu sempre estudei, trabalhei, dei o melhor de mim. Nunca fui cigarra. O que deu errado?

Patrícia pensou e respondeu com jeitinho:

— Você buscou Deus? O seu lado espiritual está elevado? Protegido? — Breve pausa e prosseguiu: — Deus não nos obriga a ir até Ele. A fábula da cigarra e da formiga também pode se estender à religiosidade. Levando essa fábula para o lado religioso, podemos dizer que a cigarra, nos momentos felizes, dançava e tocava, enquanto as formigas trabalhavam-se espiritualmente, agradeciam a Deus por tudo o que conquistavam e colhiam... Então, em um momento difícil, elas tinham muito mais força e esperança porque haviam se aproximado mais de Deus e não se desesperavam. Sabiam que tudo daria certo como tem de dar. — Sorriu — Bem... é uma história meio vaga, mas serve para explicar que nos momentos felizes, geralmente, não nos lembramos de Deus. Mas nossa alma, nosso ser, precisa Dele todo o tempo.

— Não sei se quero ir à igreja... — Bárbara não se convenceu.

— Então, procure um outro templo de oração. Qualquer outro que te agrade mais. Mas vá! — foi firme.

Não havia notado a outra cunhada ouvindo a conversa. Ao se fazer perceber, Graziella pediu:

— Posso ir à igreja com você, Patrícia. Faz tempo que me afastei de Deus...

— Claro! Vamos sim! — Patrícia se animou. — Vou arrumar as crianças — disse alegre e foi procurar os filhos.

— Reparou como a nossa cunhada está vivendo a mesma situação complicada que nós e reage tão diferente? Ela é otimista — Graziella perguntou. — O que será que move essa mulher?

— A fé — Bárbara falou quase sem pensar.

Capítulo 20

CORAÇÕES QUE CONVERSAM

Era madrugada.

Bárbara, totalmente sem sono, achava-se na sala, sentada no colchão que havia colocado atrás do sofá. Foi ali que passou a dormir desde que decidiu ficar na casa de sua mãe.

Ligou o celular, que antes estava carregando, para se distrair e também na esperança contatar conhecidos para saber se encontraram qualquer colocação para ela. Quem sabe alguma mensagem a respeito. Só negativas. Os amigos e conhecidos pareciam se afastar.

Passou a receber poucas mensagens restritas de alguns e nenhuma de outros que acreditava serem seus amigos.

Recostou-se na parede fria. Fechou os olhos de cujos cantos escorreram lágrimas grossas e quentes.

Sentia-se perturbada. Não organizava os pensamentos como antes. Agora, um turbilhão de ideias desconexas e embaraçadas passava em sua mente.

Parecia vestir o manto tenebroso do cansaço que a prendia ao chão. Desmotivada, infeliz e amarga. Desejava sumir, desaparecer, morrer...

Gostaria que tudo aquilo terminasse, de uma vez por todas.

Não cuidava mais de si mesma. Não como antes. Seus cabelos estavam muito compridos e sem corte. A cor natural agora era constante e, na maioria das vezes, os cabelos ficavam presos, feito um rabo de cavalo escorrido nas costas.

Passou a vestir-se com roupas soltas e sempre as repetia, de cor totalmente cinza ou preta, embora tivesse outras. Não ousava inovar em nada sua aparência. Permanecia muito tempo quieta, calada, sem opinar e só o fazia quando alguém lhe perguntava ou o assunto era muito importante.

Por várias vezes, sem comentar, irritava-se com Marcella que, bastante ansiosa, não parava de falar sobre tudo o que enfrentavam, suas preocupações e medos.

Chegou a ouvir dessa irmã que morrer seria melhor.

Ficou imaginando se ela também desejava se suicidar.

Na espiritualidade, Perceval e seus acompanhantes não a deixavam em paz. A ligação de seus pensamentos eram tão fortes como se estivessem ligados a fios invisíveis quando esses espíritos perseguidores concentravam-se nela, provocando-lhe ideias e desejos de morte.

Tudo lhe parecia um grande peso.

A vida perdeu a cor, a graça, o brilho... Tudo era cinza.

Naquele instante, seu telefone celular tocou.

Olhou. Era Pietra.

Não desejava atender a irmã. Não queria ouvir reclamações nem falar de problemas.

Pietra também era outra que só reclamava.

Sem querer, jogou a cabeça para trás e bateu na parede, fechando os olhos ao dizer baixinho:

— Ai, meu Deus... Me ajuda...

Mesmo ouvindo o toque insistente e sentindo a vibração em sua mão, não atendeu.

— Não aguento mais... — murmurou e, novamente, ideias de tirar a própria vida vinham-lhe à mente com insistência e intensidade.

Estava aflita.

O telefone silenciou.

Permaneceu, ali, sozinha com sua dor, por longo tempo.

O tilintar de uma mensagem tirou sua atenção de pensamentos doentes, mórbidos e findáveis.

Olhou o celular outra vez. Certificou-se de que Murilo enviou-lhe alguma coisa e fotos.

Pegou para ler.

O amigo contava mais um capítulo da sua aventura na adoção de um gatinho e mandou algumas fotos do felino, mostrando como estava lindo e saudável. Diferente de quando chegou.

Bárbara leu e olhou as fotografias, mas isso não a animou. Não havia graça ou interesse no assunto. Ela possuía problemas maiores.

Ouviu um barulho que vinha da cozinha e reconheceu as vozes das irmãs quase falando ao mesmo tempo.

Precisou de muita energia para se erguer dali, daquele colchão, onde parecia pregada.

Respirou fundo e procurou por seus chinelos que estavam ao lado de Billy. O cachorro não a deixava só. Parecia sentir que algo estava errado com ela.

Lentamente, pareceu se arrastar até o outro cômodo.

— Preciso de alguém que fique com essa menina! — dizia Pietra muito zangada. — Tenho de levar o Dáurio ao médico e não posso deixar a Ullia sozinha! Liguei para o celular da Marcella, deu caixa postal. Liguei para a Grazi, caixa postal... Liguei para a Patrícia, caixa postal...

— Só ligo o celular depois que levanto. Não fico com ele ligado à noite — a cunhada esclareceu.

— Estou sem créditos faz tempo. Cortaram minha linha. Acho que já perdi o direito ao número — Graziella se defendeu.

— Liguei para a Bárbara. Chamou e não atendeu! — olhou fixamente para ela, inconformada com sua atitude. — Na hora que a gente mais precisa é que descobrimos quem realmente importa! Custava atender ou então ligar de volta?! Sim, porque vai ver estava ocupada, longe do aparelho e não pôde atender no momento. Mas custava retornar?!

— Meu celular estava desligado. Eu estava dormindo — Marcella disse, mostrando insatisfação. — Acordei com o celular da Bárbara tocando. Olhei no relógio, eram 5h30min da manhã! Hoje é domingo! Tenha dó, né?...

— Era uma emergência! Mas é assim mesmo! Família é uma droga! Não ajuda! Não conforta a gente! Não faz nada! Aaah!... Aí falei pra mim mesma: vão ter de me ajudar de qualquer jeito! Por isso, vim direto pra cá!! Trouxe a Ullia pra ficar aqui. É impossível três mulheres, como vocês, em ótimo estado, que estão em casa sem fazer nada, não poderem ficar com a sobrinha doente, que precisa tomar um remédio a cada três horas! Vocês três não estão fazendo nada! Podem ajudar muito bem! — Pietra falava de modo austero, agressivo e alto. Exclamando sempre. — Na hora que eu mais preciso...

— Cala a boca, Pietra!!! — Bárbara berrou, sem que ninguém esperasse. — Pra você, a vida dos outros é fácil! Você só reclama do que nós não fazemos! O que você fez a vida inteira por si mesma?! O quê?! Viveu à sombra de um marido rico! Viveu seu luxo e vaidade encostada em um cara que te fazia de empregada de luxo! Não quis crescer! Só quis viver à sombra de um homem rico! Não fez nada na vida! Não sabe o que é trabalhar! Ganhar dinheiro por conta própria! Pagar as contas! Não sabe o que é isso! Só reclama! Só pelo fato de nos ver, as três, aqui em casa, aparentemente sem fazer nada, não te dá o direito de julgar! Não tem ideia da dor que cada uma de nós carrega! Só porque não reclamamos como você, não te dá o direito de julgar que não temos problemas! Temos sim! E muitos!!! O aluguel está vencendo! Temos contas básicas para pagar como água, luz, gás!... Somente eu, a Marcella e a Patrícia estamos mantendo nossos celulares! Abra a geladeira e veja como está vazia! Olhe a despensa! Verifique que está no mesmo estado! O dinheiro que recebemos, eu e a Marcella, está acabando! Estamos regulando tudo! Não encontramos emprego! Meu apartamento foi vendido, mas não terei o valor total dele! Já nem tenho carro! Estou desesperada! Com ódio! Com raiva! Estou de cabeça quente com meus problemas! A Marcella idem! Está como eu! A Grazi também! A Patrícia tem duas crianças!!! E você ainda vem pra cá trazendo mais problemas?! Quando, lá atrás, nós te demos conselhos, não ouviu, então, não venha pedir ajuda! Arque com as consequências do que fez ou deixou de fazer! Estou cheia!!! Tem hora que quero morrer! Quero sumir!!! Não me venha aqui julgar que somos ou estamos folgadas! Não tem ideia do que está acontecendo!!!

— Mas é que uma está dormindo, eu ligo dá caixa postal... A outra não atende!... O que quer que eu pense?!

— Pense que não estamos à disposição!!! Que não conseguimos dormir à noite devido ao cansaço de ontem por termos batido pernas o dia inteiro atrás de emprego! Por não termos dormido por preocupação!!! Pense isso!!! Não somos obrigadas a dar satisfações, principalmente a você que nunca ouviu nossos conselhos ou sugestões!!! Se tivesse estudado, investido em si mesma, como a Marcella sempre te falou, não estaria vivendo das migalhas que o seu marido deixou. Se tivesse nos ouvido, teria educado melhor seus filhos!!!

— Olha aqui, Bárbara, eu não tô...

— Cala a boca você também, Ullia!!! E para você, eu não sou Bárbara!!! Sou tia Bárbara!!! Vai ser assim, se quiser me dirigir a palavra de hoje em diante! E se vai ficar aqui, nesta casa, mesmo que seja por algumas horas ou minutos, vai ter de respeitar a todas! Entendeu?! Vai dizer: por favor, obrigada, senhora, tia, vovó!... Sei lá mais o que diabos, mas vai ter de demonstrar respeito!!! O que não aprendeu nesses anos todos, vai ter de fazer aqui!!! Estou cheia!!! Cheia!!! Cheia de ouvir queixas e reclamações sem ver qualquer esforço de vocês! Estamos todas no mesmo barco, então, todas vão ter de remar! Vão parar de reclamar, porque não aguento ouvir mais

reclamações! — Ofereceu uma trégua. Bárbara estava vermelha e ofegante. Algumas mechas de seus cabelos despenteados caíram na frente do rosto e ela os afastou com as mãos. Seus olhos brilhavam. Nunca, ninguém, viu-a assim, tão alterada. Respirou fundo. Ajeitou-se e, em tom mais brando, falou:
— Quer ou precisa deixar a Ullia aqui, deixa. Ela não é mais criança. Sabe olhar o relógio e ver a hora de tomar ou comer o que precisa. Aliás, é bom que tenha trazido o que ela precisa comer. Vamos ficar de olho nela. Não tem televisão porque cortamos o luxo da TV por assinatura e nem ligamos os canais convencionais. Precisa de um aparelho que não temos. O que quiser vai ter de pedir por favor. Não somos obrigadas a nada. Até porque, quando você, dona Ullia, foi se meter em encrencas, não pediu nossa opinião. Quem não quer minha opinião não merece minha ajuda! Pessoas incompetentes e fracassadas acreditam sempre que os outros lhes devem alguma coisa. Chega disso! Aqui não! Pode ficar aí! Mas não encha o saco! Não quero ouvir uma única reclamação nem nada que seja negativo! Chega! Basta!

Olhou para todas. Nenhuma palavra. Virando-se, Bárbara saiu. Foi para outro cômodo.

Todas se entreolharam e não comentaram nada, mesmo em sua ausência.

Nunca a tinham visto daquela forma.

Pietra ficou calada e muito chateada com tudo o que ouviu. No fundo, sabia que a irmã tinha certa razão. Reconheceu-se egoísta, por nunca pensar nas dificuldades dos outros e sempre desejar ser atendida de imediato.

Ullia foi para o quarto da avó se deitar.

Patrícia ficou pensativa e comentou:
— Gente, a Bárbara não está bem. Tenho notado isso. Vocês não?
— Às vezes, estou como ela... Me sinto no limite... Quero morrer... — Marcella desabafou e caiu no choro.
— Emocionalmente, vocês não estão bem. É visível. Uma age diferente da outra, mas a causa é a mesma e... — Patrícia calou-se.

Graziella abraçou Marcella e pediu:

— Calma... Não fica assim... Como a Bárbara disse, estamos todas no mesmo barco e precisamos remar.

— Se não fosse pelo Régis... Aquele desgraçado acabou com a minha vida... Fez com que eu perdesse até meu emprego... — chorou.

— Marcella, procura não amaldiçoar o seu ex-noivo — Patrícia orientou com bondade. — É lógico que dói. É lógico que o que aconteceu te causou grande sofrimento. Mas falando dele com raiva, com ódio, guardando rancor, é você quem fica presa a todo sofrimento. Daí, sua vida fica presa também. Você não se liberta.

— Não consigo... — a cunhada confessou. — Sinto um ódio dele! Um ódio!... Fico imaginando o Régis sofrendo e pagando tudo o que me fez! Fico querendo matá-lo! Quero vê-lo atropelado! Pegando fogo em um acidente de carro! Quero que tenha uma doença grave... — chorou. — Fico pensando isso direto...

— São esses sentimentos, esses desejos que estão te fazendo mal, Marcella... Não fica assim não... — orientou a cunhada, com jeito bondoso. — Não diga isso nem por brincadeira! — ressaltou. — Se os anjos dizem: Amém! Você entra no pacote de presente que quer dar. Não fala isso. Isso te faz sofrer. Quando estava noiva, ficou planejando tanto tudo o que deveria acontecer que criou uma ansiedade muito grande. Não estava preparada para outro resultado senão aquele que planejou. — a outra a encarou e ficou prestando atenção. — Da mesma forma hoje, você está acreditando que o futuro será mais difícil do que o que vivemos. Calma... Pare de sofrer pelo que não aconteceu. Pare de tentar antecipar, premeditar e querer controlar os acontecimentos, os resultados, a vida... Não queira controlar tudo. Tenha um pouco de fé. Devemos fazer planos sim, mas precisamos estar sempre preparados para mudanças repentinas que não dependem de nós. Veja o que está fazendo... Ficando apreensiva, vivendo o futuro, imaginando mil coisas que não aconteceram... Desejando o mal de alguém, seja de quem for, você permanece vibrando uma energia ruim. Faça a sua parte, mas deixa algumas coisas para Deus resolver. De preferência, ao que não estiver no seu controle.

— Não consigo parar de pensar! Não consigo!... — falou chorando.

— Então pede a Deus. Caia de joelhos, se for preciso e peça pra Ele te ajudar a mudar esses pensamentos de ódio, vingança, ansiedade e insegurança com o futuro. Quando ideias nocivas vierem a sua cabeça, ore. Faça uma prece. Duvido continuar. Converse com Deus, rogue que pensamentos perversos e inúteis sejam afastados. Quando a ansiedade com o futuro chegar em forma de medo, dúvida e aflição, respire fundo algumas vezes e diga: quero paz! Estou conquistando a minha paz. Vou viver o aqui e o agora. Farei o meu melhor para garantir um futuro bom. No instante seguinte, concentre-se em outra coisa. Faça algo. Leia. Cante em pensamento ou não... — sorriu. — Espante pensamentos inúteis, modo acelerado ou fixo de ter ideia... Enquanto não fizer isso, não vai viver bem.

— Como você consegue ser tão otimista, tão positiva assim, Patrícia? — Graziella indagou.

— Fé. Faço o meu melhor. Oro agradecendo as conquistas e tudo o que vivo no dia. O resto, entrego pra Deus.

Pietra, que ficou petrificada e ouvindo tudo, decidiu levar Dáurio ao médico.

Bárbara, no outro cômodo, estava sentada no colchão atrás do sofá.

Tinha colocado os fones de ouvidos e ouvia música para não escutar nada nem ninguém. Imaginou que não falariam bem dela e não quis saber.

Depois dos gritos que deu, sentiu um esgotamento sem precedentes. Arrependeu-se, mas estava feito.

Olhando no celular, decidiu responder à mensagem de Murilo.

"Seu gatinho está lindo".

"Obrigado. Estou com dó. Ele será castrado. Mas sei que é por uma boa causa" — ele respondeu.

Ela não escreveu nada e o amigo quis saber:

"Você está bem?"

"Nem tanto".

"Problemas?" — tornou o rapaz.

"Os de sempre. Tenho vontade de sumir".

"Faça algo por si mesma. Renove seus pensamentos".

"Não sei como".

"Sabe sim". — ele afirmou.

"Como?"

"Comece pelo mais próximo. Comece por você".

"Também não sei como". — Bárbara escreveu.

"Daqui a pouco vai ter uma palestra no centro espírita que frequento. Quer ir comigo?"

"Não sei".

"Tá vendo? Quando aparece alguma coisa legal para você fazer, não aceita, não vai..."

"Que horas começa?"

"11h" — o amigo informou.

"Onde é?"

"Você se arruma e eu passo aí na sua casa. Combinado?"

"Tá bom. Vou me arrumar" — ela decidiu.

"Passe-me o endereço".

Após informar, despediram-se.

Passado algum tempo, Murilo parou o carro em frente à casa de Antonella.

A amiga já aguardava ao portão.

Bárbara entrou no carro. Eles se cumprimentaram e se foram.

Chegaram à casa espírita.

Na espiritualidade, Perceval estava inquieto. Totalmente insatisfeito. Havia perdido sua aparente compostura. Irritava-se com o fato de Bárbara ir a uma casa de oração.

Já na porta, devido às vibrações e preparo do ambiente, Bárbara entrou sem as companhias espirituais que viviam presas a ela como pingentes espirituais.

Os amigos seguiram pelo corredor central e ocuparam lugar no auditório, ficando lado a lado nas cadeiras.

Murilo cumprimentou algumas pessoas e logo se aquietou.

Ela fechou os olhos e ficou em silêncio. Sentiu-se em paz, sem saber a razão.

Não demorou, fizeram uma prece. Apresentaram o palestrante e o tema daquele orador era nada mais nada menos que suicídio sob a luz da Doutrina Espírita.

Bárbara interessou-se. Ficou alerta. Aquele tema era para ela. Não disse nada ao amigo e ouviu, com extrema atenção, tudo o que foi dito.

No final, aceitou o passe oferecido. Permaneceu atenta às vibrações finais e prece de encerramento.

Bárbara parecia pregada à cadeira. Não queria se levantar para ir embora.

Desde que entrou, não disse uma palavra.

Murilo achou graça, porém nada comentou.

Todos os demais se levantaram e seguiram fila morosa para irem embora, mas Bárbara nem olhou para os lados.

— Gostou? — o rapaz quis saber.

Ela demorou a responder:

— Muito... — praticamente murmurou.

— Está se sentindo bem?

— Anestesiada. Uma sensação diferente. Nem boa nem ruim. Anestesiada, é a palavra certa.

— Muito provavelmente, amigos espirituais tiraram algumas impressões, ou melhor, energias espirituais que te envolviam. Energias ruins.

— Quero que isso dure — olhou para o amigo.

Murilo fitou seu rosto miúdo escondido entre os cabelos longos. Os olhos da amiga, diferente de antes, agora brilhavam.

— Esse estado é uma conquista. A duração vai depender de você. — Ofereceu um sorriso e lembrou: — Sabe aquela frase, muito usada em filmes: "Tudo o que disser ou fizer será usado contra você" — sorriu largamente. — Pois é isso.

— A frase não está completa. É assim: "Você tem direito a um advogado. Tudo o que disser ou fizer será usado contra você" — sorriu e perguntou: — Quem é esse advogado?

— Advogado é aquele que te defende. O melhor advogado é Jesus. Para contratar esse, você precisará de boas práticas, bons pensamentos, fé, amor incondicional, perdão das ofensas, honestidade... todo dia, o tempo todo. "Ninguém chegará ao Pai se não por mim". Lembra essa passagem do Evangelho?

— Sim. Lembro.

— Pratique o que Ele ensinou. Amor, fé, perdão das ofensas, bons princípios, bons pensamentos... E, se tiver algo que ainda precise de ajuste, "deixe no altar a sua oferta e vai, primeiro, desculpar-se com seu irmão!" — Viu-a sorrir espontaneamente e ainda falou: — Para se harmonizar como ensinou Jesus, não fique fazendo provocações nem nas redes sociais. Viu? — brincou e a empurrou com o ombro.

— Não gasto meu tempo com redes sociais. A não ser para anunciar ou procurar alguma coisa importante. Somente por isso as tenho.

— Anuncie o amor, a paz, o que é bom... Isso é semear o bem. Você também colherá os frutos. Quando semeia ódio, discórdia, desvalores, sensualidade, provocações... Colherá os frutos.

— Gostaria de ficar aqui — falou de um modo singelo, olhando em toda sua volta.

— Mas não pode, moça! O salão está quase vazio! — ressaltou e pegou na ponta de seu nariz, apertando levemente.

Ele levantou-se, estendeu a mão para ela e Bárbara aceitou.

Na saída, após alguns metros, Perceval os observava com desconfiança. Conseguiu observar que, na espiritualidade, Bárbara estava livre de muitos dos miasmas e energias pesarosas que antes compunham seu panorama espiritual.

— Isso não vai durar muito — Perceval afirmou. — Não vai mesmo.

— Quer ir até meu apartamento e conhecer meu gato? — Murilo perguntou animado.

Bárbara titubeou. Lembrou da conversa que teve com a irmã sobre ele ser um estranho. Mas acabou aceitando.

— Só se não for demorar. Minha mãe está me esperando pra almoçar. Por mais simples que seja o almoço de domingo... Sabe como é... — sorriu.

— Sem problemas. Eu te levo depois.

Assim foi feito.

Chegando ao apartamento do amigo, sem perceber, Bárbara notou que tudo era bem organizado e limpo.

— Você sempre morou sozinho? — quis saber.

— Sim. Desde que passei no concurso para Promotor Público e precisei morar aqui na capital de São Paulo.

— Tem alguma faxineira?

— Ah!... Tenho sim. E não vou dar o telefone dela nem sob ameaça de morte! — riu com gosto. — Não vivo sem a dona Isabel. Ela aparece aqui uma vez por semana.

— E as roupas? Quem cuida?

— As roupas comuns de cama, mesa e banho eu mesmo lavo e passo — fez uma expressão engraçada, mostrando não apreciar. Apontando para a lavanderia, que podia ser vista da porta da cozinha, mostrou de longe: — Olha lá! Levantei bem cedo hoje e lavei tudo.

— Você é prendado. Não tem nem louça na pia — reparou e riu.

— Vou ligar a cafeteira... Um instante... — entrou na cozinha e voltou rápido.

No corredor, ainda, Bárbara deu alguns passos até a sala e perguntou:

— Onde está o gatinho? — quis saber.

— Não sei... É a primeira visita desde que dividimos o apartamento. Acho que o Oliver é meio envergonhado. Já vou procurá-lo. Sente-se! — convidou.

Bárbara se acomodou no sofá e observou as telas.

— Já colocou tela em tudo, né?

— Já — respondeu de pronto. — Não quero arriscar. Somos responsáveis por aquele que escolhemos proteger.

— Gostei da palestra daquele homem. Tudo o que disse tem a ver comigo.

— Toda vez que ouvimos palestra é interessante pôr em prática as propostas boas do orador. Você ouviu quando ele falou: Nada na vida pode ser dado de graça. Tudo tem um custo. Até Deus delimita Leis Universais para serem cumpridas. O Pai nos oferece a vida, mas não dá nada de graça. Se você quiser evoluir, precisa se esforçar para isso. Ele nos criou, todos, simples e ignorantes. Todos que evoluíram estão em estado consciencial melhor, encontram-se em condições melhores, foi por esforço próprio. Por merecimento. Deus não dá nada de graça. Se quisermos ser felizes, viver em esferas celestiais, precisamos nos empenhar.

— Hoje cedo dei uns gritos com minha irmã e... — contou tudo. — Não me senti bem com o que fiz. Aliás, nem sei onde arrumei força e palavras para falar tudo aquilo. Durante a palestra, lembrei-me do que falei sobre: pessoas incompetentes e fracassadas acreditarem sempre que os outros lhes devem alguma coisa. Um pouco antes, eu tinha pedido para Deus me ajudar. Como se Deus me devesse alguma coisa. Nunca cuidei, como deveria, do meu lado espiritual. Nunca dei atenção... Vejo minha cunhada, a Patrícia... Que exemplo! Meu irmão a abandonou com dois filhos. Perderam tudo, todo patrimônio que tinham. O pai dela é ignorantão! Não admite filha separada, divorciada... O homem é todo exigente. A Patrícia é católica. Está sempre na igreja, ajuda nas obras sociais da comunidade... É a única que está trabalhando e colocando dinheiro em casa. É a única que não está abalada, psicologicamente, com tudo o que acontece, pelo menos é o que demonstra. Ela é sempre otimista, muito animada...

— Otimismo e ânimo podem ser desenvolvidos. Basta praticá-los. Comece com a gratidão. Sua vida será outra! À medida que você vai sendo grato, seu cérebro começa a mudar. Não sou eu dizendo. São pesquisas. À medida que agradece verdadeiramente, seu cérebro, suas glândulas começam a fabricar hormônios da felicidade. Cada vez que você ajuda os outros, sente-se feliz em ajudar em tarefas sociais ou uma palavra amiga, seu organismo começa a fabricar hormônios que vão te trazer alegria, paz... O contrário também acontece. Quando começamos a criticar muito, criticar os outros, criticar a vida alheia, criticar o cabelo de um, a saia da outra, o corpo de mais alguém... Quando criticamos o povo, criticamos políticos, criticamos, criticamos e criticamos... Nós nos tornamos uma pessoa mesquinha, amarga. Nossas glândulas deixam de fabricar o hormônio do bem-estar, da felicidade. Reclamar, criticar, desejar o mal, guardar mágoa, rancor, não perdoar... Faz muito, muito mal à saúde. Nosso fígado fica envenenado. Começamos a ter problemas de nervos, tendões, músculos, chegamos a ter pedras na vesícula... — riu. Depois lembrou: — Já te falei isso uma vez.

— Eu lembro. Tive uma vizinha, muito irritada. Vivia reclamando que os cachorros faziam sujeira bem na frente da casa dela. Um dia, eu soube que ela precisou retirar a vesícula biliar porque desenvolveu pedras. Acho que nem ela associou os fatos.

— Tá vendo! Reclamar não traz só males espirituais não. Traz problemas físicos também. Imagino, no plano espiritual, como os obsessores ficavam em cima dela para que olhasse, reparasse e reclamasse dos cachorros. Se ela tivesse largado, se desligado desse assunto, encontrado algo mais útil para fazer, não seria assediada por espíritos frívolos, coitados e se igualado a eles.

— Essa mulher implicava tanto!... Foi engraçado. Reparei que enquanto ela ficou no hospital e depois, em casa, recuperando-se, ninguém limpou a calçada e nenhum cachorro fez suas necessidades lá.

— Ela podia, simplesmente, limpar e não dizer nada. Compreender os animais. Garanto que não iria passar raiva.

— O câncer é algo que corrói. Já ouvi falar que pessoas que se irritam muito têm mais propensão a ele — Bárbara comentou.

— O câncer é corrosivo. Dizem que está ligado ao egoísmo, ao rancor, ao ódio, à falta de perdão desta ou de outra vida. Por isso, o quanto antes precisamos aprender a perdoar e orar mais por aqueles que ainda parecem nossos inimigos.

— Você sofreu câncer. Teve rancor ou mágoa de alguém?

Murilo pensou um pouco. Ofereceu um sorriso enigmático e confessou:

— Tive. Tive sim. Desta vida sei que sim... — riu engraçado. — Talvez de outra também.

— Conseguiu esquecer essa mágoa? — ela se interessou em saber.

— Esquecer a situação que me levou a isso, não esqueci. Mas hoje eu lembro de todo o acontecido como um grande aprendizado. Sou capaz de entender os envolvidos. Eu me coloquei no lugar deles várias e várias vezes para entender. — Pensou um pouco e contou: — Eu namorava uma moça da minha cidade. Namoramos desde os dezesseis anos. Eu me formei em Direito. Ela fez Administração. No dia da formatura dela, descobri que ela e meu irmão estavam se sentindo atraídos. Já tinham se encontrado e não sabiam como me falar. A ideia era de ela terminar comigo e depois de um tempo os dois simulariam uma aproximação e um namoro. Talvez fosse menos traumatizante para mim. Odiei meu irmão. Odiei a Carla pela traição. Fiquei inconformado. Logo passei na OAB e depois no concurso para Promotor e vim pra São Paulo. Eles se casaram depois de dois anos. Fui convidado, mas não compareci. Mesmo namorando outra mulher na época. Nem depois quando namorei firme a Laura, não esqueci. Remoía dentro de mim tudo o que aconteceu. Foi a época em que tive um estresse imenso... Surtei. Fui fazer psicoterapia. Falei e falei no assunto muitas vezes. A psicóloga pediu para me colocar no lugar do meu irmão para entender como as coisas funcionavam. Não conseguia. Eu me achava perfeito. Dizia que jamais aceitaria roubar a namorada do meu irmão. Eu era uma besta perfeita! Arrogante. Vaidoso! Achava que nunca seria capaz de cometer um erro. Agia como se não houvesse outras encarnações. Como se nunca tivesse errado. Ah! Eu não perdoava. Vaidade pura! — riu de si — Aí, fiquei doente. A doença fragiliza a gente. Mesmo que não tenhamos medo da morte, temos medo de ficarmos sozinhos. A doença me fez pensar. Eu gostaria de ter aproveitado mais a vida. Gostaria de assistir a uma aurora boreal!... — riu de novo. — Gostaria de conhecer meus sobrinhos. Os três filhos do meu irmão com a Carla — encarou-a. Bárbara pôde ver seus olhos marejados. — Comecei a achar tão bobo o fato... Eles não me ofenderam. Foram honestos. Pior seria se continuasse com ela e os dois mentissem para mim. E daí se os dois se gostaram? Fazer o quê? Nem sei se eu gostava mesmo dela. De repente, o fato de ter de morar em São Paulo, conhecendo outras pessoas... nem continuaríamos juntos, nem sei se continuaria gostando dela... Na vida existem tantas possibilidades... Você nunca sabe dizer aonde sua jornada vai te levar. Mas sabe que, se ficar parado, não vai chegar a lugar algum. Por isso, siga. Tome uma atitude boa e siga em paz. — Suspirou fundo. Voltou a falar mansamente: — Quando tudo aconteceu, eu quis morrer. Pensei em matar meu irmão e a Carla e me matar depois. Passou tanta coisa ruim na minha cabeça... Quando fiquei doente, com câncer, fragilizado, meu irmão me ligou e pedi a ele o favor de vir me ver. — A emoção ainda era viva. Murilo secou os olhos com as mãos. Depois, prosseguiu: — Ele veio. Não tocamos no assunto. Falamos de futebol, de carro, do meu caso, dos tratamentos... Conversamos muito. Assim que melhorei, fui visitá-los. Conheci meus sobrinhos. Nossa! Que molecada linda!

— São meninos? — ela se interessou.

— Dois meninos e uma menina! — alegrou-se ao lembrar das crianças. — Ali estava a minha hereditariedade no mundo, já que não poderia ter mais filhos. Amei as crianças. Abracei meu irmão, minha cunhada. Pedi desculpas por nunca estar presente. É no abraço que os corações conversam. Senti algo estranho naquele abraço. Não sabia explicar. Voltei pra São Paulo. Duas semanas depois, minha cunhada faleceu.

— Faleceu?! Do quê?!

— Acidente de carro. Dirigia na autoestrada e um caminhão, sem controle, bateu em seu carro. Morreu na hora. Estava sozinha. Meu irmão ficou acabado. Mesmo com todo o conhecimento da Doutrina Espírita que trazemos de berço... Não há muito que fazer para consolar uma perda dessas. Somente o tempo faz a ferida cicatrizar.

— Nossa...

— Eu também lamentei muito. Estou com dó do meu irmão, dos meus sobrinhos. Ainda bem que moram perto da minha mãe e ela dá uma força. Agora vou lá sempre que posso e encho as crianças de mimos — riu. — Nunca sabemos o que a vida vai nos trazer. Por isso, se estiver difícil, sobreviva hoje. Amanhã tudo pode mudar. Certamente, será um dia diferente. Eu me recuperei, e minha cunhada faleceu. Aquele ódio, aquele rancor se dissolveram. Ainda bem que se dissolveram. A mágoa, o rancor são espinhos no coração. Jogue fora. Não vale a pena. Ore. Ore a Deus pedindo que todo ódio, toda mágoa, todo rancor saiam do seu coração o quanto antes. Peça perdão por ter nutrido esses sentimentos. Ore por aqueles que te magoaram.

Bárbara ficou atenta e não disse nada.

Um miado chamou a atenção de ambos.

Oliver apareceu de mansinho e logo foi se entrelaçar nas pernas de Bárbara, que sorriu e perguntou:

— Posso pegá-lo?

— Pode. Está limpinho. Também já está sem pulgas e vermifugado.

— Não perguntei por isso. É que, de repente, ele não gosta de colo. Já vi gatinhos que não gostam que os peguemos.

— Não é o caso desse rapaz não. Oliver virou o dono da casa. Eu sou o humano de estimação dele. É um rapaz muito exigente. Folgado. Quer colo quando estou ocupado. Quando quero pegá-lo, ele se afasta todo orgulhoso.

— Ele gostou de mim! Olha como me faz... Ai, que bonitinho... Fofo... Você é muito fofinho, Oliver. Amei você! — falava com voz dengosa.

Bárbara acariciava o gatinho que se esfregava nela, mostrando-se muito simpático com a moça.

Olhando a cena, Murilo orientou:

— Bárbara, procure Deus. Deixe Deus entrar na sua vida, nas suas ações, nos seus pensamentos. Confie no Pai da Vida. Tenha fé. Tudo se resolve. Perdoe a si mesma. Perdoe aos outros. Faça o *Evangelho no Lar* como ouviu falar hoje lá no centro.

— Não entendi direito quando o homem explicou. Você pode me ensinar?

— Claro! É assim...

— Não! Não! De jeito nenhum!!! — Perceval protestava, perdendo o controle. — Perdão não existe! Só ficamos satisfeitos quando nos vingamos de nossos inimigos! De nossos algozes! Daqueles que nos fizeram mal! Vou acabar com você!!! — e saiu rapidamente do apartamento do rapaz.

Capítulo 21

VIVA O AQUI E O AGORA

Nós criamos sempre as condições perfeitas para tudo o que existe a nossa volta. Podemos tirar proveito de tudo o que acontece conosco. É isso o que entidades amigas e superiores esperam de nós. Assim que nos colocamos em postura de refazimento, movimento e ação, eles nos ajudam, fazendo-nos encontrar o melhor caminho no que é bom, útil e próspero para todos.

Por isso, quando nos encontramos em situações difíceis, parar e estagnar não é a solução.

É preciso iniciar, começar e agir.

Sim, é difícil. Mas é possível e é algo que somente nós poderemos fazer.

O ideal é começar pelo mais próximo: por nós mesmos. E de dentro para fora, de cima para baixo.

Por essa razão, sabemos que a meditação e a prece bem feitas são o melhor começo, pois é em nosso coração que a semente germina, nascendo a vontade e o ânimo no bem.

Ao levar a amiga pra casa, Murilo estacionou o carro em frente ao portão.

Ambos desceram.

Antonella percebeu movimentação e saiu para ver o que era.

De imediato, a filha os apresentou:

— Mamãe, este é o Murilo, um amigo. — Virando-se para ele também apresentou: — Esta é minha mãe, dona Antonella.

— Muito prazer, dona Antonella.

— O prazer é todo meu — comentou com alegria, apertando sua mão.

Bárbara ofereceu um sorriso e alçou a bolsa no ombro. Acreditou que o amigo retornaria dali.

— Muito obrigada por ter me trazido.

— Ora! Mas que é isso? Vamos entrar! — convidou a senhora. — Estava pondo os pratos na mesa! Hoje é domingo, hein! Sabe como é... O almoço sai tarde, mas todos estamos reunidos! Entra! Entra! Será muito bem-vindo! É o meu convidado! — falou de modo cortês e alegre.

— Fico grato, mas... — ele tentou dizer, mas foi interrompido.

— Você tem gente te esperando pra almoçar, ãh?! — indagou a senhora. — Tá com cara que não! — exclamou com trejeito italiano e riu. — Venha, vá! Vamos! Vamos!

Bárbara ficou em dúvida se insistia ou não para que ele entrasse. Não tinha a menor ideia do que haveria para o almoço. Nos últimos tempos, a alimentação estava sendo bem simples. Mesmo assim, decidiu incentivar:

— Vamos, Murilo. Entra e almoça com a gente. Se minha *mamma* convidou, não tem jeito de recusar.

Demonstrando-se muito sem jeito, ele aceitou.

A mesa foi composta por todas as moradoras e Ullia que permaneceu cabisbaixa a maior parte do tempo.

Patrícia, como sempre, já havia servido o almoço para os filhos que brincavam com um jogo no chão da sala.

Murilo parecia se sentir um pouco constrangido, no princípio. Só conhecia Marcella e Bárbara um pouco mais.

Indicaram-lhe onde lavar as mãos e, em seguida, o lugar à mesa, que ficou bem apertada.

A própria matriarca o serviu com a massa e o molho delicioso, sua especialidade.

As demais se serviram também.

Patrícia, para deixá-lo mais à vontade, comentou:

— Tenho certeza de que minha sogra não te falou que é a melhor massa que vai comer na vida.

— Não. Isso ela omitiu. Mas agora... Posso garantir que esse é o melhor macarrão que já comi! — Em seguida, sussurrou: — Que minha mãe não me ouça... — provocou risos. Voltando-se para a anfitriã, quis saber: — É a senhora mesma quem faz essa massa e esse molho, dona Antonella?

— Sim! Sim! Eu mesma! — admitiu com orgulho. — Aprendi com minha *mamma* que aprendeu com a *mamma* dela.

— Receita de família, então?

— Sim! Sim! E todas as minhas filhas sabem fazer. Já garanti isso. Ah!... E às minhas filhas eu incluo a minha nora Patrícia.

— Ai, dona Antonella... Meu molho fica longe do que a senhora prepara...

— Não é verdade. Não acredite nela. Todas vocês cozinham muito bem. Fiz questão de ensinar todas a cozinhar. Sabe... Na quarta-feira, fui à feira daqui do bairro e comprei os tomates e fui preparando o molho. Hoje a Marcella me ajudou abrir a massa.

Lá da sala, onde estava brincando com seu irmão, a pequena Thaís ouviu a conversa e gritou:

— A vovó gastou o dinheiro da luz pra comprar os tomates e o frango e a tia Marcella não gostou e ficou falando um monte.

Patrícia revirou os olhos, pediu licença e levantou-se lentamente. Foi até a sala.

— Tenho sobrinhos da mesma idade, não se incomodem. Conheço crianças — Murilo disse, tentando minimizar o constrangimento que percebeu em todas.

Marcella colocou um cotovelo na mesa e tapou a boca com a mão. Tentou disfarçar e olhou para o prato. Não conseguiu e começou a rir. Todas olharam para ela e riram.

O clima ficou mais leve.

— Criança é fogo! — Bárbara admitiu.

— Não precisam se explicar. Ninguém precisa — tornou o rapaz. — Da última vez que fui à casa dos meus pais, meu irmão estava lá com os filhos, dois meninos e uma menina. O do meio, que tem cinco anos, falou para mim: Vou almoçar antes de você tio, por que meu pai disse que você é guloso e pega as coxas de frango e come tudo. Daí a gente fica sem. Depois disso, comecei a me vigiar e percebi que era guloso mesmo.

Elas acharam graça.

Patrícia, retornou à mesa e afirmou:

— Crianças são sinceras. Mas precisamos ensiná-las a serem discretas. Não necessitamos contar tudo a todos. Já passei cada vergonha com eles...

— Você só teve dois. Eu tive cinco filhos! — enfatizou Antonella. — Mas no meu tempo era diferente. Era olhar e eles entendiam.

— Quantos netos a senhora tem, dona Antonella?

— Cinco! A Ullia e o Dáurio são os filhos de Pietra, que não está aqui. Foi levar o Dáurio ao médico. Tem também a Sarah, filha da Graziella — apontou para ambas sentadas à mesa. — E os dois caçulas, Thaís e o Enzo, que são filhos da Patrícia com meu filho Sandro.

— É bom ter uma família grande. Sinto falta da minha. Chegar ao apartamento e ter silêncio é bom, mas cansa. Gosto de ter companhia — ele sorriu.

— Eu gostava de morar sozinha. Nunca tive esse problema de sentir solidão — Bárbara afirmou.

— Mas você sempre veio pra casa da mãe. Não ficava muito tempo longe da gente — Marcella lembrou.

— É verdade — a irmã concordou.

— Às vezes, a vida da gente muda tanto e tão bruscamente que ficamos sem rumo — Graziella comentou como um lamento.

— Basta estar vivo para a vida mudar — Patrícia lembrou.

— Tem mudança que a gente não espera. Alguém, de repente, bagunça tudo — Marcella falou. — Nosso sonho vira pesadelo. Nossa alegria morre. Nosso ânimo é massacrado. Parece que nossa vida vira um rastro de destruição. — Breve pausa e pediu: — Desculpe o desabafo, Murilo. Mas é isso.

— Não vamos começar a reclamar, gente — Bárbara murmurou.

— Não é reclamação, Bárbara — tornou a irmã. — Você disse que gostava de morar sozinha, mas de repente sua vida virou de cabeça pra baixo. Comigo não foi diferente. Com a Patrícia e a Grazi também não. Tem hora que me pergunto se precisamos mesmo passar por tudo isso. O que Deus quer de mim? O que Deus quer de nós?

— Não repara, Murilo — pediu Antonella. — Essa menina está inconformada com muita coisa. — Virando-se para a filha, alertou: — Hora da comida não é hora de reclamar. É hora de agradecer.

— Gostei da frase, dona Antonella: Hora da comida é hora de agradecer — repetiu. — A senhora parece minha mãe falando — o rapaz considerou.

— Você trabalha com o que, Murilo? — Patrícia indagou. Queria mudar o assunto.

— Trabalho no Fórum. Sou Promotor de Justiça.

— Poxa!... Que bacana! Precisou estudar muito, não foi? — ela se interessou.

— Sim. Foi sim. Devo admitir que ainda estudo. Precisamos nos atualizar muito.

A conversa seguiu. A sobremesa foi servida. A louça tirada. Quando o convidado pensou em se levantar, dona Antonella serviu café.

— Desse jeito eu não vou embora hoje! — ele falou alegre e sorridente. Acomodou-se novamente.

— A Bárbara disse que você adora café! — a senhora sussurrou.

— Não disse não, mamãe. A senhora adivinhou, pois eu não disse nada — falou sorrindo.

As demais arrumaram rapidamente a cozinha.

Logo se juntaram à mesa também se servindo de café.

A essa altura, Antonella já havia contado a maior parte de sua vida. Falou muito do marido falecido e sobre as mudanças que precisaram fazer.

Murilo ouviu com atenção e pouco opinou.

Na primeira trégua, Marcella comparou:

— Foi como se tivessem jogado um caminhão de lixo em cima da gente. Tudo aconteceu ao mesmo tempo. Nossas vidas viraram uma bagunça.

— Que comparação horrorosa, Marcella! — a mãe alertou. — Você só tem pensamentos decaídos, minha filha? Não sabe falar diferente não?

— Mas foi verdade! — ela afirmou sem admitir que fosse sempre sua forma de pensar que atraía todas as complexidades para si.

— Sabe, Marcella, às vezes enfrentamos situações difíceis, complicadas para desenvolver a nossa capacidade. Quando nós formos capazes de entender que são as dificuldades e não os favorecimentos que nos fazem criaturas mais fortes, passaremos a ter fé e continuaremos agindo. Por isso, é bastante importante pararmos de reclamar, aceitarmos o que não podemos mudar e mudarmos o que é preciso, o que é importante. Na maioria das vezes, descobrimos que somos nós que necessitamos ser mudados. — Breve instante de pausa e considerou: — O segredo da pessoa de sucesso, bem sucedida, próspera é que ela mantém-se concentrada naquilo que realmente é importante para sua vida. É não desviar a atenção daquilo que tem como meta, como sonho. A pessoa que fica presa aos acontecimentos do passado, presa a algo ruim, triste, decepcionante que aconteceu, acaba por perder a motivação, o ânimo para novas experiências boas, porque seu foco está preso, totalmente, no passado. Por isso, deixar o passado no lugar dele é o melhor a fazer. Quando alguém se concentra nas coisas erradas, distancia-se dos seus objetivos. Afasta-se do que precisa realizar. Distancia-se de seus sonhos... Pare de focar nas suas perdas, não se concentre mais nas injustiças que sofreu, nas pedras que recebeu, nas decepções que tanto a amarguram. Manter a atenção nisso só vai trazer tristeza, inquietude, dor, angústia. Será que não é pelo fato de focar em coisas erradas que sua vida está atravancada? Será que não é o fato de focar na dor do passado que está impedindo que novas metas, novos sonhos surjam em sua vida? — Não esperou resposta. Seguiu esclarecendo: — O que uma pessoa foca amplia-se, cresce dentro dela. Cuidado para não alimentar um monstro dentro de você. Pare de se concentrar no que não deu certo, no que não foi bom. Pare de se concentrar naquilo que tem deixado você dessa forma... Esquece esse assunto de vez. São essas ideias, esses acontecimentos do passado que estão ditando normas, que estão ditando regras de como você deve sofrer. Então, pare de sofrer. É você quem pode pôr um ponto final nisso. É você quem precisa criar coragem e enfrentar, mudar, buscar situações novas para sua vida. Se ainda não sabe o que fazer para mudar, pense... Parar de se queixar, já é uma nova situação. Focar em parar de reclamar, já é uma atitude tomada. Começar a agradecer, já é um novo comportamento. Essas são novas posturas que só dependem de você. Feito isso, foque, concentre-se em buscar algo diferente, alegre, novo... Então, e somente então, Deus vai colocar novas situações e pessoas na sua vida, pois o passado não é mais importante para você. — Murilo ofereceu longa pausa. Ninguém quis comentar nada. Bárbara ficou bem atenta em todas as palavras e orientação. Devido ao silêncio reinante, ele decidiu comentar: — Eu passei por alguns desafios. A Bárbara está sabendo... — procurou-a com o olhar, deu uma piscadinha e sorriu. — Tudo o que me aconteceu, ensinou-me diversas coisas. Entre elas, que o rancor, a mágoa, o ódio são geradores de energias que nos adoecem e nos consomem. Prejudicam, literalmente, a nossa saúde e nos fazem muito mal. Pior ainda, quando não nos colocamos um limite e nós nos viciamos a reclamar, expressar rancor, cultivar ódio. Sentimo-nos bem quando fazemos isso, alegando que é um desabafo. Ficamos cegos e saímos, irresponsavelmente, distribuindo as energias negativas que fabricamos. Desabafos têm limites! — ressaltou. — Até quando devemos desabafar? Não será uma perda de tempo e de energia?

— Como, então, colocar um limite? Como fazer isso quando sentimos contrariedade fulminante com o que nos aconteceu? — Marcella se interessou.

— Você se treina a dizer: chega, para si mesma. Fale para você como quem fala para outra pessoa: Ah! Chega! Vamos mudar de assunto! Quero pensar e falar somente coisas saudáveis! — Ao vê-la rir, o rapaz exclamou: — Sério! Não gaste a sua energia com o que ou com quem não te faz bem. Não perca seu tempo falando do que não edifica. Isso só vai te fazer mal. Só vai atrair o que não é bom para sua vida. As pessoas estão ficando doentes hoje em dia. Perdem tanto tempo com mensagens nas redes sociais com indiretas, xingamentos, ofensas... Mas não perdem um minuto por dia agradecendo o presente da vida. Outro dia, em uma rede social, reparei uma mulher desejando tudo de ruim para alguém, desejando a morte de outro, rindo de situações que deveríamos refletir... Dias depois, vi essa mesma mulher pedindo orações para o seu filho doente. — Ofereceu uma pausa. Depois prosseguiu: — Deus não é tolo! Deus é Pai Criador de tudo e de todos! Deus é bom e justo. Ele torce pelo bem de todos nós. Como é que Ele vai atender as preces de alguém que desejou o mal? Alguém que não quer o bem dos outros? Quando se deseja o mal de alguém, quando se quer que o outro se ferre, não se está orando a favor. O desejo do mal é uma oração contrária. A pessoa que faz isso, não está ligada a Deus, mas sim aos Seus opositores. Está ligada a espíritos sem evolução — ofereceu pausa para que todas refletissem. — Deus é bom e justo e ama todas as Suas criaturas igualmente. Precisamos nos lembrar disso antes de desejar o mal.

— Você sabe tudo o que nos aconteceu e me aconteceu... Estava tudo pronto para o casamento e... De repente, do nada, meu noivo terminou — Marcella quase chorou ao falar isso. Aquilo ainda doía profundamente. — Como não se contrariar? Como não se sentir magoada? Como não odiar? — lágrimas correram em sua face.

— Lógico que a contrariedade, a mágoa, o ódio vão aparecer. Lógico! Você é humana. Mas você tem a capacidade de não cultivar tudo isso por tanto tempo. Converse consigo mesma. Aconselhe-se como se estivesse falando com outra pessoa. Diga que já passou. — Ofereceu uma pausa e disse: — Eu tenho um gatinho. Nunca tinha adotado um. Foi uma novidade. Então pesquisei a respeito. Foi curioso descobrir que os gatos têm trinta e dois músculos nas orelhas e nós, humanos, temos seis. Não sei se vocês conhecem o comportamento dos felinos. É algo bem curioso. Apesar de todos esses músculos para nos ouvir, eles nos ignoram totalmente quando querem. Acho que, para muitas coisas que nos acontecem, devemos agir como os gatos. Não dar atenção. Não dar importância. Ignorar. E... Acredite, o cérebro de um gato é mais similar ao cérebro humano do que o do cachorro. Eles são muito inteligentes. — Viu-a sorrir e orientou: — Tem pessoas que aparecem na nossa vida para nos aborrecer, outras fazem de tudo para nos irritar, existem as que mexem com nossos sentimentos e nos magoam... Enfim... Faça como os gatos. Basta querer. Ignore. Não dê atenção. Acredito muito que esse tipo de atitude são lições que devemos aprender e que, enquanto não aprendemos, situações recorrentes e pessoas inoportunas aparecerão nas nossas vidas.

— Não é tão simples assim... — tornou Marcella.

— Eu já falei pra ela — contou Antonella. — Foi melhor esse moço terminar tudo do que terem se casado e só mais tarde ele se arrepender. Talvez tivessem filhos e o sofrimento seria maior. Já temos exemplo disso na família.

— Sua mãe tem toda razão. Algumas contrariedades do momento são livramentos no futuro. Às vezes, a melhor coisa é alguém sair de nossas vidas para que possamos ser e encontrarmos pessoas melhores. Eu sei que dói. A gente sofre. Mas somos capazes de amenizar e exterminar o sofrimento, se quisermos. Um dia, lá na frente, vamos olhar para trás e ver que tudo passou e temos só uma historinha de vida para contar a respeito daquilo.

— A minha avó contava uma história que era mais ou menos assim — Antonella disse. Depois contou: — Na nossa vida, nós temos de ser garimpeiros. Olhar para aquele monte de terra, pedra e areia e procurar uma pepita de ouro. Tem gente que, quando olha num lugar de garimpo, só vê a sujeira, só enxerga terra e lixo. Por isso não encontra o ouro. Já os olhos treinados do garimpeiro buscam realmente só o que tem valor.

— A mãe de vocês tem razão! — ele ressaltou. — Os olhos treinados do garimpeiro representam as pessoas de fé. Elas vão olhar uma situação e tirar somente o que se pode aproveitar de tudo aquilo. A vida é assim. De repente, você se vê embaixo de um monte de lixo. Gritar, berrar não vai adiantar. É preciso parar, pensar e observar por onde começar de novo. Mas... Preste atenção, é preciso parar. Parar o quê? Parar o grito, o choro, as reclamações... Quando fazemos isso, saímos da sintonia negativa e nos transformamos em canais de energias superiores, nós nos tornaremos capazes de captar energias ou ideias boas. Sintonizados nos canais de energias negativas, só captaremos reclamações, críticas, ofensas, desejos no mal... — Breve pausa e lembrou: — É o caso da prece. Tem gente que vai orar e começa dizendo: Ai, meu Deus... Me ajuda. Meus problemas aumentaram. Preciso disso, daquilo, daquilo outro... Minha vida tá uma droga. Minha saúde está péssima. Meu Deus... — Viu-as sorrir e falou: — Eu, no lugar de Deus, sairia correndo! — Achou graça. — Essa forma é a mais errada de orar. Em vez de dizer coisas desse nível, agradeça. Simplesmente agradeça. Agradeço, meu Deus, por um novo dia, onde terei novas oportunidades. Agradeço, Pai da Vida, por poder me mover, enxergar, ouvir, falar, andar. Agradeço o alimento de todos os dias. Agradeço pelo ar que respiro, pelo sol, pela chuva ou pelo vento, pelo calor ou pelo frio... As intempéries da Natureza são bem-vindas, pois renovam os ciclos, a vida, o ânimo... Agradeço o teto que tenho, a água para beber e me banhar... — Olhou para o cachorro e lembrou: — Agradeço meu animalzinho de estimação. Agradeço, Senhor, por todas as bênçãos que tenho, com a certeza de que vou prosperar ainda mais. — Silêncio. — Você não falou dos problemas e mais problemas. Saiu da sintonia negativa. Dessa forma estará tendo fé e criando prosperidade.

— Sou muito ansiosa — tornou Marcella.

— Você não é ansiosa. Você se treinou muito para ser ansiosa. Viveu sempre preocupada com o dia de amanhã, com os outros. Quis ter controle das coisas, mas o seu Eu interior está dizendo: Para, Marcella! Chega! Viva o hoje, o momento de agora! Aí esse seu Eu faz com que trema, sue frio, sinta medo, desespero... Só pra te mostrar que, tudo o que faz, te faz mal. Você não precisa disso. Então é hora de treinar sua mente, novamente, de forma diferente. Viver o aqui e o agora. Estou falando isso com conhecimento de causa. Também já fui ansioso. É uma sensação horrível. Também conheci a Depressão. Outra condição horripilante. Eu ia de uma ponta a outra, de um extremo a outro, ou seja, da ansiedade à depressão em segundos. Parecia que ia morrer.

— Você?! — Marcella perguntou, incrédula. — Não parece!

— Sofri muito com isso. Mas fui capaz de entender como funcionava e fui revertendo, fui me corrigindo, tirando a mente da sintonia errada. A ocupação com algo bom faz muito bem. Ajuda muito. A gente precisa se forçar. Talvez, para algumas pessoas demore. No meu caso, achei que demorei, mas fui perseverante e consegui. Quando você se liberta da depressão e da ansiedade, você se torna outra pessoa, por que mudou de sintonia. Torna-se um ser melhor para si e para o mundo. Enquanto pensar somente em si, em fazer coisas que só lhe agradam, vai ser complicado. É necessário ter harmonia. Não ofender para não se ofender, ou seja, não ofender os outros e assim não se ofender.

Bárbara ficou olhando-o. Acreditava impossível voltar a ser a pessoa que foi um dia. Mais impossível ainda, tornar-se melhor, mais animada do que já foi.

Quando Marcella pensou em fazer uma pergunta, viu Bárbara falar:

— Existe algum meio, algum método, qualquer exercício para acabar ou amenizar essas sensações e sentimentos provocados pela ansiedade, depressão e pânico?

— De imediato, a respiração profunda pode amenizar muito os sintomas desses transtornos. Fazer, calmamente, várias respirações profundas alivia bastante. Concentrando-se sempre na respiração e em mais nada. De resto... Precisamos ter hábitos diferentes. Procurar coisas que nos acalmam, tranquilizam a mente ajuda muito. A prece bem feita, como a que acabei de ensinar, a meditação... A meditação, é como pílula homeopática contra esses males psicológicos que nos atacam. Mas é assim... — ressaltou: — Precisamos lembrar que nossa mente não ficou ansiosa, depressiva ou em pânico da noite para o dia. Não foi um e somente um motivo que nos levou a esse estado. Embora tenhamos a impressão de que isso seja verdade. Com exceção de raros casos em que a pessoa nasce com problemas na produção de hormônios como a serotonina e outros que não são equilibrados... O restante, a maioria, desequilibra, em si, esses hormônios através do comportamento, da falta de controle sobre si, falta de controle dos pensamentos, palavras e ações. Treinamos isso desde pequenos. Criamos expectativas e desejo de controle. Por exemplo... — pensou para explicar. — A criança fica ansiosa para querer alguma coisa. Em vez de acalmá-la com palavras, não dar o que ela exige, o adulto vai lá e compra o que a criança tanto deseja e entrega logo para se ver livre das exigências, do choro e do excesso de pedido. A criança acostuma sua mente a pedir e ter. Isso vai se repetindo. Essa criança encontra facilidade em tudo o que deseja. É só pedir, chorar, espernear para conseguir o que quer. Ela, psicologicamente, sentirá que é o centro das atenções. Não obtendo quase nenhuma negativa na vida. Quando crescer, for adolescente ou adulto, não saberá lidar com as negativas do mundo, com as negativas da sociedade. Ficará frustrada quando terminar um namoro, quando não conseguir um emprego, quando romper uma amizade... Ficará vulnerável às drogas, a comportamentos hostis, vandalismo... Não vai obedecer a regras, normas, leis. Será insociável etc... etc... Essa criança, quando adolescente ou adulto, terá grande, mas grande chance de desenvolver transtorno de ansiedade, depressão, pânico e pode se sentir muito, mas muito inclinada a cometer suicídio. O que estou falando é fato. É científico. Quando vejo pais que não repreendem, não educam seus filhos, não exigem deles comportamentos sociais do tipo: não jogue lixo no chão, guarde o papel de bala na bolsa e jogue no lixo de casa... Tire os pés de cima do acento, pois o acento ficará sujo para a próxima pessoa... Fale baixo, não mexa no que não é seu. Ponta de dedos não tem olhos! Não toque e olhe só com os olhos... — riu. — Quando não vejo isso, tenho certeza de que aquela criança vai sofrer, na adolescência, na fase adulta, por toda a vida enquanto não aprender. Quem não aprendeu limites com os pais, vai sofrer muito com os limites impostos pelo mundo. Os pais precisam, urgentemente, ficar atentos a isso.

— Ouviram?! — Patrícia se alegrou. Viu-se defendida. — Por isso corrijo e educo meus filhos.

— Eu recebi essa educação dos meus pais e hoje estou sofrendo com ansiedade — Marcella protestou.

— Imagine se não tivesse recebido — lembrou Murilo. — Você tinha propensão para isso. Seus pais te educaram e isso conteve a ansiedade, eu acredito. Talvez, na fase adulta ou depois que seus pais abriram mão de limites, você passou a se treinar em se preocupar demais com as coisas, querendo que tudo ocorresse da melhor maneira possível, baseado-se nas suas crenças. Esqueceu-se de que as coisas podem sair perfeitas, mesmo quando não nos agradam. Às vezes, isso é necessário. Até Jesus nos alertou contra a ansiedade quando disse: "Não vos inquieteis, pois, pelo dia de amanhã, porque o dia de amanhã cuidará de si mesmo."[1] — Calou-se por um momento, depois explicou: — Sabe, Marcella, não precisamos ficar ansiosos. Se dermos o nosso melhor hoje, focarmos no que devemos fazer agora e fizermos o que nos cabe, o amanhã estará garantido.

— Mas eu fiquei assim depois do que aconteceu com meu noivado — ela insistiu.

— Creio que não, Marcella. A não realização do seu casamento foi uma grande decepção, mas também a gota d'água que faltava para você alcançar o limite do abalo emocional. Você se treinou para ficar ansiosa, preocupando-se com isso ou aquilo. De repente, o episódio de contrariedade, que bagunçou seus planos, que te frustrou, foi a gota que faltava para desencadear esse abalo. O mesmo ocorre com a depressão. Geralmente ela vem aos poucos e se instala diante de um acontecimento, de um fato. — Olhou para Bárbara, tão somente. — Da mesma forma que muitos de nós treinamos nossa mente para esses abalos, podemos treiná-las para a tranquilidade, através de exercícios e acontecimentos diários e a nossa disposição. No momento de crise, onde trememos e ficamos psicologicamente abalados, é difícil perceber isso. Mas quando estamos mais controlados, precisamos observar o que é que fazemos, como é que agimos erradamente e nos deixamos afetar. Respire fundo diante de tudo o que te agita. Acredite no melhor. Troque pensamentos negativos

---

[1] Nota: Evangelho de Jesus, segundo Mateus Capítulo 6 – versículo 34

por positivos. Faça meditação. Procure um bom psicólogo. No meio disso tudo, o que não pode faltar, é o sentimento de gratidão. Agradeça, de coração, sempre e tudo. A gratidão verdadeira, sentida, faz com que seu organismo fabrique hormônios da felicidade. A crítica, a contrariedade, sentimentos de inveja, tudo o que for negativo fazem com que seu corpo e sua mente adoeçam. O sentimento de gratidão faz com que sua saúde prospere. É devagar, lento, mas garantido.

— Hoje, na missa, o padre falou isso no sermão. Explicou os malefícios das críticas e reclamações — Patrícia contou.

— Isso é científico. Por ser simples e sem custos, muita gente não dá valor — tornou Murilo. — Num impulso, sugeriu: — Estou percebendo que vocês são Cristãs. Isso é ótimo. Podem realizar, uma vez por semana, um período de *Oração no Lar*. Os espíritas, como eu, chamam a isso de: *Evangelho no Lar*. Mas outras pessoas preferem mais o termo: *Oração no Lar*. Essa prática é muito benéfica. Reúnam-se, nesta mesa, os que quiserem participar. Façam uma prece. Pode até ser o Pai Nosso, a oração que Jesus nos ensinou. Já estejam com a *Bíblia* aberta no Evangelho de Jesus. Se quiserem, podem usar outro livro que sirva de reflexões e boas propostas de vida. Depois da prece, alguém lê um trecho pequeno. Depois vocês conversam um pouco a respeito daquilo. Nunca — sorriu —, nunca digam: Nossa! Esse trecho lido serviu para fulano. Isso é criticar fulano. Não devemos nos reunir para isso. O trecho lido servirá de reflexão e ensinamentos para todos os presentes. Não é só para uma pessoa. Nada é por acaso. Depois vibrem amor para o mundo. Fechem os olhos e desejem o bem do planeta. Vibrem amor, justiça, paz e união para o nosso país. Desejem o bem de todo nosso povo. Vibrem pelas crianças, jovens para que se guiem por um bom caminho. Vibrem pelos idosos para que tenham amparo. Vibrem luz e paz para todas as famílias. Vibrem luz para esta casa... Que ela possa alegrar, tranquilizar todos que vivem sob este teto. Se quiserem, coloquem um copo com água para cada um e peçam vibrações e bênçãos, para que os fluidos depositados na água correspondam às necessidades individuais de cada um. Depois orem novamente dando por encerrada o momento de *Oração no Lar* ou *Evangelho no Lar*. Comprometam-se em se reunirem na semana seguinte no mesmo dia e horário. — Um momento e comentou: — Eu expliquei para a Bárbara como era fazer isso. Ela ficou receosa de propor para vocês — riu e olhou-a.

— Gostei desse menino! — enfatizou Antonella.

— E se tiver visita em casa? — Patrícia quis saber.

— É melhor a visita não participar. Somente os que vivem no mesmo teto. Por isso, procurem escolher um dia e horário que não recebam ninguém. Essa reunião deve durar quinze ou vinte minutos. No máximo, trinta. Não mais. Essa reunião é somente para isso, para esse fim. Nada mais.

— Você é espírita? —Patrícia quis saber.

— Sim. Sou espírita — Murilo afirmou e sorriu.

Em cada pensamento surgiu uma indagação, mas não ousaram perguntar. Deixaram para as próximas vezes que o encontrassem.

Conversaram por mais algum tempo até o rapaz ir embora. O que foi difícil.

Gostaram de sua companhia agradável e salutar.

Capítulo 22

MARIA HÁ DOIS MIL ANOS...

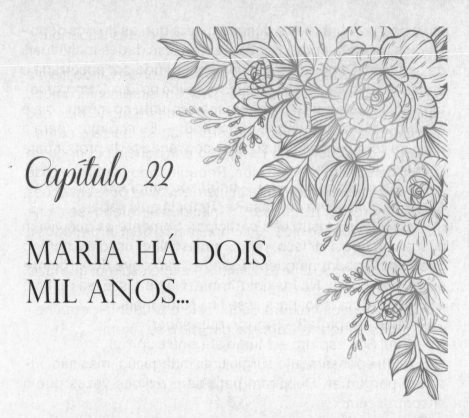

Murilo chegou ao seu apartamento e foi recebido carinhosamente por seu amigo de quatro patas que correu para vê-lo.

Confiante, o gatinho entremeou-se em seus passos e miou, afagando-o.

— Oi, meu menino! Sentiu saudade? — recebeu um miado como resposta. — Vamos lá colocar ração pra você? — foi o que fez.

O espírito Perceval seguia cada passo do rapaz, acompanhando-o com um olhar pesado.

Murilo observava Oliver comendo quando sentiu algo diferente. Uma vibração tão incomum quanto o toque de tristeza em seu coração.

— Por que ajuda a Bárbara? Quem é você no nosso passado?... Não consigo identificá-lo — Perceval acercava-se dele.

— Esse cara é protegido — avisou um dos espíritos que o acompanhava. — Estou sentindo algo estranho. Sabe que, muitas vezes, não conseguimos ver entidades superiores. Vamos tomar cuidado.

— Eu sei disso — Perceval concordou, observando bem a sua volta. — Sejamos prudentes. Também sinto um incômodo psíquico pelo contraste das vibrações deste lugar. Mas não vejo ninguém. Vigiem as emoções. Não se deixem contaminar por qualquer ideia de apego por aqueles com quem se afeiçoaram em alguma vida. Repudie todo sentimento de amor. Não fraquejem. Não se deixem envolver por sensações doces, amorosas, fraternas. Os inimigos — referiu-se a entidades superiores a eles —, sempre estão bem informados a nosso respeito.

— Estou sentindo algo estranho... — outro espírito, que fazia parte do grupo, reclamou.

— Então vamos embora daqui. Não é prudente permanecermos neste lugar — Perceval decidiu e se foram.

Retornando à casa de Antonella, o espírito Perceval e seu grupo observaram-nas em conversa salutar.

— Achei muito bacana o que o Murilo disse — Patrícia comentava. — Não conheço muito sobre espíritas e suas práticas, mas achei excelente a ideia de fazer oração em casa uma vez por semana.

— Gostei desse moço — Antonella admitiu. — É um bom rapaz — olhou para Bárbara.

— Ah, mamãe... Qual é? — a filha não gostou. Percebeu que sua mãe lhe fazia insinuações.

— Também gostei do que ele falou. Podemos fazer esse dia de oração no domingo à noite — sugeriu Graziella. — Precisamos rezar, gente! Estou entrando em desespero. Estou me sentindo pra baixo.

— Você e a Bárbara estão parecendo pra baixo mesmo. Muito. Enquanto a Marcella e a Pietra estão em outro extremo. Estão bem ansiosas — Patrícia disse com olhar preocupado.

— Também pudera... Com tanta coisa por que passamos... Nossa bagagem está bastante pesada — Graziella começou a desabafar. — É difícil até levantar da cama e fazer um simples serviço de casa. Quando saio para procurar emprego e recebo muitas negativas, sinto-me arrasada. Um lixo. Quero sumir... Fico questionando Deus e perguntando o que estou fazendo ainda nesta vida? Não tenho respostas. Achei que já tinha sofrido o suficiente nas mãos do Cláudio. Mas, não... Ainda tomo muitas surras da vida...

Perceval se aproximou e induziu:

— Reclamem... Reclamem mais... A vida é uma porcaria, não é mesmo? Para que viver?... — Emanando energias pesarosas que passaram a envolver todas, incentivava: — Para que viver? Morram... Desejem a morte... Veja como tudo mudou. Observem a vida precária que vocês têm... Não tem qualquer graça viver nessa miséria... Tenham coragem para se suicidarem... Poderiam praticar um suicídio em família! Por que não?... Morram... Se matem... Criem coragem para se matarem...

O silêncio reinou por longos minutos até Antonella dizer:

— Depois que o Enrico morreu, foi que tudo isso começou. Não tínhamos dificuldades. Além da saudade que me mata todos os dias, ainda me preocupo com coisas que nunca me preocupei: pagamento do aluguel, da água, da luz... Nem telefone fixo temos mais. Estamos sem televisão. Nem minhas novelinhas tenho mais pra me distrair... Só problemas e preocupações... Minhas duas filhas casadas se divorciaram... Meu único filho homem abandonou a família linda e deixou todo o mundo desamparado... As duas meninas solteiras estão sofridas, sozinhas, sem emprego... A Marcella teve o casamento desfeito aos pés do altar e a Bárbara teve de indenizar o namorado... Como se não bastasse, minha neta mais velha está doente... — chorou.

— Isso mesmo, velha amaldiçoada. Chore! Torture-se! Fique em frangalhos. Fale de problemas. Torture essas imbecis com suas queixas. Falem! Mostrem que não adiantou nada perderem tempo a tarde toda ouvindo conversa daquele intrometido! — Rodeando a mesa onde elas estavam, Perceval induzia todas em nível de pensamento.

Como se fosse uma névoa escura e densa, uma energia passou a ser criada no ambiente.

Na sua vez, Marcella reclamou:

— Não bastasse ele terminar o noivado, ainda descobri a traição... Não me conformo com a traição... Ainda perdi meu emprego por causa daqueles dois... Justamente nessa crise que o país vive... Estou igual à Grazi. Quando saio e encontro negativas de emprego, fico arrasada, destruída... Também me pergunto por que isso.

Sem ser visto pelos demais, o mentor de Patrícia se aproximou, envolveu-a e inspirou-a. De imediato, ela reagiu:

— Gente! Estamos fazendo exatamente o contrário do que nos foi ensinado. Esse tipo de assunto só está criando mais decepção e tristeza, em vez de esperança. Vocês não acham? — Todas se entreolharam e nada disseram. Patrícia ainda perguntou: — Até agora, todas as reclamações que fizemos não nos ajudou em absolutamente nada. Precisamos mudar isso.

Patrícia se levantou e saiu do recinto. Sem demora, retornou com a *Bíblia* em mãos. Folheou-a e abriu em *Os livros do Novo Testamento*. Em seguida, perguntou:

— Vamos orar, pessoal?

— Não!!! Imunda!!! Infeliz!!! Como ainda se lembrou disso?!!! — Perceval reagiu extremamente contrariado. — Vou acabar com vocês!!!

— Vamos. Vamos orar sim. Estamos precisando — Graziella concordou e se ajeitou à mesa.

Marcella se levantou, lembrou-se de pegar copos com água e distribuiu para cada uma das presentes.

Graziella chamou a filha Sarah e também a sobrinha Ullia,

que estavam em outro cômodo, convidando-as para o momento de oração.

Patrícia fez o mesmo com os filhos, explicando que rezariam para o Papai do Céu para abençoar a todos.

Assim que preparadas e concentradas para a prece inicial, que Graziella solicitou fazer, suave energia clara e edificante como que desceu naquele ambiente envolvendo todas.

Nesse instante, pela incompatibilidade das vibrações, Perceval e seu grupo saíram rapidamente daquela residência.

Patrícia leu os dois primeiros capítulos de o *Novo Testamento*, que são bem curtos.

Quando conversaram a respeito do que foi lido, Antonella destacou a fé de Maria, a perseverança que foi superior ao medo. Todas concordaram que Maria, mãe de Jesus, era vivo exemplo de fé, amor, esperança e perseverança.

A vontade de todas era de conversar um pouco mais sobre o assunto, porém Patrícia se lembrou do que Murilo ensinou sobre aquela reunião durar vinte ou trinta minutos, no máximo. Por isso, fizeram o encerramento com vibrações e prece. Prometendo reunirem-se na próxima semana no mesmo dia e horário.

Cada qual bebeu sua água. Água essa onde a espiritualidade maior depositou energias de que cada uma precisava.

Já era tarde da noite.

Pietra havia voltado com o filho Dáurio. Tinham passado o dia no hospital. O jovem teve febre e problemas respiratórios. Precisou de medicamento e também ficar em observação. Tudo isso demorou o dia todo.

Pietra falava muito. Reclamava também, detalhando todas as dificuldades daquele dia. Em nenhum momento parou e agradeceu por seu filho ter sido atendido e se recuperado.

Antonella, Marcella e Graziella a ouviram sem dizer nada.

Não podiam ver, mas toda a energia benéfica que a *Oração no Lar* havia providenciado, desfazia-se com os queixumes de Pietra.

Intolerante, Bárbara saiu da cozinha sem ser percebida. Foi para o quintal, na frente da casa. Olhou a rua por um tempo. Depois se sentou em um banco que havia lá.

Algum tempo ali e Ullia se aproximou.

Trocaram olhares e leve sorriso.

— A noite tá gostosa, né tia? — era a primeira vez que a chamava de tia. Consequência da exigência que Bárbara fez pela manhã.

— É sim. Tá gostoso aqui fora. Lá dentro está quente. Abafado... — sorriu forçadamente.

— Tia... Eu consigo te entender...

— Como assim, Ullia? Do que você está falando?

— Quando gritou hoje cedo que está cansada, que quer sumir, quer morrer... Tia, eu te entendo. Também sinto isso. Tem hora que dá um desespero, uma coisa... Sinto uma pressão na cabeça...

— Você é jovem e...

— E o que, tia? Não tenho mais nada pela frente. Minha vida está acabada. Tô grávida, sou soropositiva... Portadora do HIV... — chorou.

Bárbara a abraçou e a envolveu com carinho. Embalou-a por alguns instantes e, com voz meiga, tentou confortar:

— Você não está sozinha. Tem sua mãe, seu irmão... Tem sua família.

— Acabei com a minha vida, tia... — falou com voz de choro. — Só fiz besteira. Estou com medo. Muito medo... Não sei como será meu futuro. Tem hora que quero morrer. Acabar com tudo isso de uma vez. Já pensei em me jogar de um prédio. Já pensei em fazer qualquer loucura... — chorou muito.

Bárbara respeitou seu choro. Quando a percebeu mais calma, falou:

— Ullia, você ouviu o que a Patrícia leu hoje na oração? — A sobrinha balançou a cabeça positivamente. — Na época em que Jesus nasceu, a humanidade era muito cruel. Pessoas não tinham valores. As mulheres eram consideradas serviçais, quase bichos de estimação. Qualquer coisa que fizessem de errado, a mulher era apedrejada. Imagina Maria solteira e grávida de Jesus, naquela época. Ela estava prometida. As famílias já tinham se acertado. Por causa disso, ela seria indigna, excluída, apedrejada e morta. Pense na insegurança, no medo, no desespero dela. Mas também imagine a força, a coragem, a determinação, a firmeza que Maria teve. Precisou fugir, proteger-se, pois Herodes, o rei da época, mandou perseguir e matar todos os meninos para conseguir matar Jesus. Seria tão simples se ela, Maria, tivesse procurado uma aborteira para se livrar do filho e dar uma de boa menina, não é?

— Será que tinha aborteira naquela época?

— Lógico que sim. Sempre existiu. — Suspirou fundo e prosseguiu: — Seria fácil Maria também se matar por causa do medo de enfrentar uma situação como essa. Mataria a si e ao filho e ninguém nunca saberia. Naquela época, acho que não existia autopsia para saber a causa da morte. Assim como nós, Maria poderia desistir. Chego a pensar que ela sentiu medo, muito medo. Sentiu pressão no peito, tremores, insônia, coração acelerado... Maria deve ter experimentado um desespero sem precedentes. Certamente ficou angustiada. Sozinha... Já imaginou uma grávida sem assistência médica, sem comer direito, fugindo de um lado pra outro, refugiar-se em um estábulo fedido, cheio de bichos grosseiros, cheios de pulgas e carrapatos?... Em um ambiente insalubre, desconhecido e hostil, entrar em trabalho de parto e dar à luz seu primeiro filho?... Cara! Pense no medo, no desespero de Maria. Além de dar à luz um menino, precisava agora não só se proteger, mas também protegê-lo de um rei louco que matava todas as criancinhas daquela região.

— Nossa! Maria foi muito doida... — falou Ullia de modo quase inocente, com expressão que conhecia para se manifestar.

— Se ela foi doida, não sei. Mas tenho certeza de que, se não tinha coragem, criou. Passou por cima de todos os medos e sentimentos que a atravancavam e seguiu. Seguiu fazendo o que podia, o que conseguia... Seguiu fazendo o que dava pra fazer. Se não fosse por isso, se ela não tivesse essa atitude heroica para com a própria vida e a vida de seu primeiro filho, o mundo viveria muito mais tempo mergulhado nas trevas por não conhecer os ensinamentos de amor que Jesus nos trouxe. Se Maria, naquela época, há mais de dois mil anos, conseguiu criar forças!... Ah! Nós também podemos seguir seu exemplo. Vamos fazendo o que conseguimos. Vamos fazendo o que dá, o que podemos. Mas não vamos ficar paradas. Se Maria estivesse, nos dias de hoje, grávida e soropositiva, ela certamente não abortaria nem pensaria em suicídio. Ela seguiria fazendo o melhor e continuaria. Maria teria bravura, firmeza, fé!... Acreditaria que Deus permitiu sua condição porque algo maior surgiria de tudo isso. Hoje, pelo menos no nosso abençoado país, ninguém enfrenta morte por apedrejamento em praça pública. Somos mais civilizados do que há dois mil anos. Pelo menos em tese... — riu e empurrou a sobrinha com o ombro para brincar. — Temos mais recursos, mais conscientização. Antigamente, morte por apedrejamento, na cruz, na fogueira eram normais.

— Tenho medo, tia. E se meu filho também nascer contaminado?

— Seu filho tem grande chance de nascer sem contaminação se você fizer tudo o que o médico indicar. Faça o pré-natal, tome as medicações exatamente como indicaram. Tenha uma vida saudável. Dessa forma, somente dessa forma, você ficará com a consciência tranquila. Caso seu bebê nascer soropositivo, é porque tinha de ser assim. O contrário, se ele nascer livre de contaminação, foi porque você fez um ótimo trabalho e seu filho tinha de ser assim. Lembre-se daquela frase: "Faça a tua parte que Deus te ajudará".

Bárbara respirou fundo e abraçou Ullia.

Permaneceram em silêncio por longos minutos.

Ambas não perceberam a aproximação de Sarah, que ouviu praticamente toda a conversa. Ao se aproximar e fazer ruído com seus passos, foi notada.

Bárbara sorriu para a outra sobrinha e afrouxou o abraço com Ullia, que se recompôs.

Sarah acomodou-se em outro banco à frente delas e comentou:

— Foi bonito o que disse, tia. Quando ouvimos ou vemos exemplos de fé, de perseverança, de pessoas que vão em frente apesar dos problemas e dificuldades, a gente se sente motivada.

— Sabe, Sarah... As pessoas estão se acostumando a divulgar, ressaltar e promover só o que é ruim, só o que não presta. Promovem ódio e ira para ganharem aplausos. Esquecem que perdem princípios e angariam desrespeito. Está sendo cada vez mais difícil encontrarmos criaturas que exalem amor e paz, que promovam palavras e ações de bom ânimo e respeito. A maioria quer ferir, magoar... Quer ver o irmão sofrer, culpar-se e se arrepender... Precisamos promover o que é bom, o que é saudável urgentemente. Necessitamos de uma espécie de campanha para divulgar o respeito, o amor e a esperança... — Refletiu e reforçou: — Precisamos aprender a divulgar a esperança no que é bom. Estamos carentes disso. É só abrir as redes sociais e observarmos. Quanto mais sádicas e ofensivas as postagens, mais pensam que são melhores. Postagens sádicas e ofensivas destroem, magoam, criam ódio e ira... Atraem, para quem o faz energias ruins... Precisamos criar esperança, não destruí-la. Ouvi isso hoje, quando fui a uma casa espírita.

— Você foi a uma casa espírita?! — Ullia se surpreendeu.

— Fui — sorriu. — Gostei muito da palestra.

— E aí? — tornou a sobrinha curiosa.

— Adorei. Pretendo ir mais vezes — sorriu ao afirmar.

— Como é lá, tia? Fiquei interessada — Sarah revelou.

— Ah!... É um salão grande, repleto de cadeiras... Na frente há um espaço reservado a um palestrante. Nesse centro espírita, havia um quadro branco, tipo lousa, na parede atrás do palestrante onde escreveram uma mensagem para reflexão e em volta fizeram desenhos lindos. Quando chegamos, havia dois rapazes tocando violão. Eles e duas moças cantavam músicas bem agradáveis. Alguns dos frequentadores cantavam, outros ficavam de olhos fechados, outros liam... O Murilo me disse que não havia música naquela casa espírita, mas, visto que algumas pessoas ficavam conversando demais antes das palestras e o barulho era muito alto, resolveram colocar música de elevação para que todos ficassem envolvidos com algo salutar. Ouvi lá, muitas das músicas cantadas nas igrejas católicas e evangélicas também. Achei isso interessante. Harmonizam o ambiente, abaixam a agitação, diminuem o estresse... As pessoas precisam aprender a silenciar para receber o que ali foram buscar.

— Tinha gente de branco, rodando e dançando? — Ullia perguntou.

— Não. É uma casa espírita. Um centro espírita que segue o proposto pela Doutrina Espírita codificada por Allan Kardec — Bárbara explicou. — O Murilo me explicou bem. Embora eu tenha lido em livros, há bastante tempo, a respeito. Tinha até me esquecido.

— Já vi vídeos na *internet* de pessoas vestidas de branco, dançando, cantando e tocando atabaques. Pensei que fosse isso.

— Não, Sarah. Creio que o que viu foi algo da Umbanda, talvez. Eles estudam livros da Doutrina Espírita, seguem ensinamentos Cristãos, usam paramentos, roupas próprias para seus cultos ou rituais. Não entendo muito bem. Já o Espiritismo não tem rituais, paramentos, nem velas, nem flores, nem roupas... Nada. Bem, tinha um vaso com flores lá, mas era para adorno em uma pilastra.

— A Umbanda é religião Cristã? Segue os ensinamentos de Cristo? — Sarah se interessou.

— Sim. Muito mais do que muitos... Deixe-me ficar quieta — riu de si. — Sim. Umbanda é Cristã. Acreditam em Cristo. Assim como o Espiritismo é puramente Cristão. O que Jesus Cristo fez e praticou, a Doutrina Espírita faz e pratica. Por isso, por exemplo, tem o passe, que é a irradiação de energias que o passista canaliza a quem recebe. O Espiritismo tem um livro chamado O Evangelho Segundo o Espiritismo. São passagens do Evangelho do Cristo com explicações. — Refletiu um momento e disse: — Eu ganhei esse livro há muito tempo de uma amiga... Não sei onde foi parar... Um dos maiores ensinamentos do Espiritismo é sobre a caridade. Precisamos parar e refletir, independente da nossa religião ou filosofia... Ter caridade para consigo e para com os outros. Dar amor é caridade. Perdoar é caridade. Ser educado é ser caridoso. Compreender é caridade. Não magoar é caridade. Não ofender é caridade... E o que Jesus mais pregou foi sobre o amor, a maior de todas as caridades. — Bárbara parou e pensou um pouco. Como sabia daquilo? Não tinha a resposta, por isso não disse nada. Decidiu voltar ao assunto que havia interrompido pouco antes: — Sabe, acredito que hoje precisamos criar a moda do respeito, do amor. Eu respeito a filosofia e a religião do outro e o outro respeita a minha filosofia ou religião. Eu respeito a sua forma de ver a política e você respeita a minha. Independente de qual seja. Somos todos irmãos, filhos do mesmo Pai Criador. Cuidado para não ofender e também não se ofender por qualquer coisa, por qualquer besteira. Precisamos parar de promover o que não presta. Parar de promover o ódio. Parar de promover ofensas. Se isso não parar, a intolerância entre as pessoas será tão imensa... Haverá uma praga de depressão, ansiedade, pânico envolvendo os que se ligam a isso. Haverá a perda do respeito, da esperança... Será terrível. A ideia de suicídio, o aumento da desvalorização do ser... Tudo isso vai crescer. — Olhou para uma sobrinha, depois para outra e disse: — Meninas, a salvação está na frase do Cristo "Orai e vigiai". Como disse o palestrante de hoje: "Como Cristão, independente da religião, precisamos orar muito para termos força e esperança. Precisamos, mais ainda, vigiar para não sermos nós os disseminadores do mal no mundo quando falarmos e agirmos para provocar o irmão. Que não sejamos nós os promovedores do que é ruim, do que não presta. Estimular o ódio e a ira, induzir discórdia, incitar aplausos ao que não é bom... Tudo isso mata o amor e a esperança. Seremos responsáveis. Precisaremos harmonizar e acertar as contas com Deus. Até Jesus falou, há dois mil anos, sobre isso quando disse: "Até que o céu e a terra passem, nem um Jota ou um Til se omitirá da Lei sem que tudo seja cumprido. Qualquer, pois, que violar um desses mais pequenos mandamentos, e assim ensinar aos homens, será chamado o menor no reino dos céus. Aquele, porém, que os cumprir e ensinar, será chamado grande no reino dos céus"[1].

— Eu gostava muito de estudar o Evangelho quando fazia cursos na igreja. Mas sempre achei que faltava alguma coisa. Fiquei interessada nesse livro que falou *O Evangelho Segundo o Espiritismo*. Disse que tem as passagens de Jesus com explicações — disse Sarah.

— A tia compra um pra você, Sarah. Acho que vai gostar — prometeu.

— Eu fico voando, quando o assunto é religião, Jesus... Nunca aprendi nada a respeito — Ullia comentou. — Minha mãe não nos levou e nunca nos interessamos em ir ao centro espírita ou à igreja.

— A tia vai comprar um desse pra você também, Ullia. Nunca é tarde. Ir à busca do que é bom depende de nós. Hoje, não podemos mais colocar a culpa em nossas mães. Somos mulheres crescidas e capacitadas de procurar a filosofia ou religião que nos agrade. Sabe, meninas... Precisamos parar de culpar os outros por aquilo que nós devemos fazer.

O silêncio reinou...

---

[1] Nota: Evangelho de Jesus, segundo Mateus Capítulo 5 – Versículo 23 à 25

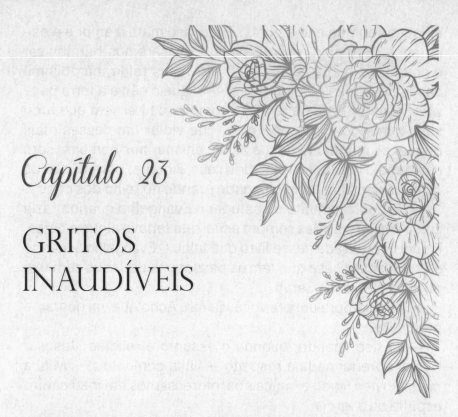

Capítulo 23

GRITOS INAUDÍVEIS

Bárbara e as sobrinhas ainda encontravam-se no jardim de casa.

Enquanto o silêncio reinava, Bárbara ficou refletindo em tudo o que havia dito. Percebeu que se sentiu bem com aquela conversa edificante. Seus pensamentos estavam diferentes. Algo em si havia mudado. Aquele peso, a dor na alma achavam-se mais leves, quase desapareceram.

O que Murilo disse era verdade. Precisava mudar a frequência dos pensamentos, palavras e ações. Aquela sensação suave, que há muito não experimentava, era como uma amostra do que aconteceria se buscasse mudança de hábitos e pensamentos.

Precisava, realmente, tirar o foco de tudo o que lhe aconteceu. Parar de dar atenção as suas perdas, não se concentrar nas injustiças sofridas, nas decepções... Nas coisas erradas. Isso a atravancava. Presa ao passado não conseguia prosperar.

Esse era o motivo de perder a motivação, o ânimo para novas e boas experiências. As pessoas que se concentram em coisas erradas distanciam-se dos seus objetivos, afastam-se dos seus sonhos... Mas, por onde começar? Encontrava-se na estaca zero.

"Devo pensar e me concentrar em parar de me queixar em pensamento e em palavras. Isso já é uma atitude. Começar a agradecer. Isso é um novo comportamento. O que é novo vai aparecer..." — Bárbara pensava, quando foi interrompida.

— Tia — Ullia chamou, roubando sua atenção — gostaria que tivesse sido diferente... Tudo diferente...

— Você pode fazer as coisas diferentes, a partir de agora, para que o futuro seja melhor. Não acha?

— Fiz muita burrada, tia... — abaixou a cabeça. — Sempre fui egoísta, sei lá... Fui egoísta sem saber. Via meu pai exibindo *status* e minha mãe ostentando grandeza e... Por não ter nada pra exibir, eu humilhava os outros, fazia brincadeiras que magoavam... Fazia os *bullying*... Afinal, eu pertencia à elite e precisava me manter em evidência. No fundo, gostaria de ter a atenção dos meus pais, mas eles estavam sempre, sempre ocupados. Meu pai preocupado em ganhar dinheiro. Minha mãe ocupada pra que nada saísse errado. Ele trabalhando para sustentar nosso luxo ou participando dos grandes eventos sociais, reuniões com amigos, entre outras coisas para se exibir, se manter em alta... Os garotos babavam na minha beleza. As amigas aplaudiam e não desgrudavam de mim. Vivia enturmada com gente bonita e sarada...

— Eu morria de inveja de você — Sarah admitiu. — Sentia raiva de mim, dos meus pais por não ter as mesmas coisas que os seus... Eu vivia presa.

— E eu te desprezava — Ullia olhou para a prima por alguns instantes e seus olhos marejaram. — Via sua mãe se preocupando com você, te ensinando... Aparentemente, eu expressava que achava aquilo ridículo, mas, longe de todos, queria que fosse comigo. Mas, daí, pensava que isso era bobeira minha.

Vou curtir com minhas amigas. Vou procurar um estúdio para fazer um *book* novo, que é bem melhor. Estudava em ótimo colégio. Tinha tudo o que o dinheiro podia comprar. Meus pais diziam que tinham toda a confiança em mim. Meu pai me achava responsável... Eles me permitiam ir para festas e chegar no dia seguinte quando só tinha dezesseis anos. Fui para *shows* incríveis! Assisti bandas maravilhosas! Grupos sensacionais! Mas nunca contei o que acontecia lá, o que rolava depois... Comecei a beber nesses *shows*. Enchia a cara para me ver muito louca e ser aceita pela turma. Em casa, passei a beber escondido. Pegava os uísques do meu pai, os licores e outras bebidas fracas da minha mãe... Eles nunca perceberam. Comecei a ficar de porre nos encontros com a galera, nas festas na casa de amigos e até mesmo nos *shows* que ia. Nem participava de mais nada. Ia lá pra encher a cara até cair. Bebia tanto que quase entrei em coma alcoólico, algumas vezes. Não adiantava passar mal, ter dor de cabeça, vomitar... Jurava que seria a última vez, mas fazia tudo de novo. Mas...

— Menores não podem beber em *shows* — Sarah lembrou.

— Como você é ingênua — a prima disse. — Lógico que bebe. Os maiores compram e te entregam. Simples assim. Quem você acha que vai vigiar a gente no meio de uma multidão tão grande? Em todo *show* um monte de menor enche a cara, passa mal, vai pro posto médico levado pelos bombeiros. Aplicam injeção de glicose e outras coisas... É tanta gente passando mal que, se eles fossem chamar os pais de cada um... Não têm condições de fazer isso. — Breve pausa e contou: — As festas nas casas dos amigos, principalmente quando era em casa de praia, tínhamos muita liberdade. Rolava de tudo. Bebida, drogas, sexo... Bem nessa ordem. A gente nem sabia o que tava fazendo. Foi em uma festa assim que fui iniciada no baseado, cigarro de maconha. Quando a gente tá em turma, o grupo todo tem de fazer a mesma coisa. Quem não faz é o chato, o brega, o careta... Passei mal com o primeiro baseado. Disse que nunca mais! Mas bastou ter a próxima oportunidade e tava eu lá, fumando maconha de novo. Tudo começa com a maconha. Todo viciado começa com maconha. É igual a andar de moto. Primeiro você aprende a andar de bicicleta para aprender a se equilibrar. Depois pega uma moto. Então... Não demorou e comecei a cheirar carreirinha de cocaína. Foi quando comecei a pensar diferente. Estava estranha. Não tinha medo de nada nem de ninguém. Me sentia livre, dona do meu nariz, sabe?... Fazia o que queria. Ninguém tinha nada com isso. Perdi todo o interesse pelos estudos. Minhas melhores amigas e colegas foram se afastando. Não ia mais ao colégio... Repetia o ano... Estava quase no final do Ensino Médio. Faltava tão pouco pra estar pronta pra fazer faculdade... Mas não. Eu preferia andar com os novos amigos que me entendiam melhor. Não percebia que era gente da pesada. Eu buscava ficar com eles por causa de... Sei lá... Sentia um desespero quase mortal pra ficar com eles. Aí entrei na época de que nada era de graça. Precisava pagar. Peguei dinheiro da mesada, tirei dinheiro de casa sem que ninguém percebesse, roubei o cartão da minha mãe... Fiz saques no caixa eletrônico... tudo pra gastar com bebida e drogas. Daí minha mãe começou a regular dinheiro. Não me dava mais grana. Como me sentia dona de mim, decidi fazer programas. Afinal, eu precisava de dinheiro. Eu era bonita, sarada e... Os caras pagavam bem. Mas, no dia seguinte... Eu me sentia mal, nojenta... Muito nojenta... Tinha asco de mim... Não conseguia me olhar no espelho. Vocês não imaginam como é ter nojo de si. Eu pensava em pegar o dinheiro que ganhava com os programas e comprar roupas, ir às baladas... Me divertir... Mas não. Pegava a grana dos programas e enchia a cara. Bebia até cair. Queria esquecer o nojo que tinha de mim. Tudo o que fazia ficava se repetindo na minha cabeça... Aqueles homens eram repulsivos, imundos... Alguns me batiam... Me tratavam como lixo, porque eu me tratava como lixo. Eu me entreguei a uma vida de lixo. Me transformei em uma coisa que se usa e joga fora... Daí meus pais se separaram e foi como se o teto tivesse caído na minha cabeça. Percebi que algo mudou na minha mãe. Ela ficou diferente. Mudamos de casa. A grana ficou curta demais. Todos os meus amigos sumiram. Fiquei mal, doente e fui internada em uma das vezes. Só tinha minha mãe do meu lado... Nessa internação descobri que estava infectada com HIV e também que estava grávida. Minha cabeça ficou confusa. Comecei a passar mal, ter tremores horríveis. Fico meio louca, querendo, desejando sumir... Uns médicos dizem que isso é abstinência de tudo o que usei... Outros dizem que é distúrbio psicológico e... Sei lá. Nem presto mais atenção senão fico louca. Não posso mais ficar sozinha senão é capaz de sair por aí fazendo bobagem... O médico passou uns remédios para eu ficar calma... Tenho também de tomar os remédios para diminuir a carga viral no organismo.

— Esses remédios para te acalmar não farão mal ao bebê? — Bárbara perguntou em tom suave.

— Não se sabe, tia. Mas, sem eles não consigo. É um mal para evitar outro maior. Foi o que o médico disse. Ele falou que estou com depressão, ansiedade, que o que sinto são crises de pânico. Pode ser pela abstinência das drogas, incluindo as bebidas alcoólicas... pode ser um monte de coisa. As drogas, o álcool desajustam as químicas do cérebro. Mas... não sei o que importa agora. Estou condenada, de qualquer jeito. Minha vida está acabada.

— Não. Não está — afirmou Bárbara. — Acho que você tem de fazer sua vida começar agora. Talvez seja um processo lento, mas sua vida pode começar agora para que tenha um futuro melhor.

— É verdade, Ullia. A tia tem razão. Se você fizer tudo certo, tomar a medicação para conter o vírus HIV, terá grande chance de uma vida normal, ou quase.

— Essa medicação tem efeitos fortes. Estou tomando, principalmente, para que o bebê não se contamine com o vírus.

Existe grande chance do bebê não se contaminar se fizer o acompanhamento médico e tomar os coquetéis antiretrovirais[1].

— É assim, Ullia — Bárbara disse. — Todos nós estamos enfrentando a maior barra agora. A situação está bem difícil. Um tempo atrás, quando eu lia bastante, encontrei algumas explicações para a dor, as dificuldades, as situações difíceis... Na época, não dei muita importância. Eram só livros. Hoje entendo com mais facilidade as coisas. Se as nossas dificuldades e dores de hoje não são heranças do que fizemos nos dias atuais, são heranças de débitos de vidas passadas. Só a reencarnação explica algumas coisas.

— A igreja católica não acredita na reencarnação, tia — Sarah lembrou.

— Mas acreditava. Se não me engano, pois faz tempo que li sobre isso. Até o século VI a igreja aceitava, pregava e falava sobre reencarnação. Mas, por exigência do Império Bizantino, a reencarnação foi eliminada dos ensinamentos Cristãos. No lugar, falam em ressurreição. A ressurreição é algo cientificamente absurdo, contraria os princípios da Natureza.

— Qual a diferença entre ressurreição e reencarnação, tia? — Ullia quis entender.

— Ressurreição é o mesmo que ressuscitar. Trazer à vida, ressurgir, reviver no mesmo corpo. Uma coisa é ressuscitar alguém que teve uma parada cardíaca, por exemplo. Isso é possível. Mas pegar um corpo que já está sem vida há dois dias, meses, anos e fazê-lo voltar a ter vida, é impossível. Já a reencarnação é o processo de a alma reencarnar em um outro corpo. — Por achar sua explicação ineficiente, Bárbara decidiu melhorar. — Por exemplo, em uma vida passada eu vivi em Paris! — ressaltou e riu. As sobrinhas também acharam graça pelo jeito que Bárbara fez, assumindo uma pose austera e elegante no postar das mãos e no queixo para cima.

---
[1] Nota: O livro *No silêncio das Paixões*, um romance de Eliana Machado Coelho e Schellida, publicado pela Lúmen Editorial, traz muitas informações a respeito de HIV e Aids, no plano físico e espiritual. O livro aborda de forma clara, em bases morais sólidas e respeito mútuo, algumas razões pelas quais se torna soropositivo.

Em seguida, prosseguiu: — Então eu vivi em Paris. Morri, ou melhor, meu corpo morreu, mas a alma não. A alma voltou para o plano espiritual. Lá, no plano espiritual, vi que tinha deixado de fazer muitas coisas. Minha consciência me cobrava e eu não me sentia bem por isso. Então eu peço para voltar à vida terrena. Aquele corpo que me serviu, na encarnação passada, é impossível usar de novo. Só restou ossos. Então é planejado um retorno para eu reencarnar novamente. Vou nascer na família que preciso, com os parentes que necessito, com o corpo apropriado, com a inteligência necessária, com tudo, tudo o que seja favorável ao meu crescimento moral — Bárbara parou por um instante e se questionou como sabia tanto? É certo que havia lido a respeito, mas aquilo que dizia, falava de uma forma muito natural. Achou estranho, mas não comentou com as sobrinhas e prosseguiu: — Isso é reencarnação. Nascer de novo em um novo corpo. No Seu Evangelho, Jesus fala a Nicodemos que os homens devem nascer de novo. O homem ficou intrigado e pergunta como um homem velho pode nascer de novo. Acaso pode voltar para o ventre de sua mãe e nascer? Jesus diz que aquele que não nascer da água e do espírito não pode entrar no reino de Deus. Necessário vos é nascer de novo. [2]

Breve pausa e lembrou de dizer: — A reencarnação não foi criada pela Doutrina Espírita. Crer em reencarnação não é um privilégio de espíritas. A reencarnação era incontestável na cultura oriental, indiana etc... Os egípcios falavam de reencarnação há milênios antes de Cristo. É o que explica a justiça de Deus, ensinando ao ser humano a Lei de Ação e Reação. Com essa crença, o ser humano para e pensa, pois entende que sempre irá sofrer as consequências dos seus pensamentos, palavras e ações. — Ofereceu um instante de silêncio. Novamente se questionou de onde viriam aquelas palavras? É certo que estava consciente, sabia o que estava falando, mas não entendia como tinha tanta noção de tudo aquilo. Sem dizer nada, prosseguiu: — Então, aconteceu que

---

2 Nota: Evangelho de Jesus segundo João Capítulo 3 – Versículo 1 a 21

a Igreja Católica acreditava na reencarnação, mas por volta do ano de quinhentos e pouco, da era Cristã, existiu lá a Teodora, esposa do Imperador Justiniano. Era uma mulher desumana. Tanto ela quanto o marido não prestavam. Para eles, escravos não tinham alma, não eram gente. Aí, a tal Teodora, ouvindo as pregações da igreja, começou a ficar com medo de morrer e reencarnar como escrava para pagar seus pecados, sofrendo as torturas cruéis que oferecia aos seus escravos.

— Credo, tia! A mulher era ruim e ainda ia à igreja! Como pode? — Sarah perguntou.

— Tem gente que é assim. Professa uma fé, uma religião, uma ideologia, fala de Deus, de Jesus, de amor e paz, mas, na prática, faz tudo ao contrário. Mas... Deixe-me terminar logo, senão essa história fica muito longa... — riu e continuou: — Então, naquela época subiu ao trono o Papa Virgílio. Esse Papa só conseguiu virar Papa por causa de um tal general Belisário. Faz tempo que li isso... Foi assim: o tal Belisário era um assassino, criminoso. Como general ele era terrível, cruel, maldoso. Aceitava e cumpria todas as ordens absurdas da Teodora. Então, houve um Concílio realizado em Constantinopla e foi aí que aboliram, tiraram os ensinamentos sobre reencarnação dos ensinamentos católicos. Dizem que Teodora deu muito dinheiro e bens à igreja católica para que isso ocorresse. Eles rejeitaram, inclusive, os ensinamentos de Jesus, trazidos em várias passagens dos evangelistas como quando Jesus disse que é preciso nascer de novo. Ignoram quando Jesus fala que João Batista é o profeta Elias, desencarnado séculos antes... E outras passagens que não lembro agora. Foi por conta dos medos de Teodora que o Segundo Concílio de Constantinopla decidiu pregar que reencarnação não existe. — Olhando-as, ressaltou: — Vocês viram meninas como aula de História é importante?!

— Por isso Jesus disse: "Conhecereis a verdade e a verdade vos libertará" — Sarah lembrou.

— Isso mesmo — tornou a tia. — Para nós, ocidentais, é bem fácil conhecer argumentos filosóficos sobre reencarnação através da Doutrina Espírita, eu diria. O Espiritismo, nas obras básicas de Allan Kardec, podemos aprender coisas sensacionais, com explicações lógicas e fáceis. Essas obras básicas são: *O Livro dos Espíritos*, *O Livro dos Médiuns*, *O Evangelho Segundo o Espiritismo*, *O Céu e o Inferno*, *A Gênese*.

— Você já leu, tia? — Ullia quis saber.

— Não. Acho que li algumas partes de *O Livro dos Espíritos*, mas não todo. Um pouco também de *O Evangelho Segundo o Espiritismo* e também um pouco de *O Livro dos Médiuns*. Não terminei nenhum. Nem sei por quê.

— Fiquei interessada em conhecer algo assim.

— Que bom, Ullia. É sempre bom ganharmos conhecimento. Principalmente agora. Conhecer algo novo que seja bom para o seu desenvolvimento moral, espiritual em todos os sentidos, será ótimo.

— É, tia... Tomara. Para quem está na minha situação, desanimar é fácil... Fiz muita coisa errada e...

— Eu tinha tanta inveja de você, Ullia — Sarah confessou. — Não imaginava o que acontecia.

— Pois é... Agradeça a Deus por sua vida, por seus pais, por ficar presa dentro de casa, por seus pais não te deixarem sair, colocarem limites... Isso te poupou de tragédias... Agradeça a Deus por isso.

— Mas como eu disse — tornou Bárbara —, nada acontece por acaso. Não estamos na família errada. Podemos sempre prosseguir de onde estamos, com a bagagem que temos. Às vezes, não percebemos que estamos evoluindo, pois parece algo tão lento... Vamos acreditar, ter esperanças e fazer o melhor que podemos. Somente dessa forma, garantiremos um futuro promissor.

Ullia, ao lado, esticou-se e deu um beijo no rosto de Bárbara. Sarah levantou-se e fez o mesmo.

As três se abraçaram.

Algum tempo e a tia sugeriu:

— Vamos entrar? Já está tarde.

Bárbara ficou muito pensativa. Sentiu-se renovada após conversar com as sobrinhas. Experimentava uma alegria que não entendia nem sabia o que era.

Ao se deitar, no colchão que ficava no chão, não conseguiu dormir de imediato. Aquelas informações pareciam ter brotado na sua cabeça e ficou pensando muito nisso. Foram coisas que leu, mas foi há muito tempo.

Começou a fazer uma prece que não terminou. O sono recolheu-a antes de acabar.

Enquanto o corpo descansa, a alma, em estado de desdobramento, é ligada ao corpo físico por liames vistos somente no plano espiritual ou plano astral como alguns chamam.

Após o corpo físico dormir, a alma Bárbara despertou.

Achou estranho ver toda a sala e também onde estava deitada. Observou melhor e avistou seu corpo deitado, descansando.

Ao virar para o lado, assustou-se. Deparou-se com a figura de um homem alto e forte. Mais avolumado do que o comum. Semblante carregado, cujas cicatrizes do passado figuravam-se como que em manchas sombrias. Fazia-se notar usando roupagem escura e algo como uma capa que chegava próxima ao chão.

Seus olhos eram tenebrosos. Irradiavam raiva, mágoa, ódio e rancor.

A ausência de perdão é energia que irradiamos na espiritualidade, por isso uma aura tóxica, escura o envolvia densamente e podia ser vista.

Perceval era assim. Pura ausência de perdão. O que o fez se tornar um perseguidor cruel, dotado de capacidade de maldade e insensibilidade.

— Enfim consegue me ver — focou-se em Bárbara e ela o compreendeu. — Por mais que tente, por mais que faça, não vai conseguir. Você é inútil. Fraca... Tudo o que fizer será esforço gasto à toa. Só porque disse algumas coisas bonitinhas para animar menininhas tolas, está se achando o máximo! Um anjo de candura! — gargalhou e fitou-a com desprezo. — Você é imprestável! Não tem virtude alguma! Olha pra você! Não consegue nem se erguer do lodo onde se colocou! Você é uma vadia! — ofendeu-a muito. — Não presta nem nunca prestou. Quem pensa que é pra aconselhar, incentivar, ajudar? Você não é ninguém!!! Está sozinha e vai continuar assim! Não conseguirá emprego, nem companhia, nem ajuda nenhuma! Vai ficar cada vez mais sem nada. Cada vez mais dependente! Para que viver, Bárbara? Para que continuar se enganando?! Pare de se enganar! Admita que é uma fracassada! Que é uma vadia! Admita que você não presta nem nunca prestou! Achou que era boa em alguma coisa, mas não! Você não é boa em nada! De agora em diante, só vai enfrentar decepção, angústia, dor! Vai se achar muito incapaz! Acabou, Bárbara! Acabou pra você! Termina com isso logo! Acaba com isso de uma vez!

Bárbara tentou gritar. Não conseguia. Sua voz não saía. Tentou se mexer, mas era inútil.

Colocando-lhe a mão espalmada na altura do peito, Perceval conduziu-a de volta ao corpo, inibindo-a de qualquer movimento ou libertação.

A alma Bárbara gritava, esperneava, mas era inútil qualquer tentativa de fuga. Olhava o próprio corpo, mas nenhum movimento. Estava inerte.

Perceval transmitia-lhe impressões aterrorizantes, que lhe provocavam um medo sem precedentes. Não tinha piedade do seu desespero.

Em pânico, Bárbara viveu momentos que pareciam de eterno pavor.

Conseguia reconhecer o ambiente onde estava. Chamava, com gritos inaudíveis, por sua mãe. Nada.

Ninguém a ouvia.

Mexia-se, debatia-se e não conseguia movimentar seu próprio corpo físico, embora o corpo espiritual remexia-se e esperneava.

— Por que não morre? Por que não se mata? Você não serve para nada! Morra logo! Acaba com isso de uma vez! Crie coragem! Se mata! — O obsessor expressava-se com uma calma monstruosa, terrorística.

Em desdobramento, Bárbara sentia-se sufocada como se o ar lhe faltasse.

Em meio às tentativas de chamar por sua mãe, com a ideia de que a genitora pudesse acordá-la, fez com que se lembrasse de Maria, mãe de Jesus, cuja leitura do Evangelho a fez lembrar a força, a coragem, o amor. Recordou também a perseverança, a fé de Maria que enfrentou, praticamente sozinha, condições hostis, em uma época nada favorável a uma mulher em suas condições. Toda essa lembrança passou-se em uma fração de segundo na mente de Bárbara.

No instante em que se recordou, pediu em pensamento:

"Maria, mãe de Jesus, me socorre! Me ajuda! Mãe Santíssima, me ajuda! Me proteja!"

Nem Bárbara nem o espírito Perceval puderam perceber o que, repentinamente, aconteceu.

Do alto, desceu um facho de luz, inimaginavelmente forte, claro, brilhante, que iluminou todo o recinto, no plano espiritual.

Perceval tomou um susto ao receber uma descarga energética que parecia um choque muito forte.

Soltou Bárbara e caiu estonteado, tentando identificar o que lhe aconteceu.

Ainda foi capaz de ver algo que cintilava no ambiente, mostrando que uma vibração poderosa atuou, interferindo em seu trabalho.

Levantou-se. Seus seguidores já haviam fugido.

Austero, Perceval observou em toda volta, não viu absolutamente nada. Só podia sentir algo elevado ali.

Desconfiado, mansamente foi-se afastando e deixando a residência.

No mesmo momento, Bárbara sobressaltou num pulo.

Experimentou o coração acelerado, suor frio e tremores por todo o corpo. Sua respiração estava alterada. Nem percebeu que se sentou.

— Meu Deus! Ai, meu Deus... — murmurou aflita. — O que foi isso?

De imediato, levantou-se. Tremia muito.

Andou até o quarto de sua mãe e a viu dormindo, assim como suas irmãs Marcella e Graziella.

Caminhou até o outro quarto onde também se certificou que a cunhada, a sobrinha e os sobrinhos estavam dormindo profundamente.

"Será que ninguém me ouviu gritar?" — pensou.

Teve a impressão de fazer o maior escândalo e ninguém ouviu?

Sentiu medo tenebroso correndo por suas veias. Seu corpo não parava de tremer.

Entrou em pânico.

Voltou para o colchão no chão e sentou-se.

Uma sensação horrível a dominava. Lembrava-se vagamente do que ocorreu. Mas as impressões eram fortes demais.

Tanta pressão psicológica represada desencadeou-se em choro baixinho. Drenando as energias de todos os sentimentos confusos, hostis que experimentava.

Um pouco recomposta, pegou o celular para ver a hora. Estava com medo de dormir e passar novamente pela mesma experiência horrorosa.

Bárbara não podia ver o plano espiritual onde seu mentor lhe aplicava passes com energias salutares, minimizando os miasmas e vibrações deixados por Perceval.

Ela pegou uma coberta e jogou nos ombros cobrindo as costas. Sentada, recostou-se na parede e permaneceu pensativa. Embolava, frente ao corpo, as pontas da coberta, apertando com as mãos, usando força sem perceber.

Por que aquilo? Não bastava tudo o que experimentava? Precisava ainda ter pesadelos nos poucos minutos de sono? Fazia tempo que não dormia bem. Fazia tempo que não se sentia tão feliz como naquela noite.

Era estranho. Havia ficado bem depois que conversou com as sobrinhas. Ficou tão animada e disposta.

Esses pensamentos corroíam-lhe naquele instante.

Enquanto sua pupila questionava, Nestor, seu mentor, orientava:

— A oração consciente e sincera, minha querida, protege-nos de interferências como essas. A oração consciente e sincera, tão simples de ser realizada, é o que reforça nossas defesas. Criamos em nós, por meio do nosso desejo, proteção, mas não é só. A oração consciente e sincera atrai auxílio, amparo, ajuda de níveis celestes que nem podemos imaginar ou acreditar. Ore, Bárbara. Ore, minha querida.

Apesar do medo que estremecia seu ser, ela respirou fundo fechou os olhos e começou a orar, balbuciando a prece que Jesus nos ensinou.

Orou uma, duas e na terceira vez começou a prestar atenção em cada palavra, sentindo cada frase.

Ao terminar, silenciou.

Conseguiu calar a agitação mental que antes experimentava.

Relaxou-se e adormeceu em minutos, recostada na parede.

Capítulo 24

EDUCANDÁRIOS TERRESTRES

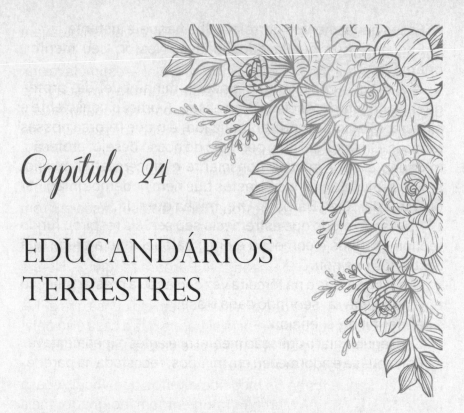

A primeira claridade da manhã fez com que Bárbara despertasse lentamente.

Ainda estava sentada e recostada na parede.

Sentiu o corpo dolorido ao se mexer. Talvez não tivesse dormido o suficiente. Desejava ficar deitada, mas precisava levantar. Tinha uma entrevista de emprego agendada para pouco antes do almoço.

Era abatida por forte sensação de desânimo. Precisava lutar contra aquilo. Mover-se usando a energia que não possuía.

Levantou-se e foi para o banho.

Ao retornar, viu sua irmã Marcella zangada.

— O que foi? — Bárbara quis saber.

— Caramba! Quando levantar antes do celular despertar, desliga essa porcaria! — Marcella reclamou. — Você foi pro banho e essa droga começou a tocar.

Na espiritualidade, companheiros de Perceval estimulavam que as irmãs brigassem.

— Vai, reage! Xinga, boba! Briga com ela! — estimulava um.

— Não deixa por menos, Marcella! Lembra pra sua irmã que a casa não é só dela. Que se ela estava acostumada a morar sozinha, aqui é diferente. Ela é muito folgada. Diz que ela é folgada! Não seja boba!

— Esqueci de desligar o celular — Bárbara respondeu tão somente.

Mas a irmã não se contentou. Num impulso, disse em tom zangado.

— Você não é a única nesta casa! Precisa se lembrar disso!

— Ah... Por favor, Marcella... — Bárbara reagiu. — Nem é tão cedo assim.

— Isso mesmo! Não deixa barato! Quem ela pensa que é?! — tornou um dos espíritos. — Ela tá achando que a casa é só dela! Que manda em tudo aqui! Que você é empregadinha dela! — tornou o espírito sem evolução.

— Penso que tenho os mesmos direitos que você! A casa não é só sua não! — Marcella falou em tom indignado, mais induzida pela influência do que pelo que sentia de fato.

— Ah, é! Quem vendeu o carro para pagar os meses de aluguel aqui, hein?! Bem ou mal você está com seu carro lá na garagem! Estou a pé! — exclamou Bárbara batendo agressivamente os utensílios da cozinha, enquanto preparava o desjejum.

— Isso mesmo! — induzia o outro companheiro de Perceval. — Bata a porta do armário agora pra ela prestar atenção no que você fala. Faz valer a sua autoridade! Jogue um copo no chão! Mostra quem manda! Vai! Vai! Vai logo! Bata no fogão com essa frigideira que pegou para esquentar pão!!! Vai! Vamos!!!

— Se você não percebeu, estamos no mesmo barco, Bárbara! Foi você quem decidiu vender a droga daquele carro e falou para eu ficar com o meu!

— Mas que saco, Marcella!!! — Bárbara gritou e bateu sobre o fogão, com toda a força, a frigideira que segurava. — O que você quer, hein?! Qual é o seu problema?! Tudo isso por causa de um despertador de celular?! — ainda berrou.

O estrondo provocou gargalhadas nos espíritos inferiores, que habitavam aquela casa.

As demais moradoras se assustaram e foram ver o que era.

— O que foi isso, meninas?! — Antonella chegou perguntando. As filhas começaram a falar juntas sobre o que havia acontecido. Sem entender nada, a mãe pediu em tom firme:
— Vamos parar com isso?! O que deu nas duas?! Nunca brigaram e agora tão falando assim por quê?!

Bárbara abaixou a cabeça e, contrariada, passou margarina no pão e foi esquentá-lo na frigideira.

Marcella, contrariada, continuou arrumando a cafeteira para fazer café.

— Não quero saber de briga entre vocês! Só isso que me faltava na vida! — Antonella repreendeu.

Patrícia chegou à cozinha e parecia apressada.

— Bom dia! Bom dia! — De longe ouviu a discussão entre as cunhadas e também o que a sogra havia dito. Não ousou interferir. Tinha ocupação demais. Precisava dar café da manhã para suas crianças e levá-las à escola, de lá, ir trabalhar.

— Bom dia, Patrícia — Somente Antonella respondeu.

— Sentem-se aí, os dois. A mamãe vai esquentar o leite de vocês — Patrícia disse.

— Eu não quero leite — Thaís resmungou.

— Eu também não... — o irmão a copiou.

A mãe não deu ouvidos. Esquentou o leite e os serviu, dizendo:

— Bebam tudo — foi firme.

— Mas eu não quero! — tornou a menina em tom enjoado.

Patrícia colocou a mão na sua testa, depois disse:

— Não está com febre. Não parece doente. Então beba o leite! — foi firme enquanto tomava um gole de café, sem se sentar.

— Eu quero suco de caixinha — pediu a filha.

— Eu também — o irmão decidiu.

— Não! — a mãe foi mais firme ainda. — Se não tomarem esse leite, não comerem essa banana amassada com aveia e mel, vão para a escolinha com fome!

— Tô enjoada de banana com aveia — disse Thaís.

— Eu também — Enzo repetia tudo o que a irmã falava.

— Aquilo não presta! — Patrícia avisou.

— Mas eu quero! — Thaís ranhetou.

A mãe foi até a geladeira, pegou a caixa com suco industrializado e despejou dentro da pia.

— Jogou fora o suco? — perguntou Graziella que chegava à cozinha e acompanhou a história.

— Joguei. Não gosto de dar suco de caixinha para eles. Ganhei ontem essa porcaria e não vou dar. Agora não tem mais por que chorarem.

— Mas Patrícia... Não acha que está sendo muito radical com eles? — tornou a cunhada.

— Não. Não acho. Se é isso o que a Thaís exige de mim para aprender, é isso o que vou dar. — Foi até a filha e falou: — Toma esse leite logo. — Olhou para o lado e viu o filho menor se alimentando enquanto a filha cruzou os braços. Patrícia esperou que Enzo terminasse a refeição. Pegou o copo com leite da filha e bebeu ela mesma. Pegou a banana amassada e comeu. A garotinha ficou surpresa com a cena. Em seguida, pegou os dois filhos pelas mãos e disse: — Vamos escovar os dentes. — Saiu da cozinha.

— Credo. Que horror!... — Graziella exclamou.

— Sua cunhada não é mãe, é madrasta! Não se trata filho assim! — novamente um dos espíritos inferiores estimulava discórdia.

— Fico com dó — Antonella falou. — Mas ela tá certa. A Thaís é geniosa. Bem difícil. Diferente da Sarah, quando pequena. Não critica ela não, Grazi. A Patrícia tem de ser firme.

— Achei exagero. Ela quer aparecer — tornou Graziella.

Bárbara, de cabeça baixa, tomava seu café e não dizia nada.

Assim que terminou, levantou-se e saiu, em total silêncio.

Antonella acompanhou a filha com o olhar e disse para as outras duas que continuavam sentadas à mesa:

— Precisamos criticar menos e acolher mais. — Virando-se para Graziella, ainda disse: — Você, que agora não sai da igreja, o que aprendeu lá? Já leu ou ouviu dizer que Jesus criticou alguma coisa? Jesus só ensinou o bem, só pregou o bem. Não lembro de qualquer ensinamento Dele que criticasse.

Silêncio total.

Após a entrevista de emprego, Bárbara sentiu-se desanimada mais ainda. Pediram que aguardasse contato. Pela maneira como falaram, sabia que ninguém a chamaria.

Bem vestida, muito arrumada, resplandecendo beleza, caminhava pela Av. Paulista, a principal avenida da cidade de São Paulo, sem esperança, sem fé, sem expectativa. Mantinha uma pose altiva. Cobria o rosto com verniz de alegria e serenidade. Ninguém notava ou sequer imaginava que alguém com aquela aparência pudesse experimentar tanta dor e profunda tristeza na alma. Seu coração estava frágil, lutando e resistindo a uma melancolia cruel.

Talvez, quem a conhecesse há muito tempo notasse que aquela pose elegante, servia de couraça para não exibir o que de fato se passava.

Somente, na profundidade de seu olhar, viam-se as gotas de desespero em sua alma.

Bárbara pegou o celular e olhou as horas. Era tarde para almoçar e cedo para jantar. Além disso, não dispunha de dinheiro para isso.

Conferiu suas mensagens. Nada de novo.

Por um momento, pensou em Murilo. Desejou conversar com o amigo. Por isso, enviou-lhe uma mensagem que foi visualizada e respondida com rapidez.

"Onde você está?" — ele quis saber.
"Na Paulista" — ela respondeu.
"Fazendo?"
"Entrevista de emprego" — tornou a moça.
"Saio do Fórum em 20min. Pode esperar?"
"Claro. Você está perto?" — Bárbara quis saber.
"Mais ou menos... Mas quero te ver".
"Te espero". — concordou.
Combinaram o local e ela aguardou.

Após pegá-la, Murilo, sorridente, perguntou:
— E aí? Como vão as coisas? Como foi a entrevista?...
— Foi o de sempre — sorriu sem jeito. — Disseram para aguardar.
— Entendo. Chato, né? Gera uma expectativa, ansiedade enquanto se aguarda e acaba que ninguém te chama — observou-a triste. — Aposto que não almoçou? — falou enquanto dirigia, após dar uma olhada para ela.
— Não. A entrevista foi marcada pra antes do almoço. Atrasou muito e fiquei esperando, claro.
— Quer ir a uma lanchonete... *Shopping* tem praça de alimentação.
— Nem sei... — não deu importância.
— Vamos ao *shopping*, então. Estou precisando comprar uma coisa.

Sentado à mesa da praça de alimentação, conversavam e Bárbara contou-lhe que realizaram a *Oração no Lar* ou *Evangelho*

no Lar como ele ensinou. Contou sobre o que ela conversou com as sobrinhas e falou o quanto se sentiu bem. Mas que logo após dormir, experimentou aquela sensação de horror. Gritava, debatia-se e ninguém a ouvia. Olhava e era capaz de enxergar seu corpo dormindo. Desejava acordar e não conseguia. E terminou dizendo:

— Então eu me lembrei de Nossa Senhora, porque tinha falado sobre ela para as meninas. Chamei por Maria. Pedi que me ajudasse. Acordei num sobressalto. O ar parecia que me faltava aos pulmões. O coração acelerado e uma sensação horrorosa.

Murilo, que a olhava fixamente, era todo atenção. Ao final do relato, explicou:

— Acho que sei o que é isso.

— Foi horroroso! — exclamou sussurrando. — Eu nem tinha comido nada para ter pesadelo. Nem tinha bebido nada alcoólico. Aliás, faz tempo que não bebo.

— Não é preciso ingerir bebidas alcoólicas ou ser usuário de outras drogas, ficar doente, tomar remédios fortes para se ter a paralisia do sono.

— Paralisia do sono? — ela estranhou.

— Uns chamam de paralisia do sono, outros de viagem astral consciente, catalepsia projetiva, projeção astral... Não importa o nome — tornou Murilo. — Não existe uma forma de prever quando isso acontece nem em quem acontece. O corpo fica inerte, paralisado, alguns poucos se remexem, mas a mente está lúcida, a alma está ligada ao corpo por meio de liames que não são vistos neste plano físico. Sua consciência está ativa, viva durante a paralisia do sono. Livre do corpo físico pelo estado do sono, mas ainda preso a ele, você é uma alma consciente. Nesse estado de paralisia do sono, a alma é capaz de ver a sua volta, descrever detalhes do lugar onde se encontra, vê seu corpo físico adormecido, mas é incapaz de movê-lo. Ela não tem controle sobre o corpo. Muitas pessoas, nesse estado, entram em desespero por não conseguirem se mover. Gritam, esperneiam, querem desesperadamente mover, mas não conseguem. Sabe-se que o desespero piora a situação. Alguns relatos afirmam haver um ser, uma coisa feia, um espírito maligno a observá-los.

— Sim! Eu vi isso! Vi um homem alto, vestes escuras. Usava um casaco comprido, talvez... Tinha um rosto carrancudo... Nossa! Foi horrível! Parecia que empurrava uma energia, uma... Sei lá... Empunha uma energia em mim. Algo esquisito.

— Entendo. Algumas pessoas relatam isso. Outras, no entanto, só visualizam o ambiente. Visualizam seu desdobramento. Alguns são capazes de manter a calma e, com facilidade, conseguem caminhar pelo ambiente ou irem além dele, para onde pensarem. A pessoa pensa e se transporta para onde pensou. Outros, apesar de não verem nenhum ser maligno, também se desesperam por não estarem preparados para a experiência. Esses fatos, inegáveis, provam ou comprovam que somos seres duais, ou seja, somos almas ou espíritos e temos um corpo. Prova também que a alma pode sair do corpo e fazer um passeio, enquanto o corpo relaxa ou descansa. Mas, de acordo com a nossa moral, nós, almas, vamos ser atraídos ao que somos simpáticos.

— Não fui nem um pouco simpática àquele ser que vi. Fiquei apavorada! — ressaltou baixinho.

— Você pode não ter gostado do que viu, mas, de alguma forma, foi o que atraiu. A sua vibração, o seu estado mental deixou você naquele nível. — O olhar de Bárbara e seu balançar de cabeça denunciaram que não aprovou. Murilo sorriu e esclareceu: — Assim como existem os espíritos inferiores, maus, perversos, existem também os espíritos esclarecidos, bons, protetores, amáveis, socorristas, nossos anjos da guarda. — Um momento e perguntou: — Quem você viu? — Não houve resposta. — Isso mostra que precisa mudar de sintonia, se quiser companhias melhores. Nós fazemos esses desdobramentos todas as vezes que dormimos, mas não lembramos. Somente em casos como o seu, onde trouxe a lembrança viva da experiência, que comprovamos o desdobramento, a paralisia do sono ou viagem astral. Observe só... Você estava conversando com suas sobrinhas. Isso foi legal! Deixou as meninas confiantes. Repleta de esperança. Indicou diretrizes para seguirem o caminho do bem. Tiveram uma conversa edificante. Por isso se sentiu bem. O estado depressivo foi dissolvido. Aí, bem feliz da vida, você se deitou e dormiu. Orou?

Bárbara levantou o olhar e titubeou:

— Mais ou menos...

Murilo deu uma gargalhada e jogou-se para trás, no encosto da cadeira. Espalmou as mãos sobre a mesa ao retornar. Ela riu e ele afirmou:

— Não existe oração mais ou menos, minha amiga! Que história é essa? — riu com gosto.

— Ah... É que comecei a rezar e dormi — achou graça.

Mais sério, ele comentou:

— Reparei uma coisa, durante o desespero naquele estado de paralisia do sono, ou desdobramento, você disse que se lembrou de Maria, mãe de Jesus, e pediu ajuda.

— Sim. Foi sim.

— Daí acha que viu uma luz e, de repente, sobressaltou e acordou?

— É. Foi isso. Mas não tenho toda a imagem. Tudo é confuso.

— Olha aí o poder da prece. Bem que Jesus disse: "pede e te será dado".

— Tenho pedido tanta coisa e ninguém me atende... — lamentou.

— Ah... Pelo amor de Deus! Bárbara!... Não adianta eu pedir para ganhar na loteria sozinho se isso não for bom para mim nem para os outros. Quando Deus, o Pai da Vida, o Universo te dá algo é porque aquilo tem chance de ser bom para mim e para todos os outros também.

— Tem gente que ganha na loteria e perde tudo! Gasta todo o dinheiro com besteiras e torna-se mais pobre do que antes. Já vi reportagens sobre isso. Em outros casos, têm aqueles que falcatruam e recebem vantagens, isso são bênçãos do Universo, é bênção de Deus? Onde está Deus que permite isso?

— Isso é outra coisa. Quem não souber usar seus dons, seus talentos, suas bênçãos para o que é bom, irá perdê-la ou prestará conta de alguma forma. O avarento, o egoísta também vai precisar acertar as contas. Assim como aquele que falcatruou e recebeu bens, valores, benefícios que não lhe pertence. Esse também vai ter de prestar contas. — Olhou-a nos olhos e perguntou: — Por que você ainda acha que existem lugares no mundo onde encontramos pessoas vivendo em condições subumanas, em miséria absoluta? Deus não erra, minha amiga! Por isso, eu não brigo por política. Eu voto no que a minha consciência pede, porque minha razão analisou. Não imponho nada. — Sorriu ao confessar: — Já passei dessa fase. Confio em Deus. O político que hoje rouba, oprime a população, facilita as dores e a miséria de um povo, tem vaga garantida em reencarnação miserável. Vai passar por necessidades e muita dor! — enfatizou. — Peguemos como exemplo a África ou até alguns lugares do sertão brasileiro: por que aquela gente não diminui o número de filhos diante de tanta pobreza? Sabe por quê? Porque espíritos como políticos de várias partes do mundo precisam nascer naquele meio e experimentarem toda aquela dificuldade. Pessoas egoístas e avarentas, que desperdiçam dinheiro com compras frívolas, vão precisar nascer naquele lugar para aprender. Você já reparou que, por mais que tentem, as arrecadações mundiais feitas para sanarem a fome em alguns países da África não chegam lá? Tudo ou quase tudo é desviado? Aqueles homens, mulheres e crianças experimentando tanta dor, doença, fome... Por quê? Por que uma criança, sofrendo com a Aids, magra, desnutrida, faminta, está lá na África agora morrendo, enquanto nós dois estamos aqui sentados na praça de alimentação de um *shopping* tão bonito? Por quê? Por que aquelas mulheres doentes, com Aids, magras, desnutridas ainda são capazes de gerarem filhos que também vão nascer contaminados? Por que o regime político daqueles países em que vivem não deixa chegar, naquela região, a ajuda humanitária onde precisa? — Vendo-a atenta, prosseguiu: — Não sei se você sabe, mas é o regime governamental daqueles países que não deixa chegar os recursos ao povo. Os governantes vivem no luxo, têm todo o conforto, ostentam joias, carros, aviões e não sei mais o quê... Enquanto o povo morre de fome. Por quê? — Não houve resposta. — Chega a ser revoltante. Mas Deus não é burro. Esses lugares precisam existir para os próprios políticos encarnarem ali. Regiões assim são berços para as reencarnações de muita gente que agiu mal no passado e vão continuar sendo berço para muitos dos que vivem hoje a ganância, o egoísmo, a maldade, a estupidez... Lugares de dor, doenças, pestes, desespero, guerras... Infelizmente, são necessários ainda na Terra. São educandários terrestres para espíritos que provocaram dor, para que aprendam a não roubar, não matar, não estuprar, não tirar o pão e o direito à saúde do povo. Por confiar e acreditar tanto em um Deus bom e justo, por acreditar na reencarnação, na Lei de Causa e Efeito, que consiste em você atrair para si tudo o que precisa para sua evolução, eu não discuto política. Muito mal, converso com pessoas bem próximas a mim. Não gasto minha energia com isso. Onde está seu foco está o seu coração, a sua energia e sua vida. — Deixou-a refletir. Respirou fundo e tornou a dizer: — Por isso, "dai a César o que é de César e a Deus, o que é de Deus." Aprenda isso que Jesus ensinou há mais de dois mil anos. A oração é o meio de preservar-se contra o mal. É com ela que você cria vínculos fortes com espíritos superiores, bons, esclarecidos. É possível criar uma redoma de proteção durante o sono, por meio da oração, pedindo a Deus, a Jesus, ao seu mentor ou anjo da guarda que te guie e te proteja durante o sono. Que você possa se unir a criaturas bondosas e elevadas para aprender e ser cada vez melhor.

Depois de longo silêncio, Bárbara afirmou:

— Entendi. É que... Sabe... Às vezes, é tanta coisa e acabo ficando sem saber o que fazer, como agir...

— Então ore. Respire fundo, feche os olhos e converse com Deus. Não reclame. Atraia luz, prosperidade, saúde...

Diga que tem certeza de que vai encontrar o melhor trabalho e agradeça por isso antes mesmo de acontecer. — Para descontraí-la, brincou: — Pode pedir para ganhar na loteria, mas se isso for deixá-la em situação evolutiva pior, Deus não vai permitir — riu para descontrair.

— Verdade. — Um instante e disse: — Quero ir novamente ao centro espírita aonde me levou. Gostei tanto. Senti-me tão bem... Nem sei explicar.

— Claro. Será ótimo. Estou achando que você precisa aprender sobre mediunidade.

— Mediunidade?

— Sabe o que é? — ele indagou.

— Mais ou menos.

Novamente, Murilo riu com gosto, jogou-se contra o encosto da cadeira e, ao se recompor, disse:

— Lá vem você de novo com essa de mais ou menos — arremedou-a.

— É o modo de falar! — Bárbara também riu. — Faz bastante tempo que li parte de alguns livros da Codificação Espírita. Não lembro direito o conteúdo.

— Então você tem uma noção razoável. Desta vez, vou respeitar sua resposta de mais ou menos — riu.

— Noção razoável sim. Conhecimento não. Quero entender melhor o que está acontecendo comigo. Foi muito estranho eu falar coisas do jeito que falei para minhas sobrinhas. As palavras brotaram! — enfatizou. — Estava bem descontraída e muito consciente do que dizia. As explicações fluíram.

— Penso que isso pode ser mediúnico.

— Não sou médium — sorriu com doçura.

— Todos somos. Em maior ou menor grau, todos nós somos médiuns e de diferentes tipos. Cada um com um atributo. Por isso é melhor estudar a respeito. Existem pessoas que atuam mediunicamente e nem sabem. Um enfermeiro, um médico, um fisioterapeuta, um farmacêutico, dentista... Podem ser médiuns de cura e nem saberem. Mesmo assim, atuam. Descobrem problemas que eram difíceis de serem diagnosticados ou então, pacientes melhoram rápido com o seu atendimento. Por exemplo, os espíritos que atuam na cura se ligam a enfermeiros bondosos e delicados, fazendo-os de instrumento para enviarem energias ou bálsamos espirituais de cura ao necessitado. Existem médiuns sensitivos que são pessoas capazes de sentirem espíritos ou impressões, médiuns falantes, audientes, escreventes... Cada um com seu tipo de mediunidade particular. Alguns com várias...

— Mas, por que eu seria médium?

— A pergunta correta seria: para quê?

— Para que eu seria médium? — ela sorriu ao questionar conforme ele sugeriu.

— Para se aprimorar e ajudar outras pessoas. Geralmente é esse o propósito. Você fala muito bem, é carismática... Tem um dom especial de lidar com pessoas. Digo isso porque você explicou que sua conversa fluiu como se dominasse o assunto, mas na verdade nem tanto. Como se lembraria totalmente de um tema que leu há tanto tempo, não é? — sorriu. — Quando foi à casa espírita comigo, deve ter rememorado seus planos para essa reencarnação. — Sorriu novamente. — Mas uma coisa é importante saber: mediunidade não é brincadeira. Assim como você, muito provavelmente, deixou-se influenciar e se inspirar por um espírito bom, falando assuntos edificantes para suas sobrinhas, você pode se deixar influenciar e inspirar por um espírito inferior que a leve a fazer coisas que magoem alguém, que magoem a si mesma ou coisas piores.

— Um espírito tem toda essa capacidade de influenciar?

— Sim. Um espírito influencia nossos pensamentos muito mais do que imagina. — Ofereceu uma pausa e confessou: — Vou te falar uma coisa que estou pensando há algum tempo... Nos dias atuais, a espiritualidade inferior, querendo inibir o progresso do nosso povo, da nossa Nação, está atuando fortemente no pensamento dos encarnados. Induzindo estados depressivos ou piorando-os. Criando brigas e intrigas desnecessárias em lares, empresas, grupos de todas as espécies, inclusive nos grupos filosóficos e religiosos. Eles estão pulverizando ódio, discórdia, rancor, mágoa... Pode parecer loucura minha, mas preste atenção como as pessoas estão ficando sensíveis demais, agressivas demais, rancorosas demais... Muita gente está vivendo no extremo e no limite. Extremamente magoadas, extremamente agressivas... Só exigem respeito, mas não respeitam. Por isso, creio que há muita interferência espiritual negativa, nos dias atuais. As pessoas são médiuns e ignoram. Desconhecem isso, deixam-se usar quando aceitam ofender, odiar, manipular, pregar rancor e discórdia. Esquecem-se da Lei do Retorno. Esquecem-se do que atraem para seus lares, para suas vidas. Pessoas assim, ganham muitos seguidores na Terra, mas perdem seus valores diante de Deus.

— Entendi... Hoje de manhã eu e minha irmã brigamos — contou. — Não sei explicar o que houve. Quando vi, bati a frigideira em cima do fogão com toda a força. Minha mãe deu a maior bronca e ainda lembrou que nunca brigamos.

— Tá aí! Somos médiuns e nós não sabemos disso ou nos esquecemos disso. Pode haver, na sua casa, espíritos que desejam brigas e discórdias. Querem vê-las sofrer, irritadas... Da próxima vez que surgir situação parecida, não reaja. Peça desculpas. Em uma discussão, quando se pede desculpas, desarma-se o oponente e ganha-se respeito. Sua irmã não é sua inimiga, mas o espírito que a influencia, sim. Ela pode ser somente instrumento e você também, quando revida à altura. Como pessoa racional que é, vai se questionar sobre o que fez, se era necessário mesmo reclamar, revidar tanto. Quando surgir qualquer discussão, afaste-se. Cale-se. Somente assim tudo se resolve. Pegue o cachorro e vá passear, se puder. Vá olhar a praça, a rua... Aliás, passe a fazer caminhadas. É ótimo contra abalos emocionais.

— Entendi.

— Você é inteligente, Bárbara! — ressaltou. — Deveria estudar mais a Doutrina Espírita.

Ela sorriu. Em seguida, verificou a hora e se surpreendeu:
— Nossa! Já é tarde.
Murilo conferiu o relógio e falou:
— Nem tanto assim. Quer ir embora?
— Quero. Você me deixa no metrô?
— Faço melhor: te deixo em casa.
— Obrigada — sorriu lindamente. — Vou aceitar.
Bárbara sentia seu coração mais suave, mais leve.
A conversa foi esclarecedora e edificante.

Capítulo 25

O NASCER DA ESPERANÇA

Naquela noite Sarah estava feliz.

A jovem foi aceita para trabalhar em uma loja de *pets* e sentia-se bem satisfeita.

— Mas, filha, você deveria pensar em ingressar em uma faculdade! — Graziella opinou. — É jovem e...

— Mãe, preste atenção — disse a jovem com moderação —, não tem como pagar faculdade agora. Sem chance! Terminei o Médio há dois anos — referiu-se ao Ensino Médio —, acabei de fazer dezenove anos. Não tenho a menor chance de fazer um curso superior. Não agora. Preciso de um emprego e arrumei esse que me aceitou sem exigir experiência.

— Atendente em loja de *pet shop*! — Graziella disse como se lamentasse.

— É um trabalho digno, mãe. Melhor do que não fazer nada! — Sarah não gostou de ver sua mãe decepcionada.

— Deixa a menina, Grazi — recomendou Antonella. — Ela tem razão. Melhor do que não fazer nada. Quem sabe ela faz um curso e aprende a tosar cachorrinho.

— Vamos, Graziella! Reaja! Fala alguma coisa! — estimulava um espírito inferior, que não era visto nem ouvido pelos encarnados, deixado ali por Perceval para provocar discórdia. — Você não teve filha pra lavar cachorro! Proteste, mulher!

— Sabe que já pensei nisso, vó! Tem uma escola com curso de banho e tosa perto da estação do metrô e...

— Ah! Pelo amor de Deus! Você não nasceu para lavar cachorro, menina! Tenha dó! — a mãe repreendeu.

— Não vejo nada de mais, mãe. Eu gosto de bicho, tá! E a senhora nunca me deixou ter um! — defendeu-se a filha.

— Sua mãe não quer que tenha futuro — dizia outro companheiro espiritual, tentando provocar briga entre elas. — Ela exige de você, mas não faz nada na vida. Vamos, reaja! Responda pra ela! Diga que você é maior de idade e não precisa dela. Vai, fala!

— Melhor isso do que ficar em casa olhando pra cara de todas vocês que não trabalham. Quem sabe ao menos consigo dinheiro pra colocar uma porcaria de TV por assinatura e a gente ter algo pra assistir! — Sarah esbravejou, influenciada.

— Olha como fala, menina! Não foi essa a educação que eu te dei!! — Graziella disse irritada.

— Sua mãe deveria ter sido exigente assim com o seu pai, guria. Quem sabe não teria apanhado tanto dele — zombava outro.

— Já sou maior de idade, mãe! Não preciso da sua autorização pra tirar minha carteira de trabalho e procurar emprego! Você sabe ser enérgica comigo! Por que não levantou a voz desse jeito pro meu pai?!

— Que é isso, Sarah?! Onde já se viu falar assim comigo?! — tornou Graziella.

— É isso mesmo! Você... — foi interrompida pela avó.

Ao perceber que a troca de palavras estava acalorada, Antonella decidiu interferir. Batendo palmas, pediu:

— Vamos parar! Vamos parar! Vamos parar com isso! Hein! O que está acontecendo?! Vocês duas nunca foram disso! O que é que tem nessa casa hoje que o povo deu pra brigar à toa?! Hein?! Mas que é isso?! — ninguém respondeu. — Não quero saber de briga aqui, ãh! Não quero! Tudo o que é dito gritando e agressivamente pode ser conversado com tranquilidade, com paz. Certo?! — Virando-se para a neta, pediu: — Você é uma menina educada. Sempre te admirei por isso. Pede desculpa pra sua mãe.

— Tá... Desculpa, mãe.

— E você, Graziella, desculpe a sua filha!

— Está desculpada, lógico. Mas não fala mais assim comigo. Eu só quero o seu bem.

— Todo o mundo aqui quer o bem de todo o mundo! Então não quero confusão. Não quero briga, ãh! — tornou a senhora, firme.

Sarah foi para o quarto sem dizer nada.

Patrícia, que lavava louças e até então não tinha dito nada, secando as mãos, virou-se para a cunhada e, com bondade na voz, disse:

— Um emprego para a Sarah será ótimo. Sabe... Nós sempre colocamos muita expectativa no primeiro emprego. Ela vai trabalhar em um *pet shop* e qual é o problema?

— Vai vender ração! Não criei filha pra vender ração, dar banho em cachorro! — Graziella reclamou.

— Mais uma vez peço que pense, Grazi. Qual é o problema? Ela é jovem. Tem muita coisa pela frente. Vai conhecer gente nova, ver pessoas diferentes. Pode querer fazer um curso de tosar cachorro sim e pode trabalhar nisso, conseguindo dinheiro pra uma faculdade, sei lá... Olha que legal! Tudo o que conseguimos com esforço pessoal, valorizamos muito mais. Por essa razão, não podemos dar as coisas de mão beijada pros filhos. Eles não valorizam. Colocam tudo a perder.

— A Patrícia tem razão — Antonella concordou. — Deixa sua filha ir trabalhar.

— Quem vai trabalhar? — perguntou Bárbara que acabava de chegar. Mas, antes que respondessem sua pergunta, cumprimentou: — Boa noite! Boa noite!... Bênção, mamãe!

— Deus te abençoe, Bárbara. Estávamos falando da Sarah. Ela foi no *pet* comprar ração pro Billy. Chegou lá, viu que estavam admitindo vendedores. Ela tomou iniciativa e foi lá falar com o gerente e conseguiu a vaga. Chegou aqui toda feliz, contando tudo. Amanhã tem de ir levar os documentos. Por não ter Carteira Profissional, vai levantar cedo e ir tirar. Aí que a Grazi não gostou. Não acha que trabalhar em *pet shop* seja serviço pra filha. As duas discutiram e eu fiz parar.

Naquele instante, Bárbara lembrou-se de Murilo dizer que, em sua casa, pudesse ter espíritos que desejassem brigas e discórdias. Sabia que sua irmã e sobrinha nunca brigaram. Assim como ela e sua irmã Marcella que nunca haviam discutido.

Decidiu não falar nada, mas comentou:

— Que ótimo a Sarah trabalhar. Vai ser muito bom pra ela. Vai se sentir útil, conhecer gente nova!...

— Não era isso o que eu gostaria pra minha filha! — Graziella ainda estava contrariada.

— Às vezes, o que queremos não liberta, ao contrário, oprime. Deus sabe do que precisamos — as palavras saltaram da boca de Bárbara. Ela não esperava.

Patrícia pensando em mudar o assunto para distrair Graziella, que ainda se mostrava insatisfeita, perguntou:

— E a entrevista? Como foi?

— Cheguei lá antes do horário, mas foram me atender bem depois, no final da tarde. Passei a maior fome — riu. — Bem... Fiz a entrevista. Deixei meu currículo. Eles pediram para aguardar a chamada. Mas já sei que... Não vão me chamar. — Suspirou fundo e disse: — Vou procurar mais.

— Vai dar certo, Bárbara. Em breve vai encontrar o trabalho ideal — Patrícia afirmou otimista.

— Tomara! Que Deus te ouça! — a cunhada sorriu e saiu falando.

Na espiritualidade, Perceval estava muito irritado. Sua postura, antes inabalável, não era mais a mesma.

Com a mente construída na ausência de perdão, tomado pelo desejo de vingança e de perseguição, Perceval recrutava seguidores e aprendizes, outros espíritos que como ele possuíam a necessidade de desforra. Desejavam punir aqueles que achavam ser desafetos do passado. Juntos, tornavam-se cada vez mais asselvajados dos instintos.

Perceval era inteligente, mas não possuía elevação moral.

Tinha ciência de que a Providência Divina possuía suas Leis naturais, sendo uma delas a de causa e efeito. Mas se deixava cegar pelo rancor, pelo ódio. Não acreditava que a Lei de Ação e Reação funcionaria para ele.

Na espiritualidade, não temos a visão de tudo. Não sabemos tudo.

O conhecimento total do passado só é possível com a evolução moral de cada um.

O ódio, principalmente, deixa-nos cegos e ignorantes.

O ambiente psíquico, no apartamento de Murilo, cultivado de modo equilibrado pelo esforço do proprietário, foi notado por Perceval e seus seguidores, espíritos ociosos e perturbados.

— Precisamos ser cautelosos — Perceval orientou. — Tudo aqui é muito quieto. Estranho. Não consigo observar qualquer energia deplorável. Assim como também não consigo detectar alto teor vibratório. Existe aqui algum trabalho de assepsia psíquica, como aquelas estão fazendo naquela casa.

— Talvez o morador faça *Oração no Lar*, como fez aquela mulherada idiota e... — opinou um dos acompanhantes que xingou.

— Foi ele quem ensinou elas, seu imbecil! — tornou outro, lembrando-o.

— Sim. O que elas fizeram gerou ondas vigorosas que iluminou a casa. Tivemos de abandonar o local. Mas não adiantou. Vocês fizeram como eu orientei. Imprimiram pensamentos contrários e elas aceitaram. Ruminaram aborrecimentos, incômodos até voltarem a discutir de novo. A assepsia psíquica da casa não durou muito. Impregnaram tudo de novo. Elas limpam, elas mesmas sujam — riu Perceval. — Passaram a ter sentimentos desencontrados que tornam a perturbá-las, desequilibrando a mente, jogando-as para a depressão ou ansiedade. Vivem altos e baixos nas emoções. É sempre assim que funciona. Devemos ser persistentes. Das próximas vezes, com muito êxito, conseguiremos o pânico. Com mais sucesso ainda, induziremos ideias de suicídio, como já tiveram antes, pra acabar com a dor. Ninguém sabe que o suicídio é o começo do maior desespero experimentado por qualquer criatura. Dor, sofrimento, angústia, sentimentos insuportáveis, inomináveis! É isso que Bárbara vai experimentar. Ah! Vai!... — Breve pausa e pediu: — No momento, precisamos nos concentrar em Murilo, porque ele é a fonte dos ensinamentos. É difícil atingi-lo e quero entender por quê.

Em curso pelo apartamento, Perceval chegou à porta da cozinha onde viu o rapaz de costas, junto à pia, realizando uma tarefa.

Naquele instante, a atenção de Murilo voltou-se para a lavanderia. Um barulho o atraiu. Olhou e viu Oliver todo ouriçado. O gatinho fazia uma corcova e andava de lado, ao mesmo tempo que exprimia um rosnado misto a um uivo.

Murilo olhou rápido para trás. Não viu nada nem ninguém.

Não tinha muita experiência, mas conhecia bem seu amigo felino. Havia buscado orientações a respeito de como lidar com seu novo companheiro. Sabia que os gatos só miam para humanos. Não miam para outros de sua espécie. Miam para ter carinho, comida, água ou qualquer outra coisa que desejam como um brinquedo, por exemplo. Sabia que gatos também ronronam, geralmente, quando estão tranquilos, alegres e felizes. Mas aquele barulho era estranho e inédito, desde que o adotou. Aquilo não era um miado. Era um rosnado misto a um uivo, além da corcova com pelos arrepiados, a cauda estava reta e ouriçada. Aquilo era medo.

— O que foi, Oliver? O que é isso? — o tutor perguntou.

Mais ouriçado e nervoso, o gatinho armou novamente a corcova e andou de lado. Ao mesmo tempo, emitia o som de uivado e rosnado. Olhava para a porta da entrada da cozinha, atrás de Murilo.

O rapaz secou as mãos rapidamente. Inclinou-se e pegou o felino no colo, tentando acalmá-lo.

— Hei... — falou em tom manso, afagando o animalzinho. — O que aconteceu, hein?

O gato, ainda com a cauda ouriçada, estava irritado com algo que Murilo não conseguia ver.

Deixando a cozinha, o rapaz foi para a sala. Acomodou-se no sofá, acariciando Oliver.

— O que aconteceu, amigão? — perguntou novamente com voz calma.

O gatinho mudou. Esfregou-se nele, fazendo-lhe um carinho. Parecia mais calmo.

Perceval observava à distância. Algo que nem mesmo ele percebia ou entendia, mantinha-o longe de Murilo. Era difícil emanar suas energias funestas e envolver o rapaz.

— O que vamos fazer, chefe? Estamos aqui, né?

Perceval não respondeu. Só observou.

O celular de Murilo tocou.

— Oi, mãe! A bênção! — ouviu o que sua mãe disse. Depois respondeu: — Sim. Estou bem. E o pessoal aí? — ficou escutando por algum tempo. — O Oliver está bem. Sempre fazendo gracinhas. A senhora precisa conhecê-lo pessoalmente. Viu as fotos, né? Viu como cresceu? — após um instante, riu alto e garantiu: — Não exagerei nas fotos não. Não mandei nem metade das fotos que tenho dele... Tive de passar um monte pro computador pra liberar espaço no meu celular — riu. Depois contou: — Aconteceu uma coisa estranha agora há pouco. Eu estava lavando louça e de repente o Oliver saiu da lavanderia, parou entre a lavanderia e a cozinha. Ficou olhando para a porta de entrada da cozinha e ficou todo ouriçado. A cauda ficou grossa e ele fez uma corcova. — Escutou sua mãe e respondeu: — Sim. Estou sozinho em casa. Não tem mais ninguém aqui. — Fez silêncio ouvindo o que ela tinha para dizer. — Entendi sim. Também lembrei que animais são sensíveis a vibrações estranhas e negativas em uma casa. Mas não tem problema. Está tudo bem por aqui.

Conversaram por mais algum tempo.

Murilo ignorava que, na espiritualidade, seu mentor e amigos espirituais, que o estimavam e nutriam por ele grande carinho, quiseram avisá-lo da presença de energias estranhas, contrárias às que ele costumava ter em sua casa. Era preciso que reforçasse a vigilância mental e espiritual. Por essa razão, esses amigos espirituais de cunho elevado facilitaram o felino sentir vibrações diferentes das habituais, negativas e divergentes de tal forma que o gatinho estranhou e ficou com medo, o que o fez reagir daquela maneira hostil como se fosse atacado por algo que desconhecesse.

Algum tempo e Murilo desligou o telefone.

Começou a pensar em Bárbara. Percebeu que, com frequência, ela não saía de seus pensamentos.

Ao mesmo tempo que brincava com Oliver, pegou o celular. Pensou em enviar alguma mensagem só para que ela respondesse. Gostaria de falar com ela. Mas sentiu-se intimidado.

Começou a achar que gostava de Bárbara, não só como amiga. Estava preocupado. Gostaria de ajudá-la. Mas não desejava ter ao seu lado alguém dependente dele, fosse emocional ou financeiramente. Pessoas assim são complicadas. Gostaria que Bárbara saísse sozinha da posição onde se colocou. Não é nada bom ou agradável começar um relacionamento com alguém que passe por dificuldades como as dela. Corria o risco de tê-la ao lado por conveniência dela. Ele seria o parceiro ideal, um compromisso cômodo para ela. Não era isso o que desejava.

Perceval, a certa distância, sondando-lhe os pensamentos, começou a influenciá-lo:

— Você não é o homem que uma mulher deseja. Não fique se gabando. Nem filhos pode dar a uma mulher. De que adianta ser tudo o que é, se não é capaz de deixar um herdeiro no mundo?

No mesmo instante, o rapaz sentiu-se triste. Lembrou de nunca ter percebido qualquer interesse de Bárbara por ele. Talvez, por saber que todos os tratamentos de que precisou para vencer o câncer o deixaram estéril.

Sentiu um aperto no peito. Um toque de tristeza sombreou seu belo rosto.

Perceval, conhecendo o passado mais recente do rapaz, procurou trazer-lhe mais dor:

— Se sua primeira namorada não o tivesse traído, não tivesse ficado com seu irmão, vocês teriam se casado e os filhos do seu irmão seriam seus. Teria garantido ter uma prole antes de enfrentar a maldita doença, não é mesmo?

Os pensamentos de Murilo absorveram as influências e imaginou que, se tivesse se casado com Carla, provavelmente, já teria filhos. Seria possível que seus sobrinhos fossem seus filhos. Eram crianças lindas e adoráveis, de quem gostava muito.

Como dizer para Bárbara que estava gostando dela?

Como se aproximar mais e ser além de um amigo?

Decerto, ela não quereria um compromisso mais sério. Não com ele. Se o relacionamento fosse para frente, não poderiam ter filhos. Ela não iria gostar disso. Poderia usá-lo somente como provedor para uma vida melhor. Murilo não estava disposto a qualquer aventura ou instabilidade em sua vida. Não admitiria mais isso.

Quando percebeu que seus pensamentos declinavam para previsões tristes e deprimentes, Murilo se sentou e ficou atento. Era isso o que seu mentor desejava.

Novamente, Oliver ficou ouriçado, olhando em direção onde não havia nada.

— Sabe de uma coisa, meu amiguinho? — Lógico que o gato não retribuiu qualquer manifesto. O rapaz prosseguiu: — Hoje não é dia do *Evangelho no Lar*, mesmo assim, vamos orar. Preciso encher essa casa de bons fluidos, boas vibrações... E meus pensamentos de muita fé, bom ânimo e esperança. Conheço muito bem aonde alguns tipos de pensamentos podem me levar. Melhor cortar o mal pela raiz.

O gatinho miou e roçou seu rosto nele.

O rapaz foi até o quarto, pegou o livro *O Evangelho Segundo o Espiritismo*, retornou até à mesa da sala, sentou-se e preparou-se para fazer prece inicial. Em seguida, leitura, comentários, vibrações e prece final, tudo em voz alta. Sabia que não estava sozinho. Rogou bênçãos e pensamentos renovados.

Bem antes, Perceval e seus companheiros não conseguiram ficar. Suas vibrações eram totalmente incompatíveis as práticas do rapaz.

Na espiritualidade, tudo se deu conforme esperado. Luz intensa encheu o ambiente. Vibrações renovadas abrangeram Murilo, seu lar e também seu amiguinho felino.

Sim. Até nossos animais de estimação são incluídos pelas vibrações de nosso lar, de nossos sentimentos, sejam eles bons ou não. Eles são envolvidos por nossas preces e amor. Assim como também, quando bem amados, eles transmutam, convertem positivamente as energias nossas e do ambiente onde vivem.

Após terminar. Murilo olhou para Oliver, que estava atento olhando para ele, e disse:

— Viu só o que abrimos para ler? "Buscai primeiro o reino de Deus e Sua justiça, e todas estas coisas vos serão acrescentadas. Não vos inquieteis pelo dia de amanhã, porque o dia de amanhã cuidará de si mesmo"[1]. — brincou com o felino. —

---

1 Nota: *O Evangelho Segundo o Espiritismo*, Capílulo XXV – item 6 e Evangelho de Jesus segundo Mateus Capítulo 6 – Versículos 33 e 34)

Não precisamos nos magoar tanto, nos preocuparmos tanto. As coisas vão se resolver como Deus quer. — Pensou um pouco, afagou o gatinho. Em seguida, levantou-se, fechou o livro e decidiu: — Vamos fazer o que podemos da melhor maneira, hoje. Então vou mandar mensagem para ela, sim — riu e saiu à procura do seu celular.

Bárbara arrumava sua roupa quando escutou o tilintar do aparelho. Pegou-o e visualizou.
Sorriu sem perceber ao ver que era Murilo.
"Como você está?" — ele quis saber.
"Bem. Um pouco chateada devido á entrevista, mas tudo bem".
"Posso ligar?" — ele perguntou.
"Pode". — ficou ansiosa, aguardando.
Logo que o telefone tocou, ela atendeu e foi para o quintal. Sentou-se no banco que havia no jardim. Desejava privacidade.
— Oi.
— Oi, Bárbara. Eu estava aqui à toa só conversando com o Oliver e resolvi saber de você.
— Estou bem. Ah... Aconteceu algo interessante.
— O quê? — o rapaz interessou-se em saber.
— Saí do banho agora há pouco e minha irmã, a Marcella, estava com uma cara horrível. Tudo o que fazia provocava barulho, empurrava, batia... Tudo para incomodar. Não demorou e ela virou para mim e disse: "Que banho demorado, hein! Precisamos economizar na água e na luz!" Aí, quando ia dizer que quem pagou as contas fui eu, lembrei do que me sugeriu e falei: "É... Você tem razão. Esqueci. Me desculpe". Murilo, a Marcella parou na hora. Parecia que tinha tomado um choque. Ficou me olhando...

— É, Bárbara, creio que vocês estejam sofrendo grande influência de vibrações negativas. É preciso que se cuidem, espiritualmente falando. Hoje peguei O Evangelho Segundo o Espiritismo, abri ao acaso e caiu em um trecho bem importante de ser lembrado e refletido: "Buscai primeiro o reino de Deus e Sua justiça, e todas estas coisas vos serão acrescentadas. Não vos inquieteis pelo dia de amanhã, porque o dia de amanhã cuidará de si mesmo". Quando buscamos Deus, não precisamos revidar, criticar, vingar... Acreditamos na justiça do Pai, para nós e para os outros.

— É verdade. Estou planejando ir ao centro novamente. Você me passou aquela grade de horários e vi que tem palestra às quartas-feiras. Você vai lá nesses dias?

— Posso ir para fazer companhia. Costumo ir aos domingos para não ficar com o dia vazio — riu. — Não tive muito o que fazer nos últimos finais de semana.

— Que bom que pode ir na quarta-feira. Assim verei alguém conhecido. Não vou me sentir sozinha. Vou lá. Quero conhecer mais, estudar... Vou fazer algo por mim.

— Isso mesmo. Gostei de ouvir isso! — ele se alegrou.

— Preciso retomar minhas leituras. Sabe, quando fico conversando sobre esse assunto me sinto bem. Fico confiante. Meus pensamentos ficam tranquilos.

— Você ganha fé, esperança. É por isso.

— Tem razão, Murilo. Quero retomar minhas leituras. Sabe, ler é uma das coisas que me faz muito bem.

— É porque a leitura tira sua mente das preocupações, dos pensamentos acelerados. Leitura faz muito bem, quando se trata de livros edificantes, lógico. Melhor fugir de temas como terror, violência... — ofereceu uma pausa e explicou: — O plano espiritual funciona assim: tudo o que você faz atrai espectadores espirituais. Tudo. Se estiver pintando um quadro, espíritos que apreciam cozinhar não vão perder tempo ao seu lado. Quem vai atrair? Espíritos que apreciam pintura. Aí entram as categorias. Se estiver pintando flores, paisagens e coisas belas em uma tela, vai atrair observadores espirituais que gostam disso. Se estiver pintando uma tela com imagem de terror, espíritos que gostam desse tema estarão junto de você. Acredite piamente nisso. O mesmo acontece com leitura.

— Não gosto de livros nem filmes de terror ou violência.

— Que bom. Dessa forma está selecionando companheiros melhores — percebeu-a rindo. Achou graça também. Repentinamente, perguntou: — Amanhã você tem compromisso?

— Não. Na quinta-feira de manhã sim. Tenho outra entrevista.

— Amanhã, bem cedinho, vou caminhar no Jardim Botânico. Quer ir?

— Estou sem carro. É complicado ir pra lá de transporte público. Deixa pra outro dia.

— Posso te buscar — sugeriu, com um toque de receio de ser rejeitado.

Bárbara demorou para responder e os segundos pareceram eternos.

— Se não for incômodo pra você...

— Às oito eu passo aí. É muito cedo?

— Não. Está ótimo. — Curiosa, perguntou: — Amanhã você não trabalha?

— Não.

— Tudo bem, então — tornou ela. — Te espero às oito horas.

— Costumo ser pontual.

— Pra mim, sem problemas.

— Feito. Agora vou cuidar da caixa de areia do senhor Oliver — escutou-a rir. — É!... Ele é exigente. Reclama quando o banheiro está sujo — riu junto. — Até amanhã.

— Até.

— Beijo!

— Beijo! — ela retribuiu.

Após desligar, Bárbara sentiu-se invadida por uma alegria diferente. Algo que não sabia explicar.

Voltou para dentro de casa.

Ao entrar na cozinha, viu Marcella sentada à mesa tomando chá em uma caneca.

Olharam-se. Quando se sentou frente à irmã, ela perguntou:
— E aí?
— O Murilo me ligou.
— Vocês estão ficando? — Marcella quis saber.
— Não.
— Pra ele te ligar... — ofereceu um sorriso malicioso. — Parece interessado.
— Nos dias de hoje, os relacionamentos são complicados, né? Não se sabe se o cara está se aproximando por gostar de você mesmo ou se só quer te levar pra cama, te usar.
— Verdade. O triste mesmo é quando se tem um compromisso sério e as vésperas do casamento descobre que foi usada.

Bárbara olhou para a irmã e sugeriu:
— Ma, desculpa te falar isso, mas... Tira um pouco o foco do que te aconteceu. Todo o mundo está te dizendo isso.
— Como faço isso?
— Quando for falar a respeito, diga pra si mesma: isso passou. Estou livre. Faz como o Murilo ensinou. Muda de assunto. Creio que vai te fazer bem. Você está presa a isso.
— E você? Também não está presa ao Naum?
— Nos últimos tempos, estou procurando não comentar mais a respeito. Vamos fazer assim! — animou-se. — Quando eu tocar nesse assunto, você me avisa e diga: isso já passou! Você está livre! Eu faço o mesmo com você. Vamos lembrar do nosso acordo e mudar de assunto na hora.

Marcella sorriu e comentou:
— Combinado. Acho que pra você será mais fácil. Nunca quis se casar. Nunca se empenhou nisso. Não quer ter filhos...
— Nunca me vi como mãe. Sei lá... Acho que é uma possibilidade remota. Não tenho jeito com crianças, principalmente bebês. Não sei nem trocar fraldas — riu. — Tenho até medo de pegar um bebê no colo e ele quebrar.
— Ao contrário de você, eu sempre quis uma família. Sempre sonhei em entrar na igreja vestida de noiva... Sonho em ter filhos. Agora... Estou desapontada com a vida.

— Caramba! Você não morreu! Quem sabe o que o futuro vai trazer pra sua vida?!

— Tenho tanto medo do futuro, minha irmã... — Marcella confessou.

— Eu também... — Pensou um pouco e se lembrou: — O Murilo disse uma frase muito bacana: "Buscai primeiro o reino de Deus e Sua justiça, e todas estas coisas vos serão acrescentadas. Não vos inquieteis pelo dia de amanhã, porque o dia de amanhã cuidará de si mesmo". — Depois convidou: — Vamos buscar primeiro Deus. Vamos mudar nosso estado de espírito, mesmo que para isso precisemos fazer muitas alterações em nossas vidas. Topa?!

— Topo. — Marcella pensou e perguntou: — Por onde vamos começar?

— Vamos começar a frequentar uma casa espírita? Gostei tanto de ir.

— Vamos sim. Eu topo.

— De quarta-feira, acho que é o melhor dia para nós. De domingo a mamãe gosta de todos reunidos para o almoço... Você sabe.

— Vamos sim. A próxima quarta-feira estaremos lá.

As irmãs sorriram e deram as mãos por sobre a mesa.

Sentiram uma esperança nascendo no fundo de suas almas.

Capítulo 26

ARMADILHA CRUEL

Tramando nas sombras, Perceval continuava com suas estratégias meticulosas e calculistas, elaborando como atacar.

— Quero que se afastem de todas — ordenou aos seus seguidores.

— Mas como?! Justo agora que elas estão tendo perseverança e esperança? É o momento de impedir que prossigam — um dos seus comparsas questionou.

— Justamente por isso — tornou o líder. — Não vamos mais oprimi-las. Vamos eliminar a imantação de fluidos pesarosos que as deprimem ou intensifiquem a ansiedade. Deixem que se revitalizem, que se alegrem. Pelo que conheço dos encarnados, basta aliviar as pressões e eles voltam aos erros básicos que os levaram às dores, atraindo miasmas, energias, vibrações que trarão sofrimentos irracionais — explicou o mentor das sombras. — Quando estiverem com suas mentes, suas almas e seus corpos afetados de energias grosseiras, agiremos novamente. Por hora, recuem. Mas, fiquemos atentos. Vamos aproveitar qualquer, eu disse qualquer, oportunidade para atingi-las ou envolvê-las, ou ainda envolver alguém que possa prejudicá-las. Sei que, se atacarmos qualquer uma, atingiremos Bárbara.

Os dias foram passando...
Bárbara e Murilo caminhavam por entre lindas árvores que compunham a paisagem inimaginável na maior capital da América Latina. Estavam no parque Estadual da Cantareira.
— Eu também não conhecia aqui. Que lindo! — ela se admirou.
— Adoro esse lugar. Aliás, adoro mato — Murilo admitiu. — Aqui é ótimo para caminhadas. É natureza pura! Canto dos pássaros, cachoeiras, riachos...
— Ar puro! — exclamou e respirou fundo.
— Mas precisamos ficar atentos. Aqui tem cobras — o rapaz avisou.
— Cobras?! — Bárbara preocupou-se.
— Lógico que sim. Cobras, macacos, saruês... Entre outros animais. Mas não se preocupe com cobras. É só andar nas trilhas que não têm mato alto e olhar bem no chão. — Para não vê-la preocupada por muito tempo, mudou de assunto: — O Parque Estadual da Cantareira, ao lado do Horto Florestal, é uma das maiores áreas de mata tropical do mundo em região metropolitana.
— Ainda bem que você me lembrou de usar repelente — ela sorriu ao ver uma nuvem de insetos.
— Aqui não é aconselhável ficar sem repelente.
Naquele momento do passeio, ambos buscaram um lugar para sentar.
— Eu deveria procurar emprego e não passear aqui.

— Bárbara, aprenda a viver o momento. Viver o presente. Se sair pra passear todo dia, aí sim estará fazendo errado. Mas não. Hoje é domingo.

— Tem razão. É que a fase é tão complicada e acho que, mesmo sendo domingo, deveria procurar alguma coisa na *internet*. — Pensou um pouco e lembrou: — A verdade é que nunca me dei ao luxo de tantos passeios em meio à natureza. Semana passada fomos ao Jardim Botânico, hoje, estamos no Parque Estadual da Cantareira... Que luxo!

— Luxo ou não, viva o agora.

De repente, ela mudou o assunto e perguntou:

— E o Oliver?

— Está ótimo! Todo animado com os brinquedos de arranhar que comprei, pra ver se ele para de unhar a colcha da cama. Também arrumei uma caixa de papelão nova, coisa que ele adora! Fui ao mercado, passei na seção de café e o rapaz estava repondo mercadorias. Pedi uma das caixas, pois sei que o Oliver adora caixas novas com aroma de café. Não sei o que dá naquele gato! — achou graça. — Precisa ver. Ele faz muito engraçado.

— Vou arrumar umas caixas pra ele.

— Vai adorar, com certeza.

— A gente se apega tanto a esses adotados, não é mesmo? Estou dormindo em um colchão no chão da sala — sorriu sem jeito. Talvez não quisesse que ele soubesse. — Outro dia acordei bem na beiradinha e o Billy lá do lado, esticado, todo folgado e ocupando o maior espaço no colchão.

— Nem diga... Às vezes, me pego imóvel só porque o Oliver se acomodou no meu colo ou em cima de mim. Não quero incomodá-lo e não sei por que faço isso.

— Você gosta de animais, não é mesmo?

— Gosto muito. Fui criado com eles. Nunca tive gato.

— Eu também.

Ficaram em silêncio e se sentaram, um ao lado do outro.

— Bárbara... — esperou que olhasse. Sério, perguntou à queima roupa: — Está acontecendo algo entre a gente, né?

Ela quis rir. Colocou a mão na boca e olhou para o lado.

— O que foi?! — Murilo quis saber, bem sério.

— Foi a cantada mais estranha que levei — olhou-o com jeito meigo e sorrindo.

Subitamente, o rapaz se ergueu. Segurou seu queixo e invadiu sua alma com o olhar, beijando seus lábios com carinho. Depois perguntou com voz firme e carinhosa:

— Esse beijo também foi estranho?

Séria, não soube o que responder. Sorriu docemente e seus olhos brilharam.

Murilo se curvou novamente e a beijou nos lábios, demoradamente, como sempre desejou.

Bárbara correspondeu.

Depois ele a abraçou e agasalhou-a nos braços.

Sentiu seu perfume, afagou seus cabelos macios e roçou sua barba em seu rosto, murmurando:

— Estou gostando muito de você.

Nesse instante, lentamente ela se afastou. Ainda segurando em suas mãos, disse:

— Também estou gostando muito de você, mas...

— Mas?...

— Estou com medo de que brinque com meus sentimentos. Sabe... Passei por um namoro complicado e...

— Você não tem nenhum bem do qual eu possa me aproveitar, então... — riu e a abraçou, beijando-lhe a cabeça.

— É sério, Murilo!... Estou com medo de me machucar de novo. Tudo é tão recente.

— Não estou brincando — falou firme, olhando em seus olhos. — Não faria isso. Sei o que é se machucar.

Afagou-lhe o rosto e a beijou novamente.

Bárbara correspondeu com ternura e carinho.

Marcella e Bárbara começaram a frequentar a casa espírita e Sarah as acompanhava, mesmo sabendo que sua mãe não se achava satisfeita.

Marcella e a sobrinha também se interessaram pelos assuntos e estudos do Espiritismo e, não demorou, quiseram fazer os cursos.

Patrícia conseguiu um emprego como balconista para Graziella, em uma loja de bolsas que ficava no mesmo *shopping* onde trabalhava. A cunhada agradeceu. Passou a se sentir útil e animou-se muito.

Não demorou e Murilo conseguiu uma colocação para Bárbara em um renomado escritório de advocacia. Em outro, conseguiu a mesma colocação para Marcella.

Em seu coração, não era exatamente isso que Bárbara desejava, mas não estava em condições de escolher. Aceitou o trabalho oferecido e deu o seu melhor.

Marcella, por sua vez, havia gostado muito do serviço. Muito prestativa, ficava atenta para não falhar e superar as expectativas.

Ambas as irmãs não dormiam tarde. Deixavam suas coisas sempre arrumadas para o dia seguinte, a fim de não perderem tempo.

Algo interessante que aconteceu foi que não deixaram de realizar o culto do *Evangelho no Lar* ou *Oração no Lar* como chamavam. O nome pouco importa. O importante é acender no lar a chama do amor por meio dos ensinamentos elevados.

Patrícia e os filhos, a sogra Antonella e Graziella continuaram frequentando a igreja católica, que apreciavam muito. Enquanto Bárbara, Marcella, Sarah e, com o tempo Ullia, frequentavam a casa espírita.

As conversas sobre religiosidade eram ecumênicas. Sem qualquer preconceito. Falavam e explicavam suas maneiras de entender o amor ao próximo e o amor a Deus.

A vida de todas começou a ser mais satisfatória e tranquila.

Ullia deu à luz um menino, lindo e perfeito, a quem deu o nome de João Paulo.

A ansiedade foi imensa para saber se o garotinho nasceu soropositivo igual à mãe.

O alívio e a felicidade vinham a cada exame negativo ao HIV.

Ullia estava diferente. Mais introspectiva e madura. Esforçava-se muito para cuidar da saúde e manter baixíssima a carga viral.

Não pôde amamentar João Paulo para preservar a saúde do garotinho.

Pietra estava feliz por ser avó. Certamente gostaria que as coisas fossem diferentes, mas começou a aceitar os desafios da vida e se empenhar da melhor forma possível para dar o seu máximo. Tornou-se mais atenta aos filhos, muito embora ainda enfrentasse um pouco de dificuldade com Dáurio que, às vezes, fugia de suas orientações. Isso a preocupava muito, mas não sabia como segurar o filho para que não se envolvesse tanto com amigos.

O jovem garantia que não usava drogas nem fazia qualquer coisa ilícita. Falava que apreciava se reunir com os amigos e passavam horas juntos.

Dáurio havia conseguido um emprego em uma loja de *games*, onde se dava muito bem com todos.

O proprietário da loja o destacava como um excelente funcionário, mas isso não agradava Pietra. Desejava algo mais promissor para o filho. Seu coração dizia que o menino deveria seguir outra vida e buscar outro tipo de amizade e companhia.

O namoro entre Bárbara e Murilo ficou firme. Ela já conhecia muitos de seus amigos do serviço.

Quem não gostou, de forma alguma, de saber que seu ex--namorado se achava comprometido foi Laura. Apesar de não ser apresentada, soube, por colegas, que Murilo estava namorando. Ficou inconformada ao procurar informações sobre Bárbara e descobrir que nem emprego a moça tinha. Foi Murilo quem arrumou trabalho para ela.

Como ele poderia se sujeitar a ficar ao lado de alguém sem competência, que precisou ser ajudado?

Mas, o rapaz desconhecia sua opinião. Evitava qualquer contato com sua ex.

Sem demora, Murilo também levou Bárbara para conhecer seus pais e Antonella foi convidada.

A senhora italiana adorou o encontro. Foi muito bem recebida.

Eloísa, a mãe do rapaz, gostou muito de Bárbara e de sua mãe.

Em certa ocasião, Marcella chegou a sua casa muito animada. Naquele dia, aconteceria uma festa de despedida de solteira de uma amiga de serviço.

— Vamos! Vamos comigo, vai! — Marcella insistia para que Bárbara fosse junto.

— Ah... Não tô a fim...

— Mas hoje é sexta-feira! Vai ficar aqui mofando?

— Não tô a fim, Ma... Chama a Nanda!

— Já chamei! Ela vai! Vamos nós três. É diversão garantida.

Bárbara não estava com o menor ânimo. Mas para agradar a irmã, acabou aceitando.

Não sabiam do que se tratava, exatamente.

Chegando ao local, a anfitriã as recebeu animadamente.

Em meio à música alta e à agitação, começaram a se ambientar.

Bebidas foram servidas, deixando-as cada vez mais alegres.

Tudo era bastante divertido.

Bárbara, sua irmã e a amiga, mostravam-se tontas devido às bebidas alcoólicas.

Em dado momento da festa, houve uma ovação geral das mulheres presentes, além de aplausos e assovios.

Foi quando homens jovens e musculosos, em performance, fizeram uma entrada triunfal. De súbito, os dançarinos saíram movimentando-se sensualmente.

Embora a apresentação parecesse inocente no plano físico, no plano espiritual não ocorria o mesmo.

Espíritos que insistem nas liberações das práticas vulgares da sensualidade e da sexualidade, aglomeravam-se entre algumas encarnadas.

Alguns deles, cujas encarnações no passado deram-se de maneira que viveram na promiscuidade primitiva, ali se apresentavam para influenciarem e angariarem adeptas encarnadas, com a finalidade de vampirizar-lhes as energias quando as induzissem às realizações e exposições do mesmo nível.

Valendo-se da diversão, espíritos sugeriam a algumas mulheres que acariciassem, dançassem, brincassem com aqueles homens, na maioria prostitutos que, fora dali, vendiam-se sexualmente em troca de dinheiro.

Foi nítida a cara de insatisfação da mãe e da avó da noiva. Uma das senhoras chamou a atenção de quem contratou os rapazes. Também repreendeu a própria noiva, mas não adiantou. A anfitriã não deu a menor atenção e continuou com a brincadeira.

Bárbara, sua irmã e a amiga sentiram que, com a presença dos rapazes, o clima não ficou favorável. Algo pesava no ambiente. Nada disseram e continuaram no canto, onde estavam sentadas, não se envolvendo com nada.

Bárbara, inclusive, mostrou para a irmã:

— Olha... A mãe da noiva não gostou. Veja só como ela ficou. Olha a cara!...

— A dona Antonella também não gostaria. Mas, diferente dessa mãe, dona Antonella colocaria os rapazes pra fora!

Elas riram, fazendo ideia de como seria a cena.

Sem que imaginassem, na espiritualidade, amigos de Perceval, que acompanhavam Bárbara conforme solicitado, haviam chamado o obsessor da encarnada para que visse onde e como estava.

Atento, Perceval observava cada detalhe, planejando como agir. Deveria existir alguma forma de se aproveitar daquele acontecimento. Se não conseguisse envolvê-la, provavelmente induziria alguém para comprometer Bárbara em alguma situação.

Passado algum tempo, Bárbara deixou de apreciar a comemoração. Fez sinal para sua irmã e a chamou, falando ao ouvido:

— Já deu! Vamos?

Marcella ainda titubeou, mas Nanda entendeu o convite e reforçou:

— Vamos. Já tá tarde! — gritou para ser ouvida.

Nesse momento, estranhamente, um dos dançarinos que se exibia quase nu, usando sunga, aproximou-se e passou a dançar na frente delas.

Com movimentos sensuais, posicionou-se frente à Bárbara que, sentada, sorriu a princípio para não ser indelicada.

Não passou muito tempo, olhou para a irmã e para Nanda e fez um gesto singular com os ombros como quem não soubesse como agir.

O rapaz insistia em ficar à sua frente. Inclinando-se para cima dela, apoiou uma das mãos no encosto da cadeira e pegou no queixo de Bárbara, inclinando-se como se fosse beijá-la.

Bárbara espalmou a mão em seu peito e o fez afastar, empurrando-o com força.

Sisuda, levantou-se no mesmo instante e foi saindo, sem esperar pelas outras.

No carro, reclamou:

— Credo, Marcella! Onde você foi me trazer!

— Que estranho. Nunca tinha assistido a esse tipo de *show*, mas sempre ouvi dizer que eles não tocam na gente — Marcella comentou.

— E você acreditou? Acredita em tudo o que te falam? — Nanda perguntou com ironia. — Esses *shows*, na maioria das vezes, são movidos a álcool, quando não, a drogas. Tudo estava muito legal, mas depois que os caras chegaram... Ficou ruim. Eu sou muito liberal, mas... Não achei legal.

— Eu não gostei! — afirmou Bárbara, ainda zangada. — Aliás, odiei! Até agora tô estranha. Comecei a beber... Coisa que não fazia há tempos... Fiquei tonta... Com uma sensação ruim...

— Ai, gente... Desculpa. Eu não sabia — disse Marcella. — Também não gostei, mas... Fazer o quê?

— Bem que eu não queria vir. Droga!... Você quem insistiu! Por favor, quando eu disser não, é não. Não insista mais. Estou arrependida até!... Estou com uma sensação muito ruim... — Bárbara disse novamente.

Retornaram para casa sob um clima tenso e desagradável.

Aquele final de semana foi tranquilo.

Quando se encontrou com Murilo, Bárbara comentou ter ido a uma despedida de solteira com sua irmã. Disse que não gostou muito, mas não falou a razão. Dissimulou a conversa.

Ele sabia que uma advogada da agência onde Marcella trabalhava iria se casar, porém não era pessoa próxima dele e não sabia de detalhes. Talvez por ser uma comemoração mais voltada às mulheres.

Era uma quarta-feira ensolarada. Murilo olhava pela janela do prédio onde trabalhava. Tinha em mãos alguns processos que deveria analisar, mas estava sem vontade.

Pôde ouvir um toque em seu celular.

Foi até a mesa, colocou os papéis e pegou o aparelho.

Ao consultar, viu que se tratava de uma mensagem de Laura.

Havia tanto tempo que não conversavam. O que ela teria para falar com ele?

Tocou na janela da conversa e leu:

"Veja o vídeo. Gosto muito de você. Não desejo que seja enganado por uma aproveitadora".

Assistiu ao vídeo que era curto. Exibia Bárbara sentada em uma cadeira e um dançarino usando sunga, dançando a sua frente. Ela sorriu. Em seguida, sua namorada, ainda sorrindo, gesticulou com os ombros. Quem filmou a cena, andou e mudou de ângulo, passando por de trás. Bárbara estava quase de costas e o rapaz cercando-a com uma das mãos na cadeira e, depois, pegou em seu queixo inclinando-se mais ainda como quem a beija.

Murilo não se sentiu bem.

Incrédulo, assistiu novamente e novamente.

Sentiu-se traído, enganado. Pensou que Bárbara fosse uma mulher mais séria, responsável e respeitável. Aquele não era o comportamento que desejava para alguém ao seu lado.

Decepção, foi o sentimento que o dominou.

Como se nada tivesse acontecido, combinou de se encontrar com a namorada no *shopping* e assim foi feito.

Fizeram uma refeição e ele agiu como se tudo estivesse bem.

Mas Bárbara notou algo diferente e perguntou:

— Aconteceu alguma coisa?

— Não. Nada — negou e continuou sério.

— Geralmente você não é tão calado.

— Preocupado com algo que vi no serviço hoje. Não vale a pena comentar agora.

Logo ele quis ir embora. Disse que iria deixá-la em casa.

Bárbara percebeu algo muito estranho. Murilo era falante. Mas não naquele dia. Decidiu respeitar seu silêncio.

Murilo era ciumento, porém sempre foi controlado. Ele se conhecia bem. Mas aquilo era demais. Um homem, principalmente na sua posição, não poderia se conformar com o que viu. Não aceitaria. Tudo se agravava mais ainda pelo envolvimento espiritual que ocorria e ignorava.

Ao estacionar o carro, ele desligou o motor e pediu a ela:

— Assista a isso — entregou seu celular em suas mãos.

Bárbara sentiu-se mal. Seu rosto esfriou e começou a tremer. Mesmo assim, assistiu até o fim, quando disse:

— Está faltando o final!

— Você ainda acha que precisa de final? — indagou calmo, frio, sem expressões.

— Sim. Está faltando o momento em que empurrei o cara, levantei e fui embora. Nem esperei minha irmã — falou com lágrimas escorrendo pela face. — Isso aconteceu lá na despedida de solteira. Por que o vídeo não mostra o começo de tudo, hein?! Nós estávamos há muito tempo sozinhas, sentadas nesse canto. Já íamos embora quando esse cara chegou dançando... No ângulo que filmaram parece que ele me beija, mas isso não aconteceu! Não aconteceu!! Eu o empurrei! Isso foi lá na despedida de solteira! Você sabe como é...

— Não, Bárbara! Eu não sei como é! Nunca frequentei lugares onde têm *strippers*!

— Mas, Murilo!...

— Por favor! — interrompeu. — Não temos mais nada para conversar.

— Temos sim! Quem filmou esse maldito vídeo e te mandou cortou a parte que eu empurro o cara e...

— Bárbara! O dançarino ficou tempo demais rebolando na sua frente, não acha?! Ficou mais do que o suficiente, até se curvar e te beijar ou sei lá o que... Você poderia ter levantado antes! Tem pessoas que gostam, apreciam isso e eu respeito. Mas eu não gosto, não aprecio e precisam respeitar a minha opinião também. Pronto! Simples assim! — Um instante e questionou: — Que tipo de pessoa frequenta lugares assim e se envolve com gente dessa espécie?! O que quer que eu pense?!

— Não são lugares... Foi uma despedida de solteira e ele não me beijou!!

— Pare, por favor! Não quero ouvir mais nada. É perigoso ficar parado aqui na rua. Eu preciso ir embora. Não temos nada mais para conversar! — decidiu determinado, sem olhar para ela.

Trêmula, ofegante, com lágrimas correndo em seu rosto, Bárbara olhou firme e pediu:

— Olha pra mim. — Quando ele a encarou, disse: — Você vai descobrir a verdade. Espero que não seja tarde demais.

Abriu a porta do carro e desceu.

Murilo estava arrasado. Decepcionado, ferido.

Não suportaria uma mulher de nível moral inferior como a que apareceu no vídeo.

Ligou o carro e se foi.

Bárbara não conteve as lágrimas que corriam incessantemente em sua face pálida.

Entrou na sua casa pela porta dos fundos, pela cozinha e a mãe logo a viu chorando.

— O que foi?! O que te aconteceu, menina?!

Ela abraçou-se à senhora e chorou mais ainda.

Atraiu a atenção das irmãs e da sobrinha Sarah.

Todas aguardaram e ela contou.

— Mas não houve nada! O cara estava só dançando! Quando ele foi um pouco mais atrevido, você o empurrou e saiu de lá! — Marcella contou, inconformada.

— Mas isso não aparece no vídeo... — chorou. — A filmagem foi feita de lado e... Você e a Nanda quase não aparecem. Estão meio de costas... Quem filmou andou e me filmou por trás, quando aquele desgraçado, infeliz colocou a mão na cadeira e pegou meu queixo... Quando aconteceu isso a gravação foi interrompida. Dá a impressão de que ele me beija... — chorou. — Tudo por culpa sua! Eu nem queria ir a essa maldita despedida de quem nem conheço!! — chorou.

— Mas, Bárbara! Eu sou testemunha! A Nanda também é testemunha!...

— Tá achando que o Murilo vai acreditar em vocês?! Acha mesmo?!

O desespero tomou conta de Bárbara. Talvez, ela mesma, não soubesse que um rompimento com Murilo seria tão doloroso.

Custou a se recompor do choro. Mesmo assim, seu emocional estava muito abalado.

Por sua vez, Marcella sentiu-se mal por ter sido ela a convidar e insistir para que a irmã fosse à festa.

Capítulo 27

OSSOS DA MENTE

Os dias que se seguiram foram terríveis para Bárbara.

Trabalhava em um serviço que não apreciava, apesar de ser eficiente no que fazia. Além disso, o término do namoro com Murilo agravou seu estado psicológico.

Novamente, sentiu-se deprimida, sem ânimo, sem esperança.

Ele não ligou mais. Nem mandou mensagem. Ela não ousou fazê-lo. Tinha entendido. O namorado deixou claro que não havia mais nada entre eles.

Para Bárbara, a vida perdeu o brilho e a razão de ser.

Todos procuravam animá-la, mas em vão.

Deixou de frequentar a casa espírita para não se encontrar com Murilo ou outros conhecidos que sabiam que eram namorados.

Marcella, tão ligada à irmã, culpava-se cada dia mais. Pensou em ir conversar com Murilo, mas Bárbara a proibiu. Por sua vez, não quis contrariar.

Perceval e seus companheiros aproximaram-se novamente.

O prazer da vingança é uma alegria vergonhosa, saboreada somente por infelizes e sem evolução.

— Morra... — Perceval induzia com calma, perseverança e continuidade. — Morra... — Acercando-se de Bárbara, pedia: — Se mata! Vamos... Se mata logo. Sua vida não tem graça... Não tem valor pra ninguém... Se mata logo... Crie coragem pra isso! Não seja covarde... Crie coragem... Planeje como fazer algo rápido e certo... Não dê chance pra alguém tentar te impedir. Se mata... Tenha coragem! Se mata logo!...

Diuturnamente, pensamentos suicidas vagavam na mente de Bárbara, que não sabia o que fazer. Sentia-se confusa, perturbada. Não organizava tão bem as ideias como antes.

Aquela influência era sofrida com intensidade, quase ininterruptamente.

— Vai ao médico, filha. Procura um psicólogo — Antonella insistia com carinho.

— Pra que, mamãe? Não vai adiantar nada...

— Vai sim. Tudo tem jeito. Já teve uma vez. Vai ter jeito de novo. É só seguir o mesmo caminho que te deixou melhor.

Bárbara omitia de sua mãe e dos demais os desejos intensos de suicídio. Acreditava que estava com vergonha de falar a verdade, mas não era isso.

— Não diga a sua mamãe que vai se matar. Não fale nada sobre acabar com esse sofrimento. Ela não entende... Vai tentar te impedir... — influenciava Perceval que se ligava cada vez mais à encarnada.

— É difícil me mexer e, sequer, levantar da cama, mamãe. Parece que meus músculos estão fracos e não me sustentam. Sinto tremores por dentro e uma sensação esquisita de desespero...

— Filha, vamos na igreja comigo. Você precisa orar. Vamos lá pedir pra Deus, pra Nossa Senhora te proteger e amparar. Mãe Santíssima vai te ajudar, vai te dar forças...

— Não consigo, mamãe... — chorou.

— Tá bom... Então vou fazer um chá pra você — decidiu a senhora.

— Não precisa... Não quero nada... — virou-se para a parede.

Antonella, bastante preocupada, foi para a cozinha preparar um chá para a filha.

Ao vê-la, Patrícia perguntou:

— E a Bárbara? Como está?

— Está deitada ainda. Nem quis levantar.

— Depressão é algo cruel. Se a gente pudesse fazer alguma coisa...

— Já pensei em eu mesma ir falar com o Murilo.

— Mas... Dona Antonella, não creio que foi somente o término do namoro que gerou tudo isso. A Bárbara vinha de situações difíceis. Desmanchou com o outro e isso lhe custou metade de seu apartamento, algo que lutou tanto para conseguir. Depois vendeu a empresa a contragosto. Ficou desempregada bastante tempo... Cá entre nós, arrumou um emprego que não aprecia tanto. O Murilo foi a única coisa boa que aconteceu a ela. Tá certo que se o Murilo descobrir a verdade e os dois reatarem, fará bem a ela... Mas isso não será o suficiente. Ele não poderá voltar para ela por piedade ou compaixão.

— Ela tá assim faz mais de mês. Não melhora. Algo precisa ser feito.

— Sim. Muita coisa precisa ser feita. Mas é a Bárbara quem precisa criar forças pra fazer. Ela precisa se renovar, se reiniciar, entende? — Patrícia pensou um pouquinho e sugeriu: — A senhora fica de olho nas crianças pra mim. Vou levar a Bárbara pra dar uma volta, tomar sol. Caminhada fará muito bem a ela.

Antonella concordou imediatamente.

Patrícia foi até o canto da sala onde havia um colchão em que Bárbara estava encolhida. Abaixou-se e perguntou:

— Hei... Tá dormindo? — viu-a se remexer e encará-la. — Vamos dar uma volta?

— Não quero... — sussurrou.

— Mas eu quero. Por favor... Vamos comigo?

Com muito custo a cunhada se sentou e ficou parada por algum tempo.

Suspirou e ergueu o olhar como se precisasse sustentar grande peso e comentou:

— Estou tão ruim... É como se me faltassem forças... Minha cabeça está estranha.

— Vamos fazer o seguinte: levanta e se troca. Nós duas precisamos sair, precisamos conversar. Tá bom? — ergueu-se e pegou a outra pelo braço, fazendo-a ficar em pé.

O comportamento de Bárbara era extremamente estranho. Parecia outra pessoa.

Estava longe da mulher alegre, esperta, ativa, ágil, risonha e voluntariosa que sempre foi.

Com dificuldade, ela se trocou. Lavou o rosto e escovou os dentes.

Patrícia insistiu que tomasse uma xícara de café, algo que ela sempre apreciou.

Enquanto engolia a bebida quente, acreditava que não tinha mais o mesmo gosto nem o mesmo sabor.

Forçadamente, comeu um biscoito que demorou a passar pela garganta.

— Vamos? — Patrícia convidou sorrindo.

Sem dizer nada, ela se levantou.

A cunhada enlaçou seu braço e ambas saíram.

Chegando ao quarto, Antonella deparou-se com Marcella chorando.

— O que foi, minha filha? — perguntou mesmo sabendo o que era.

— A Bárbara está assim por minha culpa — Marcella chorou. — Ela não queria ir àquela maldita despedida... Eu que insisti...

A mãe sentou-se ao seu lado e afagou-lhe as costas. Pensou um pouco e disse:

— Não foi culpa sua. Se as coisas aconteceram do jeito que falou, não foi culpa de ninguém. Se tem algum culpado, foi a criatura de moral deformada, um aleijado mental que filmou aquilo e entregou pro Murilo. Não duvido nada, que essa mesma pessoa que filmou tudo, tenha mandado ou até pagado o rapaz pra dançar pelado na frente da sua irmã.

— O rapaz não tava pelado, mãe!... Por favor, não piore as coisas.

— Homem de cueca pra mim tá pelado! Fiquei decepcionada quando soube que vocês frequentam esse tipo de festa. Não é lugar de gente decente. E se o Murilo fosse meu filho, eu aconselharia ele a pensar muito, muito mesmo antes de seguir em frente com o namoro. Uma pessoa que vai nesses lugares...

— Mãe!... Por favor... Foi uma despedida de solteira. Ninguém sabia que os dançarinos seriam chamados. Nem a noiva. A mãe e a avó dela também acharam ruim... Alguém contratou os rapazes para brincar!

— Brincadeira mais indecente, não é, Marcella?! Como essa noiva, depois de casada, vai dizer pro marido dela que não quer ver ele se engraçando com outras mulheres? Se ela souber que o marido foi em bar ou lugar que tem mulher fazendo *strip tease*, que moral ela vai ter pra chamar a atenção dele? O marido vai jogar na cara tudo o que ela já fez. Vai dizer que viu vídeos dela se assanhando com homens dançando pelado.

— Ah, mãe... Tá bom, vai... A senhora já falou tudo isso... Chega. A ansiedade está atacando de novo. Estou em crise... Me sinto mal, tremendo por dentro, dá um medo horroroso...

— Falei e falo de novo. Vocês têm de pensar muito, muito mesmo antes de fazer as coisas. Depois de feito, não tem volta. Se tivesse pensado não estaria com essa crise de ansiedade, filha. Agora tá feito. Vai ter de se conformar. Mas aprenda com a lição. Se estiver em um lugar e não estiver acontecendo coisa boa, vire as costas e vá embora. Se estiver num lugar e sair uma discussão, vira as costas e vai embora. Não se obrigue a permanecer perto de pessoas que não têm bom nível, minha filha...

— Tá bom, mãe...

— Vai ter de se conformar. Mas, da próxima vez, pensa antes.

Enquanto caminhava ao lado, para tirar sua mente de pensamentos tristes que a colocassem para baixo, Patrícia comentou:
 — Que dia lindo, não é mesmo? — Viu a outra pendendo com a cabeça positivamente. — Se a dona Antonella tivesse feito o seu supermolho, poderíamos chegar em casa e abrir uma massa. Aquele molho dela é uma delícia. Aliás, tudo o que ela faz é uma delícia.
 — Pati, e o meu irmão? Deu notícias? — Bárbara quis saber de súbito.
 — O de sempre. Quando consegue, deposita o dinheiro do pagamento da pensão das crianças e, muito raramente, manda vídeos ou áudios dizendo pros filhos que os ama. Nem estou mostrando mais, porque eles ficam tristes, choram e perguntam por que o pai os abandonou.
 — O Sandro não é obrigado a visitá-los?
 — Como posso obrigá-lo? Sabe... Às vezes, acho que a distância é melhor. Não vou forçar nada. Ele não vem, não se interessa em ver os filhos... Fazer o quê?
 — Você gostava do meu irmão, né?
 — Muito, Bárbara. Sempre fui apaixonada por ele.
 — Como conseguiu superar essa separação? Afinal, depois desses anos de casados e com dois filhos... Isso é chocante.
 Sentaram-se em um banco da praça e Patrícia contou:
 — Foi chocante sim. A separação, principalmente como a minha, foi um golpe duro. O golpe mais duro que tomei na vida. Meu mundo caiu sobre a minha cabeça e... Chorei muito... Longe das crianças, é claro. Diante de uma separação, a gente fica incrédula. Se sente um lixo, uma droga, incapaz... Sua autoestima vai parar no pé... — esboçou um sorriso. — Não é fácil. Fui traída. Enganada. Perdi tudo...

— Como conseguiu superar? Como fez ou faz para não se entregar e... Você entende a minha pergunta.

— Entendo. Sabe... Acredito que o que me ajudou e ajuda é a minha fé.

— Fé em quê?

— Em Deus. A fé é acreditar que tudo passa, que tudo se renova e que daqui a seis meses ou um ano as coisas estarão diferentes. Uma atitude, um comportamento uma palavra ou ação que você toma hoje, vai decidir o seu futuro. Tudo o que ocorre na sua vida é você quem programa. Não podemos perder a sensibilidade humana em ter fé. Não podemos perder a capacidade de acreditar no amor. Amor de Deus, amor a si mesmo, amor ao próximo. Jesus foi muito feliz quando resumiu os Dez Mandamentos em um único: "Amar a Deus sobre todas as coisas e amar ao próximo como a si mesmo". A lei fundamental da vida é o amor. O amor cura, alimenta, conforta. Deus nos criou por amor. Precisamos nos voltar pra Ele, todos os dias, agradecer pela vida, pelo sol, pela água, pelo ar que respiramos, pelo alimento que nos nutre e o resto vem... Sabe por quê? Porque fé também é amor.

— Tá difícil ter fé, Pati... Estou tendo sensações estranhas, horríveis. É um abalo, uma coisa... Nem sei descrever. A alma dói e... Você disse que tudo o que acontece na vida á a gente que programa. Não sei se programei isso.

— Bárbara, logo que foi morar junto com a gente, quando vendeu seu apartamento, você já não estava bem. Estava muito pra baixo. Vamos usar a palavra certa. Você já estava em depressão.

— Não desse jeito. Não nesse grau.

— Tudo bem, mas lembra que já estava muito pra baixo?

— Lembro.

— Depois você foi mudando, melhorando... — sorriu. — Até que conseguiu sair daquele estado.

— É, mas...

— O que você mudou na sua vida que a fez melhorar? Pensa!

— Nem sei...

— Você começou a rezar, fazer *Oração no Lar*... Foi para a casa espírita e passou a frequentar, estudar... Comecei a vê-la com livros... Penso que foi você se aproximar de Deus, se religando ao Pai da Vida, que se melhorou. Teve fé, criou esperança, coragem!... Mas tudo isso foi por água abaixo quando se decepcionou com o Murilo. Isso aconteceu porque depositou total confiança no relacionamento e não em si mesma. Aí se afastou de Deus, se afastou da fé, da esperança... Sabe, cunhada, a fé é algo que precisa ser alimentada. Por isso, é importante se ligar, frequentar uma casa de oração, uma igreja... Nesses lugares sempre ouvimos sermões, palestras, palavras que estimulam nossa fé, direcionam a nossa consciência para boas práticas, nos dão coragem para viver. Eu acredito, piamente, que quem está vivendo depressão ou transtorno de ansiedade necessita muito, muito mesmo de uma religião ou filosofia. Seja católica, espírita, umbanda, candomblé, evangélica, judaica, budismo, hindu... Não importa. Seja alguma coisa. Toda pessoa que experimenta depressão, transtorno de ansiedade ou qualquer outro transtorno emocional, precisa de amparo religioso. O ataque de energias, espíritos ou almas, que não são bons, pode acontecer e essa pessoa precisa de suporte, apoio e amparo espiritual. Muitas vezes, o suicídio é evitado pela fé. Fé em Deus, fé no amanhã, fé em se dar uma nova chance... Muitas vezes, o suicídio é evitado pela ajuda de nossos anjos da guarda e nem sabemos disso... Precisamos nos religar a Deus de alguma forma. Somente assim seremos beneficiados.

Bárbara a encarou e percebeu o quanto de verdade havia naquela simples conversa.

— Você tem razão, Pati. Sabe... Nos últimos dias, principalmente, quase não consegui trabalhar. Minhas ideias estão estranhas. Meus pensamentos estão decaídos... Tenho vontade de morrer... — lágrimas correram-lhe pela face pálida. — Não tenho paz... Não tenho paz... — abaixou a cabeça e secou o rosto com as mãos.

Diante do silêncio, Patrícia comentou:

— Bárbara, deixe te explicar como é a depressão. A depressão é uma doença silenciosa e não aparente. Não é aquela tristeza que passa depois de um tempo, dias ou semanas. A depressão acontece, muitas vezes, por fatores emocionais que vivenciamos, sobrecargas emocionais que experimentamos. Ela altera a química do nosso cérebro sem que ninguém perceba, afetando nossos pensamentos, nossas emoções e, consequentemente, nossas atitudes, comportamento, expressões e ações. Existem vários graus de depressão, mas não dá pra medir. Por exemplo... — Pensou e explicou: — Quando se mudou lá pra casa pra morar com a gente, enfrentava um grau de depressão. Hoje, acredito que enfrenta um grau maior. Não sei. Não posso afirmar. Mas é mais ou menos isso. É porque a química do seu cérebro muda de acordo com suas emoções e enfrentamentos. Você estava péssima agora há pouco, deitada naquela sala quase escura pelas cortinas fechadas. Daí, se esforçou e levantou. Enfrentou a caminhada, enfrentou a fadiga. Agora, por exemplo, está se sentindo melhor do que quando acordou hoje cedo. Por quê? Por que seu enfrentamento mudou a química do seu cérebro. Sua mente, antes, estava focada na tristeza, na vontade de morrer. Agora, trabalha com outros assuntos. Você caminhou, viu a rua, olhou a praça, viu árvores, observou pessoas diferentes, distraiu-se com o cachorro latindo, olhou uma flor e sei lá mais o quê. Tudo isso, meio que tirou sua mente do foco da tristeza e deu a ela algo diferente para trabalhar. Fazendo isso, mostrou para a sua mente onde focar, mostrou onde sintonizar. Quando ficou deitada com medo, tremendo, experimentando sensações estranhas, permitiu que sua mente ficasse nesse estado e ela ficou. Simplesmente isso. Agora, com essa tomada de atitude, está ensinando para ela como quer que ela fique. Ensine para sua mente que, quando olhar para o cachorro latindo, é para ela ver e pensar no cachorro latindo, achá-lo bonitinho, interessante... Olhar para o cachorro é olhar para o cachorro e não no problema financeiro. Quando estiver caminhando, olhando árvores e flores, é para sua mente olhar, admirar, estar atenta às árvores e às flores e não preocupada e pensando no emprego que está complicado. Isso é estar presente no presente. Estar presente e participante do exato momento que vive. Estará ensinando sua mente como ela deve agir. A maioria das pessoas está passeando, olhando o cachorro latir, vendo uma árvore, mas com a mente focada em problemas, assuntos do passado, mágoas, culpas, arrependimentos, contrariedades, desejo de vingança... Estão focadas em seus celulares, nas mensagens, nas comunicações... — Aquilo serviu para Bárbara, que atentava demasiadamente para seu celular. — A mente não relaxa, não descansa, não se alegra, só foca em problemas. Problemas e mais problemas. Chega uma hora que ela, a mente, não aguenta. Ela se abala, surta. O resultado desse abalo é tremor, desânimo ou pensamentos acelerados, fadiga extrema, desespero infundado, pânico... A pessoa entra em depressão ou sofre um transtorno de ansiedade, que também é uma doença séria, tanto quanto a depressão.

Quando vamos tomar banho, devemos estar presentes de corpo e mente. Sua mente deve prestar atenção no banho e não ficar lembrando do carro que precisa consertar. Quando for trancar a porta de casa, fique atenta em trancar a porta. Não faça isso correndo com a mente focada em outra coisa. Ensine sua mente como quer que ela aja. Ensine sua mente a ficar tranquila, vivendo o momento presente, interessada, exatamente naquilo que está fazendo e não no que já fez ou terá de fazer, ou seja, esteja presente em tudo o que estiver fazendo. — Patrícia silenciou, mas logo indagou para fazê-la entender: — Quantas refeições nós fazemos prestando atenção naquele momento? Quase nenhuma. Acabamos por pensar em problemas, no serviço, na raiva que passamos... Na hora da comida, focamos no celular, focamos na raiva, no problema, menos no que comemos. Imagina o quanto impregnamos nossa comida, os alimentos que ingerimos com energias ruins, pesadas por causa de tudo o que passa pela nossa cabeça. Em vez de abençoar o que estamos ingerindo, agradecer por tudo o que comemos... derramamos energias que vão nos fazer mal. — Ofereceu uma pausa e explicou: — Se quando pedimos bênçãos a uma água, a um alimento, recebemos, quando estamos focados no que não presta, também contaminamos o que vamos ingerir. Por isso, fazer meditação, fazer Yoga ajuda, incrivelmente, quem passa por um abalo emocional como o seu ou o da Marcella. Meditação e Yoga ensinam a ficar presente, interessado naquele instante. — Bárbara se lembrou quando Murilo a ensinou a fazer um rápido exercício de meditação, mas não disse nada. Um instante e Patrícia completou: — Talvez não seja fácil. Hoje, somos o resultado de tudo o que fizemos conosco mesmo nos últimos anos. É preciso mudar. Talvez leve tempo, quem sabe?... Mas não temos nada melhor a fazer, se não nos melhorarmos. Nós nos viciamos a fazer tudo rápido, tudo correndo, misturando pensamentos, sentimentos e emoções com tudo o que fazemos. Precisamos nos treinar novamente. A religiosidade vai ajudar, a psicoterapia vai ajudar, a meditação vai ajudar, o Yoga vai ajudar, medicina natural vai ajudar, acupuntura vai ajudar, a alimentação saudável vai ajudar. Tudo vai te ajudar! — ressaltou. — Mas não espere resultados milagrosos do dia para a noite. Lembre que nós demoramos anos para fazermos de nós o que somos hoje. Lembre também que o que não vai ajudar é nós não fazermos nada por nós. Não vamos melhorar se não fizermos nada. Ninguém poderá fazer algo por nós e precisamos entender isso. Não ficamos depressivos ou ansiosos porque alguém entrou ou saiu de nossas vidas. Somos nós que não soubemos lidar com a situação. Nossa mente é que esteve focada no que não estava certo, ficando despreparada, confusa... Às vezes, nossa cabeça é um saco de gatos e não nos damos conta disso. Não organizamos os pensamentos, os sentimentos e as emoções. Precisamos fazer isso estando presentes, estando preparados para separações. Assim como as pessoas chegam, elas vão embora... — Nova pausa e percebeu a cunhada muito atenta. — É importante as pessoas se conscientizarem que depressão é doença sim. Transtorno de ansiedade é doença sim. Síndrome do pânico é doença sim. São doenças muito sérias que precisam ser tratadas sempre. — Patrícia afirmou. — Dizer, tão somente, para um depressivo, por exemplo: Vai, levanta! Vai trabalhar! Vai andar! Vai caminhar! Faça alguma coisa! Não funciona. Não é o bastante, pois a pessoa não tem forças. Não tem ideias. Nem sabe por onde começar. Os pensamentos dela estão comprometidos, confusos, doentes. Mandar um depressivo se ocupar, fazer alguma coisa, é o mesmo que ver um sujeito com a perna quebrada de fratura exposta e dizer: Levanta! Anda! Corra! Aquela perna quebrada não o sustenta. Ele não consegue andar porque dói. Só que dói o físico. Já, na depressão, a dor é na alma. Ninguém vê a fratura da mente, a dor nos pensamentos. É preciso cuidado e muito tato para falar ao depressivo. Para uma mente doente, frágil, necessitada é preciso explicar o processo que vai ajudá-la e, às vezes, ela vai precisar ouvir várias e várias vezes a explicação desse processo. Não vai ser da primeira vez que ela vai entender, porque sua mente está doente. É preciso entender e reforçar, com jeitinho, o que ela necessita fazer para se melhorar. Eu não consigo mudar sua mente como eu quero. É você quem vai fazer isso do seu jeito. Por isso, vai precisar de um profissional, de um Psicólogo. Assim como a perna quebrada precisa de um Ortopedista para ter os ossos colados no lugar, precisa de imobilização para se cicatrizar, para os ossos se colarem, precisa de Fisioterapeuta, fisioterapia com movimentos leves, exercícios, mexer os dedinhos, os pés... para ganhar tônus, músculos, força... A mente depressiva também está como que quebrada. Ela precisa entrar no lugar. Vai precisar de um tempo para sarar, fazer pequenos movimentos por meio de pensamentos saudáveis, exercícios mentais de positividade... Até se exercitar mais e mais... — Silenciou um momento e viu a cunhada bem reflexiva. — Imagine que os pensamentos sejam ossos. Estar com depressão é ter esses ossos quebrados e fora do lugar. Um Psicólogo ajuda a colocar os ossos da mente no lugar.

Psicólogo não é luxo nem perda de tempo, é investimento em você. Ele vai te acompanhar no período de imobilização, que é o período em que sua mente começa a se curar, entender, aceitar, fazer... Um bom profissional ajuda, auxilia a tirar o lixo da cabeça... — riu. — A religiosidade, a fé, a crença em Deus é uma fisioterapia sensacional que auxilia, com doses medicamentosas de amor, sua mente a ter fé. Aos poucos, a esperança nasce, o amor cresce... A mente se renova e os ossinhos todos são colados — riu novamente. — Tudo fica diferente. Ossos que se quebraram e se colaram novamente, totalmente, ficam mais fortes, mais resistentes. — Olhou-a firme e comentou: — Acredito em almas que nos rodeiam como já disse. Por isso, acredito também que, algumas que não gostam da gente e desejam o nosso mal, se aproveitam da nossa fragilidade, por estarmos com os pensamentos desamparados de fé e nos influenciam com ideias ruins, maldosas. Essas almas, esses espíritos que não gostam da gente povoam nossas cabeça com tudo o que não presta. No estado depressivo, se não cuidamos do lado espiritual, as ideias podem ficar tenebrosas. Por isso, quando passamos por esses transtornos emocionais e estamos mais sensíveis, mais fragilizados, é tão importante ir à igreja, ao centro espírita aonde se der melhor... Precisamos de suporte, de anjos que nos ajudem, nos abençoem e afastem aqueles que não nos querem bem. Sei que eu já disse isso, mas estou reforçando. — Longo período de silêncio. — Tenho certeza de que nossa conversa fez com que melhorasse um pouco. Porém, provavelmente, volte ao estado que estava hoje cedo. Isso é normal. Mas lembre-se do que nos falamos: quanto mais conversas e movimentações saudáveis, boas, positivas tiver a sua volta, mais sua mente aprenderá ou reaprenderá a se ligar, a trabalhar com o que é bom e positivo. Foi aos poucos que entrou nesse estado e nem percebeu. Agora precisa fazer uma fisioterapia mental reversa — achou graça. — É preciso que se esforce, busque, se empenhe. Parada, deitada na cama não vai a lugar algum. Lembre-se do que falei. Tudo

o que ocorre na sua vida é você quem programa. Programe-se, a partir de agora, para ser uma pessoa melhor, não para o mundo, mas para si mesma. Consequentemente, o mundo vai melhorar. Ore. Peça. Agradeça. Confie em Deus.
— Como sabe tanto?
— Já sofri com a depressão.
— Mesmo?! Como foi?
— Foi logo que entrei na faculdade. Depois larguei e fui fazer outro curso. Fiz tudo, tudo quanto foi necessário para me recuperar. Depois que me curei, me tornei outra pessoa. Enxergo o mundo de forma diferente. Aceito mais as coisas. Faço o que preciso fazer da melhor maneira possível. Jurei que nunca mais vou fazer aquilo comigo de novo. Fui eu que me coloquei naquele estado. Fui eu quem me tirei e Deus me ajudou. Por isso, aconteça o que acontecer, abra mão de qualquer coisa na sua vida, deixe que vá, mas nunca largue a mão de Deus. — Refletiu um pouco e ainda disse: — Quando vencemos esse estado, verdadeiramente, descobrimos a conquista da paz. Minha depressão era misturada com crises de ansiedade e eu ficava horrível. Passava muito mal. Era uma angústia sem fim. Um desespero sem razão. Um medo de não sei o quê... Pensava em morrer, pensava em me matar. Tinha vergonha de contar isso. Meu pai sempre foi muito severo, bem rigoroso, extremamente crítico, exigente, preconceituoso... Creio que me treinei para fazer tudo certinho na vida. Gostaria de ser a melhor filha. Minha irmã era a mais protegida pela minha mãe, que alivia todas as coisas erradas dela. Perdi o emprego que tinha e passei a sofrer mais ainda com as crises fortes. Larguei a faculdade. Teve um dia que quis me matar, mas antes — achou graça para descontrair, apesar da seriedade —, fui à igreja pedir perdão. Que ridículo. É o mesmo que dizer: olha, Deus, eu vou ali matar uma pessoa, mas me perdoa, tá bom? — Ofereceu uma pausa. — Uma vida é uma vida. Não importa de quem seja. Para Deus tem o mesmo valor. É pecado — falou com conhecimento católico.
— Não interessa. É pecado e sofreremos por isso. Aí, lá na

igreja, eu estava chorando e o padre passou por mim. Depois ele voltou e perguntou o que estava acontecendo. Contei que estava com depressão e minha família não entendia o que era. Achava que era frescura. Minha irmã era muito pirracenta. Ficava dizendo desaforos. Não fazia o serviço de casa. Tudo sobrava pra mim e... Tudo era um peso pra mim. Havia perdido o emprego. Parado de fazer faculdade... Minha vida não tinha sentido, não tinha valor. Acreditava que, se me matasse, se cometesse suicídio, talvez, minha família acreditasse em mim. Aí, sim, entenderiam que eu estava doente, pois ninguém acreditava. Ninguém me ajudava. Quando tinha alguma reunião de família e meus tios, primos e avós estavam presentes, minha irmã, meu pai ou minha mãe diziam: "Essa menina é boba. Fica aí no canto sem conversar com ninguém, triste, emburrada. Ela quer aparecer. Quer chamar a atenção. Não liguem pra ela não. Isso é frescura!" E muitos riam de mim. Outros ignoravam. O padre sentou no banco da igreja, que tinha na frente do que eu estava, e ficou ouvindo. Essa conversa nem foi no confissionário. — Ofereceu uma trégua. — Para que viver? Não havia razão nem motivo. Não tinha apoio da família. Aí esse padre me disse mais ou menos tudo o que acabei de te falar. Mas eu não tinha dinheiro. Não tinha emprego... O que fazer? Por onde começar? Então, ele orientou que começasse a frequentar a igreja, os grupos que ali existiam, pois seria uma forma de terapia. Pediu para eu dar uma chance pra Deus, mas que teria de buscá-Lo e me esforçar bastante. Tinha um grupo de senhoras que fazia aula de dança, duas vezes por semana, no salão paroquial. Entrei para o grupo. Era a mais nova — riu. — Comecei a participar dos grupos de estudo. Dei aula de catecismo. Fiquei feliz em ajudar nas campanhas do agasalho... Daí alguém começou a dar aula gratuita de *Yoga*, também na igreja. Nossa! Foi maravilhoso pra mim. Comecei a entender mais, dominar meu corpo, minha mente. Conheci a meditação. Deus é maravilhoso! Quanto mais buscava, mais novidades boas e saudáveis apareciam. Descobri que não podia ficar parada. Um dia, uma senhora do grupo de dança disse que o filho dela precisava de recepcionista na empresa de móveis planejados. Aceitei correndo! — ressaltou. — Conforme o tempo passava, mesmo lentamente, eu percebia que Deus agia na minha vida. Passei a ignorar as implicâncias da minha irmã. Jogava fora as irritações do meu pai. Procurei não me ofender mais com o prediletismo da minha mãe... Voltei pra faculdade. Mudei de emprego com a ajuda de uma professora. Passei a ganhar mais. Conheci seu irmão... Comecei a fazer psicoterapia porque comecei a entender o quanto isso era importante... Sabe, Bárbara, eu dava foco para o que queria e podia fazer. Dava o melhor de mim. Para as coisas ou pessoas que não conseguia mudar, não podia controlar, ignorei, desprezei, não dei importância... Tipo: dane-se. Minha irmã falava, não fazia o que precisava... Dane-se. Eu fazia a minha parte. Meu pai implicava. Fazer o quê?... Dane-se. Minha mãe gostava mais da minha irmã e isso estava claro!... Dane-se. Não briguei, não levantei a voz, não falei um palavrão nem reclamei. Apeguei-me à religião. Comecei a acreditar que, de alguma forma, iria vencer aquilo cada vez mais. Uma religião é muito, muito importante quando se está abalado emocionalmente. Quando sofria as crises, eu orava, respirava fundo. Entendi que, à medida que compreendia o que acontecia, como funcionavam as crises emocionais de ansiedade ou depressão, fui melhorando. Fui sendo dona dos meus sentimentos. Não me desesperava com mais nada. Não ficava aflita. Se acontecia algo diferente, estranho, prejudicial!... Paciência. Fazia o que dava. Me conformava e pronto. Ensinei a minha mente como é que queria que ela fosse, agisse. E aí, acabou. Tive o controle de mim. — Nova pausa. — Por isso, quando seu irmão foi embora e me abandonou com os dois filhos, sem trabalho e um apartamento que seria tomado de mim, fiquei surpresa, assustada. Tive medo, no começo, mas não deixei o desespero tomar conta. Chorei sim. Mas orei muito mais! Respirei fundo. Entendi que perderia o apartamento, não importasse o que fizesse. Por isso, peguei as crianças e as coisas e fui para a casa dos meus pais. Não desejando enfrentar as críticas do meu pai, as reclamações da minha mãe, as implicâncias da minha irmã, procurei sua mãe e... Você sabe, estava lá no dia que pedi abrigo. Agradeci tanto a Deus por ser acolhida por dona Antonella e por vocês. Orei muito. Fiquei conformada com a situação que não poderia controlar, mas corri atrás do que necessitava fazer: procurar um emprego, mudar as crianças de escola, ajudar nas despesas... Enfim... Sabe, cunhada, não passamos por provações que Deus não permita. E se Ele permitiu que algo acontecesse, é porque esse Pai da Vida tem certeza de que conseguiremos soluções, suportar, arcar. Muito do que experimentamos na vida é para nosso crescimento. Então, não sei por que, mas... Acredito que ainda vou vencer mais. De alguma forma, minha vida vai melhorar, assim como a sua, a da Marcella... Tenho tanta, mas tanta fé e esperança de que vamos rir de tudo isso um dia. Rir de não ter como pagar o aluguel, de só comer arroz, ovos mexidos e banana durante a semana, de ter de ficar de olho na dona Antonella para não gastar o dinheiro comprando tomate para aquele molho...

Ambas riram e continuaram conversando...

Capítulo 28

ALTAR DA ALMA

O tempo seguia seu curso...

Bárbara se esforçava, a cada dia, mas, muitas vezes, acreditava perder a batalha.

Havia dias bons e outros nem tanto.

Convencendo-se, por insistência da cunhada, procurou um psicólogo e passou a fazer psicoterapia. Isso ajudava muito.

Não queria frequentar a igreja nem voltar à casa espírita que Murilo a levou. Porém, com a ajuda de Marcella, encontrou um outro centro espírita bem parecido com o anterior e passou a frequentá-lo.

Alguns dias, forçava-se a ir. Para lhe fazer companhia, Marcella e a sobrinha Sarah sempre a acompanhavam. Muitas vezes, Ullia ia junto também.

Os piores momentos eram aqueles que se encontrava só. Pensamentos amargos e cruéis de desvalorização e inutilidade, inspirados por Perceval, castigavam-na.

— Morra... Inútil. Morra... Se mata... A cada dia você está pior. Você não é importante pra nada nem pra ninguém. É um peso pra sua família. Se mata... Crie coragem... Se mata logo. Acaba com isso de uma vez por todas! Não seja covarde... — insistia o obsessor incansavelmente.

Mas os bons espíritos agiam da mesma forma que o obsessor.

Bárbara não estava sozinha naquela batalha. Ninguém está. Ela era assistida e amparada, na espiritualidade, no mesmo grau que era obsediada. Mas o que era bom quase não assimilava, porque o que é bom não dói, não machuca. O registro de ideias nocivas era mais intenso, pois provocava dor.

Como se a vida ainda quisesse testá-la, Bárbara foi demitida.

— Mas não podem te demitir. Você não está bem! — Marcella exclamava. — Você pode procurar seus direitos...

— Eu detestava aquele lugar. Não gostei daquele emprego. Não vou procurar direito algum.

— Você vai ser indenizada e...

— Por favor, Marcella! Eu não aguento mais! Não quero falar nesse assunto — falou parecendo usar as últimas forças que tinha.

Levantando-se, foi para o quintal na frente da casa.

Quando a irmã se levantou e deu a entender que iria atrás dela, Antonella pediu:

— Marcella, deixa a sua irmã.

— Mas, mãe...

— Você fala muito, filha. Sua irmã precisa de paz. Aliás, você também. Aquiete sua mente. — Aproximando-se de Marcella, a mãe orientou: — Minha filha, pare de se afligir por qualquer coisa. Aceite mais algumas opiniões, acontecimentos... Aceite mais as pessoas e tudo o que não puder mudar. Você se desgasta demais. Acalme sua mente. Aquiete os sentimentos. É isso que te faz sofrer.

— Mas, mãe... Não consigo... — chorou.

— Consegue sim, filha. Consegue sim. Você não nasceu assim. E, se nasceu e se piorou, vai conseguir mudar. Tudo muda. Todos nós nascemos para sermos pessoas melhores. Seu trabalho é consigo mesma. Reze, Marcella. Faça prece e peça pra Mãe Santíssima, peça a Deus...

Ullia, que estava na cozinha olhando o filho dormir no carrinho, comentou:

— A tia Bárbara não parece bem. Só de olhar no rosto dela a gente vê que não está no seu normal.

— Vamos dar um tempo pra ela, não é mesmo? Estamos rezando, orando... Ela está fazendo tudo o que consegue. Vai dar certo. E a Marcella também vai conseguir mudar. Mãe Santíssima vai olhar por minhas filhas — acreditou Antonella com muita fé.

Passado um tempo, sorrateiramente, Ullia saiu sem ser percebida.

Chegando ao quintal, na frente da casa, sentou-se ao lado de Bárbara que, apesar de percebê-la, não se virou para olhá-la.

— Tia...

— Oi... — respondeu com um murmúrio, quase inaudível.

— Lembra quando, um dia, a gente estava sentada aqui e conversamos sobre dificuldades e você lembrou, pra mim e pra Sarah, de Maria, mãe de Jesus. Que ela era um exemplo maravilhoso de força, perseverança, coragem e fé? — Não esperou que a tia respondesse. — Sabe... naquele dia, aquela conversa mexeu comigo. Você me ajudou muito. — Bárbara olhou para ela e Ullia disse: — Te devo muito, tia. A conversa me ajudou a segurar a onda. Vinha aquela coisa ruim, aquela neura, uma vontade de gritar, um desespero e eu lembrava do que a gente tinha falado. Quase pirei, naquela época. Queria sair correndo e fazer umas loucuras ou colocar uma corda no pescoço... Mas lembrava o que me disse, o jeito que falou de Maria, Mãe de Jesus. Cara, ela foi muito corajosa. Hoje eu entendo isso. Sua maneira de explicar me ajudou. Deu o maior exemplo de amor. Sabe, tia, falar de amor é fácil. Qualquer um fala. Quero ver parar de jogar lixo no mundo através dos pensamentos e palavras... As pessoas sonham com um mundo melhor, sem violência e ofendem os outros nas redes sociais. Tudo é sagrado para Deus. Cuidado quando ofender seja quem for... Quando fizer à menor das criaturas, é a mim que está fazendo, disse Jesus. — Longa pausa e completou: — Tia, eu sei que tá fazendo de tudo pra melhorar e sair dessa vibração. Continue fazendo. Faça mais, se for preciso. Eu tava na pior e você me ajudou com aquelas palavras. Então, sei que pode ajudar mais gente com seu dom de falar.

Bárbara a abraçou com força e chorou.

Na espiritualidade, mentores e amigos espirituais, que atuavam beneficamente, aproveitavam-se de toda e qualquer situação ou pessoa de coração bom para que vibrações de amor, ensinamentos de luz, energias superiores envolvessem Bárbara. Ela precisava aceitar e entender sua importância no mundo.

Estava se esforçando para se libertar dos laços que se deixou prender. Diante disso, recebia toda a ajuda possível.

Ao se afastar do abraço, secou o rosto com a mão e falou:

— Não bastasse, estou sem emprego. Isso é ainda pior.

— Talvez não, tia. Lembra, um dia, quando fomos ao centro espírita e o palestrante contou a história da vaca?

— Que vaca, Ullia? — franziu o semblante, tentando recordar.

— Foi mais ou menos assim: havia um instrutor, um mentor muito benevolente no plano espiritual e o seu aprendiz. Eles foram visitar uma família muito, muito pobre. Chegando lá, sem serem vistos, porque estavam no plano espiritual, perceberam que a família toda só tinha uma vaca para prover alimento. Todos dependiam do leite dessa vaca pra viver. Não tinham outra fonte de alimentação. Aí, o instrutor espiritual disse: "Vamos ajudar essa família a progredir. Eles precisam viver com dignidade". O aprendiz ficou feliz com a decisão do mentor. Então, o instrutor arrumou condições para que a vaquinha, única fonte de alimento da família, morresse. O aluno ficou confuso e desesperado. Chegou a ficar contrariado com o instrutor. Indignado, perguntou: "Como pôde fazer isso?! Tirou a única fonte de sustento dessa família!" Calmo, o mentor falou: "Vamos aguardar". Daí foram embora. Voltaram um mês depois. O aprendiz estava preocupado e ansioso para ver a família. O mentor que o instruía apontou: "Veja só, o pai arrumou trabalho, os filhos arrumaram trabalho, a mãe também. Hoje, todos vivem melhor". Quer dizer, quando tiram algo de você, nem sempre é pro seu mal, mas para ver a sua capacidade de ação pra não ser dependente.

Bárbara sorriu levemente. Ficaram ali, mais algum tempo, em silêncio. Depois entraram, mas a história contada pela sobrinha, não saia de seus pensamentos.

— É isso o que não pode acontecer! — esbravejava Perceval. — Pessoas assim, que levantam o ânimo dela, se aproximarem muito. Já nos bastam as mudanças de vibrações com as meditações, preces, leituras, livros, psicoterapias!... Já tentei perturbar aquele psicólogo, mas ele se garante. Dane-se! Meu acerto de contas não é com ele. Precisamos intensificar nossos ataques e envolvimento.

— Ela tá ficando esperta, chefe. Está reagindo. Faz prece quando tá mal e...

— Não interessa! Já tivemos grandes conquistas. Podemos fazer muito mais.

Apesar do tempo decorrido, Murilo não conseguia esquecer Bárbara. Ela foi a pessoa mais significante que namorou.

Além disso, ela estava presente em muitos detalhes de sua vida. No brinquedo que ela comprou para Oliver, na almofada que deu para o felino e o gatinho adorava usar, no livro com o qual o presenteou, em cada café que preparava... Bebida quente que ela apreciava tanto.

Perceval ainda o visitava, às vezes.

Para ele, Murilo era um enigma. Não o odiava. Não sabia o que sentia por ele. Certo grau de respeito, talvez. Ignorava de onde o conhecia.

Mesmo estando na espiritualidade, de acordo com a evolução moral, desconhecemos muito sobre várias encarnações.

Para Perceval, era importante Murilo se manter distante de Bárbara, por isso sempre o induzia a repudiá-la. Envenenava-o, em nível de pensamento, fazendo-o relembrar do vídeo que recebeu.

Antonella abriu os olhos e viu Enrico ao seu lado.

Tomada de forte emoção, não conseguiu sequer pronunciar seu nome e o abraçou forte. Envolveram-se com muito carinho e amor.

Eles se conheceram na infância e nunca, desde o desencarne do marido, haviam passado tanto tempo distante um do outro.

— Oh... minha Nella, quanta saudade... — chamou-a pelo apelido que costumava usar para a esposa. — Sinto tanto sua falta, Nellinha...

— Eu também, eu também... Você partiu e me deixou aqui. Por que isso?

— Porque nossos filhos precisam muito mais de você. Eu precisava vir pra cá. Tinha chegado minha hora.

— Enrico... Que falta você me faz! Aconteceu tanta, mas tanta coisa desde que foi embora. Você soube de tudo ou não?

— Soube. Soube de tudo, minha Nella. Fiquei triste, mas não podia fazer muita coisa. Eu orei. Orei muito!

— Como foi? Mas me conta como foi morrer! — Antonella pediu.

— Eu tava lá na praça com o Billy. Olhava um passarinho levando coisa pro ninho, que estava na árvore. Aí, senti uma coisa estranha. Uma dor forte no peito e não consegui respirar. Botei a mão no peito e olhei pro Billy. Aí vi meu pai. Fiquei confuso, tonto, zonzo... Meu pai estendeu a mão pra mim e eu peguei. Aí ele falou: "Vamos ver aquele ninho de perto?" Não sabia explicar, mas, de repente, estava eu lá na árvore, olhando bem de perto o passarinho dando comida pros filhotes. Tomei um susto! Lógico! Aí, bem suavemente, fui baixando, levitando e de novo fiquei em pé no chão. Olhei pro lado e me vi deitado e o Billy latindo pra um monte de gente em volta. Fiquei com medo e minha mãe apareceu. Comecei ver o tio Basílio, a tia Giuliana e um monte de gente conhecida. Logo falei: Morri! Mas não senti nada, além do susto. Então, apareceu um monte de gente que nem conhecia. Uns pareciam vestidos de médicos e enfermeiros, mexendo no meu corpo que tava lá no chão. Hoje sei que eram socorristas me desligando do meu corpo. Aí, minha mãe estendeu os braços e me disse: "Venha, meu filho. Me dá um abraço". Abracei minha *mamma* e não vi mais nada. Dormi. Acordei num lugar diferente. Parecia um hospital. Era muito bonito. Muito bom. Então foram me instruindo e me esclarecendo. Disseram que meu corpo morreu, mas eu não. No começo, quando a gente chega aqui, tudo é meio confuso e estranho. A mente da gente fica diferente. Eu sentia, no meu interior, você chorando e lamentando. Mas aí, recebi muita, mas muita orientação para não ficar triste nem querer ver você, as meninas ou nosso filho. Essa parte foi a mais difícil. Não podia querer ver vocês. Ainda bem que você não ficou muito tempo chorando minha falta. Vocês aceitaram os desígnios de Deus e não ficaram lamentando, deprimidos por minha partida. Soube que alguns não conseguem. O choro, o desespero daqueles que ficaram na Terra atrapalham demais a mente deles. Aí, eles retornam pra junto dos encarnados, no plano físico. Sofrem muito mais. Muitos se deparam com a espiritualidade inferior que os maltratam demais. Então, para não me atrair para junto de vocês, eu orava, orava... Onde estou tem um lugar específico pra orar. Não que a gente não possa rezar, fazer prece fora dali. Não é isso, mas é um lugar onde buscamos por forças e inspiração. Como quando vamos à igreja, templos terrenos... Esse, em particular, é um lugar muito bonito. Nunca vi nada igual. Parece uma catedral gigantesca! Mas dentro é diferente. É como uma catedral que serve pra todas as religiões. Encontrei católicos, como nós, rezando lá. Também evangélicos, judeus e outros. Quando estamos lá, fechamos os olhos e, na nossa mente, se formam altar da nossa religião, da nossa fé... Entramos em prece e alcançamos o altar da nossa alma. Fazemos uma comunhão com Deus da forma como entendemos. Ficamos num estado que não sei descrever, de tão bom que é. Fui muito pra lá. Orei muito por vocês...

— Eu também orei por você.

— Eu sei, minha Nella. Recebi suas preces em forma de bálsamo que me ajudou. Você dizia: "Fica em paz aí que eu cuido das meninas. Eu ficava tranquilo". Sentia sua força.

— Às vezes, penso que fracassei... Até o Sandro abandonou a Patrícia e os filhos... Ele vendeu nossa casa e ficou com o dinheiro. A Marcella não casou, mas esse não foi o problema. O problema é ela não aceitar. Marcella não para de falar nisso... A Bárbara vendeu a empresa... — contou tudo como se ele não soubesse.

— Todos vão se fortalecer muito com essas lições duras da vida. Não foi por acaso, Nella. — Aguardou um momento e disse: — A Marcella precisa parar de reclamar. Reclamações, críticas atraem vibrações tão ruins. Ela precisa se elevar, acreditar que Deus não faz nada errado, ter fé. A ansiedade acaba quando temos fé e deixamos Deus cuidar daquilo que não podemos, que não conseguimos cuidar.

— Estou preocupada com a Marcella. Ela está muito ansiosa. Converso muito com ela. Dou toda a atenção, mas parece que nunca está bom.

— Essa nossa filha, coloca tanta coisa desnecessária na cabeça. Coloca tanta coisa inútil pra fora, expõe todos os pensamentos... Esse tipo de atitude não a deixa perceber o quanto recebe, o quanto nós doamos pra ela. Além disso, dispara a ansiedade. Se parasse de reclamar e observasse melhor a sua volta, veria que as pessoas oferecem atenção e amor da forma que conseguem. A ansiedade é aplacada e até derrotada com a fé. Acho que é a filha com quem mais conversamos, mas ela não percebeu isso. Quando paramos de reclamar, começamos sentir o amor que o mundo nos oferece. Se ela seguir o exemplo da irmã, vai se equilibrar e parar com essa ansiedade. Somente quando calamos os sentimentos intensos, conquistamos a paz.

— Vou pegar no pé dela pra que pare de reclamar e criticar — Antonella considerou. — Estou muito preocupada com a Bárbara também. A filha que eu julgava mais forte está com depressão.

— Ela está sendo bem amparada. Desde que começou a se esforçar para melhorar, desde que começou a fazer de tudo, se empenhando de todas as formas pra reverter esse estado, a Bárbara vem sendo muito ajudada, muito amparada. Muitos amigos que eu nem sabia que a gente tinha, estão fazendo o possível pra mostrar a ela o valor que ela tem. Nossa filha é envolvida com energias boas. Ela está vencendo essa batalha, apesar de não acreditar. O problema maior é que ainda não se encontrou profissionalmente. Mas logo, logo isso vai acontecer, porque ela está se empenhando. E acho que você vai ajudar nisso, minha Nella. Vai sim... Todas vocês são unidas e isso vai ser muito importante. Todas vocês vão superar tudo e vão crescer...

— É que tem dia que Bárbara fica muito pra baixo. Não sei como ajudar — Antonella comentou, sem dar atenção ao que foi dito.

— Sabe, Nella, temos de parar de reclamar, criticar e aprender a conviver com a tristeza também. No mundo em que vivemos, não podemos só querer alegrias, festas comemorações. A tristeza também faz parte da vida. Temos de pegar a tristeza, enfiar no bolso e seguir fazendo o que é bom para nós e pro mundo. Quando o futuro chegar e tivermos coisas novas e interessantes para prestarmos atenção, a tristeza terá se perdido no caminho.

— Estou triste pela nossa neta Ullia.

— Não importa o que a Ullia fez pra precisar passar por isso. O que importa é o que ela fará de bom agora sendo soropositiva. Ela precisa cuidar de si mesma, em primeiro lugar. Cuidar bem do filho. Procurar uma vida saudável e ajudar as pessoas de alguma forma. Trabalhos sociais seriam muito bons.

— Ah, Enrico... Você precisava estar do meu lado...

— Eu estou, Nella... Em pensamento, eu estou.

— Por quê? Por que você precisou ficar longe de mim? — ela quis saber.

— Eu não soube disso assim que cheguei aqui. Demorou um pouco... É que... Num passado distante, entre outras coisas, você foi embora de casa e me largou sozinho com as crianças. Apesar de te amar, eu te amaldiçoei todos os dias de minha vida. Criei uma névoa escura no meu coração. Reclamei. Pensava que deveria ter sido esperto e te abandonado antes com as crianças. Desejei tanto, mas tanto isso que registrei essa névoa escura no meu coração e na minha alma. Por isso, nessa última reencarnação, parti antes... Nós planejamos tudo. Primeiro nos encontramos aqui na espiritualidade. Brigamos, nos desentendemos e nos perseguimos com acusações... Vivemos em um lugar muito ruim por causa disso. Até descobrimos que nos amávamos — riu. — Depois, começamos a rezar para sair de onde estávamos e fomos socorridos. Levados para um lugar bom, nós entendemos que precisávamos resolver aquela situação inacabada naquela reencarnação. A distância que tomamos dos nossos filhos não foi boa pra eles. Não cumprimos nossa tarefa como pais. Apesar de estarem comigo, não os orientei como deveria. Eu os tratei mal... Como fui ignorante... Deveria ser um pai mais presente, atento, amoroso... Precisava corrigir isso. Arrependida do que fez, você quis, novamente, ficar com os meninos e fazer o que não fez antes. No planejamento reencarnatório, mostraram para nós a necessidade de eles estarem crescidos, que esse seria o período mais necessário da família estar unida. Por isso, aconteceu de eu ir embora com eles grandes... — sorriu. — Filho grande dá mais trabalho... — riram. — Mas, agradeço a Deus por, pelo menos, ter me deixado ver meus meninos crescerem. Deus foi tão bom... Mas essa vida não é o fim, minha Nella. — Aproximou-se dela e a abraçou. Beijou-lhe e lhe fez um carinho no rosto, dizendo: — Eu amo você, minha Nellinha. Sinto falta da sua macarronada, do seu nhoque! — riu.

— Enrico!...

— Você precisa se lembrar de uma coisa que vou falar: quando estamos cozinhando e nos alimentando é muito, mas muito importante cuidarmos bem dos nossos pensamentos e das palavras. Antes de prepararmos os alimentos ou de consumi-los, nós precisamos parar, agradecer pela abençoada oportunidade daquele instante. Agradecermos e abençoarmos todos aqueles que fizeram com que aquele alimento chegasse ali até nós. Os alimentos são um meio de refazimento. Assim que a gente para e pensa em agradecer e pedir bênçãos para um alimento que será preparado ou consumido, espíritos amigos, familiares queridos, quase imediatamente, ficam ao nosso lado auxiliando a impregnar aquela comida com energias saudáveis, fluidos magnéticos nobres, que ajudam até no restabelecimento e refazimento da saúde, na cura de doenças, inclusive. Por isso, uma canja bem feita na intenção do doente, levanta a pessoa necessitada. É a intenção, a energia que se coloca. Entidades superiores e também amigas ajudam nisso. O contrário também acontece. Se cozinhamos e estamos com raiva, gritando, esbravejando, brigando, xingando, falando palavrões, colocando energias pesadas no que fazemos... Por mais que a comida esteja boa, gostosa, pessoas sensíveis podem passar mal.

Ao longo do tempo, consumindo alimentos preparados dessa forma, nosso corpo e nossa mente podem adoecer. Espíritos inferiores se aproximam muito, muito de quem cozinha xingando, brigando, com raiva. Eles ajudam a impregnar os alimentos com fluidos nocivos, que fazem mal... Ensine isso pras meninas. Fale quantas vezes forem necessárias. Por isso, sua comida é tão boa. A gente se alimenta dela até no cheiro! — achou graça. — Estou com saudade daquele seu nhoque, daquela salada de batata com maionese...

— Enrico!... — sentiu-se distanciando. — Enrico...

Antonella acordou.

Sentiu o coração apertado pela saudade. Lembrou-se vagamente de ter sonhado com o marido. Recordou-se de ele tê-la beijado e dito que estava com saudade de sua macarronada e nhoque.

Levantou-se e foi cuidar de seus afazeres. Achava-se animada e com muita vontade de cozinhar.

Aproveitando-se de Bárbara, nos últimos estágios do sono, Perceval a envolvia:

— Acorda, minha querida. Acorda com o barulho que sua mãe está fazendo. Ela não respeita aqueles que dormem um pouco mais. Ou será que ela quer acordar as pessoas que não trabalham, são inúteis e não fazem nada? Levante-se, vamos! Inútil... Será que hoje você terá coragem de morrer? Será que hoje é o dia que terá coragem de acabar de vez com essa sua vida miserável?! Covarde!... Inútil!... Se mata! Se mata logo! Você nunca vai conseguir! Nunca! Viverá nessa agonia, nesse desespero... Viverá sofrendo todo esse desânimo pra sempre enquanto viver... Se mata... Faça hoje ser o grande dia. O dia em que teve coragem de morrer. Covarde... — envolvia-a como se sussurrasse em seu ouvido.

Bárbara acordou. Escutou a mãe fazendo barulho na cozinha. Por um momento pensou que a senhora fizesse aquilo de propósito para acordá-la. Afinal, ela estava sem fazer nada. Poderia ajudar nas tarefas da cozinha. Era almoço de domingo. O almoço mais bem preparado da semana por dona Antonella.

Gostaria de ficar deitada. Estava esmorecida. Forçou-se a levantar rápido, não se permitindo pensar que seria melhor ficar na cama ou que seria um dia difícil. Procurava ensinar sua mente como lhe foi sugerido.

Seu principal assunto na psicoterapia era a preocupação com o emprego. Desejava um trabalho. Não somente um trabalho, gostaria que surgisse algo de que gostasse de fazer. Inquietava-se com o dinheiro. Se ficasse muito tempo sem fazer nada até a psicoterapia teria de deixar de fazer. Algo que não queria. Sentia-se incrivelmente bem e percebia o quanto havia progredido.

Conforme orientação, buscava trocar de pensamentos e sentimentos. Esforçava-se para sair de frequências negativas. Algumas vezes chorava, sem nem mesmo saber o motivo e isso aliviava a pressão. Acreditava-se bem melhor depois.

Acalentava em si a fé de que aquilo iria passar. Seria uma nova pessoa. Feliz, equilibrada. Acreditava que, enfrentaria desafios e dificuldades com serenidade e aceitação. Tudo isso era responsabilidade da esperança que criou em si por meio do que fazia, e de novos hábitos mentais.

Levantou-se, tomou um banho rápido para despertar e foi para a cozinha.

— A bênção, mamãe — beijou a senhora.

— Deus a abençoe, minha filha. — Nesse exato momento, sem que as encarnadas vissem, energias sublimadas se derramaram entre elas. Vigor e ânimo foram absorvidos por seus corpos espirituais. As bênçãos espirituais não envolvem somente a quem é direcionada, quem as roga também as recebe.

— A senhora está animada hoje — reparou e sorriu para sua mãe.

— Estou sim. Já fiz arroz, feijão. As coxas de frango estão assando. O molho está pronto... Falta cortar a massa pro nhoque.

— Fez nhoque hoje?

— Fiz. Sonhei com seu pai. Ele me dizia que estava com saudade de comer o nhoque que eu fazia — sorriu. — Falou pra cozinhar com amor ou algo assim.

Bárbara sorriu. Olhou para o fogão e achou que sua mãe havia exagerado. Tinha feito muita coisa.

— Quanta comida... — reparou, mas não criticou.

— Se a Pietra vier com os meninos, tem o bastante para todo o mundo. — Em seguida, Antonella pediu: — Você me ajuda a enrolar e cortar a massa daqui a pouco?

— Lógico. Deixe-me tomar café...

— Não tem pão. Nem fui buscar.

— Tudo bem. Eu busco — disse Bárbara que foi até a gaveta da cozinha onde tinha uma bolsinha sempre com dinheiro trocado e moedas para pequenas compras na padaria do bairro. Naquele momento difícil, financeiramente falando, prefeririam usar dinheiro para controlar as despesas. Pegou a pequena bolsa e se foi.

— Aproveita e se joga embaixo de um ônibus ou de um caminhão, quando for atravessar a avenida. Tenha coragem hoje! Se mata! — influenciava Perceval, não desperdiçando qualquer oportunidade.

Ela não deu atenção aos pensamentos que passaram pela cabeça e saiu de casa buscando pensar em outras coisas. Olhar para o lado e reparar como o dia estava bonito.

Enquanto caminhava até a padaria, Bárbara viu duas vizinhas da sua rua, que conversavam. Ao passar pelas mulheres, educada, cumprimentou-as. Em seguida, uma delas perguntou:

— Você é uma das filhas da Antonella, não é? — perguntou Margarida.

— Sim. Eu sou — Bárbara afirmou.

— Você tem uma irmã bem parecida — tornou a mulher. — Sempre me confundo.

— Eu sou a Bárbara... — sorriu.

— Ah!... Eu estava falando aqui pra Miriam que esse cheiro de comida boa, logo cedo, só pode vir lá da casa da sua mãe. É de lá, não é?

— É sim. Ela já está fazendo o almoço — confirmou.

— Quando a Antonella está cozinhando, a rua inteira fica com água na boca — Miriam elogiou.

Ignorando ser sugestão espiritual, Bárbara disse, brincando:
— Vamos fazer comida pra vender, então... Quem sabe... — a frase saltou-lhe da boca. Não pensou no que falou até começar a concatenar as ideias.
— Jura?! Quando?! — Margarida, se interessou.
Confusa, Bárbara respondeu ainda sem pensar:
— Se eu encontrar as embalagens pra *marmitex*, começamos hoje — sorriu, acreditando ser uma brincadeira.
— Vai ali, na rua onde está a feira, em frente da barraca de frios. O senhor Alfredo abre a lojinha de doces, hoje, domingo. Lá ele também vende embalagens, coisas de festa... Fica aberto até às 12h — indicou uma das mulheres.
— Eu não sabia... Vou até lá. Mas... Vocês estão interessadas mesmo? — quis se assegurar.
— Lógico! Moro ali, no número 350 — apontou. — Pode levar lá em casa que eu quero! O que tem pra hoje?
— Nhoque, coxas de frango assadas, arroz, feijão, salada de batata com maionese... Estamos iniciando, sabe...
— Vocês vão fazer como? Tipo *marmitex*, ou podemos comprar só as coxas? — Miriam quis saber.
— Por enquanto, *marmitex*. Depois vamos trabalhar com encomendas e venderemos coxas e assados separados.
— Quero cinco *marmitex*, hoje — Margarida pediu.
— Quero quatro. Moro ali, no 345 — decidiu a outra.
— Tudo bem. Mais tarde, por volta das 12h, eu levo lá para vocês.
— Que ótimo! Assim não vou pra cozinha hoje! — a mulher se alegrou.
Bárbara sentiu-se esquentar e tremer.
Como pôde assumir um compromisso daquele tipo? Era loucura.
Apesar disso, apressou-se até a rua da feira. Procurou pela barraca de frios e encontrou a loja do senhor Alfredo, aberta, conforme a indicação.
Entrou. Pensou nas embalagens de que precisaria.
Olhou na bolsinha e ficou aliviada por encontrar dinheiro suficiente para pagar a compra.

Agradeceu e se foi.

Ao chegar a sua casa, Bárbara sentiu-se gelar.

Como explicar o que aconteceu?

Com a voz trêmula, olhou para sua mãe, para Marcella e Patrícia, que já haviam levantado, e contou sua história.

Assustada, Marcella arregalou os olhos para as embalagens sobre a mesa e perguntou:

— Isso tem chance de dar certo?

— Quando existe empenho e boa vontade, tudo que queremos dá certo! — Patrícia respondeu animada.

— Então vamos para o fogão fazer mais comida — Bárbara falou. — Todas nós sabemos cozinhar. Ainda é cedo e, juntas, podemos fazer bem depressa. Acorda a Graziella e a Sarah pra nos ajudar. — Virando-se para Antonella, pediu: — Mamãe, a senhora conhece muito mais os vizinhos do que nós. Vai lá, chama cada um deles no portão e diga que estamos fazendo *marmitex* pra vender. Vou fazer umas contas bem rápidas aqui, só para termos uma noção e...

— Peraí!... — Patrícia interrompeu. Saiu um instante e voltou às pressas com um folheto na mão. — Faça as contas, mas dê uma olhada nos preços desse folheto de *marmitex*. Pode-se basear nele, eu acho. Lembrando que hoje é domingo, por isso pode cobrar um pouquinho mais caro, eu acho.

— Ótimo, Pat!... Mas... Estamos começando, né?

— Verdade. — Um segundo e lembrou: — Gente! Vamos orar?

— ...mas é claro... — Bárbara concordou com voz suave. — Vamos orar. Pedir a Deus que nos ampare, aos amigos espirituais — olhou para a cunhada e falou: — anjos como você diz... Pedir que nos ajudem, orientem e nos deem ânimo.

Todas se uniram em torno da mesa da cozinha e fizeram uma linda prece, ligando-se ao alto. Receberam bênçãos.

— Vamos fazer disso um hábito, minhas filhas — orientou Antonella. — A partir de agora, todas as vezes que formos cozinhar, vamos orar. Nosso Senhor Jesus Cristo disse que a boca fala o que tem no coração.

— Se a gente esquecer, a senhora nos lembra, dona Antonella — sorrindo, Patrícia pediu.

— Vou lembrar disso sim, minha filha — a senhora disse e sorriu também. — Outra coisa! — salientou. — Higiene! Tudo muito limpinho. Prendam esses cabelos e coloquem aventais. Comida é coisa sagrada.

Em seguida, cada uma se dispôs a fazer alguma coisa.

Antonella ficou confusa, mas não demorou pensando. Tirou o avental e saiu com um bloquinho de anotações para saber quem mais gostaria de comprar o que suas filhas iriam fazer.

Capítulo 29

NOVOS RUMOS

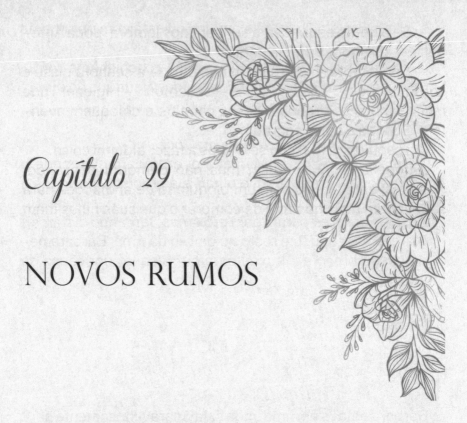

Na semana seguinte, Bárbara avisou amigos e conhecidos da casa espírita, que frequentava, que estava fazendo refeições nos finais de semana.

Um dos conhecidos chamou-a em particular e comentou:

— Eu tenho uma empresa e tenho cerca de trinta funcionários. Se quiser oferecer refeição por um preço acessível para eles, durante a semana, será muito bom. Podemos negociar.

— Sim, José Henrique. Vou fazer um cardápio e um preço muito especial. Ainda essa semana. Levo até lá uma oferta. Anota meu contato, eu anoto o seu e vamos conversando.

— Que ótimo, Bárbara! Tenho outros conhecidos e, se der certo, você terá mais empresas para oferecer seu produto — disse José Henrique.

Bárbara tremia por dentro, mas não deixou de acreditar no que começou a fazer.

— Minha irmã... Ou você é maluca ou está completamente certa — murmurou Marcella rindo.

— Certa! Certa! Certa! Estou certa! — cochichou e sorriu. — E é você quem vai lá à empresa do José Henrique no dia em que eu for.

— Por quê?

— Não reparou como ele olha pra você?

— Imagina... — disse Marcella que procurou ver onde o amigo estava. Ao cruzarem o olhar, ela precisou sorrir. Ele a observava.

As duas riram e ficaram bem próximas, tentando disfarçar.

Marcella escondeu o rosto no ombro da irmã. Bárbara pegou em seu braço e a puxou para outro canto por causa da molecagem.

Bárbara estava em uma linda sala, maravilhosamente harmoniosa. As energias benfazejas e nobres recompunham o ambiente.

As ondas vibratórias eram incrivelmente agradáveis, elevadas e grandiosas.

Para estar ali, era preciso esforço pessoal, amor, desejo no bem e, principalmente, aspirar à paz.

Amorosamente, Nestor e os demais aguardavam que Bárbara abrisse os olhos para a espiritualidade.

Quando isso ocorreu, ela reconheceu:

— Como é bom estar aqui... — sorriu.

— Como é bom vê-la merecer aqui... — disse seu mentor. — Bem-vinda entre amigos e irmãos.

— Obrigada, meu amigo... — Olhando em volta, emocionou-se: — Papai... — e o envolveu com carinho.

— Minha filha... Minha filhinha... — Enrico também se emocionou.

— Ai, papai... Tive momentos difíceis, mas estou me esforçando.

— Eu sei, minha filhinha. Eu sei. Estamos todos te acompanhando.

Em seguida, abraçou-se àqueles que foram seus avós e outros que foram seus parentes e quem nem havia conhecido.

— É tão bom ver todos vocês... Fico tão emocionada quando isso acontece. Pena que não me lembro ao acordar. Às vezes, duvido de que exista alguém que torça por mim.

— Todos nós estamos torcendo por você, minha filha. A lista é imensa! Têm muitos que não estão aqui, mas vibram tanto, tanto... Você nem imagina — afirmou Enrico.

— Ela sabe disso — disse Nestor, sorridente.

— Sim. Aqui eu sei, mas lá... Vivendo o que vivi, havia momentos que me acreditava totalmente só, abandonada... Como é difícil.

— Você é guerreira, Bárbara — tornou Nestor, seu mentor. — Como dizem: para as grandes batalhas, convocamos grandes soldados.

— Eu entendo, Nestor... Mas é tão complicado — ela confessou. — Os pensamentos decaídos, conflitantes, pensamentos em tudo o que não presta são intensos e ininterruptos, às vezes. O desejo de morrer, o desejo que tudo acabe logo, a vontade de se suicidar... Como são fortes. Aqui, tenho consciência de que vocês me incentivam, inspiram-me... Torcem por mim, mas... Por que os pensamentos negativos são mais fortes?

— Porque machucam. É mais fácil registrar a dor e a crítica do que um bálsamo e um elogio. Infelizmente, aprendemos ainda dessa forma. Por essa razão, grandes dores deixam grandes lições. Essa, por enquanto, é a natureza do ser humano para aprender. Alguns, mais evoluídos, costumam aprender assistindo ao erro dos outros. Sentem, percebem que existe algo de errado em determinadas atitudes e, por isso não as praticam.

— Entendi.

— Mas há um meio de saber que estamos com você, estamos ao seu lado.

— Qual? — indagou curiosa.

— No momento de prece. Quando se sente bem, aliviada, animada... Nesse instante pode sentir nossas vibrações e nossas presenças.

— Quando houve o planejamento reencarnatório, para essa vida terrena, eu sabia que seria tão difícil? Concordei com tudo?

Nestor sorriu e explicou:

— O sofrimento moral, o sofrimento em espírito é tão intenso que, na maioria das vezes, imploramos para reencarnar.

— É sério isso? — perguntou a encarnada em estado de desdobramento durante o sono do corpo físico.

— Muito mais sério do que imagina — asseverou seu mentor.

— Já fiquei me perguntando... Por que preciso ser grata pela vida se já a tenho? Por que tenho de agradecer a uma experiência de vida que está tão difícil, tão dolorosa, se isso me faz sofrer? Por que tenho que agradecer a saúde, se ela é um merecimento?

— Bárbara, você sabe essas respostas... Mas, se não se lembra, vou tentar te explicar, novamente... — Nestor sorriu. — Devido ao véu do esquecimento do passado, de outras vidas, não sabemos quais são as culpas que carregamos. A evolução espiritual depende, justamente, de não carregarmos culpa alguma nem débito algum para podermos ascender, elevarmo-nos às novas esferas espirituais. Quando carregamos culpas e dívidas do passado, a única maneira que temos de harmonizar tudo isso, é por meio da reencarnação, do processo reencarnatório, onde um planejamento gigantesco, imensurável, envolvendo muitas pessoas, situações e oportunidades se desenrolam. Não é fácil. Nada, nada fácil juntarmos oportunidades, acontecimentos e pessoas diante de circunstâncias apropriadas ao aproveitamento desse momento, cuja finalidade única é o aperfeiçoamento do espírito. Mas não é só de você, espírito. A experiência reencarnatória só é aprovada quando ela é boa e serve de aperfeiçoamento para todos os espíritos envolvidos. Na espiritualidade superior, sob permissão e orientação Divina, tudo isso é organizado como um gesto de caridade e benevolência de Deus. Se não houvesse reencarnação, existiríamos eternamente revivendo na mente as dores e as culpas de todos os nossos erros, de todas as nossas falhas, de todas as mazelas. Infelizes e desgostosos pela eternidade! Já imaginou isso? Quase ninguém tem a ideia do quanto é complexa as oportunidades reencarnatórias, os planejamentos reencarnatórios. Somente a Sabedoria Divina para conseguir, com perfeição, não cometer erros. Como não agradecer a todas essas movimentações e planejamentos da espiritualidade maior para que as nossas faltas sejam consertadas, harmonizadas, para que tenhamos paz, como espíritos, sem carregarmos culpas ou débitos? Como não agradecer a Deus por oferecer-nos as oportunidades de nos prepararmos para as próximas jornadas espirituais com mais leveza, harmonia e paz?

— A gratidão é necessária... — Bárbara deteve-se.

— Isso foi uma afirmação ou uma pergunta? — Nestor sorriu. Sabia com quem estava lidando. Sua pupila sorriu também e ele entendeu a mensagem. — A gratidão é necessária. Sempre temos mais do que merecemos, para uma única reencarnação. Toda a saúde que esbanjamos, muitas vezes, não merecemos. Só a temos por misericórdia, para haver tempo de fazermos o que necessitamos em uma vida. A dor que consideramos extrema em momentos tão difíceis, muito provavelmente seja uma fração do que merecemos de verdade. Foi preciso essa dose para que a suportemos. É indispensável agradecer a vida na presente reencarnação, pois existem muitos que desejam, imensuravelmente, essa oportunidade e não lhes foi possível conceder. — Um momento e explicou: — Bárbara, peguemos o seu exemplo. No passado, há alguns séculos, encarnada, você foi pessoa que exercia autoridade. Impunha com severidade o direito e o dever de dar ordens e tomar decisões. Era competente. Tinha influência e prestígio.

— O que eu era? Qual função? — ela indagou.

— Melhor não saber. No momento certo, você vai se lembrar. É o bastante entender que era muito severa.

— Fui um homem pelo visto. Lembrando que mulher não exercia funções importantes.

— Sim. Viveu várias encarnações no sexo masculino. Em tempos remotos, reencarnou servindo a igreja, juntou bens, riquezas terrenas, fez famílias miseráveis, comercializou escravos. Em outra vida, ainda, foi homem muito austero, rigoroso. Por suas ordens, muitas mulheres, principalmente, sofreram humilhações e punições. Elas viveram medos, temores indizíveis e aterrorizantes. Eram épocas em que os estados emocionais nunca, jamais foram considerados, uma vez que era impossível ver as emoções, as dores na alma. Embora tivesse a impressão de que sofriam, não acreditava. Os transtornos emocionais nunca foram cogitados. As pessoas da época nunca refletiram acerca disso em tempos remotos. Mas transtornos emocionais sempre existiram. E ainda digo, muito provavelmente, foi devido à existência dos abalos emocionais que a humanidade evoluiu. As dores físicas passam, são esquecidas, porém as dores emocionais não. Para entender o que seria sentir-se inferior, oprimida, humilhada, você reencarnou algumas vezes como mulher e submissa às condições exigidas à época. Em uma dessas encarnações, foi esposa de um homem muito autoritário. Ele chegava a ser cruel. Mesmo quando lhe obedecia, seu marido lhe agredia por puro e mero prazer, para se sentir superior. Até porque, ele tinha um pai autoritário, que o ensinou a ser dessa forma e exigia que fosse assim. Um dia, seu marido decidiu requerer a herança, os bens aos quais tinha direito após a morte de seu pai, que ainda vivia. Então, ele decidiu que seu pai estava velho e deveria morrer. Por isso, ordenou a você que o matasse. Embora não gostasse do seu sogro, sua religiosidade e experiências de outras vidas, ensinaram-lhe que matar era errado. Recusou-se. Foi agredida como nunca por seu marido. Por isso, por medo, aceitou. Matou seu sogro com uma alimentação envenenada. Viu-o com a mão na garganta e a outra segurando seu braço. Naquele instante, entendeu que seu sogro sabia que estava sendo morto por você. Seu sogro nutriu tamanho ódio por você e seu marido que se ligou a ambos e reencarnou como filho do casal. Nasceu com problemas na garganta. Não conseguia falar. Não só por débitos do passado, mas também por não perdoar o veneno que engoliu. Seu marido faleceu. Pelas leis do país, você e seu filho não teriam direito à herança que foi direcionada para outro ente. Naquela época, esposa com filhas mulheres e/ou filho homem incapaz, não tinha direito à herança. Isso não ocorreu somente por essa razão. Você e seu filho, não honraram as bênçãos do conforto, as provisões que o dinheiro permitia comprar. Por não saberem usar a riqueza, necessitavam experimentar o extremo da pobreza. Nada é por acaso. Sozinha e sem ter condições, decidiu entregar seu filho ao orfanato de um monastério e assim o fez. Foi trabalhar como serviçal, empregada em troca de abrigo e alimento. Desencarnou, algum tempo depois, devido às más condições de vida, por passar fome, muitas necessidades e por causa da gripe. Nunca esqueceu o filho que entregou ao orfanato. Conseguiu amá-lo. Sempre o buscou para se desculpar e tentar acolhê-lo, mesmo sabendo que era o sogro que ensinou seu marido a lhe agredir e que o tinha matado contra a sua vontade. Trazia, no âmago do ser, grande arrependimento. Isso é sinal de evolução. Seu filho, que também foi seu sogro, devido a equívocos do passado, vivenciou outras experiências por necessidade de harmonização. Ele precisou vir mudo por calar os gritos de criaturas indefesas, também pelo ódio e pela falta de perdão. Seu filho, o sogro que envenenou, nunca lhe perdoou pelo envenenamento. Em seu passado, ele precisava resgatar algumas experiências difíceis pelo abuso sexual de crianças. Por isso, quando passou a viver no orfanato, na condição de mudo, foi a vítima ideal de criaturas cruéis como ele no passado. Ele foi tirado do orfanato por alguém que não concordava com tais maldades e abusos infantis. Esse que libertou seu filho do orfanato foi Murilo. Seu filho não esqueceu os maus-tratos desumanos, as violências e todos os prejuízos que o atormentaram e o traumatizaram por muito tempo. Por isso, ele se suicidou. Viveu experiências horríveis em meio a outras consciências suicidas que se aglomeraram, por atração. Mesmo depois de resgatado e sem ter total conhecimento do passado, esse irmão sofredor ainda agasalhou a mágoa, a falta de perdão e o desejo de vingança.

— Você está falando de Perceval? Do meu perseguidor? — ela quis saber com um toque de tristeza.

— Sim. Ele mesmo. Em outro momento, com mais tempo, conversaremos sobre isso. Por hora, Bárbara... Precisa entender que todo o seu passado repleto de erros, resultou em dores para muitas criaturas. Dores físicas e mentais. Na espiritualidade, você desejou, pediu, implorou para deixar de sofrer moralmente, deixar de sofrer na alma, na consciência. Implorou para deixar de ver, rever e rever, na consciência, milhares de vezes, tudo o que fez de errado, pois isso doía, incomodava, muito mais do que qualquer depressão experimentada em vida terrena. — Nestor ofereceu uma pausa ao vê-la refletir. Depois explicou: — Quero lembrar que não é a única a pedir, a rogar por isso. Todos nós, sem exceção, somos devedores e imploramos para nos livrarmos dessas angústias quando estamos no plano espiritual. Reencarnados, temos o abençoado esquecimento. Isso nos poupa dessas dores. Contudo, para que uma única reencarnação possa ocorrer a fim de harmonizarmos o que desarmonizamos, necessitamos de um grande e maravilhoso planejamento reencarnatório. É preciso uma nova experiência terrena para vivenciarmos provas e expiações, libertando-nos dos débitos passados, da culpa, do arrependimento, da dor... Assim e somente assim, conseguiremos evoluir, seguir em paz. Somente quando conquistamos a paz na consciência evoluímos rumo à felicidade verdadeira. — Um momento e justificou: — Precisamos agradecer a vida que temos, pois ela poderia ser muito pior se Deus cobrasse, exatamente, na mesma medida, tudo o que devemos aos nossos irmãos. Agradeça a saúde que você tem hoje, teve na infância, na fase adulta, em qualquer época. Nem sempre a saúde que temos é um merecimento. Se dependermos de nossas práticas do passado, não teríamos nenhuma, provavelmente. A saúde, muitas vezes, se dá para que possamos pagar os débitos do passado, harmonizar o que desarmonizamos, aprender, estudar, expiar situações, experimentar provas... Infelizmente, nós abusamos e estragamos a saúde que nos foi dada para uma finalidade... E, usamos para outra. Agradeça a presente reencarnação, pois poderia estar na espiritualidade sofrendo ininterruptamente pelas culpas e arrependimentos das práticas passadas. Mas não. Encontra-se reencarnada pela bênção e misericórdia Divina. Encontra-se encarnada porque amigos espirituais se empenharam para juntar, unir pessoas, situações, acontecimentos, circunstâncias apropriadas a fim de encontrarmos tudo e todos... E, sem dúvida, nesse planejamento, Deus também nos concede os amigos verdadeiros para estar ao lado, para apoiar, rir, brincar... Amigos que, mais do que irmãos, aliviam nossas almas, trazem bálsamos para nossas dores, alegram nossa existência... Como eu disse e repito, quase ninguém encarnado tem ideia do quanto é complexo os planejamentos reencarnatórios, as oportunidades reencarnatórias... Agradecer, dizer obrigado por isso, é uma forma mínima que temos de nos ligarmos a esses amigos espirituais e falarmos que está sendo muito bom sabermos que, apesar da dificuldade do presente, estamos pagando as dívidas para que nossa consciência não nos cobre mais quando retornarmos para a verdadeira vida, na espiritualidade. Paremos de reclamar seja do que for. Agradecer é uma forma de nos mostrarmos satisfeitos por acreditarmos que, no futuro, na espiritualidade, teremos paz. Não há nada melhor do que a paz, Bárbara. A tristeza passa. A dor passa. A felicidade passa. A alegria passa. A paz não. A paz é uma conquista que ninguém pode tirar de você. Por isso, agradeça a Deus, Fonte Eterna de bondade, todas as oportunidades que você tem para conquistar a sua paz. Lembremos que Jesus, em meio a tudo o que Ele poderia nos desejar, disse: "Eu vos deixo a minha paz". Essa é a maior e melhor conquista de um ser. — Nova pausa. — Agora, quero lhe perguntar novamente: Como não agradecer a todas essas movimentações e planejamentos da espiritualidade maior para que as nossas faltas sejam consertadas, harmonizadas para termos paz como espíritos, sem carregarmos culpas ou débitos? Como não agradecer a Deus por nos oferecer as oportunidades de nos prepararmos para as próximas jornadas espirituais com mais leveza, harmonia e paz?

— Entendi. Não tem como não agradecer pela vida, pelo ar que respiro, pelo sol, pela chuva, pela saúde, pela doença... Entendi, Nestor. Eu entendi! — Olhou-o nos olhos, sorriu e agradeceu: — Obrigada... — Circunvagou o olhar a todos os presentes, seus ancestrais e agradeceu: — Obrigada... Estou emocionada... Obrigada por serem meus antepassados, de quem descendo... Sem isso eu não poderia ter essa experiência de vida, pagar minhas contas... Obrigada...

— Por isso, Bárbara, reclamar é tão prejudicial. Quando reclamamos, não somos gratos a toda equipe gigantesca e maravilhosa que nos proporcionou a oportunidade daquela experiência para o nosso crescimento. Todas as experiências, principalmente as difíceis, são para o nosso desenvolvimento, para a nossa elevação. Todas! — Nestor ressaltou. — Um ajustou uma coisa, o outro outra. Um fez chover, outro fez a flor abrir por causa da chuva... Dependemos uns dos outros, minha querida. Existe muito trabalho para que tudo aconteça. Reclamar de um detalhe é amaldiçoar. Não amaldiçoe a vida, as condições climáticas, as dificuldades, o parente difícil... Estará sendo ingrata. Estará atraindo energias negativas à paz. Estará se distanciando do que precisa fazer de bom, útil e saudável para evoluir.

— É filha... — Enrico lembrou. — Até o roubo do carro da sua irmã serviu pra você conhecer o Murilo.

— Verdade, pai. Mas o Murilo não acreditou em mim. Ele... — não completou.

— Mas a sua irmã experimentou saber que não devemos subtrair nada de alguém. Graças a Deus, não se feriu ou machucou. Só ficou sem um bem que demorou para conseguir.

— Era oportuno Murilo se afastar, Bárbara — afirmou Nestor. — Dessa forma, você mostrou que foi capaz de evoluir sozinha. Se você cresceu e continua crescendo, não foi por depender de outras pessoas. Foi por merecimento, por desempenho pessoal. Foi por ter coragem de viver. Coragem de seguir em frente mesmo quando todas as possibilidades se mostram contra. Muitos desistem por muito menos. Mas você não. Temos orgulho de você.

— Verdade, minha netinha... — sua avó falou amorosa. Aproximando-se, beijou-lhe com carinho e a abraçou. — Temos muito orgulho de você. Eu e seu avô estamos tão felizes. Nós te amamos muito. Seremos muito gratos a você, minha menina... Sabe, seu avô pretende voltar ao plano físico. Estamos com muitas ideias para levar ensinamentos aos encarnados. Já fizemos tantos cursos aqui!

— Verdade, vovó? O *nonno* quer reencarnar?

— Quero sim — respondeu um senhor sorridente que a abraçou com carinho.

— Pena que não lembro do senhor *nonno*. Eu era bem pequena quando o senhor desencarnou.

— Não tem problema, minha menina. Teremos muito tempo juntos. Você vai me ensinar muitas coisas... — emocionou-se e a abraçou.

— Não fica assim, vovô... Tomara que eu esteja bem perto do senhor, quando estiver de volta ao plano físico.

— Estará, minha menina... Mais perto do que imagina. Você e o Murilo...

— Como vou reconhecer o senhor?

— Eu tenho planos reencarnatórios que, graças a você ter lutado pela vida, vou poder levá-los em frente. Eu tenho uma manchinha vermelha na nuca. Espero nascer com ela.

— Mas como vou fazer? Vou ter de olhar a cabeça de todas as crianças que se aproximarem de mim? — Bárbara riu com gosto.

— A minha você vai ver — riu o avô.

— Como?

— Bárbara, preciso levá-la de volta ao seu corpo. Sua mãe acordou animada — disse Nestor, que a fez adormecer e, com isso, toda a conversa tornou-se inconsciente.

Ela acordou. De nada se lembrou. Mas despertou sorrindo, com uma sensação leve, feliz, em paz que há muito não experimentava.

Na semana seguinte, Marcella foi demitida.

Ficou triste e nervosa, no primeiro instante. Mas logo que chegou à sua casa, Bárbara a convenceu de que, juntando-se a ela, os negócios cresceriam.

— Acho que estou ficando louca por me deixar levar pelas suas doidices! — Marcella riu.

— Não. É o *Yoga* que está te deixando descontraída e pronta para as mudanças, para deixar ir, deixar chegar... — Bárbara brincou e a abraçou.

— Está bem. Vamos pegar firme e investir, não só o dinheiro, mas principalmente a boa vontade e o bom ânimo — tornou Marcella mais séria.

— Eu diria mais, vamos investir nossa alma, nosso coração. Assim vai dar certo — Bárbara afirmou.

— A primeira coisa a fazer é focar na administração do financeiro. Precisamos fazer um capital de giro. Nada de pegar dinheirinho aqui, dinheirinho ali... Não — Patrícia lembrou. — Isso faz qualquer um ir à falência.

— Por isso teremos você como administradora — disse Bárbara que a olhou e deu uma piscadinha.

Em pouco tempo, a cozinha na casa de Antonella tornou-se uma empresa.

Patrícia cuidava da administração e da legalização do empreendimento. Bárbara, com sua experiência em divulgação e negociação, não demorou a fazer contatos que ajudavam os negócios crescerem.

Panfletagens, *sites*, entre outros meios de divulgação fizeram a empresa ser conhecida e a qualidade reconhecida como uma das melhores na região.

Graziella ficou muito animada e, assim que precisaram de mão de obra, ela deixou seu emprego como promotora de vendas para trabalhar na cozinha da empresa da família. Atendia os pedidos por telefone, pela *internet* e cuidava dos entregadores também. Sentia-se útil, muito mais encorajada para a vida. Fazia algo de que gostava demais e tornava-se outra pessoa, mais alegre e empenhada.

Marcella, atenta às compras, ao estoque, às variedades e a tudo. Colocava-se na cozinha, não só para ajudar, mas também porque gostava.

Aliás, todas elas cozinhavam. Todas elas se empenhavam muito.

Abriram mão dos próprios salários, nos primeiros meses, para que tudo crescesse. Não se pouparam. Onde havia trabalho e ausência de funcionário, alguém se propunha a trabalhar.

Ficavam horas em pé. Faziam entregas quando preciso ou quando as encomendas eram perto.

Apertaram-se para dormir todas nos quartos que havia, pois a sala também foi transformada em empresa.

Aos poucos, a empresa crescia. Enfrentavam medo, dúvida e insegurança, mas se mantinham firmes ao compromisso assumido.

A empolgação com tudo o que faziam, não afastou Bárbara e Marcella da casa espírita que frequentavam. Sarah e Ullia as acompanhavam também.

Não deixaram de fazer a *Oração no Lar*. Prosseguiram, cada uma na sua crença, unidas no mesmo ideal de agradecer a Deus por tudo.

Algo interessante, que implantaram desde o primeiro dia que começaram a cozinhar, foi fazer uma oração ecumênica, todos juntos, incluindo funcionários antes de começarem o trabalho.

Não podiam ver, mas a espiritualidade derramava energias salutares em tudo o que realizavam. Funcionários afins sentiam-se mais dispostos a cada jornada, enquanto os que ainda não chegaram àquele nível, dispersavam e não continuavam no emprego. Até os clientes eram beneficiados com bênçãos que nem imaginavam receber por meio dos alimentos.

Tudo o que efetuamos é envolvido por nossas energias mentais, principalmente. Precisamos assegurar de transmitir movimentação vibratória benéfica para garantirmos que o que oferecemos aos outros é o melhor para nós e para eles, essencialmente, quando lidamos com alimentos. Algo sagrado.

Todo empenho, ocupação, movimentação e dedicação com amor que Bárbara permitiu em sua vida, não deu espaço às sensações depressivas e pensamentos decaídos. Tornou-se outra pessoa. A depressão foi vencida.

Ela foi firme aos seus propósitos de mudança. Novos hábitos mentais, verbais e físicos. Sua vitória era fruto de esforço, dedicação e amor próprio.

A exemplo da irmã, Marcella também se transformava em uma outra pessoa, muito mais segura de si e independente. Começou a fazer psicoterapia e praticar meditação. Deixou de criticar e reclamar, pois enxergou lindas qualidades dentro de si, passando a respeitar tudo a sua volta, sem ficar tão ansiosa com o futuro. Não comentou mais sobre o passado que lhe serviu de grande aprendizado, tão somente. Seu passado não precisava representar dor. Decidiu fazer curso de pintura, porque descobriu que nunca era tarde para pintura em óleo sobre tela. Com isso, pôde pintar lindos quadros que preocupavam a toda família onde eles ficariam expostos. Não havia muito espaço para pendurá-los. Mas Marcella não se importou. Continuou pintando.

As irmãs tinham seus dias de folga. Organizavam passeios e programas saudáveis com a determinação de não olharem nos celulares. Geralmente, os passeios não saíam caros. Eram ao ar livre, em parques, jardins. Também organizaram outros mais requintados em praias ou região serrana. Sempre em contato com a natureza. Perceberam o quanto isso era bom para a alma.

Bárbara, como cupido, teve sucesso.

Não demorou, Marcella e José Henrique começaram a namorar assim que ambas foram até a empresa dele para acertar sobre as refeições dos funcionários.

Certo dia, em que estavam na casa espírita, houve um imprevisto de última hora e o palestrante não pôde comparecer.

O dirigente do centro procurou por Bárbara, que conversava com algumas pessoas e pediu, chamando-a em particular:

— Recebi uma ligação do expositor desta noite. O filho pequeno caiu de uma escada e cortou a cabeça. Ele ainda está no hospital com o garotinho. Por isso, quero convidar você para fazer a palestra desta noite.

— Eu?!!! — surpreendeu-se.

— Lógico, Bárbara. Você fala bem. Mas não só isso. Você participa dos grupos de estudo e acredito ter conteúdo para conduzir a exposição do tema desta noite: Suicídio e Superação. — O dirigente da casa espírita conhecia Bárbara havia algum tempo. Em conversa particular, ela confiou a ele o que se passava e se colocou na assistência espiritual com passes. Sabia também da luta travada para se erguer de todas as formas. E, sem a menor dúvida, percebeu o quanto ela se recuperou e venceu o que viveu.

— Mas... Não me preparei para falar e expor lá na frente e...

— Está enganada, Bárbara. Você se preparou faz tempo. É grande exemplo.

Com o coração aos saltos, ela foi para outra sala. Fez uma prece e pediu ajuda e amparo para a espiritualidade maior.

Foi envolvida.

Naquela noite, sem contar sua vida particular, desenvolveu uma palestra que tocou mentes e corações.

Muitos dos presentes, que experimentavam a depressão, a ansiedade, o pânico e outras situações difíceis na vida, passaram a sentir esperança e fé.

A mediunidade de Bárbara se manifestava de modo tranquilo e amoroso.

Sábios mentores espirituais viram-na como instrumento de amor para, por meio das palavras, levarem ensinamentos, conforto e paz para muitos irmãos do caminho.

Aquela era a primeira de muitas outras palestras que viriam pela frente.

Bárbara, por sua vez, correspondia à mediunidade com equilíbrio e amor. Não se envaidecia, não tinha arrogância. Ao contrário, humildade e serenidade eram seus maiores atributos. Como instrumento fiel, agradecia a confiança recebida e sempre se preparava com estudo e dedicação.

Capítulo 30

O PERDÃO SALVA

O pobre Perceval, envolto em seu orgulho, vaidade, arrogância, ódio, rancor e desejo de vingança, experimentava contrariedade imensurável. Sua treva diminuía-se diante da luz que Bárbara fazia crescer em si e além de si, mostrando e exemplificando que é possível vencer ataques, quando se liga a Deus com amor e empenho.

Ela passou a ser grata cada dia mais. Encantava-se com o sol ao amanhecer, com a chuva a qualquer hora, com o frio extremo ou com o calor em demasia. Entendia que eram necessários para alguma situação da vida, dela ou de outras pessoas que nem conhecia. Tudo era preciso acontecer.

A gratidão tornou-se um hábito. Sentia uma felicidade inexplicável dentro de si, sem que houvesse razão.

Certo dia, quando vinha das compras, por causa de uma tempestade que alagou algumas regiões da cidade, ela e Graziella ficaram presas em um engarrafamento.

— Ai que droga de dia! — a irmã reclamou.

— Que nada! Retira o que falou — Bárbara pediu firme, mas sorriu.

— Retirar? — tornou a outra.

— Sim! É sério. Diga algo do tipo... — pensou. — Eu retiro isso que disse e abençoo meu dia, tudo o que faço e tudo o que a Natureza faz.

A irmã riu. Já sabia que ela tinha uma nova forma de agir e pensar.

Sem demora, Graziella falou sorrindo e decidiu melhorar:

— Eu retiro isso. Perdoe-me, Deus. Eu abençoo esse dia. Eu abençoo a vida, todas as experiências. Abençoo o ar que respiro, a chuva que cai... — olhou para a outra. — Abençoo as compras que temos aqui no carro. Abençoo por ter lembrado de trazer a caixa de isopor ou as coisas geladas iriam derreter.

— Isso mesmo! — Bárbara riu. — Falando sério... Aprendi que precisamos agradecer sempre. Essa é a forma de trazermos mais coisas boas para a nossa vida. Imagina, se Deus capricha, faz algo bom acontecer, faz a chuva cair e eu digo: que droga de chuva! Caramba! Estou reclamando de Deus. Só isso.

— É mesmo. Um padre falou isso no sermão da missa.

— Acho que a espiritualidade toda está se juntando para dar um toque nos encarnados. Tem muita gente reclamando. Então começou um tal de um dizer que a gratidão é boa, o outro fala que é importante... E por aí vai! Esta geração precisa, urgentemente, se tocar que gratidão é ter paz. — Um momento de silêncio e mudou de assunto: — Faz dias que a Pietra não aparece lá em casa. Devia ter ligado pra ela...

— Falei com ela ontem. Está no pé do Dáurio. Falou que, enquanto morar com ela, o filho precisa ficar na linha. Ela está certa.

— Está sim. Tava pensando... A Patrícia disse que precisamos de mais alguém nas embalagens e também para controlar os entregadores. Que tal chamarmos a Pietra e o Dáurio? — Bárbara perguntou.

— Vamos lembrar que a Pietra nunca trabalhou.

— Eu sei... Mas, não é por ser nossa irmã que deixaríamos de orientar, dizer que está errado, chamar a atenção...

— Você é capaz de fazer isso? — Graziella quis saber.

— Sim. Sou capaz. Aprendi a falar com amor e carinho. Não fico mais tecendo aqueles looooongos sermões. Que horror! Como eu era terrível. Quando criticava alguém... Eu era péssima. Mas aprendi. Esse trabalho está sendo ótimo para me testar. Hoje em dia, respiro, penso e falo um pouco do que é preciso. Se necessitar de mais, posso dizer depois.

— Percebi que mudou muito seu jeito de falar. Antigamente, você falava como se tivesse toda razão do mundo.

— E perdia a razão, mesmo quando tinha razão, só pela forma de me manifestar! — riu de si mesma.

— Eu também achei que melhorei. Sei lá... Algo mudou em mim. Talvez tenha pagado minhas dívidas. Apanhei do marido, comi o pão que o diabo amassou...

— Soube dar um basta! Isso foi magnífico!

— Graças a você, Bárbara. Sou muito grata por ter me ajudado. Talvez eu tenha abusado da autoridade, batido em mulheres na outra vida...

— Você é católica e acredita em outra vida? Sei...

— Acredito. Mas gosto de ir só à igreja... Já agradeci tanto, mas tanto a você, minha irmã... Você me ajudou muito... Obrigada mesmo.

— Ora... Que é isso... — ficou sem jeito. Para mudar de assunto, comentou: — Sabe... Eu vi um lugar pra vender. Tem um espaço enorme embaixo. Tipo um salão bem grande, com corredor lateral descoberto. Como se fosse uma garagem que cabe... — pensou. — Uns doze carros ou mais e ainda tem um quintal grande e descoberto nos fundos que tem passagem para o corredor, ou seja, duas entradas. Em cima é uma casa. Tem quatro quartos, dois banheiros, sala, cozinha, área de serviço e um quintal na laje... Se fizermos uma reforminha embaixo construindo três banheiros: dois para clientes e um nos fundos para funcionários, além de uma boa cozinha... Praticamente seria só fazer divisórias nessa garagem... Daria para continuarmos fazendo os *marmitex* e poderíamos abrir uma cantina.

— Mas você disse que o lugar está pra vender?

— Sim.

— Você está louca, Bárbara?! — Graziella se surpreendeu.

— Só mais um pouquinho... — riu com gosto enquanto dirigia vagarosamente no trânsito moroso. — Temos um dinheirinho. O que faltar, poderíamos fazer um empréstimo, pois teremos de comprar mesas, cadeiras... Podemos até usar os quadros da Marcella para decorar o lugar. Reparou como as pinturas são lindas!

— Até passo mal quando você tem essas ideias!

— Gosto da Patrícia. É a única que não me acha doida — gargalhou. — Faremos isso com os pés no chão. Primeiro pagamos as contas, os gastos, os suprimentos... Usaremos para nós somente o restante. Teríamos de entrar no regime que já conhecemos quando começamos com esse negócio.

— Você foi ver o lugar?

— Lógico! Na minha cabeça, já fizemos a mudança e a construção dos banheiros! — riu com gosto. — Os quadros da Marcella ficaram lindos nas paredes! As mesas com toalhas xadrez, arranjos de flores, à noite com velinhas flutuantes... — seguiu planejando e sonhando.

— Não!!! Não pode!!! Não vai conseguir!!! Não disfarce dizendo que está tudo bem, pois não está! Você é mentirosa! Está mentindo!!! Tudo isso vai fracassar! Você é incompetente! Não se deu bem como empresária e vai se dar mal novamente!!! Vejo medo em você!!! — Perceval, inconformado, continuava exaustivamente perseguindo Bárbara. Tentava de todas as maneiras influenciá-la, mas não era notado.

Bárbara se preparava para dormir, não se importando com as condições difíceis. O colchão ainda estava no chão, só que bem apertado, agora, entre as camas da irmã e da mãe, em um dos quartos. Muitas vezes, sentia o vento frio da noite que soprava por debaixo das camas. Precisava colocar travesseiros do lado como barreira. Quando não, sofria com o calor excessivo pela falta de espaço e boa circulação de ar. Essa situação não a incomodava mais. Não se afligia por isso. Tudo por uma boa causa, pois a empresa precisava dos outros espaços da casa. Sentia, em seu coração, que era por pouco tempo.

Sentada, com as pernas cruzadas devido à falta de condição, respirou fundo, começou a agradecer e fez uma prece sentida.

Inconformado, Perceval a rodeava. Não entendia como sua influência perdeu tanta força nos últimos tempos.

Após vê-la dormir, tentou aproximar-se para perturbar seu sono. Porém, percebia forte energia que a envolvia como que um escudo, protegendo-a. Experimentava também algo estranho, mais forte resguardando-a. Ele não conseguia ver. Eram amigos e benfeitores espirituais que atuavam. Não conseguia se achegar como desejava.

Começou a ficar confuso, perturbado. O sentimento de ódio, mágoa, ausência de perdão nutrido por tanto tempo deixavam sua mente desordenada. Sentia um incômodo, misto a medo que não sabia descrever. Acreditava que isso acontecia por se forçar a enfrentar energias vigorosas, diferentes e que desconhecia a origem. Mas não era. Perceval estava há tempo demais vivendo a ausência do perdão, vivendo ódio, corroendo-se pelo rancor e desejo de vingança.

Seus companheiros, um a um, distanciaram-se dele. Percebiam que havia algo estranho acontecendo e ficaram amedrontados.

Apesar do que experimentava, Perceval ficou parado, tão somente, observando Bárbara deitada.

De repente, como que uma névoa sutil se formou vagarosamente em um canto. Era serena e de proporções harmônicas.

Em meio a ela, surgiu uma imagem feminina. Doce e bela, que espargia luz sublime. Com suave sorriso, a figura angelical indagou:

— Como tem passado, Perceval?

— Quem quer saber? — inquiriu arrogante, sondando-lhe como podia.

— Pode me chamar de Ana.

— Por que quer saber? — tornou ele com a mesma atitude desdenhosa.

— Porque, os que se encontram neste lar, mais do que antes, terão proteção Divina. Efetivamente, todas que residem aqui têm se esforçado e inclinado, com grandiosa fé, à assimilação de auxílio celeste. O serviço amoroso de purificação de sentimentos trouxe-lhes um prêmio como conquista sublime. Se não percebeu ainda, Bárbara não aceita mais as influências dispersivas e perturbadoras advindas do caro irmão ou de outros companheiros seus. Nem ela nem as demais se encontram sob seu julgo. Estão libertas — exprimiu-se de modo sereno.

— O que quer de mim? Que abandone, desista do meu ideal de vingança contra Bárbara? — quis saber, exibindo comportamento e vibrações de sarcasmo.

— Não — respondeu Ana com expressão singela. — A bem da verdade, pouco nos importa o quanto o caro irmão faça em relação a elas ou, principalmente, à Bárbara. O que importa... Ou melhor, o que está resolvido é que Bárbara, assim como as demais, irradiam luz como formas pensamentos sob as impressões e ideias contraditórias ou duvidosas que você quer fazê-las aceitar. — A entidade luzente, como que flutuando, foi para mais perto de Perceval, emanando de si passiva vibração de ternura. Bem mais próxima, prosseguiu com valoroso esclarecimento: — É o momento de descansar o seu coração, Perceval. Tanto ódio, tanta mágoa trazidos de séculos, é muito cansativo. É melhor se render ao perdão que traz paz do que se alimentar da mágoa que traz dor.

Perceval, que sabia como dominar vibrações, direcionou à Ana energia escura como raios cinzentos e amarronzados.

Porém, a luz radiante que a benfeitora emanava, sem qualquer esforço, dissolveu, como que por encanto, aquelas energias, inutilizando-as tão somente.

A benfeitora recebia apoio, amparo e colaboração invisível do alto. Não estava sozinha. Embora seus sustentadores não pudessem ser vistos por espíritos inferiores.

Verdadeiramente apiedada, perguntou:

— Qual é a sua dor, meu irmão? O que posso fazer para ajudá-lo? — Ana sabia tudo sobre Perceval. Conhecia as razões que o deixavam sofrer a ponto de se tornar perseguidor maldoso e cruel.

— Minha dor? — Não esperou resposta e prosseguiu: — Não tenho dor!

— Como não, meu querido... Quem fere, deseja que o outro experimente um pouco de sua dor.

— Dói-me a injustiça! Quero justiça!

— Não confia a Deus a justiça? — indagou bondosamente.

— Não! Como poderia? Bárbara deve pagar o que fez comigo. Não sou desmemoriado! Recordo o quanto sofri por culpa dessa criatura monstruosa! — Ficou pensativo. Sem encará-la, narrou: — Em um passado distante, Bárbara foi minha nora. Eu era rico, tinha bens. Meu filho único, desejando tomar posse de sua herança, planejou minha morte e ela, Bárbara, ajudou-o! Planejaram minha morte pelo envenenamento! Eu a tratava como filha! Ela teve tudo. Todo conforto em minha casa! — esbravejou. — Mas, traidora, ela me matou olhando em meus olhos! Eu confiava nessa maldita! Eu confiava nela!!! Sofri horrores! Experimentei perturbação inigualável! Sofria com a garganta destruída e queimando, com as vísceras abrasando!... Queria justiça. Virei um fantasma desejando denunciá-los, mas não conseguia. Assistia meu filho usar o que deixei, esbanjando com tudo o que não prestava. Fiquei tão ligado a eles que acabei por nascer como filho do maldito casal. Encarnado, não falava. Era mudo. Ainda padecia com o veneno que corroeu minha garganta.

Benevolente, Ana explicou:

— Motivado pelo ódio que o consumia, a ausência de perdão e pela pressa de reencarnar para se vingar de seus pais, além de outros débitos do passado, impregnou em si a má-formação no corpo espiritual e, aceito seu desejo, principalmente para que tudo se harmonizasse, nasceu como filho deles.

Sem dar atenção à explicação, Perceval prosseguiu:

— Como meu pai, aquele homem maldito me agredia por eu ser mudo. Tinha vergonha de mim! Ele mesmo que me deixou daquele jeito! Bárbara, por sua vez, não se envolvia. Deixava que ele me espancasse.

— Ela se coagiu porque ele a agredia também. Espancou-a muitas vezes, por tentar protegê-lo. Aliás, se não se lembra, vou ajudá-lo, meu querido. Seu filho, naquela época, aprendeu com você que mulheres deveriam ser submissas e servir ao marido sem questionar. Agressões e outros tipos de violências eram comuns contra esposas e filhos que viviam sob o mesmo teto. Você, homem de poder e rico, subjugava sua esposa, agredindo-a para que seu filho aprendesse. Ele tornou-se apto e capaz com o que você ensinou. Bárbara, a nora que era como filha para você, foi agredida muitas vezes antes de servir-lhe a refeição envenenada. Não sabia disso? Ou não se interessou em descobrir a dor do outro? — Ofereceu uma pausa. — Viu ou ouviu agressões contra sua nora, mas não procurou saber o motivo quando estava vivo, nem desencarnado. Quis entender que a esposa do seu filho não obedecia e precisava ser corrigida. Talvez... Se fosse um bom pai, se ensinasse respeito... Se defendesse sua nora, provavelmente, ela se sentisse confiante.

Perceval repousou nela os olhos atormentados com a reflexão e esbravejou:

— Precisávamos que fosse dessa forma! Eram as normas! A cultura! Aprendi assim!

— Deus, Pai da Vida, permitiu-nos raciocinar. Nem tudo o que aprendemos como cultura é o correto e precisa ser como foi. Sempre podemos fazer melhor. Mas, como pode ver, Bárbara foi forçada a envenená-lo. — Imagens da realidade vividas naqueles tempos formaram-se na tela mental de Perceval. — Como pode ver também, ela o aceitou como filho, dando-lhe a vida para reparar por tê-la tirado. Prometeu amá-lo, apesar de tudo o que sofreu pelo que ensinou ao marido dela, seu filho. Sua reencarnação era oportuna, não para que se vingasse da morte por envenenamento, mas para que conseguisse resgatar o passado, os débitos angariados em encarnação anterior.

— Ah!... Mas não foi só isso. Não só nasci mudo como filho daqueles infelizes! Meu sofrimento se estendeu nessa mesma vida! Aquele infeliz do meu filho, marido de Bárbara, gastou a maior parte da herança que recebeu após me assassinar! Herança que eu havia deixado por ter sido pai dele!!! O pai que ele matou!!! Ele gastou com mulheres, bebidas. Contraiu doenças que o mataram. Maldito! Após a morte dele, Bárbara ficou sem nada. O pouco que restou virou herança de outra pessoa, devido às leis do país. Ela, minha mãe, me colocou em um orfanato da igreja! Eu era filho dela!!! Maldita!!! Mudo, eu fui a vítima perfeita para aqueles doentes dos infernos! Sacerdotes do diabo!!! Eu não falava!!! Não gritava!!! Não podia contar o que acontecia!!! — o rosto de Perceval se transfigurou. Sua face contorceu e lágrimas brotaram em seus olhos. O sofrimento experimentado ainda era vivo e ele contou: — Fui abusado de todas as formas!!! Dia e noite!!! Eu era uma criança!!! Uma criança!!! Não adiantava chorar... Apanhava... Nenhum animal deveria ser tratado daquela forma... — chorou. — Largado em uma cela de chão frio, comia migalhas jogadas no chão... bebia água em uma tina que fedia... Sentia um medo medonho... Uma dor que não sei até hoje explicar... Quando ouvia barulhos, ouvia que alguém estava vindo... Tremia... Queria fugir e não podia... Pouca luz, quase não via nada... Um vulto e tentava me esconder entre panos jogados no chão... Tentava me esconder para que não me achassem... para que não me abusassem... Mas era inútil. Me pegavam, me usavam... — chorou. Perceval revivia em sua mente todo o sofrimento. Caiu de joelhos e se curvou com as mãos na face. Estava vulnerável por expor sua dor. — Me machucavam muito... E onde estava minha mãe? Onde estava minha mãe?... Aquela que prometeu me proteger, onde estava ela?... Pedi que ela voltasse. Orei, rezei, mas o que aparecia era mais maldito sacerdote para me abusar... Foi tenebroso... Dia e noite me abusavam...

Ana se aproximou. Com piedade e carinho, afagou sua cabeça.

Tinha a sua frente uma criatura frágil, desarmada, longe de ser o obsessor inteligente e destemido de pouco antes.

A benfeitora abraçou-o e Perceval recostou o rosto em seu peito. Ele chorava. Expunha sua dor.

— Mas houve quem o ajudou — afirmou Ana com generosidade. — Um padre que ali chegou e ficou horrorizado com o que descobriu. Não demorou para entender que precisaria lutar sozinho. Não conseguiu angariar ajuda da igreja que, na época, tinha outros interesses, mas buscou famílias para adotar os garotos que viviam ali. Observando o sofrimento imenso de alguns e para os quais ele não conseguiu pais adotivos, tomou uma decisão drástica: pegou cinco crianças, incluindo você, e fugiu. Lembra-se disso, não é?

— Mas o que vivi no orfanato foi tão tenebroso, tão cruel que nunca tive sossego... — afastou-se do abraço e se ergueu. Mesmo assim, não a encarava. Continuou cabisbaixo, padecendo seus sentimentos. — Os pesadelos eram constantes. Vivos! Fiquei perturbado.

— Esse padre o chamava para orar e estava sempre ao seu lado. Quando vinham os pesadelos, os momentos difíceis, ele estava ao seu lado, dava-lhe apoio...

— Eu não podia falar. Era mudo. Tinha medo até desse padre... — confessou. — Achava que ele iria se aproveitar de mim como os outros...

— Mas não. Esse padre buscava compreendê-lo e fazê-lo entender. Apresentou Jesus e Seus ensinamentos...

— Onde estava Jesus quando passei por aqueles abusos, aquelas torturas?! Onde estava o Criador bom e justo? Onde estava minha mãe?...

— Mas o que você fez, meu querido? Em vez de procurar entender, o que você fez?

Cabisbaixo, Perceval respondeu:

— Minha mãe havia me abandonado. Saber disso era muito cruel. Fiquei só... Sofri abusos de toda espécie nas mãos daquelas criaturas malditas e psicopatas, sacerdotes do demônio!... Assim que cheguei àquele orfanato, eles me viram como a vítima ideal... Não falava, não podia contar o que acontecia... Vivi medos e pavores... Dores no corpo e na alma... — chorou novamente. — Não falava, mas entendia o que diziam... Entendia a situação. Eu era escravo de pedófilos psicopatas, malditos... Até que aquela bondosa alma chegou ali. Mesmo assim tinha medo dele... Não conseguia confiar em ninguém...

— Ele tirou você dali — tornou Ana. — Antes mesmo de tentar aprender o que ele ensinava sobre Jesus, antes mesmo de aprender a importância do perdão, o que você fez, meu irmão?

— Quando me vi longe desse padre, a única criatura bondosa que encontrei naquela vida, coloquei uma corda no pescoço... — Parecendo mais controlado, contou: — Meu corpo foi retirado da corda por aquele homem, que o velou e enterrou. Ele orou por mim, mesmo sabendo que a igreja católica não permitia orações aos suicidas. Mas, em espírito, fiquei muito, muito tempo pendurado, sufocando, esperneando em um desespero sem fim, pendurado em uma corda criada pela minha mente suicida. Era algo tenebroso. Queria respirar, queria sair dali... Via vultos macabros a me envolver. Gritos horríveis. Vivia um turbilhão macabro. Como se o desespero do momento do suicídio não passasse nunca. Esse desespero se reprisava milhões de vezes... Era como se eu pudesse sentir a agonia, a aflição extrema e a dor interminável de outros suicidas. Um estado de loucura do qual não se pode fugir. Minha consciência se misturava à consciência doentia de outros na mesma aflição, na mesma sintonia.

Algumas vezes, gotejavam bálsamos que me aliviavam, por um segundo, diante da eternidade daquele sofrimento...

— Esses bálsamos advinham das preces de Murilo e de sua mãe Bárbara.

Perceval olhou-a rapidamente. Entendeu que o padre que fugiu com ele e outras crianças era Murilo.

— Murilo? Murilo e Bárbara?

— Sim, meu irmão. Sua mãe, Bárbara orou muito por você. Mesmo sem saber onde estava. — Breve pausa. O espírito Ana aproximou-se ainda mais de Perceval. Delicada, tomou-lhe uma das mãos e colocou entre as suas. Dessa maneira, utilizando-se de recursos que lhe eram peculiares, ela conseguiu fazê-lo ver e sentir o que se passou. — Bárbara era jovem e ingênua. Saiu da guarda dos pais para se casar quando tinha somente treze anos. Acostumada a ser submissa aos mandos masculinos, foi ultrajada, insultada e maltratada pelo marido, na época, seu filho, educado e encorajado por você. Depois de ser agredida muitas vezes, concordou em envenenar o sogro, você. Sofreu muito com a culpa e o arrependimento, logo em seguida. Ainda nessa mesma encarnação, em desdobramento pelo sono, aceitou recebê-lo como filho. A fragilidade de Bárbara não permitia defender o único filho dos maus-tratos do marido. A situação ficou ainda pior depois da morte do esposo, que havia herdado os bens do pai. Aconteceu que, mulheres e filhos incapazes não herdavam os bens e esses passavam para um ente mais próximo. Os primos do marido não quiseram ficar com encargos e ela precisou deixar a casa onde morava. Na rua, sem ter para onde ir, visto que o filho de cinco anos era totalmente dependente e necessitado por ser mudo e, naquela época, não existia qualquer método de comunicação para mudos, ela acreditou ser melhor entregá-lo aos cuidados de padres no orfanato da igreja. Doente, psicopata, o padre que a atendeu assegurou que cuidaria bem daquela criança que como disse era a vítima perfeita para aquele tipo de crime. Bárbara ignorava, totalmente, os abusos e maus-tratos existentes ali. Como saber?

Até nos dias de hoje isso acontece e muitos duvidam. Depois de algum tempo, ela conseguiu trabalhar como empregada em troca de moradia e comida. Não tinha como pegar o filho de volta devido aos problemas que surgiram. Morreu com a gripe que atacou a região. Mas nunca se esqueceu do filho. Desencarnada, buscou informações sobre a criança. Em espírito, influenciou e encorajou aquele padre que o ajudou. Bárbara evoluiu muito. Diante de tudo o que aprendeu reencarnada, conseguiu perdoar ao esposo e a você. Assimilou conhecimento com experiências alheias. Diante de seu suicídio, ela nunca desistiu e orou por você. Quando Murilo desencarnou, uniu-se a ela. Ambos buscaram recursos e ajuda para aliviar sua consciência, amenizar suas dores e fazê-lo se libertar. Depois de terríveis experimentos vividos no vale dos suicidas, você despertou condições de ser socorrido e assim foi feito. — O espírito Ana ofereceu uma pausa ao vê--lo refletir. Após alguns segundos, revelou: — O que ignora é o fato de muitos outros espíritos desejarem o seu mal, por atitudes desequilibradas praticadas em outras épocas. Mudo e naquele orfanato... Meu querido Perceval... Você só experimentou o que fez a outras crianças em tempos mais remotos ainda. Sua condição privilegiada facilitou-lhe pagar para conseguir pobres crianças das quais abusava. Quando as devolvia para o mundo ainda vivas, seus servidores cortavam-lhe a língua para não falarem o que você havia feito. Era um homem influente. Não poderia macular sua imagem. Você, meu irmão, foi tão doente quanto aqueles sacerdotes. Angariou muitos inimigos espirituais por isso. Suas vítimas não tiveram sossego. Desejando vingança, torturavam sua mente enquanto viveu no orfanato e também depois. Ficaram felizes quando se matou. Sabiam que o maior e pior sofrimento que um ser experimenta é as consequências do suicídio. Mas quem se felicita com a aflição alheia também sofre muito. — À medida que Ana fazia suas revelações, imagens como lembranças vividas naquela época passavam na tela mental de Perceval, enquanto forte emoção tomava conta do seu ser.

Novamente, Perceval levou as mãos no rosto, desejando afastar as visões, recordações de outras vidas.

— Deus não pune inocentes de forma tão cruel, meu querido. Não existem inocentes. — Breve instante e continuou: — Depois de socorrido do vale dos suicidas, devido às perseguições de espíritos que ainda viviam inconformados com o que sofreram por sua causa e também por consequência do suicídio, o melhor foi escolher para você uma reencarnação com dificuldades mentais e físicas. Quase escondido em um lugarejo do mundo, na Índia, você reencarnou com hidrocefalia. Foi amparado e protegido pelas vibrações e orações típicas daquele povo. Desencarnou e reencarnou novamente com deficiência na fala. Mas, por ser um espírito rebelde, ao retornar à Pátria espiritual só reclamou das condições vividas. Seu ódio foi tamanho que não conseguiu ver, de fato, como tudo aconteceu e o grau de responsabilidade que tinha em todas as experiências sofridas. Seu grau de egoísmo e desejo de vingança foi tão imenso que o fez ignorar o passado obscuro que mereceu, talvez, só uma parte das dores que um dia provocou ao semelhante. Não aceitou explicações... Não aceitou instruções... Não aceitou ensinamentos Divinos... Acreditou, piamente, que somente você tinha razão, somente você tinha dores... Deixou o amparo recebido. Juntou-se a espíritos das sombras para praticar o mal. Enquanto outros evoluíam, aceitando suas jornadas de provas e expiações. Não demorou você se tornou um líder de grupos de vinganças e mentor das sombras. Perseguiu algozes do passado. Facilitou a ação de pedófilos doentes contra crianças que foram os sacerdotes que abusaram de você e de outros. Sentia-se satisfeito com isso, mas era uma alegria falsa, cruel, que fazia reviver suas dores... Não ganhou nada com isso... Sua consciência começou a sentir dor, culpa, arrependimento... Algo estava errado... Abandonou tudo, mas, quando descobriu Bárbara, nesta reencarnação, decidiu se vingar.

Abalado, Perceval não conseguia ver grandioso envolvimento de luz de outros benfeitores espirituais, mas sentia acontecer algo. Rendia-se, entregava-se pouco a pouco. A dor do arrependimento mostra evolução.

Mesmo assim, ainda procurava defesa para suas práticas presentes ou pretéritas.

— A Lei de justiça que defende, talvez, não seja tão justa. No passado, Bárbara sofreu agressões do marido, assim como minha esposa na época. Isso era comum. Era cultura e... — tornou a justificar.

— E quem disse que, por ser cultura, é algo bom, justo e saudável? Cultura é atividade criada pelo ser humano. Não é criação de Deus. — Esperou um momento e explicou: — Bárbara passou pelo que precisava. Resignou-se. Talvez por isso traga no inconsciente do ser o desejo de independência que conquistou com facilidade, por meio de seus esforços. Por essa razão, não tem desejo de se casar nem ter filhos. Tudo o que fez seu coração sofrer. — Sorriu — Mas isso pode mudar.

— Algumas coisas não entendo... — confessou humilde. — Mesmo estando aqui, na espiritualidade, não temos a história completa... — ficou reflexivo, diante da emotividade que experimentava. — Fui cruel... Como pude fazer tanta barbaridade?...

Doce e nobre, Ana o envolveu:

— Toda história vista por nós tem o outro lado, independente de estarmos encarnados ou desencarnados. Eis a importância do perdão. Quando perdoamos, nós nos libertamos e deixamos Deus cuidar de tudo. Não sabemos a razão de merecermos o que experimentamos, do que nos fez sofrer... A Divindade cuida de tudo.

— Uma coisa... — olhou-a de frente, mas respeitoso e submisso: — Desde que fiquei lúcido, aqui, no plano espiritual, não encontrei meu filho, o filho que me tirou a vida.

— Para que necessita saber? — indagou Ana benevolente.

— Bárbara lhe perdoou de verdade? Como ficou essa situação?

— Ela lhe perdoou sim. E hoje o ajuda ainda para que evolua moralmente.

— Então, ele está encarnado? — Perceval se interessou.

— Sim — a benfeitora confirmou e sorriu com simplicidade.
— Posso saber quem é ele?
— Graziella. Depois de reencarnações em que sofreu experiências doentias na região da garganta, por lhe ter envenenado, pediu para aprender a respeitar quem quer que seja, não usando de violência física ou qualquer outra. O esposo de Graziella, Cláudio, foi uma de suas amantes agredidas que não lhe perdoou e quis se vingar. Atraíram-se nesta vida. Bárbara propôs-se a ajudar Graziella e o está fazendo. Aliás, essa família, almas queridas e irmanadas na evolução, prometeu-se auxílio e união, amparo e fé. O que está acontecendo. Marcella, em outros tempos, abandonou família e filhos para viver como quis. Hoje, deseja imensamente constituir uma. Devotar-se e respeitar as promessas feitas. Pietra recebe como filhos aqueles que, no passado, desvirtuou e corrompeu. Pena seu marido atual ter desistido do compromisso assumido ao seu lado. Mas ela não. Evoluiu muito, mais do que se esperava. É o mesmo caso de Sandro, que também fugiu ao compromisso com Patrícia de educar e guiar os filhos a eles confiados. Mas ela está se saindo muito melhor do que com ele ao lado. Acredite. Os filhos têm uma educação maravilhosa e a figura importante de uma mãe forte e capaz, independente, confiante e fiel. Patrícia fez além do proposto. Será recompensada por isso. Como pode ver, tudo está certo. Embora nem tudo seja conveniente e ainda necessite ajuste e harmonização para alguns. Quando a pessoa vence a adversidade, ela se torna forte e evoluída. Mas quando desiste, enfrentará futura culpa por perder a oportunidade. E mais, não será uma criatura confiável para novas chances em planejamentos reencarnatórios futuros. Terá de se esforçar para merecer confiança e oportunidade. Não imagina como é trabalhoso esse planejamento... É necessário escolher gênero de provas pelas quais necessita e suporta experimentar, mas não somente isso. Muitos não têm essas condições de planejamento. Então, grandiosas e elevadas entidades, capacitadas moralmente, ajudam-nos nessa preparação, de

modo responsável, de forma que aguentemos suportar. Conseguimos também fieis e abnegados espíritos que se oferecem inteiramente a se dispor, por uma encarnação inteira, como nossos guardiões, esforçando-se ao máximo para nos amparar e nos guiar pelos bons caminhos. É necessário incondicional e infinito amor.

— Um planejamento razoável, que podemos suportar... Existem os que vivenciam extrema dor física e/ou moral... Isso pode ser considerado razoável?

— Conforme o que foi feito, a resposta é sim — tornou Ana entendendo que Perceval ainda se incomodava com as agressões sofridas quando reencarnou mudo. Tentando fazê-lo entender, explicou: — Veja, meu querido... Se um torturador, por exemplo, queimou mil pessoas. Ele não precisa reencarnar mil vezes e morrer queimado em todas essas reencarnações. Basta uma, talvez. Se ele aprender com a experiência que queimadura é uma das piores dores que um ser vivo pode experimentar, arrependendo-se do seu passado, dispondo-se de servidor fiel para causas nobres da Criação, ele não precisará passar pela prova do fogo novamente.

— Responda-me uma coisa: e quando ninguém se vinga? Quando o ofendido, a vítima perdoa? Quem faz cumprir a Lei do Retorno? Como isso se procede? — Perceval quis entender.

— Peguemos o mesmo exemplo... Uma pessoa que levou à morte outra por queimadura. A sua vítima lhe perdoou e não quis queimá-la mesmo tendo oportunidade. A vítima se elevou enquanto que o acusado vai experimentar a vivência pelo fogo por meio de um acidente. Ele pode estar presente em uma batida de carro e preso nas ferragens se ver envolto em fogo. Ele pode estar em um prédio em meio às chamas de um incêndio.

— Nesse caso, se a vítima lhe perdoou, Deus também não deveria perdoar-lhe? — inteligente, Perceval indagou.

— Quem não se perdoou foi ele mesmo. Aquela centelha Divina que existe dentro de cada um de nós pede, implora por equilíbrio, aprendizado e justiça. Por isso, sua consciência ou inconsciência direcionou-o para estar naquele momento, naquele lugar para viver aquela expiação a fim de que aprenda e nunca mais ofereça a outro a mesma dor. Deus não perdoa e não condena. É a nossa consciência que exige acerto de contas. Dessa forma, entendemos como a consciência ou o inconsciente de uma pessoa é capaz de evitar que passe por uma situação de que não necessita. A pessoa perde o voo por sentir-se mal, por dormir demais, por ter problemas com o trânsito. A pessoa se livra de um acidente de trânsito grave, sem saber, porque dormiu demais, o carro quebrou, chegou visita, ficou doente... Sem dúvida, existe toda uma movimentação espiritual para que algo aconteça ou não. Não é tão simples. Por isso, precisamos sempre ser gratos. Existem amigos, entidades invisíveis maravilhosas, que nos guiam para o que é necessário acontecer. "Olho por olho e o mundo acabará cego", já nos ensinou Mahatma Gandhi. — Ofereceu um instante e concluiu: — Alguém tem de parar. Alguém tem de ceder. Alguém tem de perdoar ou as dores nunca terão fim.

Perceval a essa altura estava surpreso e humilde. Sentia-se arrependido, culpado, envergonhado. Um medo o dominou, mas procurava ser firme.

— Já fui confrontado por criaturas iluminadas como você, mas nunca ninguém me explicou tudo, dessa forma... — sentiu fortes emoções e procurava não se entregar. Arrependia-se do passado culposo e das oportunidades de harmonização que desperdiçou, das vinganças cometidas, da falta de perdão. Encarando-a respeitosamente, quis saber: — conseguiu tocar meu cerne, meu coração com a doçura do seu olhar. Fragilizou-me o desejo de vingança com a nobreza do entendimento. Fez-me revelar simpático aos que considerei algozes... Quem você é, criatura divina, que me envolve com precioso amor? Quem é você que enlaça minha mão entre as suas sem que eu tenha vontade de me afastar? Quem é você que não me atacou, não me julgou nem culpou?

— Nem o próprio Cristo ousou atirar a primeira pedra. Meu querido Perceval, também fui criatura errante de outras eras... Todos somos. Quando sofremos, tornamo-nos capazes de entender que só o amor nos salva e nos oferece oportunidade de evoluir e servir. Depois que o recebi como filho e o amei de todo o meu ser, consegui entender os propósitos de Deus. Há muito, venho acompanhando-o. Angariar seu coração para o bem se tornou meu objetivo. Busquei crescer moralmente para ajudá-lo. Há séculos eu o busco... É chegada a hora de parar, compreender e deixar de se enganar pela falta de perdão. A falta de perdão é a origem de todos os males do mundo. Venha comigo, Perceval. Alivia seu coração e me segue.

— Mãe?...

— Sim, meu amado filho. Fui sua mãe — olhou-o novamente com terna bondade.

Encarando-a, lembrou:

— Vou ter de sofrer tudo o que fiz... Como será minha próxima experiência terrena? Sem pernas e mãos para não impedir que outros trabalhem? Debilitado mental por usar a inteligência com estratégia de obsessão?

Ana sorriu com bondade e explicou:

— O Senhor, Criador dos mundos, talvez tenha muito mais interesse em trabalhadores esforçados e devotados, aqueles que abraçam missões grandiosas de cuidados e socorros do que nos que precisam viver dependentes e refletindo. Não acha? Como acredita que existam grandes missionários fiéis a causas tão difíceis nesse mundo de provas e expiações? Como acha que se formam médicos, enfermeiros e outros servidores, incansáveis, cuidando de irmãos em situação de miséria em meio ao caos, guerras, países e lugares de fome extrema, pestes e outras necessidades? De onde vem tanta energia e coragem, senão daqueles que tiveram a honradez de servir com amor para pagar seus débitos com o mundo? Acaso acredita que esses irmãos servidores não enfrentam medo, dificuldades, frustrações, contrariedades? Acaso acha que não passam por suas mentes que poderiam viver em lugares mais harmoniosos e esquecerem-se de tanta dor? Afinal, a dor é do outro e não dele. Por que, então, sujeitarem-se àquilo? — Observou-o com bondade e afirmou: — Aqueles irmãos que estão em situação de miséria necessitam a experiência difícil para que aprendam, mas também precisam de cuidadores. Carecem de contato com quem os trate com amor para desenvolverem o amor, a esperança, a fé... De outra forma, seria muito difícil. O Pai da Vida nunca nos abandona. — Nova pausa. — Força de vontade e talentos como os seus não podem ser desperdiçados. Basta direcioná-los para outras causas, tão somente. Trabalhos no amor são formas que Deus tem a oferecer para harmonizarmos o que desarmonizamos. Por isso, precisamos agradecer. Nunca sabemos o que, de fato, merecíamos experimentar para saldarmos nossos débitos. Outra coisa... — sorriu. — Decerto, nenhum obsessor vai desejar persegui-lo e acompanhá-lo, quando encarnado em experiência nobre de socorrer necessitados tão miseráveis, pois existem lugares e momentos que somente Deus está conosco. — Ofereceu uma trégua para que ele pensasse. — Venha comigo, Perceval. Há muito que fazer, estudar, aprender e planejar... Perseverança como a sua será muito útil.

A benfeitora estendeu a mão e ele a segurou, dando um passo à frente.

Ana o envolveu em delicado abraço e ouviu:

— Admiro a medicina...

— É bem provável que será um grande médico, daqueles para os quais não existam fronteiras nem barreiras que o impeçam de aplacar a dor.

— Provoquei tanta dor... — chorou.

Outros benfeitores presentes fizeram-se ver, criando um círculo de proteção àquele socorro tão especial.

Sem demora, Perceval foi envolvido. Entregou-se à higienização. Sentiu-se tão bem que se deixou perder os sentidos e depois foi levado a lugar apropriado.

Capítulo 31

REALIZANDO SONHOS

O período de mudança para a nova casa foi bem estressante. Não poderiam parar por muito tempo com a atividade desenvolvida e cozinhar era algo complexo diante da necessidade.

A instalação da cozinha no andar térreo foi a primeira coisa a ser feita. Bárbara não gostaria de perder mais de dois dias sem trabalho. Afinal, tinha compromisso assumido com muitos clientes. Soube ser gentil ao explicar os motivos, além de grata com a compreensão de todos, ofertando mimos como reconhecimento.

Na semana seguinte, inauguraram a cantina italiana no salão de baixo, que funcionaria todos os dias, além das entregas de *marmitex*.

Mudaram-se para o andar de cima. Estranharam, mas não demoraram a se acostumar. Afinal, tudo era mais espaçoso.

A sociedade firmou-se entre Bárbara, Patrícia e Marcella. Os principais funcionários eram Antonella, Graziella, Dáurio e Pietra, que trabalhava meio período, pois tomava conta do neto João Paulo enquanto Ullia fazia faculdade.

Todos estavam felizes por Ullia ter ingressado no curso superior de Assistência Social e Sarah no de Medicina Veterinária, o que deixou sua mãe orgulhosa. Os cursos superiores eram pagos pelas tias Bárbara, Patrícia e Marcella que exigiam boas notas das universitárias.

Ullia seguia à risca o tratamento e os cuidados com a saúde por ser soropositiva. Apesar dos efeitos dos medicamentos, fazia tudo o que precisava para se manter bem. Quando não estava na faculdade, com todo o amor, dedicava-se ao filho.

Sarah começou namorar o filho do médico veterinário, dono do *pet shop* onde trabalhava. O rapaz também fazia o mesmo curso. A mãe, a avó e as tias não deixavam de orientá-la para que se formasse antes de assumir qualquer compromisso mais sério, como união ou casamento.

Logicamente, outros funcionários foram contratados. Embora aparecesse sempre algo para resolver, o novo empreendimento ia muito bem.

As sócias eram bem conscientes e controladas. Nunca faziam gastos sem planejamento. Não admitiam nada errado.

Certo dia, inesperadamente, Pietra chegou com a notícia:

— O Hélio foi preso!!

— Como?! — indagou Antonella.

— Por quê?! — quis saber Bárbara.

— Ele se envolveu em coisas erradas. Nem sei explicar. Ele participava de licitações e... — estava assustada ainda. — Fez alguma falcatrua, certamente.

— Desculpa te dizer isso, minha irmã, mas... Ainda bem que vocês se divorciaram — disse Graziella. — Imagina só se estivesse ao lado de um homem que te envolve em coisas ilícitas, coloca coisas em seu nome...

— Nem me diga isso!!! Quando ele não queria que eu soubesse de algumas negociações, às vezes, eu percebia que tinha alguma coisa errada. Cheguei a pensar que tinha outra mulher... Devia ter uma não, devia ter um monte! Passavam tantas coisas pela minha cabeça... Mas era cômodo. Eu aceitava por medo de ficar sozinha e não saber fazer nada. Tinha medo. Isso era o que me deixava em pânico, sofrendo com transtornos. Senti muito, mas quando nos divorciamos eu me libertei.

— Ainda bem que está trabalhando, né, Pietra? — Marcella comentou. — A pensão que ele paga vai acabar.

— Verdade. — Pensou um pouco e disse: — Mas o Hélio, hoje, não é mais problema meu. Me sinto tão liberta!... Graças a Deus! — ergueu as mãos unidas para o alto. — Vou procurar mudar de casa o quanto antes. Talvez encontre uma mais perto daqui e com aluguel bem menor. — Pensou um pouco e falou: — Acho que é hora do João Paulo ir para a creche, com isso eu poderei trabalhar o dia inteiro, se vocês me aceitarem... — circunvagou o olhar e sorriu.

Bárbara sorriu. Trocou olhares com sua mãe e não disse nada.

Marcella, brincando, avisou:

— Não sei não... Vamos ter de pensar nesse assunto... — gargalhou.

Mais tarde, quando estava a sós com sua mãe, Bárbara perguntou:

— Mamãe, o que a senhora acha de chamar a Pietra para morar aqui?

— Seria bom. Mas temos espaço? — Antonella se preocupou. — Estamos bem, mas se ela vier com os filhos... Não sei.

— Podemos construir uma edícula lá em baixo, no fundo do quintal. Dois quartos, sala, cozinha e banheiro. O quintal do Billy vai diminuir, mas... podemos deixá-lo aqui em cima. Estou pensando em fazer um jardim aqui em cima no quintal da laje.

— Dá pra fazer isso? — a mãe se surpreendeu.

— Dá sim. Temos espaço e a entrada para a edícula no corredor lateral independente da cantina. Apesar de que o corredor continua servindo para a entrega de produtos, mercadorias... — Sorriu e olhou para o cachorro. — Acho até que o Billy vai gostar muito mais. Ele está ficando velhinho... Está com dificuldades de subir e descer as escadas todos os dias. Fazendo um jardim com gramado e arbustos pequenos, aqui em cima da laje, vai ficar ótimo para ele. Terá um banheiro privativo, sem escadas e continuará dormindo aqui na sala — olhou para o cachorro acomodado na caminha do canto. Riu e depois contou: — Quando eu dormia no chão, lembro de acordar e ele estar do meu lado dormindo. Ele me fez muita companhia em dias difíceis...

— Mas esses dias passaram, não é minha filha?

— Graças a Deus, mamãe! Sou tão grata por isso.

— Eu também. Precisamos ir a Aparecida do Norte pagar a promessa que fiz à Nossa Senhora.

— Podemos ir lá a semana que vem. O que a senhora acha? — animou-se. — É minha semana de folga. Não conheço a cidade de Aparecida do Norte. Conheço somente a história. Acho linda.

— Você é espírita. Não vai achar ruim ir à igreja comigo?

— Lógico que não, mamãe! Onde já se viu?... Primeiro que respeito tudo e todos. Não importa o lugar se nele todos oram para o mesmo Deus. Segundo... Adoro viajar com a senhora! — apertou as bochechas de sua mãe.

— Pare com isso... — reclamou, mas gostava daquilo. Voltando ao assunto, perguntou: — Sobre a Pietra, o que você acha?

— Somos uma família. Tudo o que temos foi graças ao esforço de todas. Mas... Precisamos ver as opiniões da Patrícia e da Marcella, pois esse imóvel está em nome de nós três. Se elas concordarem, construímos a edícula e, para termos tudo certo, vamos fazer um contrato de aluguel só para nos resguardarmos. Cobraremos um aluguel simbólico da Pietra e dos filhos. Nunca sabemos o que pode acontecer e... Precisamos nos resguardar — A experiência vivida por Bárbara,

com a perda do apartamento, foi tão intensa que aprendeu uma lição para a existência.
— Entendo, filha. Eu entendo.

As outras sócias foram consultadas e a edícula foi construída.

Bárbara chamou um paisagista que fez, em cima da laje, um belo jardim, com bancos, fontes e flores. Antonella ficou encantada. Todas adoraram, passavam horas ali, sempre que podiam.

Pietra, os filhos e o neto se mudaram para a edícula. Apesar de estranhar a cobrança mínima e insignificante do aluguel, que achou desnecessária, aceitou.

Não demorou, Marcella e José Henrique ficaram noivos e marcaram o casamento. Antonella fez questão de comprar um lindo bolo enfeitado para que comemorassem na cantina mesmo. A filha não queria. Mas a senhora insistiu.

Quando Marcella concordou, não foi o bastante para Antonella que decidiu, de surpresa, convidar a família do noivo para um jantar na cantina a fim de comemorarem o noivado. Houve a troca das alianças e depois o bolo.

Todos ficaram felizes.

José Henrique era um homem simples. Sempre com os pés no chão. Aceitava a noiva que o incentivava.

Continuaram a frequentar a casa espírita juntos com ela e teciam planos para o casamento.

Desta vez, Marcella não colocou tanta expectativa no acontecimento. Dividiu com o noivo todas as decisões. Entendia que era bem mais prazeroso para ambos que, juntos, descobriam e aprendiam compartilhar alegrias e responsabilidades desde o começo.

Patrícia recebia as mercadorias naquele dia, ao mesmo tempo em que orientava Thaís e Enzo para arrumarem as mesas da cantina. As crianças colocavam delicados vasinhos com belas flores no centro de cada uma. Muito precisa, Thaís ajeitava cada uma com um toque especial.

Enquanto os entregadores levavam caixas pelo corredor lateral, o motorista pediu para Patrícia assinar documentos referentes aos recebimentos.

Despediu-se do servidor. Olhou para os filhos e solicitou:

— Agora, peçam para a vovó dar para vocês aquele pano umedecido com o produto para passarem nos cardápios. Não podemos ter nada sujo — dizia caminhando pelo salão da cantina, enquanto as crianças correram para os fundos.

De repente, olhou para o vulto que viu entrando e se surpreendeu:

— Sandro... — murmurou ao reconhecer o ex-marido.

— Oi... — cumprimentou, aproximando-se. — Como você está?

— Você não avisou que vinha. Aliás... Faz muitos, muitos meses que não tenho quaisquer notícias suas. Nem mesmo o pagamento da pensão dos nossos filhos.

— Desculpa... — falou de modo manso. — Passei por momentos difíceis...

— Não o suficiente. Passar por momentos difíceis é ver o marido ir embora com outra. Ficar sem casa, sem emprego, sem ter onde morar. Ter dois filhos pequenos e não ser aceita por seu pai. Isso sim são momentos difíceis.

— Eu entendo que esteja magoada comigo, Patrícia... Descobri que não vivo sem você nem sem as crianças...

A ex-mulher o encarou firme. Trazia olhar endurecido, talvez pelas dificuldades vividas.

Nesse instante, as crianças chegaram correndo.

— Nossa! Como vocês estão grandes! Vêm aqui... Dá um abraço no papai — pediu falando de modo carinhoso.

— Pai? — Thaís perguntou. Mecanicamente, foi para junto de sua mãe e o irmão fez o mesmo.

Os filhos abraçaram-se à Patrícia, que colocou as mãos em seus ombros.

— Sim. Sou eu. O papai de vocês. Eu voltei — sorriu. — Vêm cá! Dá um abraço no papai. Estou com saudade de vocês.

— Mas nós não estamos com saudade de você — Thaís respondeu sem pensar. — A nossa saudade acabou. Não é, Enzo?

— É sim. Acabou. Nem me lembro de você — disse o garotinho.

— Não falem assim, crianças. Ele é o pai de vocês. Vão cumprimentá-lo — Patrícia pediu.

— Não! Eu não vou, mamãe! — a filha respondeu. — Cansamos de chorar e ele não voltou. Agora não sinto mais nada por ele.

— Nem eu — afirmou o filho. — Nem me lembrava de como você é.

— É que você era pequeno, Enzo... Por isso, não lembra do papai — tornou Sandro.

— Não lembro porque você foi embora. Abandonou a gente. Nem nos visitou. Chorei muito. Pedi pra você voltar e não voltou. Estou grande e não preciso de você — disse o menino, agora com mais entendimento.

— Ora, crianças... O que é isso? — o pai perguntou sem jeito.

— Isso é o resultado do abandono, Sandro. É certo que vou conversar com eles depois, mas não posso obrigá-los a te aceitar agora — disse Patrícia afagando a cabeça dos filhos.
— Eles devem estar tão surpresos e confusos quanto eu. — Olhando para Thaís e Enzo, ela pediu carinhosa: — Vão lá pra dentro com a vovó, crianças. Por favor.

— Mamãe, não quero deixar a senhora sozinha com ele. Só temos a senhora! — Thaís se preocupou.

— Filha, está tudo bem. Pode ir.

— Mas, mamãe!...
— Pode ir, Thaís — pediu com bondade.
— Mas eu voltei pra ficar. Preciso que me perdoe, Patrícia.
— Não preciso te perdoar, Sandro. Consigo entender o quanto você foi egoísta, insensível e pequeno. Consigo te entender. Mas isso não significa que tenho de aceitá-lo de volta a minha vida. Consigo te entender, mas não preciso aceitar vivermos sob o mesmo teto. Fez suas escolhas. Agora deve assumir as responsabilidades e consequências dela.

Sentindo-se tremer por dentro, ela se virou. Seguiu por um corredor entre as mesas e viu Antonella sair da cozinha.

Os netos tinham avisado a avó de que o pai estava lá. Preocupada, a senhora foi ver o que acontecia.

Patrícia passou por ela e subiu.

Antonella indicou uma mesa para o filho e ambos se sentaram.

Patrícia subiu para o andar superior. Muito nervosa, contou para Bárbara o que ocorria.

— Foi assim! De repente! Sem avisar, sem nada! Agora sua mãe está lá, conversando com ele! Como vai ser, Bárbara?! Sou a nora e ele é o filho! E se ele quiser ficar aqui?! Disse que passou dificuldades!

— Não maiores do que as nossas — a cunhada falou. — Não acredito que minha mãe vá dizer pra ele ficar. Até porque ela sabe que essa casa é nossa. Sua, minha e da Marcella. Mas, se isso acontecer, vou dizer que não podemos aceitá-lo aqui. — Olhou para a cunhada e percebeu o quanto estava aflita. Mais serena ainda, tentou acalmá-la: — Patrícia, não sou pessoa ingrata. Você me ajudou muito nos momentos mais complicados. Até pagou terapia pra mim quando fiquei sem dinheiro, lembra? — sorriu. — Acreditou na loucura de fazer *marmitex*. Deu dinheiro pra comprar mercadorias... —

riu. — Falou que um dia iríamos rir de comer arroz com ovo... — achou graça para fazer a outra rir. — O Sandro não vai te perturbar. Não vou deixar. Você não é minha cunhada. É mais do que amiga. É uma irmã. Vou lá agora. Fica tranquila — decidiu e desceu.

Encontrou sua mãe e seu irmão, quando chegou. Aproximando-se, cumprimentou-o com frieza:

— Oi, Sandro.

— Oi, Bárbara... — respondeu cabisbaixo e se levantou.

— Não sei como nos encontrou, mas...

— Fui onde vocês estavam morando e me deram este folheto da cantina. Vocês montaram um negócio bacana, né?

— Acredito que você não tem a menor ideia das dificuldades pelas quais passamos nem das noites em claro, do trabalho árduo e de tudo o que vivemos até chegarmos aqui. Não, meu irmão, você não tem... Não tem ideia da situação difícil, complicada, dura, intragável que suportamos por sua causa! Nós ficamos, sofremos, enfrentamos...

— Bárbara... — a mãe a interrompeu, fazendo-a entender que precisava parar de falar.

— Ele precisa saber, mamãe — falou em tom moderado. — O Sandro talvez não tenha entendido que foi a causa de todos os nossos maiores problemas. Ele nem pagou a senhora o que recebeu com a venda da sua casa.

— Desculpa, Bárbara... Eu me iludi e... — o irmão se calou.

— Está desculpado faz tempo — tornou ela. — Não movemos processo judicial contra você por ter te perdoado. Mas creio que chega. Basta. Você não é mais uma pessoa confiável.

— Quer dizer que não sou bem-vindo aqui? — indagou com um travo amargo na voz. Ainda tinha esperança de ser acolhido. Acreditava que a família iria recebê-lo como se nada tivesse acontecido.

— Filho, você errou muito. Não pode exigir nada das suas irmãs nem da sua ex-mulher.

— A senhora também está contra mim, mãe?! — indagou inconformado.

— Por favor, Sandro! — Bárbara foi firme, mas sem se exaltar. Havia mudado muito. Aprendeu a se impor sem precisar esbravejar. — Não venha com perguntas querendo criar sentimento de culpa em nós. Se existe alguém aqui que errou e errou feio, foi você, meu irmão. Temos razões para ficarmos na defensiva. E a resposta é não. Você não é bem-vindo aqui. Não ficamos felizes nem à vontade com a sua presença.

— Tá certo!... Tá certo... — virou-se e foi saindo sem se despedir.

Bárbara respirou fundo e soltou o ar rapidamente dos pulmões. Sentiu-se amargurada, mas não teria como deixar seu irmão ali. Sandro errou muito. Não teve a menor compaixão da própria mãe, da esposa, dos filhos, das irmãs. Além de um encargo, ele não seria mais confiável.

Olhando para o lado, a filha perguntou:

— Mamãe, a senhora acha que estou errada?

— Não, Bárbara. Até achei você calma demais. É lógico que estou sofrida. Meu coração está doendo... É meu filho. Mas... O Sandro se esforçou muito pra que todos se voltassem contra ele. Chego a pensar que, se não for dessa forma, o Sandro não vai aprender. Além do que a Patrícia é mais minha filha do que ele. Daqui a pouco, a Marcella se casa, você se casa... Vão ter suas casas, seus filhos... Patrícia é quem vai ficar comigo. Principalmente depois que a Thaís e o Enzo crescerem, se casarem... Sei que a Graziella e a Pietra são minhas filhas, mas elas têm outras ocupações... Percebo a Patrícia mais minha filha, mais preocupada...

— Do que a senhora está falando? Não diga isso, mamãe! Eu não vou me casar. Não vou ter filhos. Estaremos todas com a senhora.

Conduziu sua mãe para cima enquanto conversavam e achou graça do que a senhora disse.

Ao ouvi-las, Patrícia quis saber:

— O que aconteceu? O que decidiram? Decerto ele queria ficar e...

— O Sandro tinha me pedido isso mesmo. Ele procura um lugar pra ficar. Eu tinha dito que essa casa não era minha. Nessa hora, a Bárbara chegou e falou um monte de coisa.

Bárbara contou tudo o que aconteceu.

Patrícia ficou pensativa e contou:

— Hoje cedo, quando recebi as mercadorias, o próprio fornecedor veio trazer. Reclamou que estava sem motorista. Pediu desculpa pelo atraso... E se indicássemos pro Sandro?

— Ele deixou um telefone comigo — Antonella disse e apresentou um papel que tirou do bolso do avental.

— Mas... Seria interessante que o Sandro não soubesse — Bárbara sugeriu.

— Podemos passar o telefone pro senhor Pedroso, o fornecedor, indicar o Sandro e até mesmo contar que é meu ex--marido.

— Sem muitos detalhes para não atrapalhar. Se o senhor Pedroso souber que ele deu um golpe na própria mãe... — Bárbara lembrou.

— Isso mesmo. Posso pedir para que não diga que fui eu quem indicou. Passo o telefone e peço para o senhor Pedroso dizer que encontrou aquele telefone por indicação de um amigo, que nem se lembra mais... Acho que pode dar certo — tornou Patrícia.

— Por estar em dificuldades, por não ter nossa ajuda, é bem provável que o Sandro se mantenha firme nesse emprego. Vai ser por sua própria conta — Bárbara disse.

Patrícia pegou o papel das mãos de Antonella e falou:

— Deixe-me ver se é o mesmo número que eu tenho. — Conferindo, avisou quando saía: — Vou lá conversar com o senhor Pedroso.

Ao vê-la distante, a sogra disse:

— Que coração grande tem essa menina! — ficou admirada.

— Perdoar é isso. É não prejudicar, não amaldiçoar, ajudar quando e se possível.

— Existem várias formas de perdão, filha. Algumas pessoas perdoam e conseguem ficar junto sem ofender e jogar na cara o que a outra fez, dependendo do caso. Outras perdoam, mas mantêm distância, porém sem desejar mal. Não existe certo nem errado.

— É verdade, mamãe. — Um instante e Bárbara lembrou: — Cadê as crianças?

— Estão no jardim. Pedi que ficassem lá.

— Estão muito quietas. Decerto aprontando. Vou lá ver.

— Já está treinando para quando tiver seus filhos, Bárbara? — Antonella disse e riu.

— O que a senhora disse? — perguntou quando estava longe. Não tinha escutado.

— Nada... Estou falando com o Billy!

Com o passar dos dias, Marcella e José Henrique se casaram. Foi uma cerimônia simples e muito bonita. Parentes próximos e poucos convidados alegraram os noivos.

Antonella ficou satisfeita por ver o sonho de sua filha realizado com alguém que se mostrava digno dela.

Marcella moraria em um apartamento bem próximo da cantina. Poderia ir a pé para o trabalho. O que facilitaria sua vida.

O tempo de desespero e preocupações passou. Tudo era prazeroso e muito mais harmônico para todas.

Capítulo 32

UM SIMPLES CAFÉ

Aquela semana estava um pouco agitada.

Devido à viagem de Marcella em lua de mel, o trabalho na cantina era mais intenso.

Logo cedo, após receber as mercadorias, Patrícia foi ajudar a filha a decorar as mesas com flores como sempre fazia. Sem que esperasse, percebeu o vulto na figura de um homem que, a princípio, não identificou.

Aproximando-se, reconheceu Murilo.

— Oi! Bom dia! — Patrícia cumprimentou e sorriu, ficando na expectativa.

— Oi, Patrícia! Tudo bem? — perguntou sorridente e a cumprimentou com um beijo no rosto como fazia antigamente.

— Tudo bem. Quanto tempo, Murilo — reparou que ele estava diferente. Havia tirado a barba.

— É... Faz tempo mesmo — concordou sem jeito. De imediato, explicou: — Eu fui até a casa onde moraram e o novo inquilino deu um panfleto da cantina com este endereço. — Circunvagou o olhar pelo ambiente delicadamente arrumado, à espera de clientes. — Bonito lugar! Parabéns! Vocês... São as proprietárias? — admirou-se, mas nada disse.

— Sim. Somos nós mesmas. Foi uma ideia maluca que acabou por dar certo. — Pensou em detalhar, mas sabia que poderia fazê-lo em outro momento, uma vez que tinha certeza de que Murilo não estava ali para saber isso.

— Essa cantina é bem aconchegante e bonita! Um ambiente agradável... Lindos quadros! — reparou e ressaltou. Não imaginava que eram pinturas em óleo sobre tela feitas por Marcella. — Excelente! Tudo está excelente! Parabéns! — disse verdadeiramente feliz.

— Obrigada — sorriu simpática. — E você? Como vai? — indagou por educação, queria mesmo era saber por que estava ali, embora desconfiasse.

Murilo respirou fundo, ofereceu meio sorriso e falou:

— Estou bem. E... E a Bárbara? Ela está? — perguntou sem rodeios.

— Não...

— Puxa... — ele ficou sem jeito. — Gostaria de falar com ela e... Como ela está? Nunca mais tive notícias.

— A Bárbara?! Nossa! É outra pessoa! — Patrícia anunciou alegre. — Você não a reconheceria.

— É sim! A tia Bárbara não chora mais. Nem fica deitada como antes ficava... ...parada olhando pro nada... Era horroroso! — Thaís disse de um jeito engraçado. Havia muito da personalidade de Bárbara nela, embora fossem sobrinha e tia. — Mas agora não! Não mais! — prosseguiu sem trégua — A tia Bárbara está divina! Exemplo de superação pra qualquer um! — disse a frase que ouviu sua mãe falar algumas vezes.

— Filha, vai ver se a vovó precisa de ajuda em alguma coisa, por favor — Patrícia pediu com jeitinho, pois ficou sem graça.

— Quer que eu limpe os cardápios antes de me arrumar pra escola? — Thaís perguntou educadamente.

— Claro! Por favor. Mas faça isso lá dentro. Chama seu irmão pra ajudar — tornou a mãe.

— O Enzo foi estudar. Ele tem prova hoje — avisou enquanto caminhava por entre as mesas.

— Está certo, então... Vai você, por favor — pediu a mãe.

Thaís obedeceu. Sorridente, passou perto de Murilo olhando-o de cima a baixo. Sem que ninguém esperasse, disse:

— Com licença... Até mais, tio!

— Até... — respondeu um tanto surpreso e sorriu. — Nossa! Como a Thaís está grande!

— Nem me fala. Com quase doze anos, está quase da minha altura! Se bem que para me alcançar, não precisa muito... — riu com graça. — É uma pena a Bárbara não estar e...

— Tudo isso aqui foi projeto dela, não é mesmo? — ele quis ter certeza.

— Cada detalhe! — enfatizou. Em seguida, convidou: — Quer se sentar? Vou pedir um café para nós dois.

— Aceito. Obrigado — acomodou-se à mesa que ela indicou.

Patrícia fez sinal para uma funcionária e pediu que trouxesse duas xícaras com café.

Sentou-se frente a ele e contou com um toque de felicidade na voz:

— A Bárbara está tão realizada com tudo isso. Nem imagina. No começo foi um trabalhão. Ela fez pesquisas, cursos e cursos, até sair como desejava.

— Fico contente em saber e... — sempre oferecia uma pausa quando falava. Estava ansioso. Não sabia como dizer o que fazia ali. — E... Ela... Ela fez tudo isso sozinha? Quer dizer... — não conseguiu perguntar o que mais desejava saber.

Aproximando-se mais por sobre a mesa, Patrícia perguntou baixinho:

— Você quer saber se ela tem alguém?

Murilo sentiu seu rosto aquecer. Esboçou um sorriso sem graça e admitiu:

— É, Patrícia. É isso — foi verdadeiro e direto. — Vim aqui para saber dela. Como está, o que tem feito, se está sozinha ainda... Sabe o que é? Eu gosto muito da Bárbara. Fui um idiota perfeito. Não consigo esquecê-la, mesmo depois de tanto tempo.

— Você quer uma segunda chance?

— Isso mesmo — olhou-a nos olhos.

O café foi servido e ele bebericou. Ficou olhando para ela, que esperava a funcionária se afastar.

Inquieto, perguntou. Não conseguiu esperar:

— Acha que tenho uma chance?

— Se você não for orgulhoso o suficiente para admitir que foi orgulhoso... Sim. Acho que você tem alguma chance.

— Tem razão. Fui orgulhoso. Não fui compreensivo... Deveria ter entendido, na época. Deveria ter considerado alguns fatores e...

— ...e acreditado nela. Era o principal.

— Sim. Deveria ter acreditado na Bárbara. — Murilo demonstrava-se autenticamente arrependido. — Não sei o que me deu. Você tem razão. Fui orgulhoso, mesquinho... Como eu disse: um idiota perfeito.

— Eu entendo a sua postura. O relacionamento de vocês era sério. Não era um passatempo. Até a dona Antonella ficou do seu lado.

— Verdade?! — Murilo se interessou. Acreditou que ter a senhora do seu lado contava como ponto positivo.

— É! Verdade — Patrícia confirmou. — Você pensou que a Bárbara fosse... sei lá... Vulgar...

— Foi isso sim. Não entendi que era uma brincadeira, uma coisa sem importância... Não sei o que me deu.

— O que o fez voltar atrás? — perguntou com jeito meigo, compreensiva.

— O que sinto por ela — confessou de imediato, olhando-a nos olhos.

— Por que não veio antes? — indagou sem trégua.

— Também não sei explicar... Não mesmo. Mas decidi arriscar. Ou a gente prossegue ou, diante da negativa dela, eu a tiro de vez da minha cabeça. — Olhando seriamente para Patrícia, perguntou: — Será que ela vai demorar?

— Vai. Mas eu sei onde pode encontrá-la... Me dê só um minutinho... — pediu sorridente, com um jeito maroto no olhar.

Bárbara entrou em uma graciosa cafeteria, vazia naquele horário. Olhou em volta e escolheu uma das mesas embaixo de um guarda-sol, sobre um deque de madeira na calçada, cercado por uma balaustrada elegante.

Cumprimentou o garçom, que a conhecia, e pediu um simples café e um *croissant*.

Acomodada em cadeira, quase de frente para rua, observou as magníficas árvores floridas naquela estação do ano. Alegrou-se com a beleza e ficou admirando por muito tempo, deixando a mente vagar. Sentia-se bem em fazer aquilo.

Era primavera.

Como a estação parecia pedir, Bárbara usava uma camisa lindamente florida em tecido leve, mangas compridas e punhos abotoados. Calça preta, social combinando. Uma charmosa echarpe branca que puxou e colocou sobre a bolsa.

Sua maquiagem era leve, embora ressaltasse os olhos. O batom de cor clara combinava com seus lábios carnudos.

Cabelos soltos, compridos, pouco abaixo dos ombros. Tinha um corte simples e comum. Nada extravagante como já havia usado. A cor castanho médio combinava perfeitamente com sua pele alva e seu rosto miúdo, quase escondido entre os fios que não obedeciam e se movimentavam com delicadeza pela brisa agradável que soprava.

Bárbara conferiu o celular para ver se havia nova mensagem de Patrícia, que pediu que esperasse ali, naquela cafeteria. Sabia que gostava muito de lá.

Não se incomodou com a demora.

Seu pedido foi entregue no momento em que tirou os óculos escuros e guardou em sua bolsa sobre a cadeira ao seu lado.

Agradeceu ao garçom e sorriu.

A música suave que vinha do interior da cafeteria, fez com que se lembrasse de seu passado recente. Recordou o quanto apreciava de cantar aquela canção perto das sócias da empresa que tinha, só para afirmar que gostava da música e sabia falar muito bem inglês. Como elas estariam? Desejou que estivessem bem-sucedidas e sorriu.

Suspirou fundo. Fez uma retrospectiva da própria vida e sentiu-se satisfeita.

Encontrava-se feliz. Em paz consigo mesma. Não dependeu de ninguém para chegar onde estava. Lógico que contou com o apoio das novas sócias, Patrícia e Marcella, que acreditaram nela e juntaram forças.

A música seguinte fez com que se lembrasse de Murilo. Recordou a tristeza profunda que sofreu quando terminaram. Mas, quando a aceitação aconteceu, a tristeza se foi. Restou a saudade, sem lamento.

Não podia tirar-lhe a razão. Olhando aquele vídeo, qualquer um acreditaria que houve um beijo e ela foi muito vulgar. Sabia que o namorado não apreciava aquele tipo de comportamento. Nem ela gostava. Nunca se dispôs a situações daquele tipo. Não tinha nada contra, porém não era o seu perfil.

Como deixou aquilo acontecer?

Agora, muito mais madura e com conhecimento da Doutrina Espírita, entendia que passou por grande obsessão. Certamente, houve envolvimento de todos para que aquilo acontecesse.

Alguém teve interesse naquele vídeo e se aproveitou da oportunidade.

Mas aprendeu a ter fé em Deus. Sentia que a verdade, um dia, apareceria.

Ela estava em paz. Sua consciência tranquila.

Foi uma pena ter caído nas malhas da obsessão. Ficar exposta naquela festa e não ter a opinião firme de sair dali assim que tudo começou. Uma pena também Murilo não ter acreditado nela. Ele até reagiu muito educadamente e lhe deu satisfações sobre a razão de terminar tudo. Outro, muito provavelmente, não teria se justificado.

Como ele estaria? O que estaria fazendo?

Sentia ternura ao pensar nele. Desejava que estivesse bem. Muito bem.

Sem perceber, Bárbara sorriu com meiguice ao recordá-lo.

Pegou a xícara de café com ambas as mãos delicadas e ia levando à boca quando parou por um instante, perdendo o olhar ao longe, pensando onde estaria Murilo.

Seu lindo rosto trazia paz entremeada de um brilho sutil.

Sem que esperasse, surpreendeu-se com a silhueta de um homem que surgiu a sua frente. Não se alterou. Continuou serena.

Estaria tendo visões?

Sorriu lindamente quando o reconheceu e ele retribuiu o sorriso.

— Murilo?!... — indagou ao tê-lo diante de si.

— Oi, Bárbara. Tudo bem com você? — tinha uma brandura macia na voz forte. Inclinou-se, beijando-a no rosto.

— Tudo... — ela confirmou, ainda serena, disfarçando a surpresa.

— Posso me sentar? — pediu educado.

— Sim. Claro. Mas... Nossa! Que coincidência nos encontrarmos aqui. Não é mesmo?

Ele olhou a xícara com café que ela tinha, virou-se para o garçom que se aproximava e pediu:

— Igual para mim, por favor — o rapaz inclinou a cabeça, obedecendo. Virando-se para ela, respondeu: — Coincidência nada. Não existe coincidência — sorriu enigmático. — Eu te vi de longe... Estava com os pensamentos tão distantes, perdidos... — Observou-a por um tempo maior e comentou: — Cabelos bonitos...

— Obrigada. Você também está diferente sem a barba.

— Aliás, você está muito bonita. Está radiante. Parece envolta em um brilho, não sei explicar... — Diante do silêncio, perguntou novamente: — Eu te vi de longe e parecia pensar em alguma coisa boa. Por onde andavam suas ideias?

Não achou bom dizer que estava pensando nele. Não seria conveniente.

— Como você está? — ela quis saber, ainda aturdida, disfarçando sempre.

— Estou bem. Muito bem!

— E o Oliver? — lembrou-se do gatinho.

— Saudável, esperto e bagunceiro — ficou feliz pelo interesse dela no felino.

— Que bom. O Billy está ficando velhinho... Tadinho. Os olhinhos estão brancos devido à idade. Mas escuta que é uma beleza! Anda pela casa toda. Acha onde tem sol para se deitar e se aquecer... Agora tem um jardim todo pra ele.

— Eles são parte da nossa família, não é mesmo? — suspirou e agradeceu ao garçom que o serviu. Ao ver o rapaz se afastar, perguntou: — Como você está? — invadiu-lhe a alma com aquele olhar.

Bárbara lembrou a sensação que percorreu seu corpo quando se viram pela primeira vez. Era a mesma.

— Estou bem. Graças a Deus! — respondeu. O silêncio foi absoluto enquanto se fitaram. Ela fugiu-lhe o olhar e disfarçou, contando: — Ah!... Comecei a fazer palestra evangélica na casa espírita que frequento. Depois disso, passei a receber convites de outros centros. Foi tão bom para mim! Descobri que adoro!

— Você é médium. Sabe disso. Fazer palestras será ótimo. Será instrumento de amor para espíritos de luz que desejam levar paz e consolo a muitos irmãos.

— Também montei uma cantina! — riu de um modo gracioso. Bebericou o café e falou: — Eu, a Patrícia e a Marcella começamos fazer *marmitex* e acabamos montando uma cantina. Mas as entregas continuam.

— Fiquei sabendo — encarou-a e segurou o sorriso, contorcendo a boca.

— Como? — indagou desconfiada.

— A Patrícia me contou — revelou com simplicidade.
— Como? Como conversou com a Patrícia? — ficou muito curiosa.
— Fui até onde vocês moravam. Lá, deram um panfleto da cantina e... — contou tudo.
— Mas a Patrícia me mandou mensagem dizendo que... — séria, parou de falar e ficou organizando as ideias.
— ...ela pediu para esperar aqui. Só não disse que não viria. Nem comentou que eu...
Bem séria, remexeu-se na cadeira, sentando-se direito.
— Quer dizer quê?... — não completou.
— Bárbara, precisamos conversar — Ela o encarou firme. Olhando em sua alma, Murilo disse: — Quero te pedir desculpas. Desculpas por tê-la julgado mal, por não ter acreditado, por não ter deixado que se explicasse... Fui orgulhoso, intolerante... Tudo por causa de uma bobagem...
— Não tiro a sua razão. O vídeo é comprometedor mesmo. Mas foi o ângulo. Eu gostaria que acreditasse em mim. Alguém preparou aquilo. Tenho certeza.
— Eu acredito em você. Preciso que me perdoe. Principalmente por ter demorado tanto tempo para... Para pensar da forma que penso hoje e criar coragem para te procurar. — Por sobre a mesa, pegou em suas mãos gélidas, olhou em seus olhos e garantiu: — Nunca deixei de pensar em você e isso fez com que eu tivesse certeza do que sinto. Acredito em você e preciso que me perdoe.
— Claro... — sussurrou.
Murilo puxou suas mãos para perto e as beijou, fechando os olhos e respirando fundo, aliviado. Quase sem acreditar naquele momento.
Sorrindo, encarou-a e convidou:
— Vamos sair daqui?
— Claro... — concordou com lindo sorriso no rosto. Incrédula por tudo o que acontecia.
Murilo chamou o garçom, pagou a conta e se foram.

Marcella e José Henrique já haviam voltado de viagem. Em pleno domingo à noite, no final do expediente da cantina, Murilo surpreendeu Bárbara com uma aliança de noivado e pedido de casamento.

Somente Antonella sabia o que iria acontecer. Guardou segredo quando o futuro genro, nervoso, contou-lhe.

Sem que a filha soubesse, a senhora pediu que todos se reunissem naquela noite. Às escondidas, Antonella encomendou um bolo que Patrícia não imaginava para que serviria, ao recebê-lo. Pensou que sua sogra não estivesse organizando os pensamentos como deveria, pois pediu que não contasse nada a ninguém sobre aquilo.

Tomada de grande surpresa, praticamente assustada, Bárbara aceitou o pedido de Murilo.

Trocaram alianças. Todos bateram palmas desejando felicidade enquanto se beijavam.

Antonella chegou animada, trazendo o bolo todo enfeitado. O que foi um alívio para Patrícia.

Com imensa felicidade, na frente de todos ainda, o noivo sugeriu que marcassem a data do casamento para breve:

— Não precisamos esperar muito para nos casarmos. Tenho o apartamento. Tenho tudo... Até um gato! — riu.

— É... Até um gato — Bárbara riu engraçado, disfarçando o tremor que sentia. Nunca pensou que se casaria. — Ótimo! Perfeito. Para quando você quiser — ela concordou.

Em outro momento, Marcella procurou a irmã e conversavam...

— Bárbara, não acha melhor falar para o Murilo que você não quer ter filhos? Ou, por acaso, mudou de ideia?

— Por que diz isso?

— Sei lá... Eu o vejo sempre brincando com a Thaís e o Enzo, falando tanto dos sobrinhos... Parece que ele gosta de crianças.

— Eu não ia contar nada, mas... O Murilo não pode ter filhos — Bárbara revelou. — Só peço que não comente com ninguém.

— Tudo bem... Mas... — ficou aturdida. — Ele não pode?

— Não. Lembra que eu contei que ele teve um câncer?

— Sim. Lembro...

Bárbara contou tudo e no final disse:

— Por isso, não tenho que me preocupar com filhos...

Havia uma sombra no seu olhar e a irmã percebeu.

— Você não parece tão feliz. O que está acontecendo?

— Não sei... Nunca quis ter filhos. Não tenho jeito com crianças e tenho total ciência disso. Mas... Com a certeza de que nunca serei mãe... Sei lá... Seremos sempre só nós dois... Senti uma coisa...

— Tristeza? — Marcella indagou.

— Talvez. Mas sei que passa. Nunca fui como você, que sempre quis uma família enorme — riu e brincou com a irmã empurrando-a de leve.

— E se vocês adotassem uma criança?

— Talvez... Não sei dizer nada agora. Tudo foi tão inesperado... Namoro, noivado, casamento chegando... Vamos dar um tempo para o tempo — sorriu.

Marcella entendeu que aquela situação era o casal quem deveria resolver. Achou melhor não opinar mais. Em seguida, mudou de assunto:

— A Ullia pediu para não te contar, mas... Não estou aguentando... Estou preocupada.

— O quê? — Bárbara se interessou.

— Você sabe que ela precisa ir ao Posto de Saúde para pegar medicação, fazer controle, conversar com a Assistente Social...

— Sim. Sei. E daí?

— Ela vai a um departamento específico para quem é soropositivo. Não sei direito o nome do lugar... Lá, só vão pessoas soropositivas para serem assistidas. Então, um dia desses, a Ullia encontrou alguém lá pegando medicação igual a ela.

— O Naum.

— Você sabia?! — Marcella se surpreendeu.

— Não. O nome dele me veio à cabeça e... Nossa... Ele, soropositivo... — falou em tom de lamento e ficou reflexiva.

— Bárbara... — a irmã fez com que a olhasse. — A Ullia pediu para não te contar, mas achei que precisaria saber. Não seria interessante você fazer um exame? Basta ir ao Posto de Saúde e...

— Já fiz — Bárbara respondeu e sorriu. — Logo que terminei com o Naum e... Eu estava muito pra baixo... Um milhão de coisas passavam pela minha cabeça. Naquela época, encasquetei que poderia estar doente, ter contraído HIV do Naum... Eram pensamentos bizarros, enlouquecedores. Típicos de quem está com transtornos emocionais. Aí, criei coragem, arranquei forças nem sei de onde e fui ao Posto de Saúde. Fiz os exames. Todos eles. Fiquei aliviada por não ter nada. Apesar de que, ele sempre usava preservativo. Enquanto eu, contraceptivo. Ficava apavorada com a possibilidade de engravidar. Não queria mesmo.

— Ufa!... Que alívio. Eu nem ia te contar, mas pensei bem e achei que seria importante. A Ullia falou que ele a viu, reconheceu e disfarçou. Nem a cumprimentou.

— Fico triste por ele. Pena o Naum não ter aprendido mais nesta vida.

— Ele não teve caráter. Agora está pagando um preço alto — Marcella concluiu.

— Não julgue...

Enquanto arrumavam o apartamento, decorando-o com um toque da noiva, Murilo a viu na sala, arrumando as almofadas novas sobre o sofá que tinham acabado de entregar.

— Ficou lindo! Não ficou? — ela perguntou em pé, sem tirar os olhos do sofá.

Murilo a abraçou pelas costas, beijou-lhe o pescoço e concordou:

— Ficou lindo mesmo. Você tem muito bom gosto. Mas...

— Mas?... O quê? — preocupou-se.

— Talvez o Oliver dê um toque personalizado nesse sofá e... — ele riu.

— Ah!... — exclamou e virou-se de frente para ele que a segurou pela cintura — O moço da loja me disse que esse sofá é resistente a gatos! — sentiu-se vitoriosa, por ter pensado no assunto. — Não desfia à toa. Além disso, comprei alguns brinquedos de arranhar para o Oliver. Ele vai amar. Eu encomendei, mas ainda não chegaram. Você vai ver!... — animou-se.

O noivo a abraçou, embalou-a de um lado para outro e disse com um jeito cuidadoso:

— Sabe, Bárbara... Quando eu soube que não poderia ter filhos, acreditei que não encontraria alguém que quisesse se casar comigo. E... Em uma conversa com a Marcella, outro dia, ela deixou escapar que você nunca quis ter filhos. Isso é verdade?

Ela pensou um pouco antes de responder. Por fim, falou:

— Esse é um assunto nosso. A Marcella não deveria ter te contado isso.

— É verdade?

— É verdade. Nunca tive aquele sonho que a maioria das mulheres tem de casar e ter filhos e... Sempre achei que viveria solteira — riu. — Só namorando... Mas a vida me surpreendeu. Você me surpreendeu...

— Será que existe a possibilidade de você mudar de ideia? — perguntou muito sério.

— Por que está querendo saber? — indagou desconfiada.

— Porque pode realizar seu sonho com outro homem — encarou-a. — Daqui a alguns anos pode se arrepender e me dizer que o casamento acabou e...

Bárbara colocou o dedo indicador na frente da sua boca, pedindo silêncio.

Sorriu lindamente e falou:

— Murilo, se fosse o contrário, você me abandonaria?

— Não — respondeu de imediato. — Estaria me casando ciente de que não poderíamos ter filhos nossos.

— Então a minha resposta é essa. Penso da mesma forma. Estou me casando ciente de que não poderemos ter filhos nossos.

Ele suspirou fundo e a beijou.

Em seguida, ela sugeriu:

— Não vamos nos preocuparmos com o que não podemos controlar. Se algum dia eu ou você lamentarmos por não termos um filho, poderemos pensar em adoção. O que você acha?

— Está aberta a essa possibilidade mesmo? — indagou sério.

— Depois de tudo o que vivi, estou aberta a todas as possibilidades que Deus enviar a minha vida. Recebi tantas bênçãos que não vou me queixar de nada. Só espero ser digna de toda a confiança. — Achou graça ao falar: — Se Deus me confiar um filho, adotivo ou não, tenho dó da criança. Não sei trocar nenhuma fralda... Aí, que vergonha!

— Você pode praticar no filho da Marcella — sorriu e mordeu os lábios como se tivesse contado um segredo.

— A Marcella está grávida?! Quem te contou?!

— Não era para falar. Será a surpresa que ela vai revelar no almoço de domingo.

— Quem te contou?! — ela ria, enquanto perguntava.

— O José Henrique não aguentou — gargalhou.

— Ah! Irmãzinha safada! Não confiou em mim!... — alegrou-se.

— Não te contei nada. Não sabemos de nada. Ela quer fazer surpresa para sua mãe.

— Então deixe que façam como estão planejando. Fiquei muito feliz...

— Por ter onde praticar a troca de fraldas?

Ela o empurrou de brincadeira e em seguida, puxou-o para um beijo.

Murilo tinha um temperamento tranquilo e Bárbara mostrava-se maleável, além de ser cheia das ideias.

Conversavam muito e resolviam tudo com diálogos.

Formavam um lindo casal.

O casamento aconteceu em pouco tempo. A cerimônia no civil foi simples e não quiseram festa. Fizeram um almoço na cantina para parentes próximos e padrinhos.

Bárbara não estranhou a mudança para o apartamento do marido, mas sentiu falta de sua mãe e irmãs, apesar de vê-las todos os dias.

Acostumaram-se rapidamente à nova rotina. E a vida seguia...

Murilo estava no Fórum, na sala da promotoria, quando uma antiga conhecida foi cumprimentá-lo.

— Doutora Maura! A doutora por aqui? — levantou-se e estendeu a mão ao vê-la entrar.

— Como Vossa Excelência tem passado? Tudo bem com excelentíssimo? — indagou feliz ao vê-lo.

— Estou ótimo. Soube que a doutora foi aprovada no concurso para Promotoria Pública. Parabéns!

— Obrigada. Muito obrigada. Estava tentando há tempos...
— Sem demora, cumprimentou. — Eu soube que o excelentíssimo se casou com a Bárbara. Fiquei muito feliz com a notícia. Parabéns! — Ela havia conhecido Bárbara, há algum tempo, quando ele a apresentou para alguns amigos e Maura era namorada de um deles.

— Obrigado.

— Bem... — Maura fez intento de sair da sala. Ia se despedir, mas decidiu aproveitar a oportunidade, pois era raro estarem sozinhos.

Sentiu-se encabulada e ele percebeu:

— Posso ajudar a doutora em alguma coisa?

— É que eu sei de uma coisa que... Talvez seja importante Vossa Excelência saber, mas... Estou tão sem graça de contar.

— Por favor, sinta-se à vontade — indicou uma cadeira perto da mesa. Foi até a porta e a fechou. Colocou-se sentado à frente e, sério, pediu: — Por favor, conte-me — ficou atento.

— Eu lembro quando Vossa Excelência falou com o Josué para arrumar um emprego para a Bárbara na agência de advocacia dele. Na mesma época, falou com o Valdir e também arrumou emprego para a irmã da Bárbara, a Marcella. — Fez uma pausa e contou: — Na despedida de solteira da doutora Joana, advogada que trabalhava com a Marcella, a Bárbara compareceu. Estávamos lá, no meio da festa... — abaixou a cabeça.

— Sim. Estou ouvindo — ele solicitou com aparente tranquilidade. Quando, na verdade, sentia seu coração batendo rápido.

— Tínhamos bebido muito e... Estávamos nos divertindo e... Ninguém sabia que eu e a irmã da Joana contratamos alguns rapazes para dançar... Não deveria passar de uma brincadeira. Uma surpresa para a Joana, mas... Enfim... Os rapazes chegaram animados e começaram a dançar. A Laura, sua ex, estava lá. Também tinha sido convidada. Nós nos encontrávamos reunidas num canto e alguém apontou para a Bárbara e mostrou para a Laura, dizendo que ela era sua nova namorada. Aí a Laura chamou um dos rapazes e deu uma grana para o cara... Pediu para ele que desse em cima da Bárbara... Achávamos que a Bárbara estivesse de cara cheia como nós... Bem... O rapaz aceitou. Então nós, inclusive eu, ficamos filmando só de zoeira... Estávamos bêbadas... Todas que filmaram passaram os vídeos para a Laura. Rimos muito de tudo aquilo... A Bárbara empurrou o cara, levantou-se e foi embora. Nem esperou a irmã. Ninguém imaginava que a Laura enviaria aquele vídeo para o excelentíssimo... — Fez uma pausa e o encarou. — Desculpe-me por não ter contado naquela época. Fiquei sabendo que terminou com a Bárbara em seguida. Eu quis contar, mas... Fui covarde. Porém não gosto de injustiça. Sou testemunha de que o rapaz foi pago e que a Bárbara o empurrou na primeira oportunidade. Sei que a Laura ficou escolhendo o vídeo perfeito para te mandar e... Aquela despedida de solteira era para ser uma brincadeira, mas foi algo muito infeliz que fizemos. Meses depois, o casamento da Joana terminou porque o marido assistiu às filmagens. A Joana estava bêbada e... Sabe como é... Passou a mão nos rapazes, ficou se insinuando... Mas estava bêbada! O marido, depois de ver a filmagem, passou a jogar na cara dela o que aconteceu e se achou no direito de fazer o mesmo e contar. — Um momento e revelou: — Sinto-me muito mal por tudo aquilo. Nunca imaginei que pudesse haver tantas consequências por algo que deveria ser uma brincadeira. — Ficou em silêncio. Logo admitiu: — Fiquei feliz em saber que voltou com a Bárbara e se casaram.

Murilo respirou fundo e não teceu qualquer comentário a respeito do ocorrido. Não sabia o que Maura poderia fazer com sua opinião. Achou melhor se calar. Por isso, disse tão somente:

— Obrigado, doutora Maura, por me contar. Foi muito honesta.
— Desculpe-me, excelentíssimo.
— Sem problemas. Está tudo bem.

Maura precisava desabafar. Aquilo fazia muito mal para os seus sentimentos.

Levantou-se, despediu-se e se foi.

Chegando ao seu apartamento, Murilo não encontrou sua mulher.

Enviou mensagem e soube que Bárbara estava resolvendo algo na cantina.

Esperou que chegasse e perguntou ao abrir a porta:
— Já jantou ou...?
— Trouxe jantar para nós dois! — exclamou antes de beijá-lo com carinho. Sorridente, entrou carregando bolsa e sacola.

Oliver apareceu miando por ouvir sua voz.

— Oi, meu amorzinho, pequenininho, tchutchuquinho da mamãe... — ela cumprimentou o felino fazendo voz de mimo.
— O gato é mais bem tratado do que eu. Só ganhei um beijinho até agora! — Murilo reclamou brincando, parecendo emburrado enquanto arrumava a mesa para jantarem.
— Por isso não!... — com o gatinho no colo, foi até o esposo e o encheu de beijos.

Em seguida, ela foi para o banho. Mesmo de longe, contava algumas novidades e se divertia com um ocorrido, que Murilo nem prestou atenção.

Ao retornar para a sala, Bárbara deparou-se com a mesa arrumada, velas acesas e o marido com um buquê de rosas nas mãos.

A esposa ficou desconfiada.

Esqueceu-se de alguma data de que ele se lembrou? O que teria acontecido?

— Para mim?! — perguntou com jeito mimoso. Certificou-se que ele continuava sendo enigmático.

— Sim. Todas... — beijou-a com carinho.

— Vou colocar na água — foi até a cozinha e logo retornou com as rosas em um vaso que colocou em uma ponta da mesa.

As luzes das velas bruxuleavam na sala quase escura, deixando o ambiente bem romântico.

Murilo acomodou-a em seu lugar de sempre e a serviu. Depois, sentou-se a sua frente.

— Que lindo! — ela falou com meiguice. Ainda estava desejando saber a razão de tudo aquilo.

Durante o jantar, Murilo contou o que soube por Maura.

Bárbara somente ouviu. Entendeu o porquê de tanto romantismo. Ele estava arrependido e demonstrava isso. Disfarçou um sentimento estranho, mexendo a comida com a ponta do garfo.

— Mais uma vez eu tenho de te pedir desculpas.

— Por que ela não contou antes? — quis saber.

— Não sei. Medo, talvez. — A esposa ficou quieta e ele reparou: — Não vai comer nada?

— Estou completamente sem fome — comentou e abaixou o olhar.

— Poxa, amor... — Murilo se levantou e foi até ela. Parou ao seu lado e esfregou-lhe o braço, pedindo: — Desculpa... Não deveria ter contado isso agora, bem na hora do jantar.

Bárbara colocou os cotovelos sobre a mesa e esfregou o rosto com as mãos.

Ele colocou uma mão em suas costas e outra no braço e indagou:

— Você está bem?

— Não sei, Murilo... — sussurrou. — Tá me dando uma coisa...

— Coisa?... Que coisa?... — foi até o interruptor e acendeu a luz.

— Sei lá... Uma... Coisa... — balbuciou.
— Você está pálida. Está se sentindo bem?
— Já disse que não... Por favor... Me ajude a chegar no banheiro... Estou passando mal...

Murilo a ajudou como pediu.

Ela se sentiu mal e, assim que pôde, jogou-se na cama.

Todo o romantismo daquela noite foi interrompido.

Na espiritualidade, Nestor e outros amigos inspiravam o marido para levá-la ao hospital.

Foi o que ele fez.

Alguns exames e descobriram que Bárbara estava grávida.

— Pelo que me conta, senhor Murilo, isso é raro nas suas condições. Mas sim. É possível sim.

— Meu Deus... Meu Deus... — Murilo chorou e se abraçou à esposa, que estava mais assustada do que ele.

— Nunca tomei nada contraceptivo, doutor, porque ele... — o marido a calou com um beijo.

Choraram juntos por algum tempo e agradeceram a Deus por mais tempo ainda.

Os meses passaram e Bárbara deu à luz um lindo menino a quem deu o nome de Matheus.

Ao repararem que o garotinho tinha uma marca de nascença, Antonella lembrou:

— Meu pai tinha essa manchinha vermelha na nuca. É herança do bisavô — garantia a senhora.

Marcella foi conferir se seu menino tinha a mesma mancha, mas não.

Murilo perguntava à esposa se ele tinha aquela mancha na nuca, fazendo-a olhar. Também não. Mas Matheus herdou também a marquinha escura, do tamanho de um grão de feijão, na perna, no mesmo lugar que o pai tinha.

— Todos da minha família têm essa marquinha escura na perna. Minha avó diz que foi vontade de comer feijão preto — Murilo contou. — Deixa só ela conhecer o Matheus e vai ouvir toda a história.

— Mas eu não fiquei com vontade de comer feijão preto — Bárbara lembrou.

— Vai ver ficou e não percebeu — o marido se recusou a admitir.

— Murilo, como eu pude ter um desejo sem perceber? — ela ria.

Ele não deu importância. Estava mais atento aos sorrisos de Matheus, que adorava ter Oliver por perto e o felino apreciava muito a criança. Demonstrava isso roçando-se no garotinho. Murilo não perdia uma pose. Ficava fotografando ou filmando todos os momentos.

Quando temos perseverança, praticamos o bem e seguimos com fé, somos abençoados com a esperança em dias melhores e provamos ser possível a conquista da paz.

Fim.

Schellida.